昭和天皇拝謁記 3

昭和天皇拝謁記

初代宮内庁長官
田島道治の記録

3

拝謁記3
昭和二六年一一月〜二七年六月

岩波書店

［拝謁記］翻刻・編集］田島恭二
［編集委員］古川隆久・茶谷誠一・冨永　望
瀬畑　源・河西秀哉・舟橋正真
［編集協力］ＮＨＫ

1952(昭和 27)年 5 月 3 日，平和条約発効と日本国憲法施行 5 周年記念の式典(皇居前広場)で，菊池民一都議会議長(手前)の発声による「日本国万歳」に唱和する昭和天皇(左端)と皇后．右から 2 人目は田島道治．(提供：共同通信社)

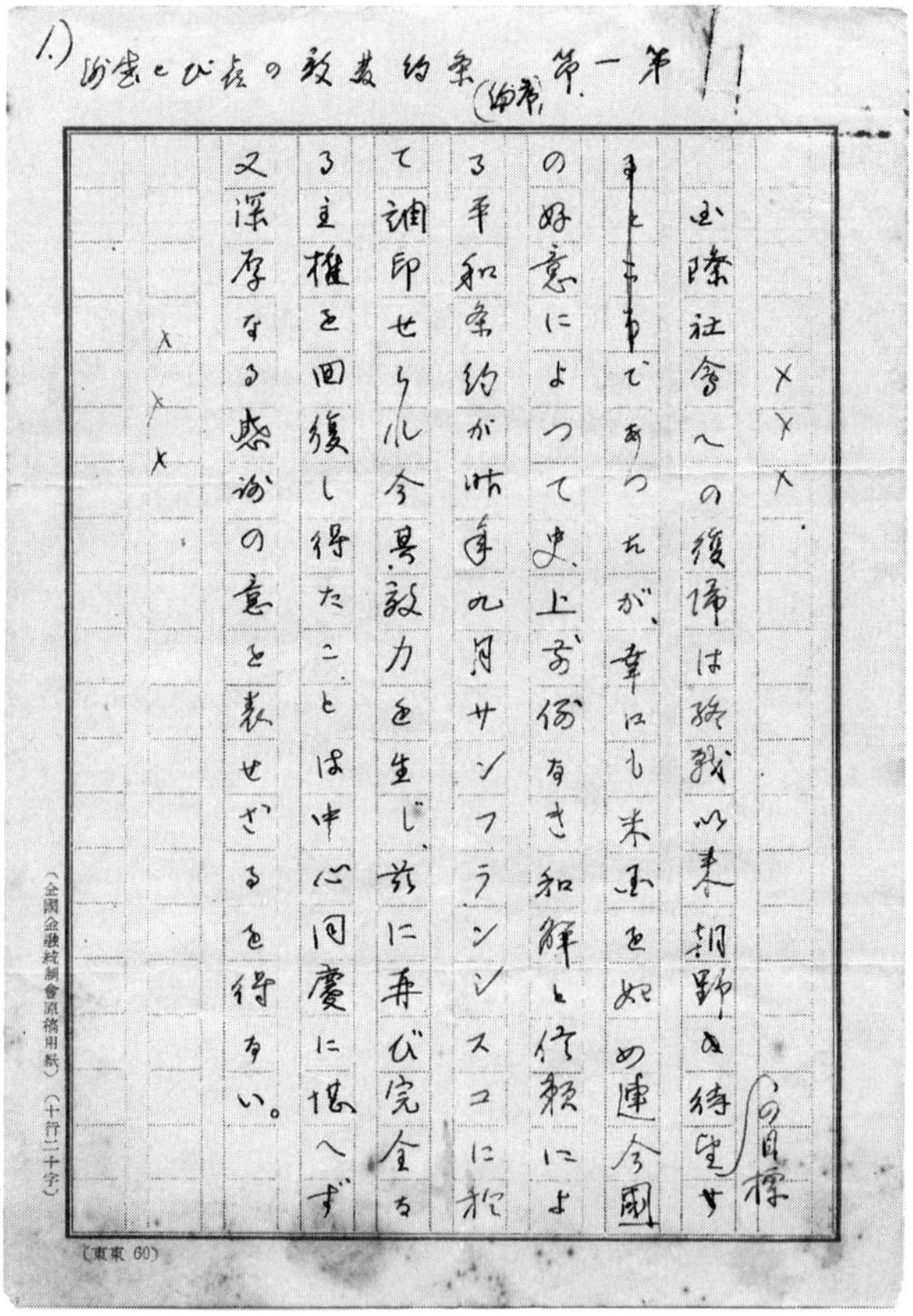

1) 第一節（序論）条約発効の喜びと感想

×××

国際社会への復帰は終戦以来朝野の待望する目標
ところであつたが、幸にも米国を始め連合國
の好意によつて史上類例なき和解と信頼によ
る平和条約が昨年九月サンフランシスコに於
て調印せられ今回発効を生じ茲に再び完全な
る主権を回復し得たことは中心同慶に堪へず
又深厚なる感謝の意を表せざるを得ない。

×××

（全國金融統制會原稿用紙）（十行二十字）

（東東 60）

田島が一番最初に起草したと推定されるおことば案の原稿．上段欄外に「第一節（序論）　条約発効の喜びと感想」という書き込みがある．２行目に「米国を始め連合國」と書かれており，「国」と「國」が入り混じっているのが確認できる．

凡例

一　原文は、冒頭から一九五一年七月二七日までと、一九五三年三月一四日から七月二五日は横書き、それ以外は縦書きであるが、本史料集においては縦書きに統一した。

一　原文にある、見せ消し、見出し語（一九五一年一二月一七日から一九五二年四月三〇日の上部にあり）、記事の途中で離れたページに移ったり、別の日記帳またはノートに変わる場合の注記は省略した。

一　原文のルビや傍点、傍線、下線は残した。

一　漢字は人物等固有名詞の一部をのぞき、原則として常用漢字に統一した。

一　原文のアラビア数字は、原則として漢数字（十を用いない）に統一した。

一　原文のかな表記は、冒頭から一九五一年六月一日までは原則としてカタカナ、同年六月四日から最後までは原則としてひらがなであるが、すべてひらがなに統一し、変体がな（漢字をかなとして使用）はひらがなに開き、適宜濁点を付加した。ただし、語尾や擬態語、間投詞が原文でカタカナの場合、その他意識的にカタカナが使われていると判断できる場合はそのままとした。

一　解読できなかった文字は■で示した。

一　明らかな誤記、脱字、文字の重複は断りなしに修正した。ただし、「自働車」など、当時慣用されていたものは残した場合がある。

一　原文は句読点が少ないので、編者の責任で適宜追加した。

一　段落分け（原文では「」で表記）はおおむね原文に従ったが、段落が長すぎる場合や、話題が続いているのに段落が分けてある場合は、編者の判断で分けたり、つないだりした場合がある。
一　編者の注記は〔　〕で示した。誤記かどうか判断が難しい場合は〔ママ〕と注記した。
一　編者注記を〔　〕で示すこととしたため、原文で〔　〕が使われている部分は（　）に変更した。原文の注記や会話文における（　）や「　」が片方のみの場合は、編者の判断で、削除するか、もう片方も付加するかの処置を適宜施した。
一　文中には、現代の視点から見て差別的な語句や蔑視的な表現が見られる場合があるが、歴史研究の材料（史料）としての意義に鑑み、そのままとした。ただし、個人のプライバシーや名誉を著しく害する恐れがあると考えられる場合に限り削除し、〔〇文字削除〕と注記した。

目次

一九五一(昭和二六)年

一一月一日～一二月三一日

一一月一日(木)

御召し御座所
一〇・四五―一一・三〇

李王〔李垠(イウン)、大韓帝国最後の皇太子〕さんも、又桃山〔虔一、元李鍵(イコン)〕さんは特にそうだが、王公族は従来皇族に準じて扱つて来たのに、所謂臣籍降下金といふものもなく、年にあげるのは前年ケーデイス〔Charles Louis Kades チャールズ・L・ケーディス、元GHQ民政局次長〕で駄目になり、今後或は朝鮮人になり、又帰化して本当の平民となつて了つた場合何もしないでいゝか、それも薄情のやうな気がするのでどうかしたいと思ふが、先達て次長〔宇佐美毅、宮内庁次長〕の話ではまだ分らぬ話だが其後どうかとの仰せ故、実は広島行幸中に外務省に連絡して、政府の腹づもりをきいておいて貰ひたいと申して参りまして次長は其手順を致しましたが、〔井口貞夫、外務〕次官が大臣にきけぬものか、一向に要領を得ませぬ故、此上はどうかして総理〔吉田茂〕に連絡するより手がないと存じます。仰せの通りで、日本人全体に追放解除になりまするのにつれ、先年ケーデイスに止められた事を何とかすべきではないかとの心構でシーボルト〔William Joseph Sebald ウィリアム・J・シーボルト、GHQ外交局長〕に話しました際、それは日韓で交渉が始まる事になつてるから外務省に御話なさいといふ事が始まりなのでありますが、日韓併合条約も条項により生きて居るとの説もありましてと申上げし処、イヤ、それはポツダム宣言受諾で切れてるだらうとの仰せ故、そういふ説もある事と存じますが定説ではなく、憲法の宮沢〔俊義、東京大学〕教授の如きは有効との説(1)をもつて居りますそうで、どうも首相にぶつかるより方法ないと存じますと申上げし処、そうか、明後日内奏に来た時、私がぶつかつて聞いて見るとの仰せ。左様なればそれに併行した考へで進みますと申上ぐ〔退下後、首相に手紙書き、きつと御下問あるらしく御準備然るべき旨内報す〕。

一つ御許しを得たいのでございますが、久松〔定孝、侍従〕の事であります。田島の責任に於て御願致しますが、此度広島へ参りまして実際を見実〔実見〕し驚きました。同僚山田〔康彦、侍従〕が万事致すのに任して何も致しませぬ。そして休養などはいち早く致します。山田に帰京後、何かあゝする打合でもあるのかきゝましたが、そういふ事はなく、あの人はあゝいふ風で、入江〔相政、侍従〕などは仲間になるのを避けるとか申して居りましたが、人間として同僚が仕事してる時袖手傍観してるといふ事はどうも理解し難く、兼て評判はきいて居りましたがこれ程とは存じませんでした。こういふ職務を怠る人をそのまゝに放置しまする事は、人事の責任者としての田島の曠職〔職責不十分〕でありますので、何とかする事の御許を得たいと存じます。天子様の御学友であつたり、皇后様のいとこさんに当ればあゝいふ勤務振でもいゝのかと誤解されますれば、延いては御徳にも関せぬとも限りませぬとも存じますと申上げし処、よろしいが、あとの人の事を考へてと御話故、側近の事でもあり、次長、〔高尾亮一〕秘書課長のみでなく、〔三谷隆信〕侍従長、〔稲田周一〕侍従次長ともよく協議し、後任の人の事、コムビの事も慎重に考へて、時期も別に急がず致したいと存じますと申上ぐ。

それから今回の旅行中、高木〔多都雄、侍従職〕御用掛が汽車中で田島の処へ参り、京都の大宮御所を東京へ移転出来ぬものかとの話がありましたが、いゝ建築物はこわすのに手数がかゝります故、殊に遠方輸送の事もあり、新築同様にかゝる故、それは不可能且つ宮殿として理想的なものでも何でもなく、問題にならぬ旨申しておきました。又ある時に来まして、表から今度は皇后様の御洋服を御注文になるのだが、其品目を書いてくれとの事でしたが、との話でありました故、表の誰れがいつたか知りませぬが、田島は少しも関知せぬ事、むしろ陛下の思召で和装の問題はあり、お金の準備もすみ、明かに大宮様〔貞明皇后〕の御同意を得た、といふ順序の儘で御崩御になつた次第でと申しました処、和装は余り賛成でなく、むしろ宮中服のいゝやうな口振りでありましたから、宮中服は何といつても戦時服で男の国民服がなくなつた今日おかしい。然し規則はいぢらずに和装も御用ひになり、時には国民服〔宮中服カ〕、時には御洋装と世の批判に任せつゝといふ方向へ進みつゝある旨を話して置きました。高木は中々意見を申上げる人でありますやうでありますから御参考に陛下まで申上げますと申上ぐ。「ア」と仰せになつた丈けで、「これは又問題だ」といふやうな御様子に拝す。

それから、丁度只今アメリカの雑誌に出てたのを読みましたが、英国のエリザベス〔Elizabeth 英国王女〕はハートネル〔Norman Bishop Hartnell ノーマン・ハートネル、ファッションデザイナー〕といふ家へ一年に夜会服三〇着、スーツ十八着、アフタヌーン十二着注文で四回以上御着になれば別の箪笥に入れ、御内々用とか又は女官に賜はるといふ様な記事がありました。洋服は中々大変だと存じますと申上ぐ。四、五回着ればそうなるからナーとの仰せ。

ヴァイニング〔Elizabeth Janet Gray Vining エリザベス・J・G・ヴァイニング、元皇太子家庭教師〕から手紙が参りまして、愈(いよいよ)日本に関する著書を公にする事となり、皇太子様に捧ぐとしたい了解を求めて参りました。御許を願ひたいと申上ぐ。あゝよろしい。皆やるネー、そういふ事をとの仰せ。

退下せんとせし処、あの序(ついで)だが、先頃長官に話し、小泉〔信三、元慶應義塾長、東宮職教育常時参与〕とも相談の上といつてた義宮さん〔正仁親王、昭和天皇の次男〕の基督教(キリスト)の事だが、非常に熱心で、私にも東宮ちゃん〔明仁親王、昭和天皇の長男〕にもいふから友達には秘密にするとはいつてるが話すかも知れぬ。万一の事があれば義宮さんも皇位を継承すべき人だから、基督教はいゝ宗教に違ひないが、義宮さんの身分としては同時に仏教の事も知り、神道の事も知つて、偏して貰ひたくない。日本も将来過半数がキリスト信者になればそれは別だが、今日として皇室は神道であり、これは私は主観的には宗教と思はないが、アメリカ占領軍などで宗教だといへば客観的には宗教でないといひ切る事も出来ぬかとも思ふ。祝詞をあげる事、葬式もやる事、結婚もやる事を考へると、強ち(あながち)儀式と斗りいへぬかと思ふ。義宮さんは賢所(かしこどころ)の事など儀式だから基督教とは無関係だといふが、私はこれはどうかと思ふ。小泉と相談してくれといつたが、一つよく考へて仏教や神道の話をきかせるやうな事も考へてくれ。坊さんは駄目だらうけれど、又来世の有無といふ事になると問題だがとの仰せもあり。又是には村井〔長正、皇子傅育官〕が余程力があるやうだから、場合によつては変へる事も考へて見て貰はんと……云々との御話故、天皇の御位置としては基督教の信者になられる事は仰せの如く一寸困ります事でありますが、仮りに平民とすれば信仰に御進みになつたといふ事があればむしろ喜ぶべき事かと思ひます……それはそうだ。宗教的信仰をもつ事は平民ならいゝ事だ。然し、万一の場合に継承するかも知れぬといふ義宮さんとしては困るとの仰せ故、それは仰せの通りでありまするが、皇太子様とは多少の差がありまする上、只今少しも陛下の御ふれになりませなんだ事を併せ考へて見なければと田島は考へて居ります。実は昨日四時半から一時間斗り小泉といろいろ話し、此問題にもふれました。又安倍〔能成、学習院長、東宮職参与〕の家で三人食事を共にして、皇室の事等いろ〳〵話し合ひましたが、——義宮さまは陛下も御承知の通り、青年のある時期の為か、Viningの帰ります前頃は非常に変で、Viningも困ると申し、中等科から高等科へ御進みの時も成績が余りおよろしくなく、いろ〳〵御心配申上げて居りました処、最近非常によく御出来になるやうになり、小泉に昨日きゝますれば生物学など……と申上げし処、九十五点とつたそうだとの仰せ。ハイ左様だそうで海老足の数とか……蟹の足だよとの仰せ。ハ、蟹の足の本に書いてあるのと実際の観察との差の事を御書きになつたのを、戸沢〔富寿、学習院大学〕教授が九十五点の価あるかと尋ねた小泉に価値ありと申しましたやうな次第でと申上げし処、私が書けといつたんだよとの仰せ。左様でございますか。英語其他まだ御不得意の学科はありますそうですが、昨年から見ますれば大変な御進歩との事で、御心配申上げました丈け大に喜んで居りますが、此は進歩と基督教の御信仰の問題と、田島は離るべからざる関係が御ありと思ひます。青年の一番六ケしい時を御乗り切りになる時、基督教が役立ち御落付きの結果、御学問なども御進歩だと思ひますから、只今基督教の事を彼是申上げます事は、角をためて牛を殺すといふ事になるかと存じます故、今暫く御見送りの御許しを得たいと存じます。実は田島の事など申上げ恐入りますが、学生の時分、内村鑑三〔キリスト教思想家〕の処へ参りましたが、どうしても基督教へ入れませず、鎌倉の円覚寺へ参りました事もあり、家が東本願寺で結局各宗派に入らず、天地の真理とか天とか仏とか神とかいふ事以外進めませせぬのを甚だ残念に存じました故、何か一宗教の信仰を得るといふ事は一平民の場合ならばむしろ慶すべき事だとも申せます。又只今申上げました様な次第で皇室が一派に偏せず、道徳倫理の裏付けに宗教的のものといふ意味の仰せの事はよく〳〵分りまする故、或は仏教ならば鈴木大拙〔仏教学者〕でも日本に居れば講義を頼んでといふ事も考へられますがと申上げし処、イヤ、鈴木は六ケしいよとの仰せ。又其前に田島も一所に聞いた歴史の座談会の時に、支那に基督教が弘まらなかつたのは（日本のゼスイツト〔ジェスイット派、カトリックの男子修道会イエズス会のこと〕に比して）儒教があつたからだとの話だつたが……との仰せもあり、今後適当に、或は仏教の清沢満之〔真宗大谷派の僧侶、宗教哲学者〕の説教集などよろしいと存じますから差上げたいとも存じますが、兎角（とかく）牛を殺さぬ為、今少しく角をためる事を見送らせて頂きたいと存じます。又村井は内村の弟子、矢内原〔忠雄、東京大学教養学部長〕の弟子で熱烈なる信者であり、性質がやゝスツトンキヨウな点もあり大きな声で笑ひまするし、先年花園天皇御年紀の際、事績に感激して御伝記編纂の事業を田島に熱心に申出でました事もあり、少し熱する方でありまするが、これ又只今申上げました趣旨で今少し見送らせて頂きたいと存じます。昨夜小泉とも話合ひました事でもありますし、御趣旨は体しまして仏教、儒教等の事も適当に考へまするが、当分は此まゝ御見送りの方が願はしいと存じますと申上げ……あ、そうか。ウン。角を矯めて牛を殺す。ウン、そうだよろしい。見送る事でよろしいと仰せ（御納得の様に拝す）（侍従長もその様だが、塚本〔虎二、無教会主義のキリスト教伝道者〕の無教会、あれは宗教ではないのかとか一寸話の序に御話あり。一寸理解し難く、承り損ひかも知れぬも大綱に無関係にて止む）。

一一月三日（土）　御召し御座所　一一・〇五―一一・一〇

文化勲章受賞者御陪食[2]の午餐終了後、御供して御座所迄御送り申上げ辞去せんとせし時、長官と御呼びに相成、御前に出づ。あの李王さんの事総理にきいた処、何も調べて来ず、陛下の御考は如何でございませうかときく故、私の長官にも話した通り、日本の元皇族には臣籍降下の時、退職賜金（と陛下仰せになる。少しをかしいと思ふも別に何もいはず）があるが王公族にはない。その代りに多少の賜金を行つて来た処、ケーデイスの時いかぬといはれてそれも止めになつた。今国籍問題で日本人でなくなる時に何等の事をせぬでもいゝものか。矢張り退職賜金のやうなものを考ふべきではないかと思ふのだといふ。それから現状は如何かと私に総理がきくから、李王さんは邸を参議院の公邸に貸して居られる事によろうといつた処、李鍵公は？といふ故、それはよく知らぬが困つて居らるゝのではないかといふた処、一つ調べますといつてた。そして私が憤慨したのは、憤慨したとはいはなかつたが、賠償の問題の事をいふのもおかしいが、もつとおかしく憤慨したのは、支那の曹汝霖（中華民国期の政治家）と比較して何とかいつた事だ。曹汝霖は一人の親日的だつた中国の政治家という訳だ。李王さんは王公族で我が皇族に準じて扱つて来た方だ。そして日韓併合といふ事のあつた為に今迄そういふ待遇をして来た方だ。どうも吉田（茂、総理大臣兼外務大臣）の返事は変だと（御不満の御模様）（一昨日吉田に手紙を書き、御下問の際奉答し得る様内報したるに、今日多少秘密話をなし得る機会あるに毫も関知せぬ態度。しかも拝謁後なるに何等いはず。陛下に対して吉田の態度稍〔やや〕解し難し）。

それから話は変るが、松平（康昌、式部官長）の事は少し分つて来たか。いつ立ちますかとか、今度は英国の事も分るやうになりませうとかいつてた。此方は理解して来たやうだとの仰せ。あ、左様でございますかと申上げ、今日は奉拝がございますでせうからと退下す。

一一月五日（月）　御召し御座所　一〇・五五―一一・二〇

宮内庁には関係ない事だが、新聞に久原（房之助、元逓信大臣）が自由党に入つたと出てる[3]が本当かネーとの御話。本当でございませう。先達て町村金吾[五]（元警視総監）など昔の内務官僚連が解散か、又は改選の時に国会に出る準備をしてるのが三十人とか五十人とかきゝました節、久原も総理大臣になる為代議士になるといふ話をきいてますから多分事実でございませうと申上げし処、吉田もあゝいふものゝ入党を許すのだネーとの御仰せにて、戦争の発起人見たやうな久原なら、まだ宇垣（一成、元陸軍大臣、元朝鮮総督）の方が識見からも人物からもいゝ位だ

〔平素の御話、宇垣も如何とお思ひの事は承知する故、久原は余程今日の新聞にて御驚きになり、御召しになりしと拝察す〕。吉田はどうも人物を見る点がどうも……との仰せ故、人間に興味が比較的薄い様でございます。其上権勢といふものは人間に影響を及ぼすものと見えまして、吉田も首相になりたての時の方が今よりよかつた様な気が致します旨申上ぐ。陛下は久原は余程意外に御思ひの様にて、又御持論の、海軍大将の平和論者を解放しないで久原なんかこんな人を解放する。久原の様なのを解放する位なら大将の立派な人を解放すべきだとの仰せ。大使なども人のなき今、昔の人を起用せねば尚更との御話あり。徳川家正〔徳川宗家第一七代当主、元貴族院議長〕の資格を備へながら気宇小なる事など申上ぐ。犬養健〔衆議院議員〕なども上つてるが、あれは小説家だし、大使など出来るかしら。尾崎秀実〔元朝日新聞社記者、ゾルゲ事件で刑死〕の友人であつたりしてとの仰せ。

中間的ではありますが、御耳に達しますするのは行幸の事でございます。西原〔英次〕主務官、入江侍従、三日下検分より帰京致しまして今朝報告をきゝましたが、十七日の御日柄、二十三日、四日の御祭の日等の関係もありまして、十一日日曜御出輦〔しゅつれん〕、二十五日御還幸の事に御願致したいと存じます。アよろしいとの仰せ。下検分の感想的なもの、又田島の数回の接触からでありまするが、公選知事となりまして行幸個所などのきめ方もいろ〳〵の内情がありまするやうでありますが、京都と奈良が知事は綺麗のやうで、滋賀と三重とはいろ〳〵意味を持つて居るらしいとの事でございます。三重の知事〔青木理〕など御木本〔幸吉、御木本真珠株式会社社長〕はあまり眼中になく、直接東京と連絡出来ます為かあまり好意的でないやうで、或は今回の行幸個処からぬけるとも限らぬ様子もありましたとかでありますが、三重県行幸といふに御木本(4)のぬけるのもおかしく、今回は御出に願ふ事となりました。先日野村〔吉三郎、元海軍〕大将の参りし事、ほめし事も一寸申上ぐ。入江は〔孝宮和子〕内親王様に御伴して観て居りますが、今回の下検分の様子では工程のホンの一部だけだそうでありますので、来年にでも行幸啓の場合には今一度御出掛になりますやうなきつかけにもなつて居ります旨申上ぐ。舞鶴方面へ御出の際、橋立に御泊りの節道路が少しわるいので直すとかいふ話もありましたそうですが、数十万円とかとの事故〔ことゆえ〕、二百メートルか御徒歩願ふ事と致しました。行幸御日程については何れ書面で御許しを得まする旨言上す。

其後久邇さん、東久邇さんの方は何もないかとの仰せ故、広島行幸啓の御伴以後連絡致しませぬが、久邇さんの方は御引越御準備中と存じて居ります。盛厚さん〔東久邇盛厚、東久邇稔彦の長男、昭和天皇長女・成子の夫〕御移転の事は陛下既に御承知の事と存じます。フン知つてるとの仰せ。稔彦王〔東久邇稔彦〕の方は？ との仰せ故、品川の繁栄の為の高輪御用邸問題も広橋〔真光カ、梨本守正の次女・規子の夫〕が参りましたが、其後会社で採算上あまりうまくありませぬのか……重ねて申出がありませぬ。当方から会社側をつゝくべきではありませぬから其儘であります。御文庫の御食事に参内は、小泉の方が全部すんでからとの御話のやうに伝聞致し居りますので、一度御上りになりませぬか御内意を伺ひに上りまするを陛下に申上げましたが、まだ上つて居りませぬ。其内機を得て上るつもりでございますと申上ぐ。

一一月九日(金)　御召し御座所　二・一五—三・〇〇

十一日から近畿へ出かけるのだが、前にきいておく事はないかとの仰せ。ハイ、別にございませんが、皇居再建の声が上つて居ります事は前回にも申上げました通りで、予算委員会から希望があり、先刻次長へ連絡で十三日とかに皇居を〔ママ〕予算委員の一部の人と大蔵省の予算関係の人も同伴して参るそうでございます。食事時になるらしいのでありますが、適当な接待にするやうに打合せましたが、此皇居再建といふ様な声がいろ〳〵刺戟する面もありまして、改造の十二月号の記事中(5)にも陛下の御退位云々を論じ、前には高松宮〔宣仁親王、大正天皇の三男〕あたりから出たが、今度は巣鴨の重臣から出てるとか書き、陛下の退位と共に田島も勇退して宮内庁の空気一新とかいふ事がありましたが、他の情報によりましても、巣鴨では御退位と申して居りますそうですが、これはあり得る事で、追放せられた人でも多少考へが違ひますから、巣鴨の戦争犯罪人になつた人などはそう思ひませう。外地の裁判など残酷な事をした実際の人間は逃れ免れて、其指揮官であつた為に責を負ふてるものもあり、罪を負はされた事には良心的何等やましい処はないが、戦争にまけた軍人として責任はあるから犯罪人に甘んじてるといふ様な気持ちの人もあり、戦争前又は戦争中の要路の人は今一人もないのに陛下御一人は引続いておいでといふ所に退位論など出ると思ひます。軍人で恩給のない人、傷痍の人等から何かと出ますので、此辺の事も考へて、いくら皇居再建といふ声がありましても余程気をつけねばならぬと思ひますと申上げし処、軍人は階級的かと思ふと案外そうでないので、一月だか天長節だか忘れたが、観兵式のあつた時、雨がふつて兵隊なんか困るだらうといつた処、いや何でもありませぬ、陛下も御濡れになつてるんですからといつたが、普通なら陛下御ぬれで誠に恐入るといふ様な事をそういふので、軍人がそう思ふだらうといふ事はよく分るとの仰せ。

こういふ風な論理で御退位の方が議論はたて易く、然しいろ〳〵の実状から御退位は出来ぬといふ事の方が議論はしにくいのでありますと申上げし処、そうだとの仰せ。陛下の御立場を御説明になる何かの仰せを文章は六ケしふございますが、ある方がよいといふ事は吉田に、〔陛下に〕御思召を伺ひ、何度も申しますが進みませぬと申上げし処、吉田が弁解でもするなら云々の仰せ。又、今の退位論者でなくても、戦争防止がなぜ出来なかつたとか終戦がもつと早く出来なかつたかといふ疑問は持つだらうとの仰せ。従つて出すことに吉田が同意しますれば文章は六ケしふございますが、試みまするつもりでありますが、漢文口調でないと一層六ケしふございますと申上ぐ。其点はそうだが、同時にアイマイになり、困る結果の事もあるといふ様な意の事も仰せになる〔御退位論台頭の事、それにも一理ある事、実際はそうはなり難い事を申上ぐ〕。

朝融王〔久邇朝融、皇后の兄〕の方は？との仰せ故、昨日塚越〔虎男、前皇室経済主管、久邇家経済顧問〕来室の処へ侍従次長参り、皇后様の御言葉を伺ひ恐縮した次第でありますが、今月中には如何かと存じますが、西落合御移転の事はきまり、其差額と箱根の売渡金等で此際多少の手入のお金を投じましても、今後今迄より御子さん方の御教育に御金を出しましても、どうにか予算の立つ事と存じます。〔大協石油の〕顧問〔料〕の方も税を引かず三万円差上げる事になりましたそうですし、一段落かと存じますと申上ぐ。又邦昭さん〔久邇邦昭、朝融の長男〕も入社試験の結果三番であつた旨、飯野の社長〔俣野健輔、飯野海運株式会社社長〕が舞鶴行幸予定の御礼に参りまして申して居りました。先方も喜んで居りますし、山梨〔勝之進、前学習院長、元東宮職参与、元海軍〕大将あたりも邦昭さんによつてと思つて居りますが、此点も結構と存じますと申上げし処、朝さんも皆の厚意に感謝して久邇家の再興にと思はれるといゝんだがネーとの仰せ。

一一月一一日(日)　近畿御巡幸御発直後宮廷列車内　九・一五―一〇・一〇

一昨日話せばよかつたが、小松〔輝久、北白川宮能久親王の四男、元海軍中将〕さん[6]が巣鴨で退位論といふやうな話だつたかと仰せ故……イエ、田島は別に小松さんといふやうな名前は申上げた覚えはござんせんので、只巣鴨の戦犯の人がときゝました故、其事を申上げましたがと申上げし処、ア、ソウカとの仰せながら話は小松さんの事にうつり、小松さんは〔重労働〕十五年ときまつた時は、私はむしろ悦んだのだ。松平〔康昌カ〕を使つて可成軽いやうに運動したんだが、小松さんの部下のものが自分の罪を軽くする為にか小松さんの署名のある命令〔無警告攻撃の〕を出して了つた為、動かぬ証拠で十五年は已むを得ぬと思つた〔潜水艦は通告すれば自分が危いやうになるし、中々六ケしいそうだがといふ御話もあり〕。然し実は小松さんには香港事件[7]といふのがある。これが分れば死刑かも知れぬ。米内〔光政〕が大臣、山本〔五十六〕の次官の時で、平田〔昇〕侍従武官にいつて処分せよといつたが、延いては軍令部長宮〔伏見宮博恭王〕にまで及ぶといふので処分出来なかつた事もある。小松さんの事は北白川の叔母さん〔北白川房子、明治天皇の七女〕が見えた時、十五年ならいゝ位だと申した事だ。潜水艦といふはつらいものらしい云々の御話。

それから、順宮さん〔厚子内親王、昭和天皇の四女〕の結婚が秋といふ事になれば、立太子礼は春にするか、その辺研究してくれ。私の伊勢へ行く事と東宮ちやんの奉告とかち合ふ事もあるし云々の御話……立太子の礼は準備として建物の修築があり、その予算関係上、或は春は不可能かと存じます故、両方秋に行はれてどういふ手順になるかを研究中でございますが、順宮様の事は先の御準備がいくらでも出来ますし、御式そのものは比較的で〔ママ〕ございますから、東宮様の立太子礼と一所でもうまく行くと存じて居りますと申上げし処、祝事も多少間隔あつて引続きにならぬ方よいではないか、又関係者も其方がよくはないかとの仰せ故、重ねて予算関係及工事関係の事申上ぐ。

それから私の退位云々の問題についてだが、終戦の時の決心は明治天皇の三国干渉の御気持であつて[8]、如何なる犠牲を払つてもと思つたのだが、私は伊藤博文が辞職をいつた時、明治天皇が朕は辞職が出来ぬと仰せになつた事[9]、又エリゼー宮〔パリ市内にある宮殿〕は金殿玉楼といふ事〔此意味分らず、それはどういふ意味でございますかと伺ひし処、金殿玉楼であるが牢屋といふ事仰せになる〕、ルイ十四世がヴエルサイユ宮殿を作つても小屋を作り、又もつと小さい小屋を作つたといふ様な事を考へれば、帝王の位といふものは不自由な犠牲的の地位である事がわかる。その位を去るのはむしろ個人としては難有(ありがた)い事ともいへる。現にマ元帥〔Douglas MacArthur ダグラス・マッカーサー、前連合国最高司令官〕が生物学がやりたいのかといつた事もある。その自由のない牢屋にたとへ、又宮殿より小屋にと大王が移つたやうな地位に止まるのは易きに就くのでなく、難きに就き困難に直面する意味である云々力説さる〔稍不分明なるも、退位せぬはむしろ犠牲的の行動であるといふ理由づけをせんとせられる如く拝す〕。

恐れ多くございますが、終戦の時、五内(ごだい)為に裂くといつた[10]のは、私に道義的責任があるといふ意味だと先日陛下から伺ひましたので、陛下は法律的には御責任なきも道義的責任がありと思召され、此責任を御果しになるのに二つあり、一つは位を退かれるといふ消極的のやり方であり、今一つは進んで日本再建の為に困難な道に敢て当らうと遊ばす事と存じます。そして陛下は只今も色々仰せになりましたやうに、困難なる第二の責任をとる事の御気持ちである事を拝しますし、田島の如きはいろいろ考へまして、その方が日本国の為であり、結構な結論と存じまするが、然し陛下としては終戦の時にどうなつてもよいと仰せになつたと民間では伺つて居りますが……と申上げし処、私はどんな犠牲を払つてもいゝといつた。そして、その時は裁判に掛けられる事になつても仕方がないと思つたのだとの仰せ。

そう致しますれば、終戦直後と今日平和条約調印後とは民心や気分も変つて居りまするが、陛下としては其時の其仰せの言葉をそのまゝに、位に止まれるも位を退かれるも国民の気持に従ふといふ御考の方がよろしいのではないかと存ぜられます。二つの責任のとり方があるが、国民の為国の為どちらがいゝか、国民の定める事に私は従ふといふ御気持の方が、終戦の時仰せになりました御言葉と合致するやうに思はれます。勿論国民の大多数のものは陛下の御在位を希望いたしまするとと確信致しますが……但し此国民の意思といふものを国民投票といふ訳にもいかず、議会の問題ともいきますまいし、結局国民の支持を受けてる内閣、首相の説を国民の意思と御考へになりまするより外ないかとも思ひまするが、其点よく分りませぬが、犠牲的に皇位に在るのだと陛下の方から仰せになる事は如何かと存じまするとと申上ぐ。実際問題としては、東京裁判当時に於てマックアーサーの首相を通じての希望、之に対して陛下の御意思を田島の名で通告致しました事から見ましても、日本国の信用が陛下の御人柄を通して国際的に保たれたやうにも思はれますので、御退位は結局不可能の結論には間違ありませぬが、立前としては自分はどちらでもよいといふ事が終戦の時の御言葉にあふと思ひますと申上ぐ。

又一部には、再軍備の場合、首相が司令官となりましても、象徴たる陛下が何等かの形で軍備に関連を御持ちになる場合、旧軍閥時代に陛下は矢張り元首であられましたといふ事が、新軍備を新軍備であると思はしめぬではないか、むしろ昔の軍隊とは絶対無関係の皇太子様の方が望ましいといふ声が一方にはあります。陛下として結論なく、本当にどちらでもよい、日本国の為に一番いゝ様に考へてくれといふ御立場の方がよろしいかと存じます。吉田首相も陛下の御気持を何等かの形で議会の開会式の御ことば以外に御出し頂くといふ事を考へて貰つて居りますので、その方結構となれば、先程の責任二つの内、時局の困難に敢て当つてやる事こそ本当の責任を知る者といふ線に沿ふて書くものと考へて居ります。書き方は六ケしくありますけれどもと申上ぐ。

毎日新聞から御歌集が出まして[11]と申上げし処、後鰓類図譜[12]と同じかしらといふ旨の御話あり。

又京都大学が何か愚図〳〵申して居ります噂がありますと申上げし処、「そんならいかぬ計りだ」との仰せあり。

一一月一九日（月）　奈良知事公邸　願出　五・三〇—五・四〇

剣木〔亨弘、内閣官房〕副長官、〔講和・安保〕条約批准の認証を御願ひに西下せるに、託せる首相の手紙内容を奏上す。奈良で認証[13]したのを奈良は喜んでるやうだネーとの御話。続いてあの長官談となるか、直接私の声明になるか、兎に角、あの出すのは〔とて出す事は既定のやうな御口吻。実は首相未だ了承せず〕、あれはこの日本の批准認証の時ではなく、効力発生の時だネーとの旨の仰せ。長官つかれぬかとの御慰労の御言葉を拝す。

一一月二六日（月）　願出御座所　一〇・一〇—一一・〇〇

御日程にかなり御無理を願ひました近畿の御巡幸も御機嫌克く、大体滞なく御済みになりまして難有い事と存じて居ります。大体と申上げましたのは、一つは京大事件[14]、今一つは御木本の無作法の事であります。田島の行届きませぬ為と存じます。京大事件につきましては、首相はあの当時も侍従長を経て、又田島への手紙でも申して参りましたが、昨日松井〔明、総理大臣〕秘書官からの電話でいつ天機奉仕〔伺〕に出たらばいゝかと申して参りました故、侍従長とも相談の上、形式的に参内は政務多端の際は無用に願ひ、御都合の時、拝謁願出でられる方よろしかるべしと申して置きました。又天野〔貞祐〕文相は、今朝田島の登庁を待ち受ける程度に参りまして、非常に沈痛に御詫を言上申上げる様田島に話しがありました。一寸言葉もきゝ悪〔にく〕い程の緊張した気分でございました。何とも申訳ありませぬとの事で多くをいはず、田島が当時の事情、〔服部峻治郎、京都大学〕学長の御詫、御礼の事など話しましても黙々ときいて、臨時閣議もありますからとて帰つて参りました。辞職のやうな事まで考へて居るのではないかと想像、単に想像でありますが、それ程緊張したもの、言ひ振りでありました。そうかとの仰せ。

次に御木本の事は、前から握手とかあなたと申上げるとかいふ事は承つても居りましたが、大体皇室尊崇の念厚き人と思ひ居りました故、奏上書案を前日に内見してこの部分を御迎えした時に読み上げ、この部分以下は山上のテントで申上げると主務官で取計ひきめておきました処、全然其奏上文とは無関係に、殆んど同じ事を二度申上げ、殊に山上では机がありまする故、其前に立つべきを横の方へ出まして申上げる不作法、誠に申訳ない事でございました。殊にNHKの録音によりまして、NHKでもあなたの点が問題になつたと知事が申して居りました。抑〔そもそも〕最初プログラムの時、陛下から、良宮〔皇后良子〕と一所に行く事にすれば二度になるから今度はやめの方がよいと仰せになりました時、三重県へ御巡幸になり産業等御奨励の場合、御木本がぬけまする事は如何と存じまして、明年皇后様御同列の時は再び御出でになりましても結構と申上げました田島の責任上、誠に申訳ない結果となりましたが、あゝいふ態度の処へ重ねて行幸仰ぎまする事は陛下の御威厳にも関係致しますし、あとできゝますれば進駐軍の将軍連と交渉のありまする為政府でも無視故、県庁など眼中になく、不遜の態度で県庁にも評判わるい様でございます。又あの時、他の真珠業者も相当居りましたし、高嶋(15)のやうに、佐世保でありますが御木本以上のものもあります。皇后様御覧に相成りまする様、又両陛下の御希望も叶ひ、田島の考へ方も立つ様な何か工夫を致しますつもりで、来年の事故何とか考へまするが、誠に行届きませず無作法で申訳ありませぬでしたと申上げし処、あれはあゝいふ癖だよとの仰せ。

次に、只今鉄道から電話がございまして、鉄道従業員の座り込みのやうな事(16)が御目に止まり、恐れ多く御詫びに上るといふ様な事が高尾秘書課長迄ありましたそうでございますが、陛下何か御目にとまりましたでしやうかと伺ひし処、知らんとの仰せ。

次にバークレー〔Alben William Barkley アルベン・ウィリアム・バークレー、米国副大統領〕拝謁(17)の後、答礼の要なきやとの御下問を承りまして、侍従長とも相談の上必要なき旨申上げました処、式部で調査の結果は、副大統領は君主国の皇族に準ずる趣旨で必要との事であります故、先方と打合せの上、受けるとなれば松平官長を御遣し願ひたいと存じますと申上ぐ。よろしいとの仰せ。

それから、次長から留守中の事をきゝました事を一、二申上げまするが、十三日には衆議院予算委員四十何人が参りました由で、内には共産党員二人居りました由で、皆皇居再建に関しての為らしく、ひどいといふ感じで帰つたらしいとの事でございますと申上げし処、共産党議員の感想はどうだつたかしらとの仰せ。宇佐美次長の話では風早〔八十二、共産党所属衆議院議員〕と今一人参りましたそうで、風早でない方の人に高尾が感想をきゝました処、住むに家なき人が沢山あるのに、皇居はこれ位とか申して居りましたそうでございますと申上ぐ。

次に、十七日の皇后様多摩行啓の時の自働車事故は誠に恐縮之至りでございます。然し管理部としては、新車の方がよろしいと意を用ひ、それも少し動かさねば却てわるいと、二度も宮城内で運転を試み万全を期しましたが、ガソリン中にゴミ、小さいゴミがありましたのがつまりましたらしく申訳ございませぬ。ふん、ゴミかとの仰せ。これは注意をしましても起きますと致しましても、十七分間御移御を願はなかつた事と、取り戻しの為に飛ばしました事との二つの事後処理は誠に遺憾と存じまして、将来をよく警〔いまし〕めておきました。御詫を重て申上げますと申上ぐ。

それから陛下より、天野が若し止〔辞〕めるやうな事になるのはよくないとの仰せ故、先程は田島の想像を申しましただけでございますと申上げし処、小学校でも巡幸先のやうな処は君ケ代を歌ふが、東京では歌はぬ所もあるやうな訳故、これなども歌ふ様になる方が望ましい。それからいつかもいつた通り、清チヤン〔清宮貴子内親王、昭和天皇の五女〕なんか日本歴史、日本地理、日本の伝説といふものを少しも知らぬ。あれでは困る。文部大臣は命令は出来ぬかも知れぬが、奨励は出来るだらう。骨折つて貰ふ方がやめるより余程よい。そういふ事を私がいふのは政治に干渉の誤解を招くからそうならぬやうにして何とかして、もしもやめるやうな事があるならやめぬ様にしたいものだとの仰せ。陛下に何の累なき様、適当に田島に於て何とか伝へるやうに致しますと申上ぐ。

退下せんとせし処、長官長途の事だが疲労はもうい、かとの仰せ故、恐れ入ります、田島は只御伴で御座いますが、陛下は至る所で御ことばを賜り、汽車中も奉迎に御応へになり、御疲れの事と御案じ申上げて居りますと申上ぐ。

一一月二七日（火）

御召し御座所　一〇・一五―一〇・三五

昨日御木本の事をいつてたが、私が二度行つてわるいといふのなら、私は賢島のホテルに居て植物の採集にでも出掛けるか海女の事でも詳く見るかして、良宮だけ御木本に行くといふのも一方法でないかと思ふ。御木本以外の真珠業者へ行くといふのもわるからうからとの仰せ故、又昨日の田島の立場のヂレンマの事申上げ、只今仰せの事も確かに一案と存じまするが、そして考へました事でもありまするが、まだ日数もありまする故、よく考へまして、両陛下の御納得の参りまする何等かの方法を案じまするると申上ぐ。

次に鉄道の事は、電話が少し間違でありまして、年末資金の事で争議中でありましたのが還幸少し前に話がつきました事を、新聞か或は噂かに、陛下の還幸の為に国有鉄道側が無理して承知したのだ（ママ）の事が伝つたのでございますが、これはデマで、断じてその事なく、その証拠には従業者側でも争ひは争ひ、陛下の宮廷列車の仕事は仕事で御迷惑かけぬと申して居りました故、それはデマでありまするが、デマが出て陛下に累が及ぶといふおそれで御詫に出たとの事でありましたと申上げし処、昔、水野錬太郎〔元文部大臣〕が衮龍（こんりょう）[18]の袖にかくれるといふやうな事[19]があつたが、ピタとそれには当らぬが、其れとまづ似たもの、考へ方だ。終戦直後よりそんな考への入る余地もなかつたが、それだけの余地が出来た事はい、事ともいへぬかもしれぬが、それだけ皇室に重きをおくといふ事は確かだ。重きを変におけば衮龍の袖にかくれるといふやうな事にもならうが……との仰せ。

バークレー答礼は松平から先方の受けるや否やをきいてありますから、受けると申せば松平御遣しの事に御許願ひますと申上ぐ。皇太子に準じます由、大統領在位中に死亡すれば直ちに大統領になります故との事を申上げし処、それなれば私が答礼すべきだとの仰せ。非公式でもありますし、松平で結構でございますと申上ぐ。

一一月二九日(木)　願出　御座所　一一・一〇―一一・一五

昨日のバークレーは大変なごやかで結構でございましたそうでございますが、外相官邸の午餐会にリッヂウエー〔Matthew Bunker Ridgway マシュー・バンカー・リッジウェイ、連合国最高司令官〕は風邪引きで参りませなんだが、首相は三枚位の用意した条約の歓迎辞を読み、副大統領は之に答へましたが、今日午前参内、拝謁のなごやかな御話を出来た事を非常の喜〔び〕で申し、乾盃を先づ両陛下にそして首相に致しました。食後、其事を陛下に奉告する事は私の喜びと申しました処、首相と同時に乾盃してわるかつたかしらと申し、又重ねて談笑の間に御歓談頂いた事を喜んで話して居りました。そうかとの仰せ。それから先刻、京都府知事〔蜷川虎三〕が御礼に参りましたが、風邪気味で流行性のものでわるいといけませぬからとて拝辞して帰りました。随分遠慮に及ばぬ事を申しましたがと申上げし処、陛下も遠慮ならせんでもいゝにとの御気持に拝す。それから麴〔番〕町小学校の事(20)申上げし処、侍従長からきいたとの仰せ故、御願する迄の心持の用意の要点言上す。

退下せんとせし処、既にきめた事をきいてもおかしいが、葉山へ行くのは巣鴨の連中などにわるいかしらとの仰せ故、そんな事はございませぬ。彼等は御退位云々と申す者もありませうが、一々の御行動の事など問題ございませぬし、一部の考へは兎に角、全体として考へ、侍従長とも相談の上御願、御許を得ました事で、何等御心配及びませんと申し上ぐ。そうかとの仰せ。

一二月三日(月)　御召し御座所　一〇・二〇―一〇・四五

三笠さん〔三笠宮崇仁親王、大正天皇の四男〕が又読売新聞に出てる(21)。其前の東京新聞に天野との対談があつた。あれの方はまだいゝが、読売のはどうかと思ふ。ニュース映画のあつた時、最近少し早く私の処へ来て皇居再建の話などもしてたが、読売に話す為に先づ私の処へ来たのだろう(?)との仰せ故、そうではないと存じます。皇居再建に御反対の事は前からで、御巡幸前に田島と御話の節にも其御話はありました故、そうではないと存じますると申上げし処、陛下は左様でございますと申上げる事御予期らしく、一寸御納得いかぬ御様子に拝す。新聞にあまり御接しになりませなんだが、最近又一寸ふえて参りました。文藝春秋十二月号のリスター女史〔Muriel Lester ミュリエル・レスター、平和主義者、社会事業家〕との御談話の内に一寸どうかと思ひまする御発言がありますと申上げし処、それは見ぬが、皇族といふ身分を顧みればいふべきでない事は沢山ある。普通人でも高位とか責任の地位になればいひたい事もいへず、退職後もその責任は残るものだ。苟（いやし）くも皇位継承のあり得る身分の方としては余程言葉を謹んで貰はねばとの仰せ、繰返し仰せあり。[22]

　高松さんは余程御上手にものを仰せになりますが、三笠さんは純なと申しますか仰せになりますので、時々陛下も御困りになりまするが、以前から見れば余程御慎しみのやうに存じますと申上げし処、高松さんも田島の来ぬ前の頃は相当御話しになつた。その後三笠さんに譲つたとかいふ様な事を仰つてうまく抜けられるとの御話故、実は三笠さんの御洋行の問題は先年陛下に御伺致し、御兄弟皆様御洋行故、時機が来れば御出掛けは結構と思ふが、平和まではとの旨の御話を承り居りました。これも抽象の御意見で実際の問題は中々六ケ敷、終戦直後とは違ひ、米国との関係上御微行といへども事務官か何か随行せねばどうかと思はれまするし、内地の事でも首相は先達て事務官、御用掛の説を申した程ですし、在留邦人とかの寄附にまつて費用の御支弁といふやうな話も従来は出て居りまするが、今日となつては国の費用といふ事にならうかと思ひまするし、皇室としては其旅費を御出し頂く訳には参らず、いろ〳〵六ケしいと存じますので、第一吉田首相がどういふ考へか近き機会にきゝたいと存じて居りますと申上ぐ。

　久邇さんは？との御尋ねに付、昨日塚越が参るやうな話でありましたから今日報告をきくと存じますが、今月十日か二十日頃迄には御引越済になるのではないかと存じて居ります。東久邇さんへは今日これから上る事になつて居りますので、先達て御話のありました事を御内意伺つて参りますと申上ぐ。

それから、明日葉山へ行くが、その前にきく事はないかとの仰せ故、御近い処でありまする故、時々上りまして申上げる事は申上げに上りますし、又なくても適当な時に上りますと申上ぐ。

一二月九日(日)　於葉山御用邸　願出　一一・一〇—一一・五〇

朝来御風気御床に付差控えしも、前日来願出の事とて、御寝衣の上にドレッシングガウン御召しにて殊に拝謁を賜る。拝謁中、皇后陛下御薬御持参被遊〔あそばされ〕、皇后様御機嫌をも伺ふ。田島も健康はどうとの御尋を頂く(御風気御見舞申上げ、二十分位にて退出の予定にて奏上方加減す)。

四日の午〔ひる〕に吉田首相訪問致し、陛下を御見送りの時間に間にあひませんでした次第で、予め御許しを得ましたが、いろ〳〵打合せました内、一つは、東宮様御成年に関しまする御儀式は秋といふ事に一応定まりました事でございます。〔アメリカ〕副大統領招宴が外相官邸にありました時、大蔵大臣〔池田勇人〕と隣合ひ、一寸話の序に来年十一月頃は選挙でといふやうな話がありましたので、又予て陛下からの御話もありまして、秋の行事の順宮の御慶事との順序を考へて居りましたが、首相ははつきり秋で結構でございますとの事でありました故、その方針で順宮様の御慶事は事前に行ひまする儀式もありますし、又御儀自身は左程の事はございませぬ。東宮様の御儀式は工事や、従て予算も伴ひまするが……と申上げし処、そうかとの仰せ、御許しあり。その手順で「日」まできめませぬが上旬とか中旬とかの程度で、明年度、諸儀式、諸行事、行幸啓、又東宮様の行啓の事等も予定して準備にかゝる事と致します旨申上ぐ。

それから三笠宮様御洋行の事は、首相は平和克復後、皇弟として寄附金等にて御旅行は国の威厳にも関しまする故、時期、方法よろしくば国費で御出で願ふとして、それは三笠宮様の御出となれば国会も費用は承認しませうといふやうな話でありまして、至極尤もの意見と存じ宮様にも申上げました。又従来関係の斎藤〔昇、国家地方警察本部長官〕にも申しました。それから皇居御造営の事は中々声が大きくなりましたが、首相としましては時期尚早で貫くといふ事でありまして確めて参りました。それから予ての問題でありまする、平和に際しての陛下の御声明の事は、兎に角田島が書いて見ます故、よければ出すといふやうな点まで話が進んで参りました旨申上ぐ。

〔国会〕開会式は運営委員会の話では今年はなく、多分来年一月二十二日とか申して居りました。但し今年中、議事は致しまして、皇太后宮職の廃止[23]は議決されまする由と申上げし処、おかしいネ、議事を今年数件やつて来年一月開会式といふのはどういふ訳だらうとの事(同感なれども国会、政府の都合でそうきめた理由判然せず、おかしい事でと申上ぐるの外なし)。昔は如何でございましたでせうかと申上げし処、大抵十二月廿五日で式がすんで休会、一月二十日頃から議事といふ様であつたとの仰せ。

皇太后宮職廃止に伴ひ、大夫、女官は如何になるやとの御質問に付、女官は多少は片付仕事の為に内廷より先づ一年祭迄位御手当を頂く事となりまするかと存じます。大夫は残務も左程なく、今月限りでよいのではないかと存じます。皇太后宮職員は大体目鼻がつき、内掌典希望者も出でまして大凡よろしうございますが、多少は何か片付かぬ事もあるかも知れませぬと申上ぐ。女官の残務は？と相当御下問あり。権殿(ごんでん)は祭官奉仕故、御写真かとの仰せ。それもそうでございますが、御手許のものの整理がまだおありと存じますと申上ぐ。

それから東宮様御成年に際しまして、傅育官を侍従に、傅育官長を侍従長に、出来れば二十三日よりかへる事に御許しを願ひたいと存じます。小泉就任の時、先生といふ様な意味で傅育官となりましたが、成年に御達しになりました以上は矢張り侍従の方よろしいとの小泉始めの考もありまして……と申上ぐ。よろしいとの仰せ。

それから御許しを得たいのは内廷費から九三、―、歳末に庁幹部に賜りたいと存じます。あ、よろしいとの仰せ。部下慰労の意味で各部局に五〇、―円、人数比例で御座いまして、管理部最高一五、―、総務課最小二、〇〇〇でございます。又部局長個人、次長、侍従長始めへ最高一〇、―、最低二、―で、計四三、〇〇〇賜りたいと存じます。

又此度ベースアップになり、十月に遡り皆昇給でございまして、内廷職員もその通りになりまするが、宮家には従来予算処置の結果、翌年度よりとなつて居りまする事に御不満の宮家もありまする処、今回の分は一家約六〇、—で、十八万円内廷費より宮家へ賜りますれば結構かと存じます。二十七年度よりは皇族費の改定で問題は解決致しまする故と申上げ、よろしいとの仰せ。内廷費には余裕ありまする事申上ぐ。

東久邇さんへ出まして、御内儀へ参上の儀は了承の事は侍従長を経て申上げました通りでございますが、小原[24]問題に関係の松村〔光磨、元東京府知事〕といふ弁護士の話〔次長訪問〕では、中々六ケしい点もあります様でございますと申上ぐ。

松平洋行は五日と極りました。英国王が米駐屯軍に対する事等御下命の点の外、尚調べよとの仰せがありましたら承りたいと存じますと申上ぐ。久邇さん御引越は二十日頃迄にはどうにかなるかと存じて居ります。

きく事はそれだけかとの仰せ故、まだ雑談的の事はございまするが、御不例故他日と致し、今日御許しを得たい事、申上げたいと存じました事は以上でございますと申上げし処、三笠さんは読売などで、又文藝春秋などで、人が政治に利用されてるなんていつて居られるが、三笠さんは文藝春秋で利用されてる事に気付かれぬかしら、おかしいではないか。又礼の事を何か文藝春秋でいつて居られるが、行事となれば多少バラ〳〵で困るといふ様な場合もあり、キツカケを必要とする事もあるので一概にいへぬのをあゝいふ風にいつて居られるとの御話。一理あるも全面的には御賛成申上兼ねる節もあり、はつきりは御応へもせず。そういふ点もありますと申上ぐ。

アメリカがかうやつて占領している以上は、いゝ事はいはず、どうしても長く当局に居れば出てくるまづい事柄をとりあげて、所謂反米思想が一般にある程度あるは已むを得ぬも、それに乗じて共産のものが共産主義の為に美名を平和とか戦争反対とかいつて色々やるのは困つたものだ。これは丁度戦前に軍閥者が忠君愛国といふやうな、当時にあつては一寸文句のいへぬ事を看板にして戦争へとかりたてたとの〔ママ〕同じであつて、誠に困つた事だ。それ故、米国に対しては、反米思想のよつて起る原因の点をもつと無遠慮にいつて反省して貰ひ〔アメリカは占領政策として随分いゝ事をやつたが、中には賛成出来ぬ点も多々ある。一例としてはパージの問題など其一つで、この為に一般反米思想を余程増してる。それらの点を反省する要がある）、又日本国内に対しては、自ら共産主義の仮面の平和等の美名の正体を暴露して、大に戦ふ事を政府はせねばならぬと思ふがとの御述懐強く拝す。

一二月一三日（木）　御召し御文庫　一〇・一〇―一一・〇〇

御巡幸についての感想を首相に致しました節、陛下にも申上げましたが、二つのよくない出来事がありまして、一つは京都大学事件、之については教授の内々といふ事を首相は申して居りました。此問題はシーボルトなど却て逆効果だと申して居りましたが、さうばかりもいひきれず、此事件に表はれました一般空気については余程考へねばならぬと存じます。凡てが行き届き過ぎて参りました。礼、直れといふのもどうもそれでございましてと申上げし処、三笠さんの文藝春秋について仰せになりし如く、それはきつかけなんかにも関係あるので一概にはいへぬとの仰せ故、宮城内の奉仕の人の場合は、又総務課の係の人と連絡して、形式的でなくきつかけのある様な事を考へますと申上ぐ。陛下は、私の方から帽子をとるやうなきつかけのつかぬ事も困るといふやうな仰せ。然し奉迎場のは京都だけで、よその県はやめて貰ひましても、結構其場はうまく行きました。京大なども時計台の修理をしたとか、鉄道もブリツヂを塗りかへるとかいふ事が出来る世の中になりました為に、九州の時よりははげしくなりました。今後、緑の週間、国体に行幸啓の場合、陛下の予ての御希望のやうな国民との接触の機会を作りまする事は余程考慮を要しまする旨、右翼の台頭もあり六ケし敷（ママ）事申上ぐ。大体は御同意の様なれど、多少御異存のやうにも拝察す。次に首相は、御木本については次官時代にあまり感心せぬ印象を受けて居りまして、無作法は困る旨申して居りましたと申上ぐ。

それから皇居再建の問題、昨日日銀で一万田〔尚登、日本銀行総裁〕にあひました処、又松本学〔元貴族院議員〕から申出があり、一万田は首相と長官とからよい時だといはれなければ動かぬとの話がありました故、田島も松本に時期尚早と思ふ旨、及首相に相談の上の事にせられたしと申せし事を申しました。実は参与会の席上で話をきゝましても、不健全な貿易商の倒産[25]、一部産業界の外科手術、造船七期[26]の問題についての金融面、労働面の利害の点、松岡〔駒吉、元衆議院議長、日本銀行〕参与と一万田と対立の話など申上げ、それらの点から見ても到底時期でなき事を申上ぐ〔此点は十二分に御了承〕。

次に、月曜日に小泉、安倍とも相談致しまして、兎に角田島が筆をとりて書いて見る事となりましたが、陛下の大趣旨は、安きをすてゝ難につくこそ責任を知るものとの事かと存じますがと申上げし処、それは根本の筋だが、国民が退位を希望するなら少しも躊躇せぬといふ事も書いて貰ひたいとの仰せ。それは織り込みますれば結構でございますが、余程六ケしいと存じますが、どこかに其意味は出なければならぬと存じますと申上ぐ。六ケしいが、人間といふ者は主観的のもので〔感情的といふ意味?〕、名前をいつてはわるいが、例へば平沼〔騏一郎、元総理大臣、元枢密院議長〕のやうなの……長官だからいふのだが……矢張り役について居ればやめてるよりはいゝらしく、権力からも又収入のある点からもどうもいゝらしい。従つて私は事情が違つて……高松さんやなんかの事思へば私より自由で個人的には余程いゝ様で、私としては位に居る事が平沼などが役についてゝいゝのとは事情は違ふにかゝはらず、私が退位といふ事を自分が犯人でもなつてれば思ふ点もあり勝ちだと思ふが……東宮ちやんは大分できてゝいゝと思ふが、それでも退位すれば私が何か昔の院政見たやうないたくない腹をさぐられる事もある。そして何か日本の安定に害がある様に思ふとの御話故、首相方へ下村宏〔元国務大臣兼情報局総裁〕が退位の事を申して参りました話、天野文相退位説で田島が之と応酬した問答経過、緒方竹虎〔元国務大臣兼情報局総裁〕との話など詳細言上す〔先方退位説一理あり。扨(さて)実行するとして天に二日(にじつ)あり、日本分裂の憂、皇太子様、天子様に叶はぬ事、アメリカ始めに対する日本の信用は陛下個人による事等等〕。フー、天野もそんな事いつたかとの仰せ。国会開会式は議事は式前に致しました。実例はないやうでございますが、国会法に今期のはじめにとありますので、今回も衆議院の決定のやうに、参議院は年内説のありましたに係らずきまりました様でございますと申上ぐ。

それから東久邇さん方に上りました節、六本木の宮内庁官舎に宮家職員の居住者の立退き問題で、稔彦王が田島に談判するとの旨仰せになつてるとの話をきゝ、ましたが故、高輪御所を会社譲受希望の事、何等返事はせぬも土地交換の事、現住者（東久邇さんをふくみ）満足する住居案ある事等を返事し居る旨申上げし処、松村元東京府知事弁護士として小原事件を引受中の人、其後次長訪問。御礼の少き事、稔彦王高輪縁故払下先順位なる事等の申出ありました事等申上げ、緒方は自由党に参ります故、松村なども連絡をとり、東久邇さんに間違ないやう致したいと存じて居ります。隠れた御子供さんも中々六ケしいやうであります。市兵衛町で縁故払下で四百万円出来ました由故、高輪も快適な御住所以上にもつと御もうけになりたいのかと思ひます。明晩御文庫へ御上りの節、何か御話が出ましても長官にいへと仰せ願ひます。此点御了承。

緒方の話の時、あれは自由党へ入つても一寸いゝだらうとの仰せ故、首相の候補者との噂もありますと申上ぐ。久邇さんは既に御荷物の一部運搬中でありますが、完了は二十日頃かと存じます。

原田日記[27]は御読みになりましたかと伺上げし処、三巻迄はよんだ。田中〔義一〕内閣の処は少しよくなつてる位、板垣〔征四郎、元陸軍大臣、元陸軍大将〕の事が少し違つてる。多田駿〔元陸軍大将〕の話で書いた為だらう。外は大体真実と違はぬ。私の平和を願つた事など間違ないとの仰せ。第六巻に西園寺〔公望〕が綏靖（すいぜい）天皇の事を引き、直宮様方は何も御考へにならぬが勢といふもので何か起らぬとも限らぬといふ意味を二度申して居りますが、御覧遊ばしましたかと申上げし処、一寸見たとの仰せ。そういふ事は西園寺は私にはいはぬし、原田〔熊雄、西園寺公望の秘書〕にいつたかどうかも知らぬが、秩父さん〔秩父宮雍仁親王、大正天皇の次男〕は英米反対で日独同盟論を強く主張せられ、私は遂にそういふ意見はもうあなたから聞かない、〔板垣〕陸軍大臣にいつて下さいと少しひどかつたがいつた位。又実は第三連隊に関係が深く、そういつては何だが当時の陸軍の考への通りであつた。参謀本部で閑院さん〔閑院宮載仁親王、元参謀総長〕が秩父さんは食堂へも御出にならぬ（不明）とかいふやうな事をいつて居られた。

　又高松さんは砲術学校付の時に可なり主戦論をされて私と議論けんかし〔陛下は〝けんか〟といふ言葉仰せになる〕、妃〔喜久子〕殿下も同席して困つて居られる事もある。そんな事が自然西園寺の耳に入り、心配してたのかも知れぬとの仰せ[28]。拝辞せんとせし処、自由党も増田〔甲子七、自由党幹事長〕と広川〔弘禅、前農林大臣、自由党総務会長〕とけんかしてるやうだが[29]、あの広川といふのはどうして久原など入党させるだらうネーとの仰せ。先達ても御話がありましたが、流石に吉田、増田の線で保留してるやうでございますと申上げし処、久原は、田中内閣の外務大臣を望み、英国のリンドレー〔Francis Oswald Lindley フランシス・オズワルド・リンドレー、元駐日英国大使〕が困るといふので牧野〔伸顕、当時〕内府に話し、田中の兼摂となり、久原は逓信に廻つたが、之で牧野を非常にうらんだといふ事だ[30]。久原のやる事なす事とても札つきで仕様がないのにとの仰せ。広川などは当時はまだ〔東京〕市議会議員か何かで何も存じませんでせうと申上ぐ。

一二月一四日（金）　御文庫御召し　三・五〇—四・一〇

松平式部官長が外国に行く調査事項はどんな事かとの仰せ故、陛下仰せの外国軍隊と王室、外国大使館へ王の臨幸等付加し、相当多数で印刷してありまする故、御手元へ差上げますと申上ぐ。それから条約効力を発する時の文書の事だがネ、昨日骨子の点はいつたが、リツジウエーの要求を先達て断つたが、和解と信頼の条約といふ事はいひたひと思ふ。それから平和の事を考へてたとか西洋人によく私がいふのだが、平和を念じながら止められなかつたといふ事、東条〔英機、元総理大臣〕内閣の時は既に病が進んで最早どうすることも出来ぬといふ事になつてた事等あるが、前提や結論や余り変になつてもいかぬし、書くのは六ケしいネーとの仰せ故、田島兎に角筆を執りまする事になつて居りますが、結局御即位以来平和を念とせられた事から書き出すのかと存じて居ります。あゝ、開戦の詔書のやうなものかとの仰せ。

　十八日はリツヂウエーは来ない事に極りましたと申上ぐ。そうかどうもおかしいと思つたとの仰せ故、松平にき丶し情報、国防と国務との関係、Ridgway 其人の気持の変化の事申上ぐ。坂下門からといふ事とし、二重橋を如何にするかは事なき時に再検討する旨申上ぐ。シーボルト夫人病気不参の旨申上ぐ。よく病気するネーとの仰せ。ダレス〔John Foster Dulles ジョン・F・ダレス、米国国務長官顧問〕の演説の事[31]一寸申上げし処、三谷からきいたが、瑞西(スイス)の事迄いつたそうだネとの仰せ。相当ハツキリした演説でございますと申上ぐ。

それから御召しに後れましたのは、昨日久邇家から荷物御片付に付出たとの御話で、毛布も賜りまして御礼に一寸出ました為でございますが、朝融さんに御玄関で御目に懸りましたら二十一日に引越すとの御話でありました。

それから林春雄〔日本学士院第二部長、薬理学者〕に御見舞との事、永積〔寅彦、侍従〕から電話で伺ひましたが、学士院会員だけでは前例ないと存じます。特に奥にて御関係なくば御言葉を伝達致せばよいかと存じます。田島は侍医制及勝沼〔精蔵、内廷参与〕推薦の相談にのつて貰ひましたから明日でも見舞ふつもりでございますがと申上げし処、高岡〔熊雄、農政学者、農業経済学者〕は新会員だからよいが林は第二部長である。元重臣、大臣の御陪食に病気で不参の場合、スープなどやつた事があるのを思ひ、今後大臣などは却(かえっ)てないので〔学者尊重のやうな意味の仰せ〕、学士院の人など〔新しく〕そういふ事をしてい丶のではないかと思つたとの仰せ故、御思召が左様でありますれば又よく侍従長と再度相談致しますと申上ぐ。

一二月一七日(月)　御文庫へ御召し　一〇・一〇—一一・三〇

一昨日、御思召を体し林春雄を病院に見舞ひました。面会謝絶でありますが、面会致しまして、真の御思召の事を話しスープを伝達致しました処、病床に起き感涙以て難有がり、御礼を申して居りました、と起立のま丶言上す。

東久邇様御上りの節如何でございましたかと伺ひし処、御機嫌でいろ〳〵の事を話されたとの御話に付、朝香宮様等との公平上からは〔勿論御殿費を他に御流用の上市兵衛〔町〕に無償で御住居になりました点は違ひまするが）地面のおありにならぬのは御気毒故、訴訟などなさらずに仰せなれば市兵衛町の土地でも御同情出来ますのに、訴訟などなさる故問題にならなくなります。高輪の縁故払下の事も、之観点から無下でもなく考へた方がよろしいと考へて居ります事申上ぐ。それはそうだとの仰せ。竹田恒徳さん土曜日御来訪の事申上ぐ。御洋行の事及邸は堤〔康次郎〕[32]へ処分済の事承つた旨申上ぐ。

　スキー国体へ行幸啓願出の事は申上げず。それから高尾秘書課長が十五日高松宮様方へ上り、先般御許しを得ました六万円持参の節、近来宮内庁よく届くといふ様な御話あり、長官に伝へてくれ、既に松平康昌にも伝へるやうにいつた事はあるがとて、終戦の際陛下が万世の為に太平を開かんと仰せられたのに照応して平和克復の時、或は御親拝のあととか（此点高尾は神道と何だか関連あるやうにてまづいと申上げし由）、或は条約効力発生の時何事か仰せになつた方がよいと思はれる、宮内庁で考へ可然〔しかるべき〕文章家二、三人と相談したらよからうといふ様な御話があり、高尾としては全然退位論などかげをひそめて居ると確信するとの話がありましたと高尾の話を委細申上げし処、そうか、高松さんは今は退位論でないのかとの仰せ故、宮様は退位論者であられましたかと伺ひし処、直接私に退位を仰つた。そして毎日の事でないから御病身でも秩父さんが摂政になられればいゝ、といはれた。之はほんとの私の邪推だか実際はどうだか分らぬが、其時口では秩父さんといつてたが腹では自分と思つてゐたのではないかしら。今退位論でないとすれば、邪推だが、東宮ちやんが成年に達し、御自分が摂政になれないから退位論を改説されたのかしらとの仰せ。之にはあまり合槌をうたず「ハ」といつて居るに止める。そして秩父宮様は？と御伺せし処、秩父さんは終戦直後に内大臣〔木戸幸一〕や松平慶民〔元宮内大臣、元宮内府長官〕に、はつきり退位論でない御説をおいゝになつたとの御話故、田島は一昨年や昨年始め頃はそうでない宮様の御意思の様〔退位説〕な印象を受けて居りますと申上げし処、おかはりになつたか……との仰せ。何れにしましても先達来の文章が出来ますれば、こういふ風故、皇族方には御兄弟として世間発表前に御内示になり、御納得願つた方がよいやうに思はれますと申上げし処、それはその方がよからう。私が直接話すか或は長官から申上げるかは研究するとして、発表前に話す事はよろしいと思ふとの仰せ。

それから、日曜一日がゝりで兎に角田島が筆とりましたものはとて朗読し御聞きを願ひし処、全国民とあるが社会党左派等条約に不賛成のものもある故、全国民といふはどうかと思ふとの仰せ。再応練ります。勿論これは文章のあら筋だけで文章はまだまだ直さねばならぬと申上げし処、その点は勿論そうだが趣旨はそれでよろしい。小泉や安倍と相談してくれとの仰せ。次で田中〔耕太郎〕〔最高裁判所長官〕にも相談するかとの御尋ねに付、先達ては意見を徴しましたが、文案については田中は必要ないと存じますと申上ぐ。文はとても六ケしいが、よく三人で相談してくれとの仰せ。

御召しの御用はと伺ひし処判然せぬも、松平官長の取調事項中にないと思つたが、駐屯軍に対する英国以外の国でどんな風にしてるかを調べて貰ひたいとの仰せ。松平に申しますと申上ぐ。又退位に関した話になるがと御前提の後、終戦で戦争を止める位なら宣戦前か或はもつと早く止める事が出来なかつたかといふやうな疑を退位論者でなくとも疑問を持つと思ふし、又首相をかへる事は大権で出来る事故、なぜしなかつたかと疑ふ向きもあると思ふがとの仰せ故それは勿論あると思ひますと申上ぐ。いやそうだらうと思ふが事の実際としては下剋上でとても出来るものではなかつた。首相をかへるという事も、私は田中義一の時には話が違ふので辞めてくれといつたんだが、それを其内閣の久原などは根にもつて、それが結局は二、二六事件まで発展するので、大権だからといつて実際は出来ぬ事だとの御述懐。

池田成彬〔元日本銀行総裁、元大蔵大臣兼商工大臣〕の追悼会で、殖田〔俊吉、前法務総裁〕が吉田首相等と謀つて、いはば当時「陰謀」の話を致しましたが、真崎〔甚三郎、元陸軍教育総監、元陸軍大将〕を其仲間に入れて居りますのは一寸変でございますと申上げし処、永田鉄山〔元軍務局長、元陸軍中将〕、真崎其他色々の軍の御話あり。一番困つたのは上原〔勇作、陸軍元帥〕が武藤信義〔陸軍大将、のち元帥〕を、宇垣が金谷範三〔陸軍大将〕を参謀総長に推した時[33]だ。大正から派閥はあるネーとの仰せ〔陛下は武藤章〔元陸軍中将、A級戦犯として刑死〕と武藤信義と親子関係ありとしきりに御主張になる〔実際には無関係〕。田島が若槻〔礼次郎、元総理大臣〕を拝命後訪問の節、陸軍三長官会議の結果陸相をきめるといふ事の為にどれ位自分達は困つたかも知れぬといふ話をきゝましたが、宮内大臣としても習慣的に前歴のある人の全部の同意なければきまらぬといふ事で、田島の長官拝命の時、牧野伯始め知らぬ人のみで大変六ケしかつたとか加藤〔進、宮内府〕元次長にきゝましたが……と申上げし処、そうか知ら、私はしらぬとの仰せ。

何れにしても、今後は牧野伯始め前歴者全部、田島拝命後に物故致しました故問題はございませぬが、田島も早晩退職の時が来ると存じますが、新憲法の実施の時、吉田内閣で法律の表面は首相一存で内閣から長官をきめ得るのでありますが、内部的取極めで陛下の御同意を得る事であり、長官以外の主だつたものは長官の同意といふ事だそうでありますし、又実際としても陛下の御許しを得、又後任に適材を推薦して去りまする事が当然で、首相に辞表を出せばよいといふ他の役人とは事情を異に致します故……と申上げし処、元は宮内大臣は内大臣が任命する事の責任だつたが今は首相だ。しかし今のやうに私の意見を入れて貰はねばと思ふ。芦田〔均、元総理大臣〕が長官更迭の時侍従長も同時といつたがあれは困る。[34]長官が更迭し其新長官の責任で侍従長の適任を推薦するといふ事でないと困る。あの時は特殊の場合故、不得已（やむをえず）前例としないといふ条件で承知したのだとの御話。

田島も既に早いもので三年有半御勤め致しますと申上げし処、宮内大臣や長官は余りよく変る事はいかぬ。松平〔恒雄、元宮内大臣〕は八年位やつてたといふ様な御話。松平は余りに長く、近衛〔文麿、元総理大臣〕等は之をかへたく、当時新潟県知事の前田〔多門、元文部大臣、大日本育英会会長〕に内交渉しまして、田島は前回から相談を受けお受けするやう勧めましたがこれは実現を見ませんでした。池田成彬にあとできけば、原田が近衛なども大に此事をいつてたとの事でありました。芦田から田島に長官の内交渉を受けました節、田島は池田に相談を致しました処、安本〔経済安定本部長官〕など閣僚になつても何も出来ぬ故駄目だが宮内省は受けなさいとの話で、小泉などの方が適任と思ふと申しました処、小泉は矢張り先生故、侍従長に適任だが長官は田島の方がよいといふ様の話。又前田は若い時から最も懇意で、前に前田が近衛から話を受けた時に田島が受けるやう勧めました関係上、受けるやうに又いはれました様な事がございましたと閑談をも申上ぐ。先程侍従長の御話は矢張り若槻の話に、西園寺公は侍従長と宮内大臣と枢密院議長の人事がとても六ケ敷、陛下の御即位と共に入江〔為守〕が侍従長といふ時、公卿など駄目だと珍田〔捨巳〕氏がなつたとか、山本権兵衛、平沼が議長になるのを西園寺は随分いやがつたとかいふ話をきゝました云々申上ぐ。

将来、宮内庁長官詮考の範囲が、政府の大臣は政党員で不適の場合が多くなりますがと申上げし処、裁判官、民間といふ事になるのかとの仰せもあり、宮内庁は一面役人一面御家庭向の仕事で一寸要件が単一でなく六ケしき事申上ぐ。陛下は時の政府との連絡に政党人で人のよい人が連絡だけしてくれるといゝとの御話にて連絡御希望らしきも連絡に終らず、干渉となり面倒にて駄目と申上ぐ。そうかとの仰せながら、昔の内大臣的のもの輔弼でなく情報提供の如きもの欲しき御口吻ながら一寸御気持判然せず。近衛などある点は実に不都合で、陸軍のやり方と一寸似て、いつかも話した通り、非常に重大な御前会議を金曜にいつて来て土曜に開けといふ。最後通牒的のやうなやり方であつたと之は御憤慨の御様子。

京都大学の事件の其後の様子はどうか、黒田徳米〔日本貝類学会会長、京都大学理学部非常勤研究員〕(35)が免職といふ話をきいたが、万々一私の研究に関係があるので黒田が失職したといふのなら気の毒だと思つたがとの仰せ故、全然左様の事ある筈でございませんと申上ぐ。そうかそれならよいがとの仰せと御安心の様子。

一二月一九日(水) 御召し御座所 二・三〇―二・五〇

昨日二度御召しでございましたが、午前は内廷会計会議、午後は学習院の評議員会で失礼を致しましたと申上げし処、イヤ、長い話は又今日でなくてもいゝが、葉山へ行くといふ事は退位論など唱へる人達、生活に困つた人、特に軍人など戦争の為にひどい目にあつた人から見ると、私が葉山へ行くなど贅沢の事をしてると思ふだらうし、それは境遇上のひがみと思ふが、そういふ人のある事を考へても行つてい丶かとの御仰せ故、侍従長から話がありまして結構と申しました事でありますが、退位其他の事を云々する人は葉山へ御出掛などをそう八釜〔やかま〕しく申しは致しませぬし、大切な御位置の方の御健康上御よろしい事は結構な事であります故、よろしいと存じまして侍従長とも相談致しました事故、又仰せの様な点で遠慮的に考へまする傾向は人並より強いかと田島自身の性質を考へて居りまするが、其の田島の常識で世人の彼是申すものでないと存じまする故……と申上げし処、そんならそれでよろしいと御安心の体。いつも同じ事にて、はつきり申上げれば全然御安心になる様子。

それでは田島より数件御許しを願上げますとて、皇太后宮職本年度限り廃官に付、大夫は退職金も多額、恩給も相当額故、此際退官他への就職は又時によると致します。甘露寺〔受長、掌典長〕も老人故、適当の時には其後任など丶も考へて居ります。本人〔坊城〔俊良、皇太后宮大夫〕〕には単に今回は退職、若し将来何かよい適当な事があればとのみ申渡しましたと申上ぐ。そうだ甘露寺も老人故、或は或時にはい丶かも知れぬとの仰せ。女官長、女官等は一二月限り退官で、一年祭迄は細かい御後片付けの為、内廷より五千、四千、三千と階級別で御手当を賜はる事に願ひたいと存じますと申上ぐ。よろしいとの事。次に小畑〔忠〕事務官は入江の代りに侍従職事務主管として侍従兼事務官と致したいと存じます。それ〳〵話合い済でございますと申上ぐ。定員は一人あいてたのか、私は一杯だと思つてた。そうかとの仰せ。又入江は事務主管でなくなるのだネとの仰せ。左様でございますと申上ぐ。よろしいとの事。次に昨日決算会議で総て正当との鈴木委員の報告でありました。二十五年度では百万千円の余剰を生じ、基金に繰入れました。二十四年度には五百万余の余剰でありました。二十五年度にも義宮様宮家創立準備金五十万円、順宮様御婚礼準備金五十万はとりました故、右準備金は現在各二百五十万円づ丶ありま す。皇后様和服費は百万円、別に二十四年度でとりました。まづこれで内親王〔順宮〕様の御婚嫁で幾千のお金が入用かと心配致しましたが大過なく過ぎまして安心致しましたと申上ぐ。御了承。次に南原〔繁、前東京大学総長〕、矢内原両人とも別個に田島訪問致しまして、天機奉伺の御記帳の上よろしく執奏方を依頼して参りましたと申上ぐ。そうかとの仰せ。それから昨日、学習院評議員会では政経学科独立、外国文学科の拡張の外、右の為校舎建築の必要上文部省補助費のみでは足らず、御下賜の不動産も五年間は処分禁止でありましたが時が過ぎましたので、昭和寮を売却してその資金によるとの事でありました。大体順調と存じます。第一回の卒業生も礼儀正しいとか何とか学習院の特徴もあり、就職率八割といふ話でありましたと申上ぐ。次に皇居御造営問題は内閣も之儘〔このまま〕では行かぬと考へましたか、ある声明を発したいらしく、其声明中に御思召を拝察すればといふ意味を入れたいとの事で、それはよろしいと申して置きました旨申上ぐ。勿論御了承。

次に雑件三つございます。一つは十七日午後頃、半狂いか狂ひか二重橋侵入致しました。皇宮警察で発見致しましたが、何か苦悩があり、日本の親の陛下に御相談したいとか云々申して居りました由と申上げし処、皇室をわるく思つてではなく重んずる側の狂人だネとの仰せ。次は又も葉山への外人の侵入でありますが、十八日午前二時頃、先達ての事件以来故、殿部がとまり居りまする所へ酔漢がやつて参りました由。塀を乗り越しましたもので不都合でございます。ノルウエーの船乗りとかき、ましたが、乱暴したものではありませぬ。次は自動車事故、子供が死んだやうでございますと申上げし処、雑件三の内それは一番わるい。処分するやうにとの御話故、交通事故は過失がどちらにあるか不明の場合、又無過失でも死んだ場合には適当に見舞金を出さねばならぬものであります。此場合、運転手に過失がありましたかどうかで処分すべきかどうかきめるべきだと存じますが、最近自動車の事故多く、恐縮に存じて居りますと申上ぐ。佐藤〔尚武〕参議院議長来訪の約、三時なる旨申上げありし為、もう時間だと御立ちに相成る。退下す。

一二月二〇日(木)
御召し御座所
一一・〇五―一一・四〇

高松さんが、万世の為に太平を開かん云々と高尾へ伝言あつたとの事きいたが、それは追放解除者か何かの為に特別に意味ある事をふくんで居るかとの御下問にて(充分御趣意判然せぬも、太平云々の文句にこだはれてそれより派生的無益な御想像論たる事確に付）、万世の為云々の文句は別に意味あつての高松さんの御言葉でなく、二十年八月十四日御放送の勅語といふ意味でその一節を御あげになつたにすぎません。従て別にふくみのある意味などはありませんと確言し、そんならそれでよろしいと御安心の体に拝す。

それにしても秩父さんの退位論らしいといふ長官の話だが、明かに松平慶民時代[36]は退位に反対して居られたが、どういふ訳か或は当時の反対は摂政に誰かならなければならぬので反対で、今日は摂政の問題はなくなつた故退位論になられたのかしら。そんな事いつても東宮ちやんはまだどうも帝位をついでもどうもまだまだだし、貞明皇后に別にどういふといふ訳ではないが、明かに皇后の方（皇后様の事となる）と連絡がわるくといふより不調和であつた事は事実だとの仰せ（一寸貞明皇后様の御徳にも多少関する意味の御話振りらしく）に付、皇太后宮職といふものが特別にありますれば、そこの役人があり連絡を怠つたりして、或は競争でもありませぬが、何かはりあふといふ様な事は絶無ではございませぬ。現に田島が驚きましたのは牧野伯八十八の御祝の御仕向が大宮御所からいろ〳〵手厚く田島牧野訪問の節いろ〳〵示され、鈴木（一、前）侍従次長に話しました処、何の連絡もなく皇后様より御仕向なかりし為、あとから大体田島拝見せしものに合せて、例へば大宮様御親筆の御歌に対し皇后様の御絵を賜ふ等の事がありましたと申上げし処、それ故貞明皇后でさえそうだから、私が譲位しては東宮ちやんが帝位についても何かと面倒な事が起きがちの事は想像出来るとの仰せ故、それは既に申上げました通りで、天に二日あるやうな嫌があり、それらの点を先輩が充分考慮して皇室典範に譲位といふ事を認めなかつたものと思はれます。――此際御退位然るべからずとの一つの実際的論拠でもありますと申上ぐ（従来になく御退位の事に関して又御関心の結果のいろ〳〵の仰せの様に拝す）。御退位云々の問題は理論的には大に一理あり、机上論としては筋も立ちます事故、インテリに中々其論もありまするが、実際の人間社会の起きうる事を考へますれば到底＋－、－の方が多い事と存じますればこそ先達来申上げて居り、一面国民中に退位論もありまする故、之にふれて平和成立のおことば中に御気持を表はしたいと存じて居りますが、中々文章が六ケしふございます。然し日曜に書きましたものを十八日学習院で安倍〔能成〕に渡して相談しました。まだ返事は参りませぬが、小泉にはまだ示しておりませぬが、近日示して三人で何とかしたいと存じて居りますと申上ぐ。

それから昨夜、松平官長の為に訪問先の国の使節と外務省の役人とを三番町へ田島招きました節、外務次官から一寸意外な話をきゝました。それは松平官長が随行なしで行くのはよくないからつける事にするとの話であります故、松平一人の旅費でさえ六ケしいのにそんな事出来るものでないと申しました処、それは全部外務省で責任をもつてやるとの事で、結局吉田首相の特命の結果と察せられます。そしてその随行にはかねて宮内庁に勤務方をたのみ断られました上川洋〔外務省職員〕を充てるとの事で、上川は洋行して松平と共に宮廷関係を調べて帰り、後宮内庁に勤務するやうにしたいとの大臣次官の意見のやうで、次官は今日〔昨夜の話では明日〕上川に話をして見るとの話でありました。吉田の宮内庁人物養成論が出ました節、上川洋を試みても駄目と話しました節、某氏を書き止めました故、名はあとから田島手紙で報じ、出来れば上川が宮内庁へ来るやう御配置願ひたいと申し送りましたが、十八日ダレス御陪食の節、吉田と雑談の節この事にふれ、鶴の一声で一つ御たのみしますと申したのに関連して、次官に話してくれとの話が大臣よりあり、まだ次官に話込まぬ内にこういふ風になつて参りました。ワンマンのやり方一寸驚きますが、宮内庁側としては結構の事故、松平にも話しました処、上川は知らぬ人だがそうなればそれで結構との事でありました。井口次官が今日上川本人に話す結果如何なるか分りませぬがこういふ事でありました。上川は次官が何年位貸せばよいかと申します故、終身が無理なら最短三年は欲しいと申しました。元来吉田は式部は長官始め先達て申上げました通り、後藤〔鎰尾、式部官〕、黒田〔実、式部官〕皆好きませぬ様子故、此機会に式部の改革になる順序とならぬ様、井口には式部ではなく事務を一寸覚えて後侍従の方へと考へる旨も話しました。此話出来れば、そして侍従にする時は久松を考へねばならぬと存じて居りますと申上げし処、吉田はどうして松平をそんなにいやなのだらう。芦田は非常に松平をほめてたがその為かしらとの仰せ。そして陛下は松平は重宝で宮内庁に居た方がよいとの御意見仰せになるに付、実は牧野伯より拝命前注意ありました一項に、松平は引続き使ふ方が宮内庁の為によろしいとの話で、予て提出中でありました辞表を返しましたが、兎もすればやめたいといふ話が出て、池田成彬が心配してくれ、最後に大磯の池田の家へ松平をよび、新長官が一処にやつてくつもりだがやめたいのかときいた処、本当に長官は私を官長としておくでせうかとの問をしました由、池田がその事は保証すると申して始めて落付きました次第でありますが、疑深いには一寸驚きました。東宮大夫次長等更迭しました故、田島は式部官長もかへるとの疑で、いくら一所にやつてくれといつても信じなかつたかと存じますと内輪話を申上げ、昨夜井口次官が鈴木九万〔元宮内省御用掛、横浜連絡調整事務局長〕を宮内庁にどうかといふ事を申しました故、鈴木は来れば式部官長以外にないと思ふが式部官長はやめて貰ふ気持もなし、一寸来る所ありませぬネーと申しておきましたと申上ぐ。昨日の佐藤尚武の話は何であつたかとの御下問に付、共通の友人に関する全くの私用でございましたと申上ぐ。そうかとの仰せ。猶今日は午餐に高松邸へ御召しを受け居る御話申上げ、又今夕東久邇様へ上る旨申上ぐ。何の御用か存じませぬが、菊栄親睦会[37]の御帰りの御話、御希望を御前へ出ます故と申上げました為今夕上りますと申上ぐ。陛下は東久邇さんはいゝ御方で非常に万事に同情を御持ちになる故、逆に其為に引かゝられる結果になるのではないかしら。又御思想は平民的か知らぬが御行動は随分貴族的だからねーとの御仰せ。高松邸へ上る為退下す。

一二月二一日(金)　御召し御座所　一一・〇五―一二・〇〇

秩父さんが暖い所の方がよいといふ訳で家を探してるそうだが、まだ見付かつたかどうか知らぬが、相当お金がいると思うが、私から何かしなくてもいゝかとの御下問故、それは御心配は無用でよろしいかと存じます。御家といふ事になりますれば、御財産の有無に拘らずバランス能く御仕向必要かと存じますが、小さい家を先般高松さん御新築でありました。三笠宮様も御止めになりましたが一寸青山御所内に御新築の御希望がありました。そういふ際の事を考へますれば公平に願ふとすれば大変と存じます。秩父さんの手術といふ様な事は他家にない特独〔独特〕の事故、御仕向あつて結構でありますが、御邸の問題はそう参りませぬし、又御手術などと違ひ大金でもありまする故、御貧乏におなりになつた現在の皇室内廷では一寸重荷でもあります旁〔かたがた〕、御心配は御無用に願ひましてよろしいかと存じますと申上ぐ。秩父さんとしても何の御期待もなく御殿場の檜木の森を抜〔ママ〕採等で御考中のやうでありますが、御買入と処分の時の差で御用立、あとで御返し願ふといふやうな御便宜は結構願つてよろしい事と存じますと申上ぐ。御納得の様に拝す。

それから昨日夕刻、東久邇稔彦様御訪問の様子逐一御話申上ぐ。第一は、粟田〔彰常、東久邇稔彦の三男〕さんが稲葉氏から来てる夫人〔典子〕と愈離婚の事に決定しました経緯の御話、若し又デマが起んでも、真相は先方本人及親からしきりに気性のあはぬ事、将来性のない事を理由に、こちらでは病の事承知で終生この儘といふ話がどうしても承知して貰へぬといふ事等申上ぐ。陛下は之に関し、ブラジルへ渡航された俊彦〔多羅間俊彦、東久邇稔彦の四男。一九五一年四月、ブラジルへ移住〕さんの夫人を日本でさがしてるという話だが、私はこれはどうかと思ふ。折角あちらで新しき生活をなさる故、あちらの人から配偶者を求められたらいゝと思ふとの御話故、それはいゝ人があれば結構ですが、所謂移民では適当な人がないのではありますまいかと申上ぐ(此点は俊彦さん渡米〔ママ〕の頃にも一、二回田島拝承せる記憶あり)。それにきけば侍従武官してた中村〔俊久、元〕海軍中将の娘をとの話があるそうだが朝融さんが不服をいはれるとの事で、どういう意味か訳が分らぬとの仰せ故、中村は侍従武官の後、久邇家の多少御世話をしてた事があるやうに存じますと申上げし処、陛下は朝融さんが中村の家庭に御出入あつてその娘の事までいゝとかわるいとかいはれるのではないかと御心配の様に拝察する御言葉あり。それから高輪御用邸を稔彦王払下御希望の話あり、昨夜の一伍一什御話申上ぐ。稔彦王の訴訟に出でられし事に対する田島の不満、遺憾と思ふ事、わるい御取巻に知られぬ様の時々の会食の意味等卒直に申上げ、窓口を一つにして緒方竹虎と、久邇家再興のやうな意味で此払下を出来れば、利用する事宮内庁としては皇室財産の外し放しは困る故、交換の方針なる事等委細申上ぐ（昨夜の事、緒方今朝来訪の事ども）。それから上川洋の事、次官の慫慂〔しょうよう〕にも応ぜぬ旨内報のあつた事申上ぐ。筋違ひといひ乍ら稲田侍従次長から一寸聞いたとの仰せ。駄目になつて元々でございますと申上ぐ。そうだとの仰せ。閣僚等へ御陪食の時刻にてノックあり退下す。

この後閣僚参集所へ行きし処、岡崎〔勝男〕官房長官より皇居再建に関する内閣声明原文を首相筆入れ、御思召を拝察してやめるといふ外、将来時期来れば御思召を伺ひ予算措置する旨となりし事の了解を求められし故、御出御直前拝謁願ひ右の事言上せし処、あまりくどく御思召を使はぬやう希望との事に付、其趣旨申入にて可然御一任の御了承願ふ。御陪食後官房長官に此旨伝ふ。

一二月二四日（月）　御召し　御座所　一・三〇―二・三五

読売新聞の座談会で退位の事が出てるが(38)、あれには事実と違つた事を根拠として論じてる所があつてどうも困る。例へば東久邇さんとか近衛とか、私がもつとはつきりした態度がとれた筈だといふ様な意味をいつてるけれども、それは事実と相違するので、下剋上でどうする事も出来ぬ。軍部大臣にいつてもどうとも動かぬ、又例へばきつくやれば田中内閣の辞職のやうな事になるけれど、それが尾を引いて久原見たやうな人間が二、二六〔事件〕に関係するといふ様な事態になる等で、とても新聞に書いてあるやうにはいかぬ状態であつた故、其の根拠の上に議論されるのは困るといふ意味の事仰せになる。そこで私は実は陛下のやうに論議される対象ではありませぬが、最も多く関心を持つ第三者として読んで居りまする田島の感じは、一応尤もな譲位論で陛下は御自分の事で特に只今の様な御感じかも知れませぬが、全体の感じとしては鈴木〔安蔵、憲法学者〕といふ人の意見も左様ひどい意図の下にいはれてるとは考へられませぬ。別の言葉で申せば、東京裁判、原田日記等で、陛下は平和的であり今回のやうな敗戦になる事には終始御反対であつた事は明白な事実を前提として、それにしても今少し何とかして頂けば戦争なくてもすんだのではないかといふ様な意味で若干不満を申述べるので、御退位はむしろ陛下の為にもよろしいといふ結論の下に、其理屈としてあんな事を附加していつてる位のものかと思ひまして、陛下の御感じのやうには考へませぬと申上げし処、それもそうだ。鈴木の意見も前よりは穏かだ。そういへばそうかも知れぬとの御話で、左程御不満でもなく御納得の様に拝す。然し最近御退位に御関心の如く、戦時又戦前の御回顧話多く、近衛は真崎を同情し、荒木〔貞夫、元陸軍大将〕を文相にしたのも近衛、又柳川〔平助、元陸軍中将〕を法相にしたり次の総理だといつたりして木戸〔幸一、元内大臣〕は随分違つた考であり、此点は吉田も真崎を信用してる。私と其点は違ふ様だ。真崎が士官学校長や教育総監をやつて陸軍が政治に興味をもつ様になつたとの仰せ。又盛厚さんの話に、盛厚さんの同期生はそんな事はないが、其上の同期生は会合して、今でも政治問題とか日本の再軍備とかの話をやつてるそうだ。辻〔政信、元陸軍大佐〕や服部〔卓四郎、元陸軍大佐〕などといふのもどうも余りよくないらしいと、雑談的にいろいろ御話あり。軍部の策動は、近衛など総理をだきこんで、首相と私との意見の相違（ケンカといふ言葉を御使ひになる）にして了ふといふやうな有様で、どうする事も出来なかつたとの御話。

それに関連してるが、宣戦の詔勅に副署したものは、誰もかれも追放解除しないといふのはひどい。岸〔信介、元商工大臣〕などは主戦論者だからそれで当然だけれども八田嘉明〔元鉄道大臣〕なんかは解除してもいい、と仰せ故、陛下は一定のワクをきめてそれの内は駄目、外はよいといふ形式論を不合理と仰せになり、将官連は立派な平和論者でも駄目、佐官ならば相当主戦的であつた者も解除されるのはおかしいとの御意見で、宣戦詔勅は既に事実上軍部が始めた後に出たものであれに副署したせぬは其人の本心とは余り関係ないとの御考でありますが、舞台裏から陛下が御覧になればそれが真相でありませうが、観客の方から見ればそういふ内輪の事は分りませんで、宣戦詔勅が出てそれに副署がしてあれば一応責任をもつ形になります故、一定のワクとして一面已むを得ぬと存じまする。又只今八田の御話がありましたが、満鉄副総裁頃から相当軍部と申しますか、軍部とよい、近衛とかには近づいた人物の様にきいて居りまして、岸と対蹠的の人物とも存じませぬと申上ぐ。之も御納得の様子に拝す。

今朝御召しの節は、御下賜金の有りました社会事業十五団体の人との会合がありまして失礼申上げましたが、皆それ〴〵沿革現状を話し、相当苦心して居りますやうでございます。仕事に専念する楽〔ママ〕でせうが、陛下に御認め頂いて御下賜金を頂く事になつた事故、一層気の毒の人の為に御つくし願いますと申して置きました。経営談は陛下に申上げると申しておきました。

それから坊城が参りまして、東京大神宮[39]の宮司を引受けるとの事で同意を求められまして、結構と申して置きました。葉山へは引続き供奉は致しませぬ迄も、行幸啓、還幸啓の御供は致して居りましたのを、油の倹約の為、一台の供奉車として長官は失礼を致して居りましたが、予備車を用ひまする以上油は同じでありまするし、御道なりとも本来御供すべきではあり、御警衛も多少の用心すべき点もあり、御役に立つ訳でもありませぬが、今後は長官又は次長が供奉に加はります事と致しました。そうかとの仰せ。別に何事もございますまいが、歳末には三十、三十一日の中、年始は二日、三日へ参殿の予定に致して居りますと申上ぐ。葉山は汐は？と伺ひし処、冬は夜が大汐故、磯は駄目だが海藻はとれるしドレッヂ[40]は出来るとの御話。

昨日は東宮様御成年の御誕辰故、御喪中ではありますが非公式に田島仮御所へ御祝に出ました。小泉、野村〔行一、東宮大夫兼東宮侍従長〕等と一時間余り御話して帰りました。今後御成年と共に色々の事が従来と変りまする故、小泉をたのみました経緯で野村を大夫侍従長といふ事にしておりますが、どれか一つを別に人を得る必要があるやうにも考へられまするが、小泉との関係もありよく考へて居りますと申上ぐ。

松平が行くについて一つ調べて来て欲しいのは、米国では大統領が元首と首相との二重の資格があるが、軍の統率権はどちらの資格かしら、欧州の王国では軍の統率は王か首相か其点を調べて貰ひたい。吉田が此間いつてたには、首相が軍の統率に当るといふような事をいつてたが、吉田のやうな首相ならいゝが、社会党左派の首相のやうな時はどういふものだらうかとの意味の様に拝せし故、そういふ事は政治向きの事故、陛下が御意見を御出しになりませぬ方がよろしいと存じます。たとひ吉田首相にでも御ふれにならぬ方がよろしいと存じます。政治問題といふのみでなく、此問題は特に陛下の御立場として御ふれ願ひたくないと存じまするのは、先達て緒方が御譲位論をもつて参りました時でも再軍備に関連して立論致して居りました。即ち再軍備が出来た時、又軍人共が陛下を奉じて軍閥をつくる機会になりはせぬかと内外から思はれる危険がある故、再軍備ときまれば、皇太子様の今迄何等御関係ない方がよいといふ意見で、これは統率権が陛下にあるともないともきめませぬで、再軍備といふだけでもそういふ問題にふれて居りまする故、此は一層御ふれにならぬ様よろしいと存じます。政事〔ママ〕には御ふれになりませぬ現在の御立場でも、何かにつけ陛下中心に考へる国民感情のありまする象徴制の必然で、再軍備の日には統率権など申しませんでも陛下を仰ぐ様になり、これが又問題になる可能性ありまする故、此際御ふれ願ひたくありませんと強く申上ぐ。御了承のやうに拝す。

ついで吉田の人物の事で、非常にいゝ人だが人物を見る明〔ママ〕の点どうかと思ふ。真崎をいゝと思つてるしとの御話にて(先達て吉田が原田日記を読んでの感想として「君側にも木戸や康昌の如きものが居つたのではどうも……」といひし事を想起して)、木戸を吉田は余り感心しておりませぬやうでと申上げし処、吉田は知らぬが憲兵隊の抑留から解放されたのは木戸の阿南〔惟幾〕陸相に強くいつた御蔭だ。知らずに居るが木戸は吉田の其点恩人だとの御話。又芦田の事務的万能、論理的のものゝ進め方を御理解らしく、芦田は中々出来る。吉田とコムビになるといゝがナー。一所にやれば吉田は老人だし自然に芦田も首相になれるといふ様な御話(政党の行懸りなど超越して王者の立場で人物御観察の結論かも知れねど、実際にそぐわぬ話)。外に此日は近衛の事、木戸の事、軍閥の人事等雑談的御話あり。

一二月二五日（火）　御召し御座所　一・一〇―一二・一五

昨日きいた事についてだが、勿論長官の考次第で話さぬはきめていゝのだが、吉田が木戸のことをよくいはぬといふ事について、勿論さつきもいつた通り、長官の考でいつてもいはんでもいゝのだが、吉田がつかまつた事は近衛にきいて私も驚き、木戸も之をきゝ、近衛もびつくりした訳だ。そして近衛が木戸にたのみ、木戸から阿南にいつてあれは釈放されたのだ。阿南は当時軍務局の若い連中に相当信望があり、阿南は大体やれる立場に居た。此事を吉田にいつてくれたらどうかといふのだとの仰せ故、それは適当の場合に吉田に申す事に致しまして、いつどういふ時といふ事は御任せを願ひたいと存じますと申上ぐ。それは勿論長官の考次第で話してもいゝし話さぬでもよい。又いつ話すかは一切長官の自由だが……。もう一つ、吉田が木戸をわるくいふのが当らぬこともよかつたら話して貰ひたいが、之は水かけ論みたやうなものだ。何分結果があゝいふ事になつたのだから……。

近衛公爵といふ人は実に無茶な人で、やめるとなつたら後任者など誰でもいゝから自分が止〔辞〕めたいといふので、あの時〔第三次近衛内閣退陣時、一九四一年一〇月〕も近衛は最初東久邇宮といつたが、それは駄目となつた処、海軍は岡田〔啓介、元総理大臣、元海軍大将〕も米内も断然政局は引受けぬといふので、結局虎穴に入らずば虎児を得ずといふ様な意味で東条を木戸が推薦する事になつたんだ。東条といふのは北部印度支那進駐事件の時司令官以下を罰したし[41]、金枝玉葉〔天皇とその一族・子孫〕すらとてもどうする事も出来なかつた時代に、近衛兵のボヤ事件で時の第一旅団長賀陽さん〔賀陽宮恒憲王、当時〕を矢張り処分した事があり[42]、板垣と東条を満洲参謀長[43]の更迭の前後で、実業家連中も満洲国の有様の評判が一変したこともあり、又古い事だがあの陸軍に対しては八釜しかつた湯浅〔倉平、内大臣〕も東条の陸軍次官の頃のやり方で或時は御役に立つ人間といつた事もあり、現に処分の問題では、潜水艦問題[44]で米内、山本コンビの海軍省でも処罰出来なかつた事等を思ひ、私のいふ事はきいてくれるかと思ひ、又話も分り実行するといふ期待でやつた事だが結果はあの通りとなつて了つた。木戸は東条を推薦して、これ以外に軍部を押へるものはないとしたのだ。

大体勢の盛んな時に正面から向はず、煙出しを作るといふやうな考へ方をするのが木戸で、此時も確かに正兵でなく奇兵であり、結果から見ては駄目だが実情はこういふ訳であつた。大体木戸は柔能く剛を制すの案であり、一部には木戸は利口すぎるとか、内務大臣の時思想取締りがきつい強圧でなく煙出しをぬく主義故弱いといはれたりしたのだが、〔湯浅〕内大臣更迭の時には湯浅は若槻を推薦したが、政党人では当時軍人連のおさまらぬのみならず、反対党派の事もあり、到底問題にならず、近衛は問題なく〔ママ〕、平沼は勿論駄目で、此二人は内大臣として私と一所にやつていける人でなし、已を得ず木戸に落付た訳なのだ。是等の経緯であるが木戸は弱い様で私の気持をのみこみ、真は強いのである……との御話故、先般原田日記の読後感を吉田が申しました際、はつきり木戸や康昌が君側に侍してたのでは心細いと確かに申しましたのでありますが、果してどの程度の意味か分りませぬ。現実のこと丶しては木戸は巣鴨でありますし、松平についてかねて敬意を表せぬ等の事あり、何か落度のある時吉田から何か申して来るのではないかと思ひます丈けで、吉田に御話の趣を特に話すきつかけもあるか如何かと存じますが、適当の時に適当に話す事と致しますと申上ぐ。それでよろしいとの事。

それから昨日の話の読売のは、植原〔悦二郎、自由党顧問、元国務大臣〕は自由党で吉田も同じやうな立場で矢部〔貞治、政治学者、元東京帝国大学教授〕は中間、鈴木〔安蔵〕が大統領迄やつてるがとの御話故、全体としては鈴木もそう無茶の事は申して居りませぬ、と申上げし処そうかとの仰せ。それよりも又三笠さんが読売に(45)……と申上げし処、陛下はあの内容は以前に比すれば余程慎重で言葉をにごし、又長官が昨日いつてた総理の譲位ばかり論じてゐて、譲位の結果の実際といふやうな事を少しも考へてないといつた其の実際のことをあすこにはいつて居られる(と余り御不満なき御様子と拝察せし故)、その点は即ち内容は注意しておいでゞありまするが、言葉をかへますれば、三笠さん以外の誰れか普通の人の意思ならば結局譲位は駄目かとの結論とも見られ、少しもわるくないと思ひますが、あ丶いふ風に新聞社へ御出掛になり、又あゝいふ問題に内容は兎に角、口を御出になる事がいかぬと存じますと申上げし処、それはどうもそうだ。も少し慎重にして貰はねば……との仰せ。

実は昨夜松平、坊城の送別会を致しました……。松平には陛下御下命の軍の統率の問題調査を頼み置きました。その礼に今朝松平も参つて読売の事を話会ひ、三笠さんは細かい事には御頭がいゝが、大綱の御判断は少しおつむり〔頭の意〕がおわるいやうだと申しましたが、宮様方は逆であつて欲しいのでございますと申上げし処、それは陸軍の教育の弊だ。細かい事に頭をはたらかし過ぎる。東条なども首相で相当細かかつたとの仰せ。どうも三笠さんはアゝいふジヤーナリズムに出る事が御好きの様でありまするが、いつも陛下の仰せの通り、自由は人権として認められていますが、地位の一番高い天子様は一番自由を束縛されておいでになり、田島の如きも役目がなければ何でも申し得られまするのが、こういふ役目にあれば申されませぬやうに、皇族としては余り御自由と思召さぬ方が願はしいのでございます。実際問題として、此三笠宮様の御渡米の際……もし実現しますれば……御伴が非常に六ケしいと存じます。相当な人が御伴をしませぬと……と申上げし処、それは非常に六ケしい。例ひ其人物がよくても三笠さんとのコンビがわるければ何にもならぬ。コンビは同型でいゝ事もあるし、異型でいゝ事もあるが、何れにしても三笠さんとのコンビがよくなければ駄目だ。私の場合などは其問題は余程軽いが、宮さんの場合は人数もまづ費用の点で一人だし、私は人も多く又大要は任せるといふ事になるが、宮さんだとそういかずそれは六ケしいとの仰せ、と申上げし処より、陛下は私は実は牧野伸顕の来る時もよくは知らなかつた。一木〔喜徳郎、元宮内大臣〕も秩父さんの御進講かなんかで一度位あつた位でよく面と向つて話した事はなし。枢密院顧問官であつたかも知れないが、ちやんと人柄を知つてた訳ではないが、私の場合はよく行くが宮さんは六ケしいとの仰せ〔永積侍従、明二十六日内閣改造の為の認証者任命式の御都合を伺ひに出る。九時半内奏、十一時迄に式終り、松井の外交御進講あるとの事に御許しあり〕。

自然改造の話となり、閣僚陪食のあとの拝謁の時、既に其の事はきいてたとの御話。イヤ、あの時の拝謁は主として其の事であつた。外相を岡崎に、根本〔龍太郎、農林大臣〕はやめて貰つて出来れば広川を、そして自由党内のせりあひを止めさせ、増田甲子七に一番よくあふのは益谷〔秀次、元建設大臣〕故、益谷を総務会長に持つてくとの話であつた。木村篤太郎〔元検事総長、元司法大臣〕を吉田は信用して、法務総裁には之を頼むらしく、大橋〔武夫、法務総裁〕は治安の方へ廻すつもりらしい。官房長官は保利〔茂、労働大臣〕とかいつてた。山崎〔猛、運輸大臣〕は議会関係へ廻つて貰ふやうな話であつたとの事云々。明日午後御予定通り葉山へ……と申上げし処、行つてわるい事は?……との仰せ。勿論結構でございます。きく事はないかとの仰せ。何事もございませぬと申上ぐ。天野は改造にも残るやうだとの御話から、又例の日本歴史と日本地理又日本の伝統を小学校で教へるやうにして貰ひたいとの御希望を仰せになつた。

一二月三一日(月) 於葉山御用邸拝謁の間にて 一一・四〇―一二・一〇

御喪中に付歳末御祝詞申上げず、歳末となりたる御挨拶申上ぐ。既に侍従長より申上げたと存じますが、〔池田勇人〕大蔵大臣が昨年度予算を申上げに上るとのことでありますが、宮内庁に関しますることについて、二、三の点を申上げます。宮内庁の三階を改造しまする経費七千万円は大体認めましたが大臣の特命らしくあります。その為の主務者の方で他を若干切り過ぎた点もありますが、それも必要なものは復活要求を致しまして、主要なもの、立太子式の際下賜の木杯の数の削減復活、饗宴費の削減も一部復活等不可欠のものは大体よくなりました。又内廷費は大宮様崩御にかゝはらず三千万円、皇族費は親王七十三万円をベースアップで先日六万円だけ、各宮家へ賜ひまする様御願しました分を合算しますれば八十五万となるべきを一挙百四十万とすることも通りました。皇室経済会議の様子等の反映もあると存じます。大蔵大臣拝謁の節、多とする旨御仰せはいりませぬが、御含み置きを願つておきます。

皇居再建問題に付ての内閣の声明書(46)は余り「御思召」をくどくしないやうにとの御思召故、内閣に其旨通じておきましたが、既に新聞に出ましたやうな形で最初は

「御思召の程もそう拝察する」と申し、終りの方に時機が来れば御思召を伺つて予算措置をするといふ様な表現で、先づ無難であり首相の加筆とのことで左様にきまりました。

　それから昨日沼津へ上りまして内親王様に拝謁致しましたが、御機嫌よき御様子に拝しましたと申上げ、次で秩父様へ参上の所、丁度藤沢の額をおきめになる御話の処へ参上致しまして、御支払方法上分割とか一時とかが問題のやうでありまして、大体陛下の御思召のありましたこと、田島としては下賜金は困ること等ざつと申上げ、一時御用立ならば御許しは得られると思ふ旨申上げましたことを奏上、御許しを仰ぐ。よろしいとの御仰せ（金額は申上げず）。次に先度の自働車の過失のことは、坂道でありまする為（子供がうつむき加減で出て来まして先方過失でありまするが）速力の制限があり、事故なくば問題ないのでありますが、事故となればその点多少過失視せられるかと存じますが、被害者も別に六ケしいことを申さず、六万円の慰藉金で片付きましてございますと申上ぐ。

　松平出発の日も近づきまして、先日も永井松三〔元在ロンドン日本大使館参事官〕が数枚のノートを書いて、外国王室のことを外交官在勤中に知り得たことを参考の為話しに来てくれました。陛下が英国御訪問のときの参事官で、皇太子〔Edward エドワード八世、ジョージ五世の長男、後の英国王エドワード、退位後はウィンザー公〕殿下が御見送りに御出になることになつてたのが急に其朝皇帝〔George V ジョージ五世〕も御見送りになるとて鹵簿(ろぼ)も御気軽のものであつたと申して居りましたと申上げし所、永井は健康はよくなつたかとの御尋ねにて、よろしくなりました旨言上す。陛下は、貞明皇后の満洲皇帝〔溥儀〕に対してもそうであつたかも知れぬが、ジヨージ五世は現皇帝〔George VI ジョージ六世、ジョージ五世の次男〕が私より少し年上、グロスター公〔Henry, Duke of Gloucester ジョージ五世の三男〕が秩父さん位、亡くなられた方〔George, Duke of Kent ケント公、ジョージ五世の四男〕が高松さんと少し違ふといふので、何だか自分の子供の様な気がしておいでのやうであつたとの御話。松平の調査がふえて困るかも知れぬが、白耳義(ベルギー)の元の王〔Leopold

III レオポルド三世、ベルギー前国王〕、和蘭の元の女王〔Wilhelmina ウィルヘルミナ、オランダ前女王〕がどんな暮し方をして居られるか調べて来るやうにとの仰せ故、承りましたが調査の必要は先づないかと存じますがと申上ぐ(衆議院議長官邸の話、スペルマン〔Francis Joseph Spellman フランシス・ジョセフ・スペルマン、ローマ法王庁枢機卿〕再度拝謁の話は一切申上げず。侍従長には委細話したるも)。

一九五二(昭和二七)年

一月三日〜六月三〇日

一月三日(木)　於葉山　御用邸　一一・〇〇―一一・三〇

御喪中故御祝詞申上げませぬが、皆様御揃ひ御超歳で誠に難有い事と存じますと申上げし処、エ、エ、との仰せにて座を賜ひし時、長官方も……との仰せ。恐れ入りますと申上ぐ。今日は二件程思召を伺いたいと存じますが、一は高松宮様御当番故、菊栄親睦会へ御成年になられました東宮様の御出席の御誘ひがありましたそうで、東宮職から総務課の方へ連絡もありましたが、東宮職では余り其会の内容を存じませぬ為か、御出席も結構といふやうな意見もあるやうでございますが、田島のきゝます処では、元より出席しませぬ会合の話を人伝にきゝます事故、しかと事実かどうかは存じませぬがあまり結構な会合でもないやうでございます。本来は陛下から御陪食に御召しの節に東宮様御成年の御紹介ありますのが第一回の方がよろしいように存じますと申上げし処、本来皇太子といふ身位は普通皇族とは一寸別に考へてもいゝではないかとの事にて、御欠席の事に御返事してよろしいとの思召を拝す。三番町にても賀陽さんの若い方〔邦寿カ、恒憲の長男〕と久邇さんの若い方〔邦昭〕が相当酒をのまれたとの噂、又其前鴨場の時は松平一寸御同席申上げました由なるも、我々の会の方ではない事があるとの話で元妃殿下の内にて御酒召し上る方もあり、鷹司〔平通、昭和天皇三女・和子の夫〕あたりも余り感心せぬ光景もありますとか、順宮様も御酌をなすつたとか、順宮の始めての時かは秩父宮殿下が余程適当にかばつて下すつたとかいふ事一寸申上げ、戦後急に自由奔放に御なりかと存じますと申上げし処、いや臣籍降下の前からで、秩父さん、東久邇さん、朝香さん等、必しも若い人達ばかりではないよとの御話もあり、高松さんの方へ何と申上げますか、申上げようは又よく打合せますと申上ぐ。

それから、昨日松平へ仰せのありました、重光〔葵、元外務大臣〕へ御仕向けの事は、松平の考は内々で願はれゝば願つた方がよろしいやうな意見でありましたが、私は今少し考えました方がよろしいかと存じます。巣鴨を出ました故、戦犯を解除にでもなつたやうに一寸考えまするが、普通の刑事裁判で申せば刑期を終へた前科者といふ訳で、元より追放でありますのみか、今日でも戦犯人の刑を終つたといふ事であります(47)。勿論戦犯は露〔ロシア〕の為で英国は素より重光は平和的と思つて居りますし米も大して異存ないかと存じますが、法律的に申せば国際裁判の結果といふ事で、陛下が其人にといふ事になりますれば攻撃しやうと思へば何だか余地もあるやに思はれまする。侍従長の意見はまだきゝませぬ故次回まで御許しを願ひたいと存じます。葉山に滞在中、近い逗子に居ります故といふ方が、たとひ御仕向ある場合にも自然的故、今回還幸啓の前に何とか重ねて愚見を申上げまするが……と申上げし処、国際裁判は一寸おかしなもので、犠牲となつた広田〔弘毅、元総理大臣〕なども死刑にならぬでもよいと思ふ。又一方、本当にそれに価するものがそうなつて居ないので、田島のいふ様な純粋司法裁判と同律に考へる必要はないと思ふ。非常に政治的処分の意味があるから……。然し研究してくれた上で勿論よいから、もう少し研究してくれとの御話。侍従長の考へもきゝました。次回には申上げる事が出来ると存じますと申上ぐ。

それからとて……、永井松三の事を前回にいつてたが、それについてどういふ意味でいつて来たのかという様な、一寸御真意推測し難き御質問なるも、大体前回と同じ事を繰返し、他意なく松平洋行の為の参考にとの事と存じますと申上ぐ。〔二七三文字削除〕

それから貞明皇后といふ本を見ると(48)、三妃殿下の歌がのつてるが、あゝやつて載つてる位なら、中部日本からお三方の御歌といつて来た時(49)、三妃殿下御出しになればいゝのに、三笠さんがそんな宣伝のやうな事といはれたといふのだが矛盾してるネー。その三笠さんの人の事は、宣伝などといつて御自分も随分色んな新聞に宣伝的の事をかいたりしやべつたりして居られるとの御話。

坊城も東京大神宮へきまりましてと申上げし処、それは東京できいたとの仰せ(申上げざりしと思ひ違ひ、確実かとの仰せで一日からと申上ぐ)。ついてはよろしい機会に甘露寺に、実は坊城をあなたが老後引退の時に考へて居たと申しました処、甘露寺は後任には徳大寺〔実厚、元侍従〕を考へて居り、立派な人だと大に申して居りましたが、陛下は徳大寺については特に御考へが御ありで御座いますかと伺ひし処、別にどうといふ事はないが、平安神宮で統率がうまくいつてるかしら。又掌典次長として又侍従職の時、果してどういふ風であつたか私はよく知らぬとの仰せ。

それから先達て来問題の文章も、骨だけは大体まとまりましたが、字句は一字一句六ケしく、小泉等と練つて居ります。然しこれから磨きますだけで骨はまづ出来たと存じます。又形式は詔書といふものはありませぬしと申上げし処、アメリカなんかのメッセージだネーとの仰せ。東宮様の方へ今日は御出掛けとの事で……と申上げし処、十二時といふ事に今はなつてる……との仰せ。又例の文章については退位論者が皆納得する様に書くのは中々六ケしい旨の御話あり。

一月一一日（金）

於葉山御用邸
一〇・五〇―一二・〇五

秩父宮様の件は、鵠沼の方が愈確定致しまして、価格はブローカーレージの点一寸御注意申上げましたが、矢張り御払ひになる事になり、溝口〔三郎〕事務官と打合せ、十四日内廷より二百万円御貸し願ふ手順に致しました。返済資源の点も、百万円は御門内の檜の林を町へ御売却になり、其他は他への放資の回収等で三月一杯には返すとの御話でございますが、後れましても大して後れる事はないと存じますと申上げし所、大層早いのだネーとの仰せ。

次に前回御下問の重光の事でございますが、松平は秘密で遊ばせばまア御よろしいとの意見であります。田島は稍固く再検討を要しますと申上げましたが、次長も松平と同意見でありますが、侍従長に尋ねました処、重光は秘密を保ち得る男でありますから御仕向あつてもよろしいかと存じますとの意見であります。侍従長は役目がら陛下に余り近いので、田島は一面の識しかありませぬが、秘密に話してとも存じましたが、三谷は昔上役であり娘同士同級とかいふ事で、同伴しますればカモフラージユも出来ます故、三谷を使者で結構かと存じます。但しそうなれば別に葉山行幸中といふ事は何でもありませぬ故、還幸後でよろしいと存じますと申上げし処、此間広幡〔忠隆カ、元皇后宮大夫兼侍従次長〕などが来て大分の故郷へ帰つて十五日頃迄は帰らぬとの事、丁度それでよいとの仰せ。ハイ、郷里へ帰つたとの事で、民主党総裁の呼声もあり、故郷で選挙のふくみもあるのではないかと存じますと申上ぐ。総裁かとの仰せあり。ある新聞には出て居りましたと申上ぐ。それはそれでよろしい。そうしようとの仰せ。

次に久邇さんでありますが、正月御玄関迄出ましたが結構な御家であります。塚越の報告によりまして、常盤松等にて入金二千二百万円、出金は西落合四百六十万円始め、税金等九百余万円で概算千二百万円運用し得るやうになりまするので、三分の二を二割、三分の一を一割位に運用しますれば二百万円、外に山林で五十万円、大協石油の顧問料の一部が二十余万円で約二百七十万円故、御生活は予算で出来る事かと存じます。まづ、一段落であります。飯野〔海運〕の好意もあり、高橋〔真男、大協石油社長〕の好意もありまする故、此際宮家で一会御催し願ふも結構かと存じますが、一面矢張り御止めの方もよろしく、田島名儀〔義〕で近日右の関係者一会催すつもりでございますと言上す。まアよかつたネーとの仰せ。

次に皇室経済会議御陪食は二十一日と御願したいと存じます。松本治一郎〔元参議院副議長〕のやうな会議員もありました為か従来此事ありませんでしたが、今の〔三木治朗〕参議院副議長は労働者出身でも、皇室費の増額を主張しまするやうな人でありまするし、又明年松本式の人が出ましても一年に一度位の御陪食は至当の事と存じまして、今回は御願する次第であります。会議にかゝりまする事は、前回申上げました通り、内廷費三千万円、大宮様順宮様分だけ、いはゞ増額のようなものであります。皇族費は七十三万円を百四十万円とするのでございます。猶昨夜、高松宮、三笠宮様に新年で食事を差上げましたが、其席で次長より大要御説明申上げておきました。それから東宮様が菊栄親睦会へ御出席の件は、高松宮事務官迄単純に御断りといふ事に東宮職から申ましたので、昨日は何か仰せあるかと存じましたが、何も仰せはありませなんだと申上ぐ。

次に、坊城大夫宮司就任の件は確定の旨申し上げましたが、実は一月四日に坊城から一寸行なやみとの事をきゝました。神官経歴数が坊城は掌典次長が一年未満の為異議ありとの事であります。次長は往年神社局に在りました故、式部が御祭りの事を致しまするのに託して何とか便宜解釈出来ぬかを話す事になつて居りますが、一寸只今さういふ次第でありますと申上ぐ。神官は派閥が中々あるといふ事だからとの仰せ。ハイ、國學院派とか神宮皇學館派とかの話をきゝまするし、又只今相当の地位は他に希望者もあるかも知れませぬと申上げし処、それもそうだろうとの仰せ。

次に宮殿再建問題は此頃の官房長官談で一応けりとなりましたが、本来宮殿の総合的計画立案の要ありますことは林〔敬三、前宮内庁〕次長時代より申して居りましたが、中々そういふ相談になりませぬでしたが、此際たひ図上の案でも作る必要に一層迫られた事と存じ、委員会など、大げさに申さず、打合会として先日第一回を開き、宮殿と御住居、東宮御所、大宮御所、赤坂離宮等々の問題を雑談的自由談話的に話合いましたが、陛下の御思召を大体拝しまする事、必要でありまする。肝心の御住居になりまする方の御意思と別箇に計画設計致しまする事は無意味でありますが、従来其弊もありましたやうで……と申上げし処、それは宮中斗りではない。普通民間でも住む建築主の考へと遊離して設計され建てられる事はよくあるといふ事だとの仰せ。其の通りでございます故、今日に限りませぬが、其折に御感じを御示し頂かれば結構と存じますと申上げし処、よろしい、思付いた事いゝませうとの仰せにて、差当り(1)宮殿は矢張り首都の中央の現在の所がよいのではないか、(2)御警衛の問題が単簡〔簡単〕になるならば離れた郊外に住居は離れた方がよい、(3)御警衛が矢張り六ケしければ吹上がよい、(4)外賓接待等外部との接触場所と住居とは距離的には近くても構はぬが、截然区別はして欲しい、(5)東宮御所は青山御所内位がいゝかも知れぬ、(6)宮殿は西洋風よりも焼けた宮殿のやうに日本的のもの、方がいゝかも知れぬ等の御話あり。予算も取れました故、今年秋の外交関係等の園遊会の事でございますがとて、青山、宮城、新宿等諸説申上げし処、菊を小規模でも宮中で栽培してもいゝネーとの御話もあり、雑談的にいろ〳〵仰せあり。

次に皇太子妃殿下の問題でありますがとて、鈴木〔菊男、書陵部長〕に学習院の名簿による机上調査を頼みし事、次長と三人で一応一回会合致しましたが、東宮様の御結婚の時期の問題で、高等科一年位の人から初等科六年位の人迄適格となりまするが……と申上げ、陛下の場合は波多野〔敬直、元宮内大臣〕が突如御成年と同時に久邇宮〔良子女王、邦彦王の長女〕様の事を申上げましたとの事でございますがと申上げし処、私は突然であつたがおたゝ様はいろ〳〵其前に御話あつたらしいとの事。〔大正〕十三年一月の式は一寸一年のびたのだとの仰せで、雑談的にいろ〳〵御話ながら、(1)さう早く結婚はせぬが、まづ二十四、五位か……。(2)どういふ都合で大学卒業せず外国へ行くかも知れぬが、外国行くの前にきめる事は必要。(3)良宮との二つの差も場合によればいゝが少し近すぎる。若い時は左程でないが年をとると女の方が早く老いる故、五つ位違ふ方がよい。去りとて十は多過ぎる。まア五つ違ひ見当がよい。(4)家柄関係で従来血のつながる所となる事も已むを得ぬが従弟はいかぬ。又いとこ以上離れた方がよい。全然血縁のない所素よりよい。(5)単数ではなく少数ながら複数候補者を東宮ちやんに出すといふ今の長官の考え方はいゝが(とて中々六ケしそうな様子にも拝す)、先の永い問題ではありまするが、孝宮様(鷹司〔和子、昭和天皇の三女〕)、順宮様の時と同様、極秘に周到に運びまする為に、大体両陛下、東宮殿下の御心持を伺ひたいと存じます。皇后陛下、東宮様に田島直接御伺ひも出来兼ねます故、時に御心持御希望を仰せ頂きたく存じますと申上げ、「よろしい、いはう」との仰せ。

退出せんとせし処、序だがとて、広幡と共に中村元侍従武官も来て、舞鶴で警察予備隊で捧げ銃した話[50]をした処、非常によろこんで居つたが、どうも単純にそういう事を喜ぶのを悪いともいへぬが、それはともすると昔しの軍にかへる様な気持をもつとも思へるから、私は例の声明メツセージには反省するといふ文句は入れた方がよいと思ふ。此前長官は反省するといふと政治上の責任が私にあるやうにいゝがかれるといけないといつたが、私はどうしても反省といふ字をどうしても入れねばと思ふとの仰せ(充分御思召判然せぬも)。その点はその後小泉等と相談して「反省」は入れる事に致しましたと申上ぐ。猶雑談中、秩父さんの読売の文章[51]は内容はわるくないが標題は一寸わるいと思ふとの仰せ。

赤坂離宮を外賓の旅館と申上げし時には、手入れをしなければ駄目だ。手入れすればそれは出来るとの仰せ。

宮殿は元の焼けた宮殿のやうな日本独特の建築美のものをと申上げし時、それはよからうとの仰せ。赤坂離宮のやうなバツキンガムや、ヴエルサイユの真似しても到底本物には叶ひませんからと申上げし時には、バツキンガムは金の食器等には驚いたが家そのものはそう驚かない。ヴエルサイユも古いし、赤坂離宮は大して遜色なさそうな御口吻に拝す。御所の開放といふか、何か道路を通すとかいふ様な漠たる一般の民の希望に副ふ様な何かの施設がしたいといふ漠たる御話を申上げし時、徳川頼貞〔参議院議員、国会ユネスコ議員連盟会長〕がいつてたやうに貴族が邸を開放しても、兎が以前以上に居るといふやうな訓練の出来た民衆だとすべてが開放的に考へられるが、此訓練がないとネーとの御話。開放します方法次第で其訓練にもなるやうな考へ方必要の旨も申添ふ。

一月一八日（金）　御召し　御座所　一一・三〇―一二・〇五

去年、癩資金募集(52)について何かごた〳〵したやうな話をきいたが、あれは其後どうなつたかとの御下問に付、実は昨日厚生省の山口〔正義、公衆衛生〕局長から報告がありましたが、一寸ごた〳〵致しましたがそれは解決して、赤い羽根期間を避け十一月から致しましたが、一二月末迄には目標二億二千万円に対して一割見当しか集りませぬので、一万田〔尚登、貞明皇后記念救癩事業募金委員会〕会長も心配し、三ケ月延期するか六ケ月延期するか問題となりましたが、六ケ月としますれば又白い羽根(53)とぶつかります事故、三ケ月即三月三十一日迄延期として、其間に大に勉強しまして少くも目標の七割位にはしたいといふ様な中間的報告がありました。又ある県では赤い羽根と一処にやつて分割した処もありますそうであります。之は二億二千万の目標でありまするが、事業内容が確然としてる訳でもありませぬ故、出来る丈け集めて之を貰ふ癩予防協会の運行を充実する事が一番と存じます旨、及同じ厚生省関係でも一般の赤い羽根と癩とは部局が違うので部門的に一寸六ケしかつたと思ひますが、之は解決しましたと申上ぐ。それはよかつた、そうかとの仰せ。

実は昨年七月中旬頃申上げ、御許しを得ました件で実行が後れて居りました、近藤直人〔皇室経済主管〕を文部省に割愛致しまする件は、当時御下問であとをどうするかといふかの問題は、当分次長の事務取扱と御願しましたが、之は経済主管は内蔵寮廃止の時、内蔵頭の変形で出来ましたが、(54)主計課長とダブル事は確かでありますので、将来考へる余地はありまするし、又管理部で色々の事故がありまして、其方面の事も次長の許で考へて居りまする故、一先づ事務取扱に願ひたいと存じます。文部省の希望を天野大臣からきゝまして御許しを得たのでありましたが、新聞に内容が洩れ実行が延期されてゐましたが、昨日天野の代理で〔日高第四郎〕文部次官が参り、二十二日の庁議できめて実行するとの事でいつて参りました故、御許しを得たいと存じますと申上ぐ。よろしいとの仰せ。それから此間宮殿再建の研究の話をしてたが、住居と宮殿と別になると、住居の方へは鉄管で暖房は六ケしく電気ヒーター斗りとなれば電気景況にもよるが困る場合が出来ぬとも限らず、去りとて離れた所へ蒸気暖房も六ケしからうが……との仰せ故、其点は鉄管を引き得ぬ事もありませんし、又引く事困難な場合は、やゝ大きな住宅には時にやつて居りまするラヂエーターによる小規模な暖房機関室を地下に設ける事も致して居りまする故、何とでも設計は出来ると存じます。電気のみに依存しませぬことに考へて居ります故、御心配はないと存じますと申上ぐ。そうかとの仰せ。

それから重光の処へ侍従長をやるといふ事は、東京からとなると一寸手重いのだが、そうなると有田〔八郎、元外務大臣〕前外相をよぶといふ様な事は考へぬでもよいかとの仰せ故、重光は戦犯、有田は単なる追放で違ひまする故、表向きは重光は何の御仕向もなく、単に先輩として三谷個人訪問の形で果物でも賜ひまするのも、侍従職の方に無関係に長官の交際費か何かで調べまして、侍従長に渡しまする手順に致したいと存じて居りまするやうな次第で、全然無関係の形でありまする故、又先方も極秘を守るといふ建前から故、有田にどうといふ様な御配意は御無用と存じますと申上ぐ。品物は果物がよい。それなら今の様にしてくれとの仰せ。

田島は昨日御伴は失礼いたしましたが、御覧頂きましたやうに、多摩東陵〔貞明皇后陵〕は土曜日に見分致しましたが、予想以上に工事進捗致し居りまする、只大正天皇の御陵に比して上方の割栗的の石が年をへませぬと少しよく見えませぬが、全体としてはよろしき進み具合と存じますと申上ぐ。そうとの仰せ。

次に高宮〔太平、元京城日報社長〕の「天皇陛下[55]」一読致しましたが、陛下の御立場は中々よく理解して書いて居りますやうでと申上げし処、山本達雄〔元日本銀行総裁、元内務大臣〕の伝記[56]を書いた人〔高宮〕というの、本は私も少しはねて読んだが、まアよく理解して書いてると思ふが、軍部がいろ〳〵やる時代、殊に二、二六事件の時など、中々正規の通りにものが動かなくて変則に物事処理の要があつたが、あの本は其の時代にも正規通り行はれてたと思つてすべて書いてる様だ。一例をいへば、二、二六の時など、勿論陸軍大臣に命じて総てをすべきだが、川島〔義之〕陸軍大臣は心配して何も出来ないので、事実荒木大将をよんで命令した事もある。変則に違ない。又第一師団で討伐すべきだが、第一師団は堀〔丈夫、第一師団長〕に変つたばかりでとても指揮出来ぬ事情であつたので、第十四師団を主として考へたのだ。名前は忘れたが第一師団長をして、台湾の軍司令官になつた山東〔杭州湾〕上陸をやつた司令官〔柳川平助〕だが、あれなど第一師団は私さへ居ればなど、いつてたが、之は主観的な話で、客観的な情勢は大分一師団は無茶苦茶になつて、〔柳川平助〕前師団長が居てもうまく行かなかつたと思ふ。そういふ変則をせざるを得ない時に立到つたといふ事をあの著者は正規通りと思つてすべて書いてるから、少し却て事実に違ふ所がある。その点、原田日記の方が事実ありの儘の事の方が多い。然し私の立場の弁護になるやうな事は非常によく書いてあり、又少し書きすぎてあるやうな点もある云々のお話。

一月二三日（水）　御召し御文庫　二・五〇―四・一〇

午前午後に亘り、大公使信任状捧呈式に関し会議中でありました為、再度で恐れ入りましたと申上ぐ。皇室経済会議の様子はどうであつたかとの御尋ねに付、会議状況を申上げ、首相より英国との比較の質問のあつた事、蔵相意見中、首相給料と親王の定額との比較の話ありし事等申上ぐ。可なり詳細に。

大公使信任状捧呈式に関し論議ありし点等雑談的に申

上げし処、大公使はあまり区別がなくなるのか、モーニングか燕尾かとの御質問あり。勲章の事にも及びし為、第一次戦争の時の独乙〔ドイツ〕勲章の事、後藤鎰尾の言のまゝ申上げし処、それはおかしい。第一次戦争の結果革命になりし故、それは違ふ。ガーター勲章の事は一寸新聞に出てたが、外は平和になれば佩用〔はいよう〕してよいだらうとのお話もあり、又先方へ照会はよしあしとのお話もあり、将来大礼服的のもの必要になるかも知れぬのお話もあり、儀仗に旗はあつた方がよいとのお話もあり、これは総て雑談的に申上げ且承る。橋本〔龍伍〕厚相辞職真相、[57]二十一日夜緒方竹虎にきゝし事、及昨日次長に話せし事申上ぐ。吉田の内奏では若いからとかいうやうな事だつたが、そんなに怒つたのかとの仰せ。古島一雄〔元衆議院議員、元貴族院議員、吉田の指南役〕の申せし通り、一人位ワンマンと意見をたゝかはして止めるのもいゝといふ話はある程度よろしいが私はどうかと思ひます。遺族救助を一厘も計上せぬとは違ひ、金額の多少の相違故、むしろ止まりて増額に努力すべきものと田島は思ひます。況〔いわ〕んや自党の政策批判の声明書発表は論外と思ひますと申上ぐ。但しワンマンの意を迎へぬ主張は大賛成なれどもと申上ぐ。

侍従長に御下問の水島〔三一郎、物理化学者、東京大学〕教授の件は、先日田島訪問の節も相当宣伝的語調でありましたが、兎に角洋行話も一度御聞き願ふ事はよろしいかと存じますと申上ぐ。

一月二四日(木)　御召し御座所　一〇・〇五―一〇・二五

昨日聞いた大公使信任状の式の事だが、大公使が全然区別なくなるのかとの御尋ねに付、外国の例も大体その方が多く、日本としましては朝鮮も大使となり、瑞典〔スウェーデン〕は多分公使らしく、余り差別つけぬ方がよいと昨日一応定めましたが、全然区別のない訳ではなく、随員の数にも差もありますと申上げし処、以前は公使には随員はなかつたとの仰せ故、ハイ左様でございますが、今回は馬車二台と一台の差で兎に角随員は認める方針でありますと申上ぐ。法王庁の使節はとの仰せ故、公使格と存じますと申上げし処(新聞にミニスターとありし故)、イヤ、以前は一寸別のものであつたとの仰せ故、左様でございましたか、猶よく研究致しますと申上ぐ。猶多少之に関連してお話あり。

あの、之に関しましては、実は皇后様の御服装でございますが、此際時には和装なり又時には洋装なりと相成りまするかと存じまするが、一部にはまだ宮中服の論も残つて居りまするやにも洩れ承りまするが、此点は如何でございますか。自然皇后様とお話の節、御話あひ願ひたく存じますと申上ぐ（参上の直前、侍従長昨日の会議にて洋装は御準備ありと申上げし訂正に来室の際、高木御用掛は宮中服がどこがわるいかといふ様な話もあつたとか聞きしによる）。

一月二五日（金） 御召し御座所 一〇・二五―一〇・一〇

今朝の新聞を見ると紀元節を復活する、しかも今年からやると出てる(58)が、長官は何か知つてるかとの仰せ故、何も聞て居りませぬと申上げし処、国民、国会でやる事は自由であるが、紀元節復興第一年などいつて行事をして私が出るといふ期待で考へられる事は困るから、予め政府へその事を申入れて貰ひたいとの仰せ。それは御喪中の為でありまするかと伺ひし処、さうだ、賢所や何かの関係があるから困るとの仰せ。承りましたと申上ぐ。それから良宮の服装の問題、今朝も話したのだが、宮廷服は一般的に評判はわるし、又何といつても戦時色ないとはいへぬ故、此機会に止めて、場合がよくば和装、又大体洋装とする事にきめ、宮廷服はやめるから其つもりでの意、承りました旨申上ぐ。

久邇さんの事に付、昨夜の会合の人名、会合の様子等申上げ、たゞ又朝融王が東日本土地開発の総裁とかいふに名を利用されて居られる事実があり、誠に困つた事で昨日皆して今後そういふ事なき様申上げました。青木〔一男、元大蔵大臣、久邇家経済顧問〕にきいてくれといふて居らるれば断る必要もなく誠に無事でありまするのを、そういはれない為明かに断られぬ以上先方は承諾と思ふて利用するといふ事、弱い性格か知りませぬが困つた事でありますと申上ぐ。それは困るネー。弱い性格だネーとの仰せ。

次に先度、山梨に追放解除願を出す様奨めておきましたが、山梨は慎重でありまして、小林躋造〔元国務大臣、元海軍大将〕と相談して長老岡田大将を訪ひ同意を得、後全海軍大将に手分けして話し一致の行動をとりましたそうでございますと申上げし処、それなれば日本人の例の形式的で玉石混淆で皆海軍大将はよくなるのか、それがいつも困る。戦犯も木戸をよくしようと思ふと又玉石混淆でよくなる。非常に困る事だとの仰せ。山梨大将の話では朝融王もなされたとの事でありますが、高松宮様など皇族は追放ではありませぬが制限は受けて居られるので、此際如何致しませうか研究中でありますが、形式的の追放ではなく実質的には制限あり、困つた事でありますと申上げし処、形式的には追放ではなく、其上パールハーバの時の軍令部作戦関係の位置に居られたから万一あまりよくない事になると却て藪蛇的、何もせぬ方がよいと思ふとの仰せ。よく研究致しますと申上ぐ。

次に些事でありますがとて、安藤元侍従が大宮様の御かたみの品を手紙諸共古道具屋に出してあるとの事でありります。目で見た事でなく耳で聞きました話故十分確かとは申されませぬが、先達て大正天皇のステツキを出して居りました故……。私はその新聞は見なかつたとの仰せ……。多分事実だらうと思ひますと申上ぐ。困つた事だとの仰せ。

次に東久邇宮様の高輪南町払下に関連して、二十一日夜の事及近く入間野〔武雄、前帝国銀行頭取、鷹司家経済顧問〕と共に再度相談の事申上げし処、家のない方は元皇族でお一方はお気の毒ならば家だけ皇室で何とかする事は他との釣合上いかぬかしらんがどうかとの仰せ故、それは田島の戦災前に住みましたやうな家でもぢき二、三百万と致しまする故、到底今日其御力は皇室内廷にはありませぬ故、一つよく相談して見ますと申上ぐ。

次に近藤直人〔文部省管理局長〕の前任者の文部の久保田〔藤麿、調査普及局長〕と申しますはよくない人間で、近藤との更迭の部下への挨拶で、自分のあふ人間とあはぬ人間とある、あう人間と協調してやる外ない、今回の異動にむしろ首をきられた方がよかつたといふ様な飛んでもない事を申しました由。育英会の金の不正融通を持ちかけました実にけしからぬ文部官吏の親方で、その文部省官吏は果して給食課長となり、汚吏の名を世にうたはれましたが其の大将の久保田故、首きる方がよろしいのを天野は取柄もあるからと弱かつたと思ひますと申上げし処、どうして止めさせることが左程困難かとの御尋ね故、人事院といふものが随分窮屈でありますと申上ぐ。

こんなのが皆政党員と糸を引いて居ります故、官吏の派閥が出来ますと又政党の弊といふ事になりますと、往年の青年将校の最初の奮起の動機のやうな政党たのむに足らずとなりますと今度は青年将校でなくて、此間に起ち上るやうな計画をしますは共産党でありますと申上ぐ。又昨日の牧野の三年祭の事も一寸申上げ、吉田の新聞立入禁止の御話をも申上ぐ。

退出せんとせし処、さつきの久邇さんに関連して思ふのは宇垣だが、あれは三月事件(59)は初め知らなかつたと私は思つたが、後張鼓峰事件(60)の時の彼のやり方を見て、聞て黙つてたのだらうと疑ふやうになつた。朝鮮の立派な政治をした宇垣だから始めは知らないと思つたが、どうも張鼓峰の時のやり方では……との仰せ。久邇さんのは心が弱いといふ丈けだが宇垣のは……との仰せ。

二月四日（月）　御召し御文庫　一〇・〇〇―一〇・二五

一週間斗り御風気にて拝謁なかりしに付、最早御全快でございませうかと天機奉伺す。エーモウ、との仰せ。宮内庁病院の事が新聞に出た(61)ネーとの仰せ故、読売新聞の記者が病気の為め宮内庁病院に入院し、設備の不充分な点なども見、又侍医の人が医員であり其診療を受け厚意を持ち、侍医は田島の考以上に一流中の一流の名医と考へ、其の医師が陛下の御診療も申上げるが一般市民もその診療を受けられるといふことは、皇室と国民との間に好影響ありとの考への様な立場で、元来厚生省の新聞記者で〔宮崎太一〕厚生次官などにもきいて丸ノ内の皇居近くに病院が一つあるはい、との意見なども聞いて来ましたやうですし、塚原〔伊勢松、侍医、宮内庁病院長〕だの病院関係の人の意見もきゝ、次長にもあひ、田島にも一寸あひに来まして、構想としては考へられる程度と申しました位でございますと申上げし処、それでもある程度話が進んでるかとの御話に付、実は塚原などは余り進まないではないかと存じまするが、兎に角調べるやうには申してありまするが、処在の問題でつかへまして……。元の侍従長官邸の辺を考へましたが、場所がわるいといふので停頓致して居りますと申上ぐ。そうかとの仰せ。

それから松平からたよりがあつたかとの仰せ故、ございませぬが伊原〔隆、在ロンドン在外事務所在勤〕から便りがありまして、英国の外務省のつくりました日程を封入して参りましたが、中々多忙のやうであります。松平信子〔東宮職参与〕へはアームストロング邸[62]からか寄せ書きがあつたときいて居ります。レデー・スウエースリング〔Dowager Lady Swaythling 慈善活動家〕は陛下御承知でございますか、日本人を大変世話する人だそうでありまするがと申上げし処、それは知らぬとの仰せ。

今日は実は大公使迎引の実地を研究する為め、十時半から馬車行列を見まする事になつて居りまする故、申上げまする事は沢山ございまするが、今日でも明日でも御都合のよい時御召しを願ひたいと存じますと申上ぐ。認証官任命があり、内奏には〔山崎猛、国務〕大臣が〔首相は都合あしく〕来るそうだし、秩父宮妃〔勢津子〕殿下が一寸上られるから其間等で時間があつたら今日、そうでなければ明日としようとの仰せ。但し少し時間まだあります故、御下問はそれ丈けでありますれば二、三申上げますと申上ぐ。きく事は今はこれだけとの仰せ。

尾崎行雄〔衆議院議員〕が大分わるいやうでありますが、規定にはあてはまりませぬので御見舞を賜ひまするや事務の方で何か結論を得ないで居りますと申上げし処、あれば規定では見舞はやれないネーとの仰せ。然し第一議会以来の国会議員は唯一人でありますからと申上げし処、尾崎といふ人は毀誉半ばしてるからネー、国会議員で第一期からで定説の人ならいゝが、といふ様な御口吻に拝す。

それから前回御下問の紀元節問題は、侍従を経て申上げました通りの始末で、自由党も少し軽率だと存じますと申上げし処、あゝいふ問題を軽率に扱ふのは困るとの仰せ。次に北海道治安問題は、侍従次長を経て申上げました通り、斎藤長官が現地に出張中でございますから、帰京次第委細きゝまして申し上げますと申上ぐ。

次に、秩父宮様は御移転後御満足の様でございますが、二百万円の御思召による御用立金も既に百五十万円御返しになりました。一寸之に関しまして、〔斎藤寿夫〕静岡県知事が次長を訪問しまして、御殿場の規模縮少による建物を静岡県で百万円で引受ける事になつたがといふ話で、多少県議会などで問題になればつまりませぬ事故、秘書課長から一寸其点の事情を伺ひました処、御殿場町に居る県の有力者の県庁に対する申出を県知事が左様にとりましたので、宮家では何と仰せもありませぬのでございますので……と申上げし処、そういふ人物に御たのみになるからいかぬとの仰せ故、いえこれは宮様がお頼みになつたのでなく、御殿場を御去りになりまする事を残念に思ふ町の有志が、出た際に家を小さくして夏は来るがこの部分は売るとのお話があつた程度で、これは已むを得ぬ事であつたと存じますと申上ぐ。

次に、今年植樹祭は静岡県らしいので……どこかとの御尋ね。先年の神奈川県の場所は隣接の箱根の辺と存じます。それにつきまして三島の遺伝研究所長小熊〔捍〕と申すものが頃日参りまして、行幸を仰ぎたいとの事でありましたが、御日帰りらしいからまづ駄目と申しておきましたと申上げし処、たとひ泊つても良宮も一所だしそこばかりとはいかず、外にも行かなければおかしい。よく研究してくれとの仰せ。又学士院行幸、赤十字行幸等いろ〳〵申出もありまするが、研究中故よく研究致しますと申上ぐ。

それから誠に困りました事でありまするが、久邇宮様が又一寸変な事を遊ばして困つて居ります。印度人が何か犯罪のあつたのを許して貰ふやう〔馬場義続、東京地検〕検事正を御訪問になつたといふ事で、其の御礼にお金をおとりになつたとの噂であります。次長が調べて居ります故、真相は何れ申上げまするが、朝融王にはなんと申しませうか殆んど閉口であります。国家とか社会とか人の為とかいふ御考はなく、自己の快楽といふ事のみに御動きの様に見えます。何分にも皇后様の御兄様で……と申上ぐ。陛下は禁治産にでもしなければいかぬか……との仰せ。ハイ、それも何分皇后様の……と申上ぐ。それでは只今はこれで失礼致しまするが、今日二期庁舎へは御車でお願ひ申上ぐ。エーその積りとの仰せ。

二月五日(火)

御召し御文庫 一〇・〇〇―一一・三〇

別に御変りありませんでせうかと天機を伺ふ。「エ、別に」との仰せ。衆議院の内閣委員長が代りまして……、何といふ人になつたかとの御尋ね……。八木一郎といふ豊橋の製糸家とかいふ人でありますが、三十日の日に皇居を拝見したいとの事で、例の皇室経済法及施行法一部改正の趣旨を説明しました後、丁度陛下も出御ありませなんだので拝謁の間も拝見さして頂きました。船田〔享二〕とか鈴木〔義男カ〕とかいふ元大臣も参りましたと申上ぐ。

次に東久邇さんは此頃御上りでございましたそうですが……と申上げし処、叔母様〔聡子、東久邇稔彦の妻、明治天皇の九女〕が御機嫌伺に御出でとの話であつた処、稔彦さんも一所に御出でといふ事であつたが、私が少し加減がわるくなつたので電話で其事をいはしたが、それでもいゝといつてお出になつて、私もいゝ事だと思つてるとの御話……。緒方が忙しくなりますので、入間野を結局又頼む事になり、其顔合せを官舎で致しましたと申上げし処……、それは入間野にして緒方が感情を害するやうな事はないかとの御尋ねに付、それは全然御座いません。緒方が政治方面へ出ます為の具合のわるい場合もあり、又財務関係の事で入間野の適当の面もあります故の事で、緒方の考へで入間野を頼みましたのであり、今後も大切の事は矢張り緒方が加はるのでありますからその御心配は少しもありませぬと申上ぐ。そうかと御納得になる。

其席で緒方が新木栄吉〔前日本銀行総裁、東京電力会長、東久邇家経済顧問〕と盛厚さんとの事を稔彦王に申上げよと申しました故、今迄の大体と盛厚さんについての忌憚なき事を申上げました処、稔彦さんが私が何かいはふかとの事でありましたが、今日はそれには及びませぬ旨申上げました。東久邇さんは訴訟をなさつたりなすつたので、庁内にも余り同情者なく、高輪の縁故払下には不同意のやうな人もありますが、高輪の換地として病院の適地とか義宮御殿の良候補地とか、兎に角よき交換となりますことはしても差支ないので、それから先は大蔵省との話合ひの問題で、宮内庁直接に無関係かと存じます。元皇族中御家のない方は御一方丈け故、御安定の方が全体論としては願はしいと存じて居りますからでありますと申上ぐ（之は前回に申上げた事の繰返し）。

それから久邇さんの問題は、昨日一寸申上げましたムルチといふ印度人の問題の外に、まだ一つ理解し難いいやになつて了ふやうな事がございます。それは大協石油の高橋は顧問として月々御金を差上げまするし、ブリッジストンビルディングに部屋は用意致しましたし、ゴルフの御供は致しまするし、ゴルフは中々御上手だそうでと申せし処、それ程ではないよとの御話。ゴルフの帰りにどこかへ行かふとの仰せで高橋も一度顧問に御願する事を躊躇しました位でよく承知して居りまするが、三度に一度は御伴するらしく新橋とか赤坂とかの若い芸者を沢山御承知の由で、只今の処高橋の方はすべてよろしい事ばかりで、今後ともよろしくといつておいでのやうで、先日高橋氏に田島との親疎の程度をおきゝになつた上に、田島に塚越の顧問を此際丁度いゝ時だから止めさしてくれるやうに話してくれとの事であつたとの事であります。人の苦労を感謝する念は少しもおありでなく、まだこれからの仕事もありまするのにそういふ事をいはれまする……。

それから昨日一寸申上げました印度人の問題でありますが、先日高津青山といふ男が安倍の紹介で参りました。実は安倍、天野などを招いてるからと会食に数回誘はれましたが断りつゞけました処、自分で先年出掛けて参り誘ひました故、私は理由もないのに知らない人によばれる筋がないと断りました。それ以来電話が来なくなりましたが、安倍は勤皇の士だと申して居りました。私は素性の分らぬ人と思つて居りますが、林次長と後藤文夫〔元国務大臣〕など、一所によばれた事のある話をして居りました。——その高津の話に、皇后様の御兄様の久邇様が印度人のムルチといふのに投資をされて二千万円とか申しましたが居られるが、頃日ムルチーのある犯罪で捕はれたのを釈放運動をされた。然しそれの運動費と申しますか御礼と申しますか三百万とか五十万とかとられたとの話があります。それでその事で馬場検事正にあつて話をしたらば其お金だけは返しておかれた方がいゝといふ意見といつてましたといふ様な訳でございます。其時の話に、木村〔篤太郎、法務〕総裁とか斎藤国警長官とかも一所の様な話をして居りましたから、之は推察でありますが、文化人や内務官僚や招きますやうに司法関係の人も招いた席の話ではないかと存じますが、大体そういふ事でありました故、早速〔田中栄一〕警視総監の所へ次長に行つて貰つて問合せました処、総監は一向知らず、又久邇さんが来られた事もないとの話で、高津の話もおかしいと思ひましたが、検事正は確かに久邇さんが来られたといつたそうでありますが、総監は或は秘書と称する者かとも思ひましたが、兎に角御本人に一度きいて見る必要がありますので、塚越にたのみ、御本人にきいて貰ひました処、ムルチといふのはファーイースタントレヂングといふので知つてる。そして行つた事はあるが投資はない。又その為に金など貰つていない。食料品等を貰つたり買つたりした事はある丈けだ。そして其の商会の加藤隆也といふものが出入してたがもう来ないやうになつた、といふ様な御返事であつたそうであります。それ故、只今頃次長に馬場検事正の所へ行つて貰つて居りますが、此前のやうに陛下の後鰓図譜の活動の如き事もありますので、誠に困つた事と存じて居ります。兎に角検事正の会見の結果又申上げますと申上ぐ。困つたといふ御表情に拝す。

それから大公使接待の事は、昨日馬車立も見まして私からも御説明は出来ますが、後刻次長より御説明申上げます。――その馬車立の昨日で風引いたナとの仰せ。鼻を御話中数回かみし故、馬車でございますが、儀装馬車の立派なのも見ましたが、陛下の開会式にも或は馬車に願ふかも知れず、又順宮様の御婚儀にも御願致すかも知れず、その場合の事も考へて大使用のものもきめる必要があると存じて居りますと申上ぐ。

次に、之は国会の予算委員会の退位に関する問答[63]でありまするが、新聞にいろ〳〵出て居りまするので速記係を写しましたのを持参致しました故読上げますとて朗読し、此問答はあまりわるくはございませぬと申上げし処、わるくないとの仰せ。拍手とありますと申上げし処、それは自由党だけの拍手か民主党や社会党もかとの御詰問……。それは分りませぬが、此問答が一向新聞の紙面をにぎはしませぬ事は結構な事と存じます。御退位につき一般が考へて居りませぬ為かと存じます。又かねての文章も安倍は一寸我儘のやうで相談もあまり乗りませぬが、小泉はとても熱心に十回位原稿を往復致しました。そして其の草稿を侍従長に既に一覧して貰ひ、何れは事務的に処理します必要上、只今次長の意見を求めて居ります故、近く御覧に入れ得ると存じますと申上ぐ。

　次に学習院清明寮の研究発表が二回ありまして、一回は義宮様、次の時は東宮様が報告を遊ばしました時の講評を小泉から手紙で申して参りましたから、既に御聞き及かとも存じまするがとて、小泉の手紙二通大体朗読申上ぐ。そしてモンテーニユ〔Michel Eyquem de Montaigne ミシェル・エイケム・ド・モンテーニュ、フランスの思想家〕につき御興味あり、御研究の際に辰野〔隆、仏文学者、東京大学名誉教授〕の御進講でもおきゝになつてはと思付を小泉迄に申しておきましたと申上ぐ。

　退下せんとせし処、あの此前長官もいつてた高宮〔太平〕の「天皇陛下」といふ本皆よんだ。広幡だの奈良〔武次、元侍従武官長〕、蓮沼〔蕃、元侍従武官長〕などから材料が出て、正確な点もあるが、どうも石原〔莞爾、元陸軍中将〕、町尻〔量基、元陸軍中将〕、中島今朝吾〔元陸軍中将〕ではない、侍従武官をして、参謀次長に出た男〔中島鉄蔵、元陸軍中将〕たち、板垣〔征四郎〕を総帥として筆者は偏してるやうに思はれる。梅津〔美治郎、元参謀総長〕をわるくいふのは一寸おかしいとて、真崎、荒木、宇垣、畑〔俊六、元陸軍大臣、元陸軍大将〕、杉山〔元、元陸軍大臣、元陸軍大将〕、板垣、梅津、中島〔今朝吾〕憲兵司令官に関する批評いろ〳〵承る。近衛の変りもの好き、松岡〔洋右、元外務大臣〕だの皆変りもの、変な者好きで、又けんかさせて、イツボウ〔鷸蚌〕(64)の争を利せうといふやうな考で近衛は動いてたので、欠点の一つは此点だと思つてる。近衛は真面目に事務的な人のきらいだ云々、戦争に至るまでの人物評を沢山承る。田島拝命の後、大金〔益次郎、前侍従長〕や外務省の堀田〔正昭、外務省顧問、元駐イタリア大使〕などが陛下の御話を伺ひました事がありますが、歴史の為に陛下の御話を書き止めまする事は必要と存じますと申上げし処、堀田は病気だとの仰せ故、イエ、只今は外務省の嘱託でございますと申上ぐ。又畑が米内内閣を倒したとなつて居りますが、実は〔武藤章、陸軍省〕軍務局長か〔沢田茂〕参謀次長かに同意せられて閑院宮様の親書を御認めになつた為米内内閣は倒れたと、先夜緒方が申して居りましてと申上げし処、そうかも知れぬ。石渡〔荘太郎、内閣〕書記官長から陸軍の計画の事をきいて畑に確めた時には〔米内首相が?〕、畑はその陸軍の計画など毫も知らなかつたとかいふ事もあつた云々の御話。

それから学習院で、今年一月から教授の給料上げに伴ひまして月謝の値上げを致しまするので、御下賜金の増額が必要のやうに存じます故、只今幾何〔いくばく〕が正当か調査させて居りますと申上げし処、学習院には私としては格別にしたいと思ふが、私の地位として他の私立大学に公平となればとてもできない相談故、そういふ面で少し色をつけてやつて貰ひたいとの仰せ。ハイ、先日経済会議へ学習院へ賜与の事をかけました際、幣原〔喜重郎、前衆議院〕議長が学習院のみが私立大学ではありませんといふ様な事を申した事がありました故、只今の仰せを体しまして考へます。猶実は外に女子部の父兄としての寄附の申込を受けて居りますが、今年は貞明皇后崩御の時の五十万円の為予算がありませぬので明年度に願ふつもりでありますが、之は〔厚子・貴子〕両内親王様の御出での女子部で筋が通りまする故、別に御願ひしたいと存じますと申上ぐ。

外交関係の事と三階宮殿化工事の事を午後申上げたいと存じますと申上げし処、一時半から高松妃殿下が来られるから其あといつでもよいとの仰せ。猶、此最初に松平の日程を申上げし処、ロードキラン〔Miles Wedderburn Lampson マイルズ・ウェッダーバーン・ランプソン、キラーン卿、元英国外交官〕と申上げし処、それは私の接待官で日本に来た事もあるその人だらうとの仰せ。

二月五日(第二回)

願出で御文庫　次長と共に
三・三五—四・一五

大公使信任状捧呈の次第について、次長から御説明申上げますとて次長申上ぐ。大公使の差をなくする方針との事だが、大使は元首の代表、公使は政府の代表といふ事であつたがそれらの区別はなくなるのか、日本はあまり差なく皆認証官としても外国としてはどうかとの御質問強くあり。外務省に協議して御答へ致しますと申上ぐ。次に勲章は如何にするか。私は外国の勲章をどうするか。モーニングでは勲章は六ケしいし、大礼服を私も宮内官も一般官吏も必要になるか。それはどう考えてるかとの御質問に付、勲章の点は外務省に調査して貰ひます。大礼服の点は松平の調査事項の一つではありますが、此際此問題は宮内庁側としては受身に考へた方がよろしいと存じて居りますと申上ぐ。次に三階宮殿化の一般説明申上ぐ。

次に久邇さんの事に付、今朝次長が馬場検事正を訪ねました結果を申上げますがと申上げし処、その前に今きいた事に関連する事を一寸先にいゝたいとの仰せにて、今朝長官は馬車を開会式や順ちやんの婚嫁の時にといつてたが、開会式は兎に角順ちやんの時に使ふなら馬が万歳に驚かぬ様充分調教する事を条件としたい。馬車の為に万歳をやめてくれとはいへぬからとの仰せ故、今朝申上げましたのは、大使の馬車をどの程度にきめますかに付、陛下の御料、皇太子様御料、内親王様用等を一応考へて決するといふ意味でありまして、馬車に願ふといふ意味でもありませぬ。仰せの如く自働車の方がよろしいかと存じて居りますと申上ぐ。

次に、次長、馬場検事正訪問の大要を申上げ、場合によれば一寸いやな問題となりかねませぬ意味を申上げし処、強く出れば弱い方故、おとなしくなれるかも知れぬ。まア一つ事なきやうにしたいとの仰せ故、田島が一応強く申上げて、塚越に仰せの通りでは検事正の言分と少し喰違ひがあります点を一つ訊して見ませうと申上ぐ。若し金をとつて居られますなら返す方がよろしいと思ひますと申上げし処、それは無論そうだから之は少しいそいで運ぶ方がよいとの仰せ。

二月八日(金)　御召し御座所　一〇・三〇―一一・四五

もういゝかとの御尋ね。恐れ入ります。今朝は最早熱はございません。昨日は熱がありましたので御遠慮申し上げましたが……と申上ぐ。英国々王(ジョージ六世)は誠に急な事[65]で……との仰せ故、昨日前例等次長侍従長後藤式部官等との調査相談致しましたが、御親電が一案、倫敦(ロンドン)の我外務事務所の人が英国宮内省に伝達する事二案、宮内庁から英国大使級に伝達する第三案でありましたが、それとなく分りました事は、御親電に対し御返電の必ずあるといふが確まりませぬといふ事を知りましたので、第一案は駄目、第二案はクラトン〔George Lisle CluttonG・L・クラットン、駐日英国外交代表部公使〕の大宮様御葬儀に参りました時の通りする事で後藤の主張でありますが、日本外務省のロンドン事務所がそれだけの恰好がまだありませぬので結局これも駄目で第三案といふ事となりまして、松井秘書官を通じ首相〔外相〕の意見をもきゝ、ましたが同意でありましたので、侍従長を経て御裁可を仰ぎ三時十五分に参り、帰庁後即時御報告申上げました通りの次第でございます。陛下が少し物足らぬやう思召で御附け加えになりました事は、予の文案を作り用意して参りまして最初に儀式的のメッセージを読み其ノートをも手交しました処、御好意を感謝し早速伝達しますと申しました。後、半旗掲揚の事と陛下の御附加になりました、御外遊中の御懇意の点及国交以前の如くに特に回復の時との二点を是亦用意の紙により申しました。此度は先方からそれも頂けませぬかとの事でおいて参りました次第で、陛下の御感想の附加へも電報された事と存じます。御葬儀の日取り次第知らせるとの事で、東京でも御祭りをするつもりと申して居りました。

次に久邇さんの事でありますが、五日の夕方参りましたが、名刺を差出しまして、暫くして取次が御留守との事で、そんな時はと用意致して参りました手紙を置いて参りました。其手紙には明朝九時伺ひますから御在宅願ふ旨書いておきました。六日九時から十時半迄かなり強く追及致しましたが、結局ムルチが会社組織になつた時社長になつてくれといふ話で、それをまづ承知してたといふ事だけ分りましたが、投資はないとどうしてもいはれますし、金は貰つた事ない。パン等食料品ネクタイ靴下のやうなもので価値五、六万円位のものを貰つただけだとの御話で、之も金で返せばいゝでせうといふやうな御話やう。六日の様子比較的詳細に申上げ、猶追加して次長は遠慮して申上げませなんだから御内分に願ひたいのでありますが、検事正に贈物をされ、宮様からとの事で御返しするに苦労して検事長に相談の上御返したとかいふ事と、税関の役人を饗応して居られるらしいのでありよす。これは馬場検事正が次長に言明をしながら極秘との事でありますから、何卒其の積りに願上げますと申上ぐ。其後青木に弁護士に頼むといふ事を頼むとの御話になり、青木とは次長に連絡して貰ひました。それから青木を呼びつけず訪問されるやうに打合せておきましたが、其後の様子はまだきいて居りませぬ。六日の午後はラスク〔Dean Rusk ディーン・ラスク、米国国務省顧問（安保条約問題担当）〕接待に鴨猟に参りまして其夜少々発熱致し、英国国王崩御で昨日は暮れましてございますからと申上ぐ。ラスクは若いそうですが落付た話しい、人の様に感じました。

国会は、昨日衆議院の委員会で今野〔武雄〕とかいふ共産党の人が質問を留保しました由で、今一度開かれる時何かきくと存じますが、多分一度で通過する見透との事であります。予算委員会で庄司〔一郎〕が又何か次長に質問致しましたそうでございますが大した事ではありませぬ。〔二五六文字削除〕

それから侍医が二度程いふから葉山へ行くが……との仰せ故、十一日は田島御供して参りますが、十六日まで故、何事ありますれば上りますが……と申上げし処、短いからマー多分何もなからうからとの仰せ。次に葉山と鵠沼は近くありまするので秩父宮様が或は御上りになるかも知れませぬが……と申上げし処、侍従長にも話したが病気で疲れられてもわるいから私の方から行こうとも思つたが、先方でもまだ越した斗り故どうかと侍従長はいつてた。其点又よく……との仰せ。

二月一一日（月）

願出葉山御座所　一一・三五―一二・二〇

英国の御葬儀は十五日でありますので、クラトンの送別会は十二日にしてくれとの事で明日致しまする。十四のデニング〔Sir Esler Dening エスラー・デニング、駐日英国外交代表部〕大使の晩餐会はあるらしくあります。十五日には東京で大使館主催の弔祭式があるかと存じますが、ヴイクトリア〔Victoria〕女王の時は小松宮〔彰仁親王・妃頼子〕両殿下、エドワード七世〔Edward VII〕の時は皇太子同妃両殿下〔後の大正天皇・貞明皇后〕、又ジヨージ五世の時は多分高松宮様両殿下が御名代といふ事で御出でになつて居りますが、今回は国際関係が正常でございませぬのでリッヂウエーとの関係等で皇室の威厳に関しませぬ様な取斗が出来て英国も受けられるかどうか、花輪も亦その供へ場所の関係等、只今の我国の状態として卑屈でないならば供へる事等、私的に黒田〔実、式部官〕が先方と話合い中で、今日は返事があるかと思つて居ります。果して適当の方法がありますれば御名代はどなた様に御願致しませうか、御思召を伺ひますと申上げし処、秩父さんは御病気で御無理故、高松さんに御頼みして貰はうとの仰せ。皇后陛下御名代も高松宮妃殿下に御願致しましてよろしうございますかと伺ひし処、よろしいが御健康はどうかしらとの仰せ故、万一御健康上の問題がありましたらばと申せし処、秩父宮妃殿下に御願してくれとの仰せ。それでは特に御召しはなく、御思召の旨を田島より御伝へ申上げ、御願致しましてよろしうございますか。そうしてくれとの仰せ。

まだ先の事で又国交による事でありますが、戴冠式が六ヶ月後なれば国交恢復後と存じます。其節若し駐英大使でなく御名代といふやうな場合は如何でございませうかと申上げし処、それは御親類の国は別として他の国の参列者の振合を見、たとへば仏が大統領親ら行くとかいふ場合で政府も希望するやうなら、私はむしろ名代が行つた方がよいと思ふ。その時もそれは矢張り高松宮だ。秩父様は行かれないから、又三笠さんは年も御若いからとの仰せ故、此辺の所まだ先の事でありますが、田島の心得迄に御思召の程を承り置きたく存じました故と申上ぐ(三笠宮御希望でも不適との御意思に拝す)。それから些事でありますが、豊島岡に怪漢潜入(中山墓地内)が一度と、其以前に銅盗人が未遂でありましたがございました。監守の責だけでありますので銅部をはがされた御墓の宮家は申上げ、御修理願ふ事となつて居ります。

それから、八日午後に此前一寸申上げました、久邇さんを総裁に奉る東日本開発会社の社長末延〔一二三〕といふ者と、常務の春日井といふのが永積の紹介で田島に会見を求めて参りまして、皇室の為、久邇家に奉仕の為としてやつて居る事に雑音が入るので残念とか申して参りました故、青木、塚越二君に相談されたく、宮内庁には宗秩寮的のものはなく、今日はあつても久邇さんに御関係なき事になつて居る旨申しました事、及九日朝青木一男訪問、此東日本の事、ムルチの事を充分打合せし事、〔保科武子〕女官長経ての皇后様の御言葉に青木感激の事など相当詳細言上す。九日朝までに久邇さん青木を御訪問なき事申上げし処、催促してくれとの仰せ。又万一検事局へでも出る事になる場合の為、早く始末する事をなぜなさらぬかとの仰せ。又検事正は宮さんがあちこちなさる以上、投資があるか、御礼があるか、何かそこになければならぬと思ふは当然だが、田島には投資はないといはれたし、又靴下等五、六万の品物だけだとの話、どうもそういふ点を検事の不審を晴すやうにする事が必要だとの旨仰せあり。

秩父宮様の事は陛下の方より御話あり、田島は御静養の為御出になりました事故、秩父宮御上りになりましても行幸啓の御必要はないと存じますと申上げし処、陛下は、いや私は上るといふ事にはまづ断るつもりだと可なり強く仰せになる。秩父さんの来られるは暖い日だらう。つまり私も海に出たい日だから私は之は一応断る積りだ。その代りこちらから出掛けて行くといひたいのだ。出掛けて行くのは私は寒い日でもかまわぬからネーとの御話故(之は陛下としては御珍らしく御自分様本位の御話……余程此時期の葉山の採集に御期待をかけ御楽しみの御様子に拝す)、秩父さんの御出を御断りになつても結構、又何かの御都合で御出になつても結構でありますが、行幸啓は今回は全然問題に遊ばさぬで結構でございます。藤沢とは必しも近接と一口に申しませぬし、供奉員の件、場所等の事を考へまして、兎に角今回は御やめの方におきめ願ひますと申上ぐ。

宮内庁には関係ない事だが、追放解除は何の為の委員会か訳が分らぬ。此前には久原のやうなものを解除し、今度は服部〔保、元陸軍〕少将や香椎〔浩平、元陸軍〕中将なども解除されてる。あんな事をするなら一層法律を出して一挙に皆解除した方がよい。吉田にこういつてはどうかとの仰せ故、誠に陛下の御考を御同感と田島も存じまするが、陛下からそういふ事を首相に仰せになります事は御止め願つた方がよろしいと存じます。服部少将といふのは誰でございますと申上げし処、辻参謀などゝ一所の仲間ではないかとの仰せ(之は余り確たる根拠なきやうに拝す)。届出の順序で山梨大将などは此次発表と存じまするが、一般の人には第一回の発表が問題のない人で、第二回目の人はやゝ問題のあつた人の様にもうつりはせぬかとも考へられますし……と申上げし処、陛下はそれは私は只順番と思ふと思ふが、どうも解除せんでもい丶者が解除されてるやうだ……との仰せ。

御渡英の問題の時、皇族では重く大使では軽いといふ様な場合には盛厚さんなど考へられるかも知れぬとの仰せ(之は問題にならぬ事と思ふも、ハーとのみ申上ぐ)。

英国々王弔祭式花輪の位置、御名代待遇に関し田島陛下の威厳問題を申上げし節、目下の状態で私の地位は已むを得ぬと思ふが、国民感情上わるい点といふ事は考へてとの仰せあり。

吉田が再軍備で分りきつた事を強弁してるが[66]、私は憲法改正に便乗して外のいろ〱の事が出ると思つて否定的に考へてたが、今となつては、他の改正は一切ふれずに、軍備の点だけ公明正大に堂々と改正してやつた方がい丶様に思ふとの仰せ。

二月一六日(土)　願出葉山御用邸　一一・一〇―一二・二五

第一に、十五日英王弔祭式について御報告申し上げますが、只今の国際情勢として日本の立場と国民感情等の点を顧慮致しまして、陛下より花輪御供への事と御名代御差遣の事を黒田式部官限りの考へのやうにして、先方の今回の庶務係のやうな事を致して居りますウオーターフイールド[J. P. Waterfield]といふ若い書記官に対して打診を致して居りました処、十一日朝になり、花輪も難有く御受けする、御名代も頂ければ誠に結構で、その御取扱ひ上で御迷惑を御掛けする様な事は致さない、といふやうな事が分つて参りましたが、十二日、田島が予て送別午餐会に招いてありましたClutton から、正式に秩父、高松両宮両殿下の御台臨を願はれ丶ば誠に難有結構に存じますと一応申出で、続いて、若し両陛下の御名代として御派遣のやうな事が願はれ丶ばそれは又一層難有い。その場合、此変遷期に副ふ様、充分の配置は致しました、米国シーボルト大使とも相談の結果、御着席場所の問題も決して御迷惑をおかけしませぬとの申出でありました故、両宮様へは直ちに御希望を申上げまする。察しまするに、秩父宮殿下は御病床ではありませぬが御病気故御六ケしいかと存じますが、他の宮様は御出席になるのではないかと存じます。

両陛下御名代の事は葉山へ伺はなければ何とも申上げ

られませぬが、可成早く申上げますと申して其時は分れました。そこで其夕刻、予て御裁可を得ました通り、高松宮邸に出まして御名代の事を御願致しました所、何か御機嫌がわるい事がありましたか、一々何か仰せになり、要するに私は御名代は秩父宮御病気故引受けてもよいが、皇后様御名代は御姉様が本当だといふ御説を強く仰せになり、陛下の御思召もさうだと申上げました処、ヴイクトリヤ、エドワード七世、ジヨーヂ五世など、皆殿下妃殿下御揃の前例などを田島が申上げるからわるいとか、妃殿下が御病気になればいゝとか、リツヂウエーとの関係を田島が配意するのは馬鹿な事だ。日本が負けた以上、下になるのは当り前だといふ様な御話でありました故、詳細は何れ黒田伺ひますとや、不確実ながらそう申上げ辞去後、官舎にて侍従長次長と相談の結果、矢張り知らぬ顔して黒田を詳細の打合に出す事にきめ(御了承ときめて)ました際、御直きに高松宮様より御電話がありまして、藤沢と御打合せの結果、面倒臭いから私の所でやれとの藤沢の御話故、それでよろしいとの事できまりましたのでございますが、丁度翌十三日午前にデニング大使が英国女王〔Elizabeth II エリザベス二世〕の御礼の御挨拶を御取次するやう田島を官舎に訪問の約束になつて居りましたので、それをきゝまして、其女王の御言葉は当日侍従長を経て申上げました通りでございます。其節大使よりも御名代の事は木曜午後迄におきめ願はれゝばよろしいからとて頼んで参りましたが、まだ更めて陛下よりの御許しを頂きませなんだ為め大使には確答致しませなんだ。そして女王の御礼の御言葉を侍従職より申上ぐると同時に花環の事、御名代御差遣の事を更めて御許しを得ました次第であります。

これが十三日の午後でありまして、直ちに黒田より内々其旨英大使館側に内報致しました。此事の為、十二日の夕方、高松宮様より御用掛の事で御直に御電話がありましたそうで、御迷惑を御かけしましたやに存じまして恐縮致して居ります。実は、町野〔トキ〕御用掛は旧来高松宮関係の人故、秩父宮妃殿下の御用掛物色中でありました処、高松宮妃殿下は秩父宮妃殿下に町野御用掛を御廻しになり、御自分は高木御用掛といふ事になりましたものと見えます。

翌日十四日は、クラトンが英女王、エリザベス皇太后〔Elizabeth Bowes-Lyon ジョージ六世の皇后〕、メアリー皇太后〔太皇太后〕〔Mary of Teck ジョージ五世の皇后〕、グロスター公より秩父宮への御答礼、メアリー、エリザベス両皇太后より高松宮への御答礼の為申上方依頼に田島を訪問致しました節、正式に御名代御差遣の事をクラトンに返答致しました。そして其時は席次表をも持参して見せてくれました。右側リッヂウエー、左側御名代両殿下、秩父妃殿下と別格にして、そのあとは英国側大使等は右側、吉田首相、外国大使等は左側といふ事になつて居りました。右の様な事で、高松宮様が何か御機嫌わるく申せば、田島は一寸困りましたが、結局はすべて予想通りにきまりましてございますと申上げし処、高松さんは妃殿下の事をいろ〱いはれたのだナーとの仰せ。ハイ、マア左様でございますが、何だかいろ〱順調な御返事がありませんでした。そして昨日田島も参りましたが、我々は十時四十五分迄に来着し、秩父宮妃殿下は十時五十六分、御名代両殿下は十一時に御着の予定といふ事で前夜黒田も随員も下検分を致しました。御料車でない御紋章付自動車に両殿下御同乗願ひ、式部官、御用掛及高尾〔秘書〕課長が次の車に同乗し、前後警視庁のサイドカーといふ行列でありました。御着の時はリッヂウエーが一寸後れて着きましたが、式後御帰還の時はクラトン、ロバーツ〔N. S. Roberts ノーマン・ロバーツ、駐日英国外交代表部公使〕が同時にリッヂウエーと御名代宮様を御誘導して御帰途に御つきになりました。此点も前以て打合する事が出来ましたが、宮様はなぜか半歩リッヂウエーに譲つておいでになりました。然し妃殿下はリッヂウエー夫人と同列で御歩きでありました。まづ英国弔祭式について御国威を失墜する事なしにすんだと存じます。御名代宮様の御態度は御立派であつたと御伴の者が申して居りました。田島として式後一寸宮邸へ御挨拶に出ましたが御機嫌克く拝しました。花輪は向つて左に陛下より、右に吉田首相よりのみでありました。リッヂウエーのはありませんでしたと申上げし処、それはどういふ訳だとの仰せ。英国に〔Harry Shippe Truman ハリー・S・トルーマン、アメリカ〕大統領より差上済の為ではないかと存じますと申上ぐ。今後の事は英国も中々気を配りまして、日本の思惑をも考へましたらしく、英外務省と打合せの上先程も申上げました通り、シーボルト米側とも打合せたとの事でありました。右様の打合せ出来たにも拘らず、実は御答礼の話が少し遅いので一寸気になり、十二日クラットンから話のありました際、率直に田島は御答礼のあつてから御名代の御出になるやうな事にしたいと申しましたが、午餐の直後デニングから会見日時の申込照会がありまして安心致しました。英国は中々格が八釜しいらしく、宮様への御答電はデニング大使が〔天皇〕陛下への〔英国王〕陛下の御答礼を申入れました時に既に大使館に来て居りまするが一言もふれず、その後に日時をきめてクラトンが参りました次第でございますと申上ぐ。そうかとの仰せ。それから松平からの来信を読上げ、御服装は近時の傾向はモーニング、勲章はないといふ事のやうでございますと申上ぐ。その点は分つたといふ意味の仰せあり（信任状捧呈式問題の時の御下問事項の為ならん）。

次に、学習院への報償金額と一般月謝増額につれて増加すべき事を前に思召を伺ひました線に沿ひ計算致しますると、四十五万円が相当とも申せまするが、一年毎の約束故当方としては四月よりの方好都合でありまするが一般は一月よりでありまする故、又多少色をつける意味をもちまして年額五十万円の御許しを得たいと存じます。又、予て一寸申上げました、女子短期大学等女子系統の方で特別教室新築の為の父兄発起の寄附金の事につき安倍からも話があり、最近次長を父兄達が訪ねて依頼がありました由で、両内親王様在学の関係上、之は別途に御下賜金願ふの外ないと存じますが、皇室経済法の関係上、之も来年度になる事が必要でありますが、金額は十万か二十万か只今研究中でありますと申上ぐ。よろしいとの仰せ。

国警の事は、十日に斎藤長官が帰京致しましたが留守中の仕事の為、御還幸後十八日と相成りましたと申上ぐ。

次に、先日書類を差出しましたが、〔伊勢〕神宮御式年祭[67]に関しまする事は、憲法等の変更あつたにも拘りませず、神宮側としては前回に準じて総て勅許を仰ぐやり方のやうでございますと申上ぐ。

些事でありますが、十五年間林野長官のみを勤務しました三矢〔宮松、元帝室林野局長官〕の為に旧部下が家を建て、贈る事になつたとか頃日申して参りました。結構の事と存じます。

それから追放解除の事は、岩田宙造〔元司法大臣、公職資格訴願審査会委員長〕に先日あひましてきいて見ましたが、ポツダム政令[68]の法律上の見解がまだきまりませぬ様子で、佐藤〔恒丸〕元侍医頭の話などしましたが、そんなのはもうきまつてませうとの話でありました。願書順かとは存じますが、高橋三吉〔元海軍〕大将のやうなのが既に解除で、野村〔吉三郎〕大将や山梨大将があとでありますと一般には何か後で発表の方がよくない事のあつたやうな感じを与へる恐れがあると思ひますが……と申上げし処、どうも面白くない。一層裁判をやめた方がよいと前に承つた事を重ねて御強調あり。委員会の事を裁判と仰せあり。此点吉田に話しては矢張りわるいかとの仰せ故、御話なき方よろしいと存じますと申上ぐ。それから、服部が解除されたと前回仰せでありましたが、辻政信と一所にやりました服部〔卓四郎〕は別でありますと申上げし処、そうか。名は知らぬ故……との仰せ。

次に、頃日松谷〔誠、元陸軍〕大佐が久し振りで訪ねてくれまして、一時間半斗り話をきゝました。大要は米ソ共戦争準備はして居りますが何れもこれでよしといふ点は一、二年後になる模様で、それまで第三次戦争の始まる事はまづあるまいとの見透しの事。日本としては国際連合、殊に米国中心に之と歩調を合せて防衛を考へねばならぬ事。好むと好まざるとを問はず再軍備である事。その為には少くも今年末には憲法改正の要ある事。日本防衛隊として北海道、九州には師団制度のもの、本州四国には県毎の小規模のものといふやうな事。航空軍主力、海軍も陸軍も従たる事。平素は食糧、戦時は制空権、海はアメリカに頼む外なき事。統率権の問題は大統領の如く四年ときまらぬ首相ではおかしいといふ理論の出る為、陛下にといふ議論出てもそれは御乗りにならぬ事など言上す。

此日の上奏中、松谷の話一番御興味あり。殊に統率権が天皇にある方本当はよきも、それは理論で、従来の経緯上と弊害とを考へて絶対に之は不可と申上ぐ。陛下も御了承にて、其点は余程注意を要するとの仰せ故、解除の軍人等拝謁の際、或は統率権は陛下にと申上ぐる事があるかも知れませぬが、充分御用心の事も申上ぐ。

竹虎が（突然仰せにて、曽て緒方が再軍備に関して更めて御退位可然といふ説ありと申して参りましたと奏上せし事、御記憶にて御想起の御様子）東宮ちゃんの方がよい、私が退位がよいといふが、東宮ちゃんは若〔い〕し、統率権が理想的に行くか分らぬし、又私が退位しても私の所へ来る人も出来て、矢張り退位はよくないと思ふ。竹虎のいふ事は……との仰せ故、緒方には田島その説、上皇、今上といふ様な日本が別れる可能性のある事も考へても駄目と申し、納得したやうに存じて居りますがと申上ぐ（松谷の考は軍人で軍人の弊のないいゝ説だと大いに御ほめになる）。

辞去せんとせし所、朝融さんは其後どうかとの御尋ね故、二度御電話致しましたが、一度はまだ青木訪問せずとの事。二度目は昨夜で御留守で御出先不明との事でありました。青木等が新憲法を作り、顧問等になるには青木等の同意を要するときめ、大丈夫な大協石油など其手続で致して居りますのに、其れと時を同ふしてムルチや東日本など御関係で、誠に恐入りますが、田島はもういやになつて了ひますと申上ぐ。

次に例の文案の事だが、小泉も反省した結果といふ事は入れる方がよいとの事であつたが、今の松谷の話もあつたが、二十台〔代〕の人が思想的に駄目な点を取り上げ、愛国的になるやうな意味を一寸入れたらと思ふがとの仰せ故、結構でございますが、実際の言葉遣ひは六ケしくございます。頃日一寸申上げました通りとて、宇佐美の意見のありし事、其結果小泉、三谷、宇佐美と四人にて十三日夜会合せし事、目下修正案勘定中の事申上ぐ。

松谷の話につれて、再軍備に関し憲法改正の方よき事、吉田にいふ事如何と重ねて御下問故、口止めの方よろしい旨申上げ、朝海〔浩一郎、在ロンドン在外事務所長〕をほめる様、井口次官に頼まれた経緯を一寸申上げ、吉田首相に手紙を書きました時、再軍備論の事を一寸ふれましたと申上ぐ。


二月一八日（月）　願出御座所　一一・五〇―一二・一〇

一寸だけ申上げて置きたい事は、十三日の午前に三笠宮様が田島の部屋へ御出になりまして、戴冠式の御名代はどうなるか、私の外遊といふ事については最もい丶機会だが……との仰せでありました。一寸突然でありましてビツクリしましたが、其前拝謁の時に田島の心得の為にとて思召を伺つてはありましたが、直接こんなに早く御話が出ようとは予期致しませんでしたが、丁度前日クラトン送別会の時、八月とかいふ気候のわるい時は新聞に出てたが(69)信じられないといふ話をきいて居りましたので、八月よりもつと早いかもしれませぬ。従つて正常国際関係が復活してないかも知れませぬし、又其際皇族が御出かけになる事になるか、大使的な人かも分りませぬし、又御名代としても或は御親しみのある方かも知れませぬし、どうも分りませぬと申せば、三笠宮様の御希望に必しも副へぬやうな口振のはつきりせぬ御答を致しておきましたが、あの御様子でありますと直接陛下に御話があるかも知れませぬ故、一寸御耳に入れておきます。又其後侍従長次長とも相談致しましたが、御差遣となれば適不適から申せば、秩父宮様が御出になれませぬとすれば高松宮様がおよろしい。三笠宮様は……といふ意見でございますが、一面、三笠宮様としては先年来御外遊問題については秩父、高松両宮様も御外遊済であり、三笠宮様はまだといふ関係上、い丶機会に御出掛けといふ事は結構と申上げてありますし、又在外邦人の招きの問題の時、それは皇族としては駄目で、国費でもつて適当の機会に御出掛けがよろしいと申上げてありまするし、高松宮様がガーター勲章の御答礼で御出掛の御年などは、今日の三笠宮様よりはズツト御若いし、秩父宮様の戴冠式へ御出の時もまづ大低[抵]御同年位当然と御思ひかと存じます。非常に御熱心なのも……と申上げし処、高松さんは社交の事は御上手で、私なんかよりとても御上手だし、秩父さんが行かれ丶ば一番よいが……それは駄目故、高松さんはこういふ時には適当な御長所がおありだ……高松さんの此前行かれたのはガーターの御答礼で戴冠式とは違ふ。戴冠式だからネー……との仰せ。

退下せんとせし所、アノ朝融さんはまだ青木に行かれないかとの御尋ね故、今朝程御進講陪聴に出ます前に秘書官に御伺ひするやう申して参りましたから後刻何れとも分ると存じますが、御出掛先も分らず、よそへは始終御出あるきで、吾々が御心配申上げたるに少しも御出になりませぬ。大体久邇さんは、国とか社会とか人の為とかいふ御考は少しもないようで、御自分の享楽とか利益とかいふ事にのみ頭をはたらかして御出のやうで、お金とかゴルフとか宴会とか食事とかいふ時には相当つつこんで口を御出しになりますが、外の事はいつでも沈黙でありますӧ。田島は御役目上何とも出来ませぬが、累が皇室に及びまする故、避けられませぬが、青木、塚越などは其責任ないのによくやつてゝくれると思ふ位でありますӧ。之等の人も結局、天子様のお為に間接ながらあると思へばこそやつてくれてると思ひます。どうも皇后様の御兄様といふ事で累が……と申上げし処、どういふ考なのかネー。今度の事は外国人だが……累が皇室に及ぶし……及ばねばいゝといふ訳ではないが……との仰せ。元皇族の御身分でどんな事も大した事にならぬと多寡を括つておいでゞないでせうかと申上げし処、いやムルチの事は外国関係があるからどうもそういかぬやうに思はれるし、又それはいゝとしても新聞に出ればそれで矢張り累が皇室に及ぶし……との仰せ故、秘書官にきゝまして何れとも申上げますと申上ぐ。

正午過ぎたれば椅子をたゝんとせし処、今日斎藤に治安の話をきいたのでそれに多少関連もあるが、一昨日も一寸いつたが、吉田には再軍備の事は憲法を改正するべきだといふ事を、質問するやうにでもいはん方がいゝだらうネーとの仰せ(二度、吉田に御話しは御止めの方よろしうございませうと申上げし為、御遠慮にて、御自分様は御いひになりたき御熱心なれど、又も御主張は御遠慮で質問の形でも矢張りいはぬ方がいゝだらうネーと御遠慮の御下問恐縮の至り)。ハイ。田島が手紙を吉田に書きました際、一寸附言しましたことを一昨日も申上げましたが、特に御召しはいけませんと存じますが上りました節に、大分国会で再軍備問題で議論があるやうだが一体どうかといふ程度の、陛下の御考を仰せになりませぬ形で御質問になる程度はおよろしいかと存じますと申上ぐ。(又御立ちになりて田島の方へ御歩みよりなり乍ら)追放解除の問題もだネーと仰せ故、之も山梨の事は従来吉田に仰せになりました関係もありまする故、御質問の形で高橋三吉などが解除になつてるやうだが山梨などはもつと古く現役に関係がないのだがどうして後れるのだらうといふ程度で御きゝになります事はおよろしいかと存じますと申上ぐ。うん、そうか……との仰せ（註、再軍備とか憲法改正は陛下としては仰せにならぬ方よき方確かなるも、追放解除の問題はそれ程ではなきも委員会無用論を仰せになれば矢張り面白からず。又一面吉田が山梨の事を陛下から随分度々御催促受けた旨の話を吉田が田島に話した時の口調から見ても御ふれになつて余り実益なき様感じつゝあれば随分御意思に反して、わるいだらうネーと御遠慮的御下問は恐懼の至ながら兎に角右の程度に申上ぐ）。

附、後刻、入江侍従に御下問の方はまだ御出向なき由故、いつ御出向きか確め的に御催促致しますと電話にて御答方御取次を頼む。

二月二〇日（水） 御召し御座所 一〇・一五―一〇・五五

あの、侍従長にいつておいたが聞いてくれたかとの仰せ。ハイ、三笠宮様御上りの節は、英吉利〔イギリス〕の話は少しも御出にならなかつたと承りましたが、それでは殿下は何の御用でお上りになりましたか御分りでございましたかと伺ひし処、竹田の宮（恒徳）さんなんか御関係で会長か総裁かをやつてられる台湾に関係ある会にバナヽを送つてくるので、その御初穂を献上するといふ意味の事らしかつたとの御話。

久邇さんは一昨日はまだ御出掛なく、昨朝電話をかけました処、差支とて御出になりませず、後から電話するとの事でありましたが、御待ちしても御電話なく、再度田島より掛けまして渋々御出になつた様ですが「田島は五日の夕方置手紙して、六日の朝御目に懸り申しましたのは急ぎの方がよいと存じました事ですを〔ママ〕、今日十九日になつてもまだ青木の処へ行かれぬのはどういふ事ですか。困ります。田島の為ではありませぬ。宮様御自身の為でありますと申し上げましても、「其内に」といふやうな事でしたから其内では困ります。今日明日の内」と申上げましたが、本当に田島も久邇さんだけはいやになつてしまひます。皇后様の御兄弟として何事もないと御思ひなのか、御自分の享楽の為のみでお金とか女とかいふ事のみで……と申上げし処、私と同級で五十越して御出でだが、世の御経験がない為、総ての事がそういふ風だと思ふから田島も小供だと思つて……との仰せ（申上げ方こゝ数日相当はげしき為に田島を多少御たしなめの御心持にも拝さる）。久邇さんは青木の所へ御出ではありませぬが、昨夜活動写真に有楽座へは御出になり……田島も英国大使の後援といふ訳で参りました。高松、三笠両殿下、孝宮様も御出でとありましたが——其節今日青木に電話したが都合あしくあへなかつたといつておいでゞありましたと申上ぐ。

それから実は、其席へ保利（茂、内閣）官房長官が参つて居りまして、役所へ昨日来たいと思つたが仕事の都合で出来なかつたがとて、条約発効に際して祝賀式の話があるが、御思召の程を伺つて貰ひたいとの事でありました。吉田首相の意を以ていふかといふ事も確めました。そして方法はまだきまりませぬが、発効が自動的にきまりまする関係上、発効後十日位といふ見当で、只今は四月十日見当を心構へして居るやうでございましたがと申上げし処、陛下はそれは方法さへよければよい事だが、喪中でもあるので、余興等のある処へは行かぬ方がよい。新憲法の時は議会へ行つてことばをいつたあとで（皇居前）広場で又会があり、それでは何もいはなかつた。今度はどうするかしらの仰せ故、開会式の如き国事ではありませぬにせよ、其都度御除喪願ひましていろ〳〵御出ましを願つて居りますから、それはよろしいと存じますが、成程余興等はいけますまいと存じます。又皇室外首脳部が御集りの上、或はリツヂウエーなども出席、来賓として……するやうな事があり、御警衛は相当注意して貰ひたいと存じますと申上げし処、それはそうだが、又厳重に過ぎて国民と皇室と離れるやうな感を与へるのもよろしくないとの仰せ。

又、予ての御話のおことばの問題は、実はそういふ機会は結構かと存じますが、そういふ場合なれば、宇佐美の考を先日申上げましたが、愈以て宇佐美の説の如く独立国家の再出発に当つて、陛下から国民への御希望を仰せになり、一寸そのあとへ御退位なき事を附加へる事になりまして、余り御反省のことは……と申上げし処、私は、反省といふのは私にも沢山あるといへばある。例へば、東条が宣戦の詔勅に国際法規に従ふといふ事は書かぬ(70)といふに対し、書いた方がよいと私がいつたが、ハワイの事やシンバル上陸の事などあるからウソを陛下が面白くないといふのでそうかといつた如きも一つだが、せめて〝今後は〟としても国際法規に従ふといへばよかつたかとも思ふが……との仰せ故、横道の話でそんな事申上げるは何でございますが、「今後は」などといふ事はそれは到底書けませぬと申上げる(これは陛下も御笑ひになり、そうだといふ様な御表情)。陛下は又、支那事変で南京でひどい事が行はれてるといふ事を、ひくい其筋でないものからウス〳〵聞いてはゐたが、別に表だつて誰れもいはず、従つて私は此事を注意もしなかつたが、市ケ谷裁判で公になつた事を見れば実にひどい。私の届かぬ事であるが、軍も政府も国民もすべて下剋上とか、軍部の専横を見逃すとか皆反省すればわるい事があるから、それらを皆反省して繰返したくないものだといふ意味も、今度のいふ事の内にうまく書いて欲しいと思ふとの仰せ(いつもの退位せざる弁とは少し違つた角度の仰せ)。其点は目下一生懸命作文を練つて居りますと申上ぐ。右様の訳で、それでは政府の方へは方法さへ適当なれば式典をやる事はよろしい旨申しますがよろしうございますかと申上げし処、「よろしい、そうしてくれ」との仰せ。

(日銀参与会故御暇せんとせし処)東久邇さんは其後どうとの仰せ故、若宮(盛厚)様でございますかと申上げし処、いやとの仰せ故、稔彦さんの方の事はその儘でと申し上げし処、替地の方が出て来ないのかとの仰せ。ハイと申上ぐ。

三笠さんが来ての話に、盛厚さんが、田島も名古屋で見たらうが、あのミシンで何か作ると五、六十万円も儲かるといふのでやつておいでだろうだがうまく行けばいゝがとの仰せ故、盛厚さんは少し久邇さんと違つて積極的で自信がありすぎて困ります。日銀へ入つてすぐ経済問題を論じて日銀で問題になつたり、ヌートリヤ[72]を飼つて見たりどうも慎重が……と申上げし処、あれが陸軍の教育だよ。勝つか負けるかで独断専行、直ちに処置とか臨機の行動とかいふので、之は陸軍のやり方だよとの御話。

猶お話中に、英国の今回の喪は非常に短いやうだがとの仰せあり。儒教の三年の喪とか神道の喪とか、外国の慣習とか、彼此研究中で何とか短縮致したく、松平の帰朝をまつて具体案を得たいと存じて居りますと申上げし処、飛行機など出来て距離も縮まつたが、時間も短くするのが当然の結論のやうに思ふとの旨仰せあり。

二月二五日（月）　願出御文庫　一・四〇―三・〇〇

宇佐美次長と共に拝謁。次長より神宮御造営の金物、古式に復活の御説明申上げ御允許(いんきょ)を得、次に次長より、二十一日に起きたる日共の指令による不穏行為(73)に関する警視庁にて調査の結果等御説明申上ぐ。附言して、外字新聞に在りし徳田(球一、日本共産党書記長、当時中国亡命中)放送の事(74)一寸申上ぐ。

此事に関し、次長退下後、行幸啓等多少手心の要も有し云々申上げし処、その為に折角の皇室と国民との接近を害するやうになつても困るとの仰せ故、大体警察で責任の持てる以上は消極的でなく考へますが、責任を持つ上で目立つ警備になりましても困りまするし……其かねあひが六ケしいと存じますと申上げし処、そうだ。例へば緑〔植〕樹祭に出掛けるとして、仮りに遺伝研究所に立寄るとしても、そういふ場所の警衛が厳重でも目立たぬかよいが、緑樹の植樹の山などであまり厳重過ぎると、折角出掛けても逆の印象を与へる事になるから困る。その辺のかねあひが六ケしいネとの仰せ。左様でございます。差当り警察が責任上御道筋の警戒を厳にすればすぐ目立ちます。中々六ケしふございます。

序でに、学習院卒業式には申出もありますし、東宮様、順宮様の御卒業でもありますから御願する積りで居りますと申上ぐ。

猶、次長は外務省よりの大公使差別なくなりし報告の大要を御説明申上ぐ。これにて信任状捧呈式の事につき、御下問の服装、勲章、及大公使の差の事は全部奉答の事となる旨一寸附言す。宮内庁の信任状捧呈式案につき、外務省は回答して来たかとの御下問。未だでございますと申上ぐ。

次長退下後、芦田から得た英国王葬儀の新聞写真（芦田よりとは申上げず）を御覧に入れ、大宮様の時のやり方との類似点、パヂントン迄のロンドンの御馬車とウインゾルの御馬車との差、女性の方は御馬車、親王方は徒歩で御行列なる事、出掛けの事等申上げ、ウインザー宮内の御寺の園も御目に懸け（将来山陵改良の事一寸申上げ見んかとの思惑なりしも其機熟せず止める）る。

クキン〔英女王〕の御祝の御挨拶はどうかとの仰せ故、先方から何かあつてとの事でありますが、それは終始注意致し居ります。但し一寸田島気にやんで居りまする事が一つありますが、ヂヨーヂ五世弔祭式の時、高松両殿下御名代に対しては大使より一度、又英王室より御挨拶が外務大臣経由でありましたが、今回の御名代に対しては外務省経由は出来ませぬが、非公式に田島迄大使館から何かいふて来べきだと思ひますがまだありませぬ。尤もデニングは九州旅行中でありますが……と申上げし処、そうかも知れぬとの仰せ。

戴冠式が、今日の新聞には矢張り八月七日で、二百二十何年来践祚（せんそ）と同年といふ例はないとありました[75]と申上げし処、喪が短いからだ。御大礼も喪の関係で翌年になるのだ。万事早い世の中になり、英国の喪が短いからだらう。戴冠式の事は三笠宮の事を申上げ、又其前にも心得の為御思召を伺ひましたが、あれは先方から招待状が来て見なければ分りませぬのだそうでございます。然し秩父宮の時の前例等は調査し準備致して居りますと申上げし処、英国は昔から親善だから出来れば今後も……との仰せ。

久邇さんは、先日申上げました通り、土曜日二時に青木を訪問された筈でございます。其結果いまだ報告がありませぬがと申上げし処、月曜ときいたがとの仰せ故、久邇家から最初月曜と申し後土曜と訂正して参りまして、侍従にその事たのみ置きましたが申上げなかつたかと存じます。先づ御訪ね頂けば其後は青木が処理致すと存じますと申上ぐ。

高松宮妃殿下もいつて居られた。昨日盛厚さんもいつてたが、松平〔康昌〕が英国大使といふやうな説があるのかとの御尋ね故、高松さんは松平は高く御評価ですし、盛厚さんも宗秩寮総裁の時、何か御関係で新木問題で田島と話があはぬ時松平を訪ねられたやうな訳で、御近いと存じますからマア御ヒイキがありますし、一面外人の間、たとへばシーボルトなども極秘で米国行き大使は誰がいゝと相談する程親密で、外人間にはつとめますから、好評で一部でそういふ噂もありませうが、可能性はあまりあるとも存じませぬ。吉田が松平を好きませず、式部官長さへ気に入らぬ位に見えますからと申上げし処、盛厚さんは木戸の関係もあつて……との仰せ。実は田島も公私を判然致しますれば、いろ〳〵の長所はありまするが、少し相手に甘くなる場合が親密な場合には起きる恐れがあるかと思ひます。人情の自然故、田島などは友人や親しいものには一層つらく一応考へるやうに心懸けて居りますが……いつか拝謁の問題でありましたが、同一の条件の二つの場合に一つは頼み込まれてｙｅｓとなり、普通の場合は原則通りｎｏといふやうな事もあつたかと思ひます。何れにしましても、吉田外務大臣である以上、可能性はありませぬかと存じます。それに何と申しましても大大名の華族さんで、我々平民とは違ふ所もありますと申上ぐ。

松平は今どこか、白〔ベルギー〕か蘭〔オランダ〕かとの仰せ故、其辺と存じまするが確かにどこと存じませぬ。巴里以来文通がありませぬが飛行機では休む暇なく疲労かと存じます。三月十四日に健康の外の故障以外は帰ると申して居りました故、帰京の上御報告申上げると存じますと申上ぐ。三月二十一日かと思つて居たが……との仰せ。

水島の御進講は誠に恐れ多い事でございました。非常な宣伝屋で自分の事を御吹聴する斗りで、化学者としての話はあまりなく……と申上げし処、前置きが長過ぎて法王にあつたとか何とかいつて肝心の化学者としての話は殆んどないとの御話故、御進講後、侍従次長に従来の経過（鈴木一次長が田島に協議なく義宮さんに御進講を頼み、一歩進む案を始めて田島に持ち込み、それはいかぬと申した事等を話し、最初は田島が紹介故、余り宣伝がひどければ義宮さんへの定期御進講を止めることを田島から申してもよい事まで）申した事を申上ぐ。

侍従次長に御下問のありました、大臣礼遇者の解除者に特に御召しの上拝謁を賜りまする事は、皆とも相談致しましたが、其必要はないかと存じます。尤も天機奉伺を願出ました節、御許しにならぬといふ事もありませぬ故、その時で結構かと存じます。宇垣は土曜日奉伺の御記帳に出まして田島に挨拶の名刺が置いてありました。

葉山より御還幸の節供奉の為田島の留守の時でございました。或は宇垣はそれによつて拝謁を期待致して居りますかも知れませぬが、申し出のあつた時でよろしいと存じます。そうかとの仰せ。御同意見の様に拝す。

二月二六日(火)

御召し御座所
一〇・二五―一一・一五

昨日聞いた、弔祭式御名代に対する挨拶がないといふ話だが、あれはイーデン〔Robert Anthony Eden ロバート・アンソニー・イーデン、英国外務大臣〕が外務大臣となつて日本に対してよくない感じをもつてる為だといふやうな事はないかとの旨の御下問。吉田はイーデンとはそう親密でないように聞いて居りまするが、御名代を御願した時の経緯に徴しましてそんな意味はなからうと存じますと申上げし処、デニングはそうだらうが本国はどうかと又御質問故、そんな事はありませんと存じます。デニングが九州旅行の為単に事務的に後れてるのみと存じますと申上ぐ(その辺の所も只今苦慮致して居りますと申上げしのみにて、吉川〔重国、式部官〕がデラマレ〔Arthur James de la Mare 駐日英国外交代表部一等書記官〕とそれとなく話合ふ事など申上げず)。それから新女王に対する点はどうかと又仰せ故、それも昨日申上げました通り充分注意致して居りますと申上ぐ。

かねて条約発効の時のおことばについて、主として小泉と数回打合せ、三谷とも話合ひ、一応成案を得ました処、宇佐美次長に見せました処、陛下の御弁解のやうな感を与へるとて全面的に修正する案が出まして、之を基礎に四人で練りました事は申上げましたが、只今は大体最終段階で、近く安倍も交へ一会催して一応案を確定致したく、又先日式典の問題が出まして、其処で御よみ遊ばすとすれば一層宇佐美説でなければならぬと小泉も田島も、余り穴の中にもぐり過ぎて考へてた事を考へまして、近く宮内庁だけとしての確定案を得るため、寄合ふ事にしてあります。その上で大体の御内覧を願ひ、外務大臣に示し同意を得ましたものを御裁可願ふといふ考へであります。只今の所の最終案を一寸読んで見たいと存じますとて朗読す。「深く祖宗と万姓に愧ぢる」といふ事はまだ疑問と存じて居りますと申上ぐ。一面又「今次敗戦……相戒めなければならない」の一節は非常に難点がありまして、敗戦といふ文字の為に、単に勝てばいゝかといふ変な議論が出、又軍備反対論者に利用されて、陛下は平和論者で軍備せぬ方がよいと仰せになつてるとこぢつけられる危険があり、従て、折角のアメリカに対して、反対する人に口実を与へる事にもなるのではないかと心配致して居りまして、此思想は素直にとれば何でもない事で、過去の敗戦に至るまでの推移の中に、軍閥とか、下剋上とかわるい事が沢山ありました事を、新軍備が必要になればするのは当然だが、同じ弊に陥らぬやうとの事でありますが……と申し上げし処、そうだ。少し字句をかへねばいかぬが、其事はいつた方がいゝと思ふとて、いろ／＼口語にて仰せになるも、文章にしていゝと思ふ言葉は拝されず、よく字句を考へますと申上ぐ。

任は重く道は遠きも云々の個所、一寸陛下には唐突の御感じの如く拝されし故、これはやゝ抽象の理想をいつたやうな気味で、実は小泉の執筆の意をとり入れましたものでございますと申上げしも、こゝは今一工夫文章としては入る〔ママ〕との御様子に拝す。陛下は鯨は子をとれば親もとれる。動物でも親子の愛はある。自己の苦しみを忘れて親は子の事を思ふ。苦は楽の種、楽は苦の種といふ様な意味だが、そんな通俗な表現はこういふ場合は駄目だが、平和の美名にかりて安易なる考へ方をして苦労を避けるやうな事は次の世代にすまぬといふ訳だ……との意味だけの様に御解釈につき、もう少し小泉は、人類の禍福といふ以上は、世界的に現世代のものが共産主義に反対せねばならぬといふ様な含蓄があると存じますとの意味を申上げ、小泉自身の草案等を読んで差上げし処、人類の禍福といふ所あまり御賛成なき御口吻の処、その小泉のは中々いゝネー。

条約の信義といふ事は入れて貰ひたい御話にて、実は私はもつと早く終戦といふ考を持つてゐたが、条約の信義といふ事を私は非常に重んじてた為、単独講和はせぬと独乙と一旦条約を結んだ以上、之を破るはわるいと思つた為、おそくなつたのだよとの仰せにて、軍部が単独講和せぬと条約を結んだのは、独乙が勝つ事を日本軍閥は信じきつて居り、ロシヤを攻めて安易に勝ち、そして単独講和を結べば日本にのみか連合軍が攻めて来るのでその防ぎにあゝいふのを結んだが予想に違つたのだ。そういふ事もあり、条約の信義といふ事は私は強くいひたいとの仰せ。「須く」以下はよろしいとの御考へらしく、自由、文化、平和、元気あるネとの仰せ。この時に当り以下だけで、陛下の御退位に関する御気持を表はしたのでありますが、これでよろしふございますかと御伺ひせし処、よろしいとの仰せ。但し前回一寸骨組を申上げ、専ら小泉と数回練りましたのは宇佐美が弁解的と申しましたものを一度参照の為に朗読させて頂きます(とて読上ぐ)。田島も、之は余りありの儘でよくないと存じます。殊に式典で御読みになる場合は到底いけませぬと申上げし処、それはそうだ。新しい方がよいとの仰せ故、一応ゆつくり御覧頂く為に御手許へ差出しませうかと申上げし処、「や、人が見るとわるいしするから、今一度よんでくれ」との仰せにて再朗読す。矢張り過去の反省と将来自戒の個所が何とか字句をかへて入れて欲しいとの仰せに帰す。よく字句をもう一度練つてくれ。趣旨は今後の新案の方がよろしい。骨はその通りでよいから、よく練つて、もう時もあまりないから……との仰せ拝承す。

それから久邇さんは、青木とおあひになつてから様子は分らぬかとの御尋ね故、青木には田島より事情連絡しあります故、何か青木は手を打ちましてから報告があると存じて居ります。此際は之でムルチの事と東日本開発総裁の事は片付くと思ひますが、あとから〳〵同じ様な事をなさるので閉口致します。青木、塚越のやうな顧問だけでは終始御附きしてる訳ではなく、此際田島は一方法として、青木、塚越より格の低い人で硬骨な人柄のいゝ人が御邸に常勤して貰ふことが必要でないかと存じて居りますが、人が中々六ケしふ御座いますと申上げし処、久邇さんは婦人がおすき故、しつかりした女性で、反対する事は反対するといふ様な人を得られたらいゝかも知れぬとの仰せ。ありますれば結構ですがと申上ぐ。何分時間が余つて仕方がないので困りますと申上げし処、それは外の皇族さんでも元皇族も一所だが、久邇さんは研究とか本を読むとかいふ事がいやなら音楽は御好き故、それでも御やりになればいゝ。そうだ婦人もその音楽の出来るやうな人がいゝとの仰せ。

それから田島心得の為に伺ひまするが、東宮様御留学の事について、ステートメントのやうなものを御出しになつた事はないと存じますが、米人に何か御希望の事を仰せになりました事がございましたでせうかと伺ひし処、留学といふ事はいはぬが、私も欧州へ行つたやうに皇太子も機会があれば米国へも欧州へも行く事にしたいものだといふ事はマカーサーやヴアイニングにも話したとの仰せ。それではいはゞ座談的の御話でありますかと申上げし処、茶話のやうなものではないが、勿論留学とはいはぬが、出来れば行くやうにしたいものだといふ漠然たる希望をのべたに過ぎないとの御話故、マッカーサーはヴアイニングに対して、教育上はそれはよろしいが、政治的には日本の大学に御通学の方がよいと申して変説して居りますやうで、何れにしても非常に固く、スタンフオードに家庭教師を御依頼になりましたやうな意味の事は少しもないと心得ましてよろしうございますかと申上げ、それでよろしいとの仰せ(三笠宮さんへの fisher (Gehlen Fisher ゲーレン・フィッシャーカ、北米キリスト教青年会同盟委員)の手紙に対し三笠宮御返事の都合もありて御伺ひせしも、三笠とか fisher とかには少しもふれず)。

二月二六日(第二回)

御召し御文庫
二・〇〇―三・一五

今朝いへばよかつたが、あの文章の問題、敗戦の由来省察の所を、ハツキリ新軍備をなす場合には、過去の軍閥の弊に陥らぬやうと書けば、午前に心配したやうな誤解を招き、又は所謂平和論者に利用される事はなくなるが、勿論憲法改正せずして私が新軍備をなすならばなどといふ事は不可能で駄目な事は分つてる。然し意味は今朝もいつた通りだから、何かうまい文句を考へて、両方ともから攻撃されぬいゝ文字を考へてくれとの意味、繰返し御話あり。

軍備といつても、国として独立する以上必要である。軍閥がわるいのだ。それをアメリカは何でも軍人は全部軍閥だといふ様な考へでア、いふ憲法を作らせるやうにするし、形式的に軍人といへば追放するし、山梨の様な軍人まで、又一方有末(精三、元陸軍中将)とかいふ様なのを戦犯にしないし、又最近は久原を解除するし、総てが形式的で、玉石混淆で、やる事が行過ぎがある。実質をよく見ぬからだ。追放も追放解除も形式的で実質を見ない。あんなのなら審議会も裁判も入〔要〕らない、法律一本でやればよい。戦犯でも、役目の都合か知らぬが、真崎など免れて木戸など入れられる。

　アメリカは日本を買被つて、占領当初はいろ〳〵の誤算をした云々の御話故、ルーズベルト〔Franklin Delano Roosevelt フランクリン・D・ルーズヴェルト、前米国大統領〕のヤルタ島会談なども日本の戦力の買被つてた結果、あゝいふ事でソヴイエトを入れたのだし、日本側も誤算といへば沢山誤算をしてる。Doolittle の中型飛行機は艦載は出来るといふ事を知らずに、基地を遠いと考へて日本来襲の時間を非常に誤算した(76)。吉田善吾〔元海軍大臣、海軍〕大将なども松岡〔洋右、元外務大臣〕にだまされて、アメリカは戦争ぎらいといはれ、暫時して米の戦争準備の事を確認して神経衰弱になり、自殺をしかけたやうになつた。其あとが及川〔古志郎、吉田善吾の後任の海軍大臣〕だ。この頃は最初永野〔修身、元軍令部総長〕などは大主戦派になり、〔一九四一年〕九月〔六日〕の御前会議の前に上奏して必勝だといひ、口で質問すれば不敗だなどいひ、或はまけるかも知れぬといふので実に永野などは変だとの仰せ。御話尽きず。

　それから改めて御下問は、琉球を失つた事は書いてあつたかとの事故、残念とは直接ありませぬが「国土を失ひ」とありますと申上ぐ。そうか。それはよろしいが、戦争犠牲者に対する厚生を書いてあるかとの仰せ故、「犠牲を重ね」とはありますが、その厚生の事はある時の案にはありましたが削りました。と申しますのは、橋本〔龍伍、前厚生大臣〕問題などもありまして、万一政治に結びつけられるとわるいと思ひましたからですが、之は大切の事故、又よく考へますと申上ぐ。犠牲者に対し同情に堪えないといふ感情をのべる事は当然であり、それが政治問題になる事はないと思ふが……との仰せ。

　再考は致しまするが、この度の御ことばは何か一つはつきり申したいことは、是非はつきりしたいと存じますが、漢文の様な口調は許されませず、平易なる言語に限られまする故、ある程度はつきり申しますると含蓄的にいふのと違ひ、その事柄は尤でも、何かそれに対する寸評的のもの、種にされるきらいを伴ひまする故、何だか不得要領な可成抽象的な間違のないものになり、その方が安全といふ事になります。何れにしましても今朝申上げた通りの段階でありまする故、懸命に字句を考へまして大体はよろしいと仰せになりました。骨子について練る事に致します。そうしてくれとの御話。

それから、英国践祚に対する祝辞は不要な事が調査の結果確まりましたとて、大正天皇崩御の時践祚の祝詞のあつたのは、エヂプト、アフガニスタン、ギリシヤのみで三十ヶ国(英国もその内)は何もありませなんだ。明治天皇の時も同様英国は何等の事を申して参りませぬ故、ヂヨージ五世崩御の際、陛下からは矢張り御弔電のみであります。只ヂヨーヂ六世の時はエドワード八世退位の為故(弔意なき為)、御践祚の祝電を御出しになりました。それ故此際之は不要と存じますと申上ぐ。よく分つた。これはこれでよろしい。御服装の事も解決でございますから、外交団御引見の時の為には勲章殊に略綬お付け願ふや否やが残る問題でありますから、取調べますと申上ぐ。それを一つよく調べてくれ。問題は略章で……との御話。

勲章につきましては、御成年式前に東宮様が大勲位におなりになりますかがまだ問題でありますがと申上げし処、勲章自体がきまらねば……との仰せ。陛下も御記憶と存じますが、御陪食の時森戸(辰男、元)文相が新勲章の事を申上げました際、陛下が文化勲章は私の図案であの儘で欲しいと仰せになりましたが、其後吉田内閣では新勲章といふ線でもないやうでありまして……と申上げし処、先達て吉田は位階と勲章は研究中だといつてた。東宮の大勲位となると、内親王の宝冠章も問題になるとの仰せ。御尤もでございますが、左様なりますと順宮様はお貰ひになり、孝宮様は既に御降下でなしでは困ります……と申上ぐ。

先刻御召しの節、高橋(真男)大協石油社長が外人拝謁の事で田島を訪ねて参りました故、ムルチの事は申さぬ方がよろしいと存じて申しませんでしたが、東日本開発総裁の事は一寸心得の為申しました処、自動車がこわれたとの御話で、大協からいつでも差出しますと申上げましたのに御電話がないのはおかしいと思つたが、その会社のを御使ひですかといつて居りました。高橋の人物、又会社の事、青木の方で調べ済で、まづ信用出来ますものを御使ひになればよろしいことと存じます。高橋の話では、今日ゴルフの御約束が御風邪でおやめとの事でありますが、明日は会社へ御出でとの事故、大しておわるくはないとの事でございましたと申上ぐ。

今日陛下の所得税の申告と同時に富裕税(77)もありまして、内廷基金の収入約二〇〇万に対し、両税で一〇〇万とられますが新画などは御由緒品とも申せず、御私有物件で富裕物の対象となりまするが、これは何とかならぬかとも考へまするが、天皇が私人としては国民と同一立場といふ事を破るのは策を得たものではありませぬ為に、致方ありませぬが……と申上ぐ。英国は？との御尋ね。英国はやゝこしい様でありますが、税金のかゝるものは確かにあります。序でございますが、皇室経済法改正案は両院共通過済で、今年度は三千万円の内廷費となりますが、これは臨時の動きには増額を依頼せぬ立前でありますから、六、七百万円は予備積立の方針で参る外ありませんが、順宮様の御婚儀の費用は用意は出来て居ります。

又、臣籍降下の御金は、今回の法律改正で七〇〇万円まで国庫に請求し得るのでありますが、一昨年孝宮様は四八五万円でありましたけれども、此二年間に田島などの月給も二度上つて居りまする事故、よろしいかと存じますが、御思召は如何でございませうと伺上げし処、よからう。岡山に行く故何かと孝宮とは違ふ点もあるし、通貨価値の変化に伴ふ事なれば実質は変らぬ故……との旨御話あり拝承す。

高橋が先刻も申して居りましたが、原油を可成ポンド地域から買つてドル資金不足ポンド過剰に処する政府の方針との話もありましたが、今回ビック〔ビュイック〕を二台義宮内親王様方に買ふ事に致しましたが、将来は英国のロリス〔ロールス〕ロイス〔ロイス〕かデムラー〔ダイムラー〕で御料車等はそろへたいと存じて居ります。ベンツは装甲車でありますが、そして三七年かの製でありますが、走行哩〔マイル〕は少いのでまだ〳〵使へます故、総合計画の下に漸次年度を追つて完成したい積りの旨申上ぐ。

其後、先夜の有田等の会合の時の堀田の吉田評、石黒忠篤〔元農林大臣〕の吉田、芦田評〔前田〔多門〕よりきゝし〕等より色々御話申上げ、石黒忠篤、河田烈〔元大蔵大臣〕

の事も出で、河田が近衛内閣の五相会議に出て居れば仏印進駐なくすんだとの御述懐。米内、山本のコンビでも、海軍の有力者の関係ある事は充分押へきれなかつた事（近藤信竹〔元海軍大将〕、小松侯爵関係の香港ジヤンク事件）、近衛と海軍の責任のなすりあひ、結局近衛が命を惜んだといふ様な御話もあり。吉田の愛国の至誠は党人の党本位や個人本位と違ふ事。但し知識が少く、其点芦田は物知りで此二人の長所を合せるといゝ人となる。コムビにならぬ、残念との御話。

序に昨日の松平大使説に対し、加納〔久朗、元横浜正金銀行ロンドン支店長〔後に取締役〕、元終戦連絡中央事務局次長〕大使説もあり、加納は麻生〔太賀吉、衆議院議員、吉田茂の娘婿〕の親類であり、ロンドンで吉田と懇意、英人とも交際。又一応訳の分つた話も致しまするが、松平に比して結局どちらがよいか分りませぬ。加納なら松平の方がよいと思ひます。頃日もロツクフエラーの方で加納の人物をきらつて遠ざけるのに出しやばつてゐたとの悪口もきゝましたと申上ぐ。

松平T〔ママ〕・ノルウエー滞在縮少繰上げ、帰京のたよりがあつたとの事でございます。陛下は二十一日と仰せでありましたが、田島は確かに十四日と存じますが、役所に二十一日と申す者もありますが、早まりますれば結局十四日頃かと存じます。

安倍、小泉、志賀〔直哉、作家〕等、文化人の外にも内廷顧問といふ様な人としては石黒忠篤などよろしい旨申上ぐ。御異存もなし。

堀田の話によれば、閣僚中で一番遺家族の事を心から心配してるのに、面会せぬ事は又平気で人情味ないやうな事をする。生れつきの我儘であるが心は実に正しい、いゝ人だと〔の〕事を申して居りましたがと申上げし処、吉田は人物はとてもいゝといふ御話あり。それからいろ〳〵御述懐の後、本当は田中内閣の時にもつと強くやればよかつたのだ。白川〔義則、元陸軍大臣、元陸軍〕大将ならやるのだから……それを小川平吉〔元鉄道大臣〕だの久原だのが強がりをいつてどうにもならない。久原などなぜ解除するのだ。又アメリカへ行くらしいがどういふのだらう？　マア皆愚痴だが田中内閣の時……との御述懐を拝す。

二月二九日(金)　御召し御座所　一一・四〇―一二・四〇

あの、侍従長の意見で……勅語に軍閥の誤過を再びしてはならぬといふ事がまづければ止めても仕方ないが、読売に服部〔卓四郎、元陸軍〕大佐の事など大きく出てる(78)しするから、之は私としてはいひたい事であるから、例の文章がいけなければ総理に此事をよく話して貰ひたいとの仰せ。イエ、侍従長が絶対にいけませぬと申した訳でもございませんですが、とても機微の点があるから用語や言ひ廻しを注意せぬと誤解されましたり、知つてても利用するやうな人の悪用する余地のないやうにするのが中々六ケしいといふ事でございますので、文章を考へて居りますので(とて最新の原稿の其部分読み上げ)、可成入れる事が出来るやうにと存じて居ります。又あの中に入りましても大事な事でありますし、大きな問題でありますから、総理に御話になりましても、仰せを拝して田島が申しましても結構であると存じて居りますと申上ぐ。そうか。今の「由つて来つた云〔々〕……」でいゝかも知れぬ。一つよく考えて、可成入れるようにしてくれとの仰せ。

実は、二十日の日に秩父宮様から御手紙を頂きましたが、それは戴冠式に御名代の問題があればそれは東宮様がよろしいといふ事であります。実は田島はそれまで想像も致しませんでしたが、御手紙を拝見して見れば一応御尤であり、筋の通つた事で具体的に考へて見るだけの要はあると思ひました。次長は気が付かなんだが、成程これは……といふ感じであります。侍従長に話しました処、侍従長は消極的で御仕事がどうも……とか御乗物とかいろ〳〵六ケしくといふ感じであります。小泉にも話しましたが、東宮職では宮様の御手紙以前に話題に上り、若い連中は兎に角、小泉、野村等の間では否定的に傾いて居ります由でありますが、何れも意見といふより感じといふ程度のものでありますが、秩父宮様に直接御伺しての上で両陛下に申上ぐべきと存じまして、一昨二十七日藤沢へ上りました。そして有りの儘の事を申上げ、一応難点と考へられる諸点を申上げましたが、宮様は例の通り、御自分の結論に反する事はやゝ枝葉的に御考へになり、御論じになりますが、兎に角大筋は宮様の仰せはよく通つて居ります〔御手紙を全部御前に朗読す〕。

藤沢で第一に伺ひましたことは、戴冠式に御参列は六ケしい事でなく、何でもない事で御役目といふものがない。之は高松さんがガーター勲章の御答礼に御出でになつたのとは全然違ふ。スターとして主役は何もない。ならび大名的であるといふ事で、御自分様の御経験の順序を伺ひました。即ち、前夜グロスター公の晩餐会から始まつて、当日は式部官に誘導されて席に御着きになるだけ、国会での午餐、次にバツキンガムの午餐宴も、向ふの人は不馴れな方にはチヤンと気をつけてくれるから心配無用との御話の事。私的にはクキンが御よびになる少数の宴会もあらうけれども、秩父宮様の時は George VI と Queen と現女王と宮様〔妃殿下は病欠〕でありましたさうですが、大して御困りになる事はない云々……随従の者もある程度まで御附添出来る事等伺ひし儘申上ぐ。

それから御乗物の事軍艦はなし。飛行機も汽船も外国のものであり、右翼のものから問題にされるといふ事も申しましたが、日本が一等国だつた時の事を思つては駄目だとの仰せでしたと申上げし処、飛行機は必〔ず〕墜落しないともきまらないしネーとの御話。随行者の人選の問題は松平康昌等の名前なども出し、殿下に申上げましたが、松平は十分いゝとはいへぬが最近英国等へ行つたといふ事で、まづ及第点ともいへぬ事もないといふ様な御話でありました。英国に在勤、在住、留学等の可然人がきつとあるだらうとの仰せでありました。中々ありませんと田島が申上げましても、小泉さんといふ様な人も知らなんだが、東宮様にあゝいふ人が出来たやうに探せばあるよとの御話でありました。重光も足がわるくなければとの御話もありましたが、之は英国では好評でも、兎に角戦犯の点もあり問題になりませぬし、徳川家正〔元外交官、一九二九年グロスター公来日時の接伴員〕などいゝ点沢山ありますが、グロースタ公接伴としても当時問題になりました由で、其理由で問題になりませぬ。之は中々六ケしいと存じます。御成年式等の事も申しましたら、殿下は主客転倒の議論といふ御話でありました。殿下は非常な御熱意で、話が進まなければ陛下に直訴するとの御話でありました。

御手紙にもありました諸点は一々御尤で、こういふ場所へ一度御出になればその御経験は御自信を御つけになる機会でよろしいかと田島もその点は結構と存じますが、いざ御実行との御話しになりますれば、条件が具体的にどうしても整ひませぬので、駄目といふことかとも存じますが、第一読会にもかけずに了ふ問題ではないと存じます。初めに申述べました、田島、次長の積極に傾く事、三谷、小泉等の消極に傾く事もあくまでも感じ、気持でまだ意見と申す迄のものでもございませんが、田島としては具体論で行はれぬこと丶なりまするにしても、一応考へて見るべき事だと存じますと旨〔ママ〕申上げしに対し、交通の問題等心配するのは右翼ばかりではないとの仰せ。東宮ちやんとしては又とない機会であること。但し東宮ちやんは体が充分健康とはいへないし、今度行くとすれば香港、新嘉坡〔シンガポール〕の線は私はどうしても不可と思ふ故、どうしてもカナダかアメリカ経由といふ事になる。そうすると英吉利へ行く前に相当疲れて了ふと思ふ。その上英吉利の儀式といふ事は主役でなくても矢張りつかれるから、その点どうかと思ふ。秩父さんの議論は筋は通つてる等の旨仰せあり。(又小声で例の一寸首をちゞめて御笑になりながら)これは三笠さんを止めて貰ふには非常にい丶がネーとの仰せ。続いて、米国又は欧州のどこどこかといふ問題も起る云々の御話も出て、結局此問題は、両陛下の御気持が御進みなければ、理由は兎に角として、それはいくらよろしい事でも一寸運び兼ねまする故、皇后様とも御話合の上、御気持がどう御感じかを第一に伺はさせて頂きたいと存じますと申上ぐ。ウン。良宮に話して相談しようとの仰せ。

次に、東宮様のスキーへ御出掛(79)に関しまして、スキー場へ随分従来人が押しかけまするので、旅館其他の関係もあり、一度吉田から白洲〔次郎、東北電力会長〕の小屋をといふやうな話も出ました次第で、東宮職としては、むしろ県庁や一般の人に可成迷惑をかけぬ趣旨の下に、今回は尾瀬沼といふ事で、人里離れた処だそうでございます。書類の出ました時に、何か御病気の場合心配で外科の外、内科の医者をも御連れになる必要ないかと念を押しました丈けで過ぎました処、二十五日御出発の前々日位に情報が入りまして、陛下に対し京大学生が試みやうと致しました公開質問の様な事をするといふ噂、又百名斗りのものが御「歓迎」申上げるといふ様な事をきゝ込み、小泉も心配致しまして、二十四日の日曜日、官舎へ相談に集り、野村大夫も黒木（従達、東宮侍従）も同行し、別に連絡致しましたと見え、宇佐美次長も参り、五人で相談の結果、王者の御行動を、警察官が責任を持つといふ以上（今回も責任は持てますと国警側で申して居ります）、王者として一旦御発表になり、地元も関係のものも其積りで居りますのを、誰にも分る理由でなしに御取止めにはなれぬ。それも御危害の問題ではないと田島には考へられますし、単なるイヤガラセの程度を例の「球根栽培[80]」の指令でやる事としか思へませぬ故、御変更なく御出まし願ふ事。但し黒木等若い者の外、大夫は職責上御供して貰ひたいと私より申しました。小泉は私が行くと申しましたが、野村も進まぬ乍ら責任上行く覚悟の様でもありました。そして充分注意して御出願ふ事に決定して、御予定通り二十五日御出掛になりまして、小泉も野村も御供致しましたが、何事もなく、国旗を掲げたり、特別に作詞作曲の奉迎歌を歌つたり致しまして御予定通り御無事に第一日は済み、小泉、野村は即夜帰京致し、翌日報告を電話及口頭で聞きました。小泉の口頭の報告は田島御前へ出て居りました時で、次長が代つて聞いておきましたが、翌日山小屋への御予定も何事もなく御無事でございます。

但し、此無事は指令によつて動く人間がなくなつたといふ事でなく、今回は御歓迎費にどれだけ使つたかといふ様な事を県か町村かに聞くといふ様な運動に代つた結果だそうでございますから、京都の事件といひ、近畿行幸の時のビラ蒔きといひ、日共の指令に動く人間のある限り、油断は出来ませぬので、陛下の行幸啓には充分意は用ひて居りましたが、東宮様は御警戒に意を注いで居りましたが、今回の事で教へられました故、御成年でもあり、東宮様の御行動、行啓等につき、御子様であつた時のやうに東宮職だけで大体きめいはゞ形式的に総務課が——本庁が当るといふのではどうかと考へるやうに至りました。迷惑を県庁や人々にかけまいとの配慮も今回の山小屋では県庁は却て御警衛等面倒が多いやうですし、又御警衛の面から人の近かぬ事はいゝ様でもありますが、集団で来る場合と考へますれば良民の住居する所がある方がよいとも考へられますので、今後は御行啓の場合の侍従職と総務課との関係のやうに、東宮行啓の場合も東宮職と総務課と密接に統合して動くやうにしたいと存じて居りますと申上ぐ。ウンウンとの仰せで御異存なきやう、又差して御心配もなきやうに拝す。

東久邇さんのことだがねー。高輪と交換ならと田島がいつたといふ話だが、そう朝日新聞の……竹虎との仰せ故、緒方でございますかと申上ぐ。ウン、その緒方には田島は同坪数とか同一価額のものといふ意味をいつたかと仰せ。それは申しませぬ。そうか。そんなら、私は義宮邸になるとか、或は外の内廷の用に適するものならば価格や坪数など違つても交換してい丶と思ふのだが……との仰せ故、それは仰せの通りで概括的に「適当な換地」があればと申してあります故、何か皇室用財産として役に立つ相当のものならの意味は分つて居る筈でありますが、「同坪数とか同価格でなくてもよろしい」といふ事は申して居りませぬと申上げし処、そういふ積りならハツキリそういう方がよくはないかとの仰せ。ハイ、それは当方から申す事ではなく、先方から坪数も違ふがとか、価格も一寸差があるが、これで一つと申出て来るべき問題でありますのみならず、入間野が緒方に頼まれまして国有財産局に当つて居ります筈故、必ず先方から申して参りますと存じます。いつかも一寸申上げました通り、庁内にも庁の外にも、東久邇さんが、市兵衛町の上に、又縁故払下を御希望になりますのは欲が深すぎるといふ反対の声もあり、訴訟をされたりして御評判のよくない点もありますから、ハツキリこちらからそう申出るのは一寸過ぎるかと存じますと申上ぐ。アそうかと御納得の御様子。

昨日塚越が参りまして、久邇さんから二万円頂いた事、(田島の申出)青木を宅に御訪問になり、ムルチも東日本会社も手を御切りになる様申上げた事。そしてその節二万円御持参になつた事等き丶ましたが、ムルチ事件の後始末、検事の関係等の処置についての事はまだありませんなんだので、塚越に報告してくれるやう頼んでおきました。久邇さんが青木訪問を躊躇されたのは、どうもムルチ事件で青木から追及されるがいやで、一日延しされたらしいとの事でありました。どうも困りまするが、青木には田島の方で得た情報は皆話してありますから其後の事は可然やつてくれると思ひます。

まづ此事はこれはよろしいと致しまして、昨日塚越は、公平といふ指圧師の所へ近来一日おきに出掛けられる。その公平は関係のあつた二人の女の人も指圧をこゝで受けてた。そして死んだ人だ。又公平は繁盛しなくなると、宮様を看板にするといふやうな嫌があるといふやうな事を申して居りましたと申上げし処、指圧そのものはわるくはなからうが人物がわるければ……又そんな風で、朝融さんも御病気のやうな事はないかしらといふ様な事仰せになる。

既に十二時を余程過ぎし故、退下せんとして、先刻の東宮様の問題は、先日多摩へ皇族さん方御同車で御参拝の途中、三笠宮から御話が出て、長官は縁故の深い方がといつたといふ様な御話で、秩父宮妃殿下はうちの宮様は東宮様がいゝといつてらつしやるといはれました由で、其折は高松宮妃殿下も御出でありましたそうで、三宮家御承知でありますと申上ぐ。

二月二九日（第二回）　御召し御文庫　二・一〇―二・三〇

熟慮断行といふ事があるが、何も今日呼ばんで月曜日でもよかつたのだが、まあ早く話す方がいゝかとも思つていふのだがネー。東宮ちやんの御名代のさつきの話ネー。良宮と話したのだが、最初にはよ〔ママ〕……良宮はそれはちと早い。若過ぎるといつたのだ。然し私が、私の英吉利へ行つた年とくらべると一年かそこらの差だよといつたら、そうですか。そんならむしろ賛成です。いつた方がいゝといふのだ。それで私もさつきいつた通り、又とない機会だし、筋の通つた事だから、私としては手続上の具体的の事とか、客観情勢とか、国民感情とかでいけなくなる事はあるかも知れぬが、それらの点がすべて差支ないならまア望むといふ方の考だから……実は、東宮ちやんが余り長く留学といふ様な事は此社会情勢では私は余りすかぬので、その意味での留学とか、洋行とかいふ事は取止めたいと思ふ位だ。アメリカが留学などいふ時でも之をやつておけば、それを断るにもいゝしネ……此問題に限らず理論上はいゝ事でも、それを実際社会に施すと困るといふ事は世の中に沢山あるから(此時田島は御退位問題もその一つと口迄出しも差控えていはず)一つ充分研究してくれとの仰せ(どうも御進みの御様子に拝せられる)。そこで、此問題は、前例は英国からの御招待があつてきまるのでありますが、戦敗の今日果して英国がどういふ風でありますか、それまでは秘密でなければなりませぬからその御積りに願ひまするが、仰せの様にいろ〳〵研究は致して見ます。そして吉田は大丈夫でございます。研究には吉田の意見は必要でありますから、話してよく研究致しますと申上ぐ。

(午前に御話し申上げた斗りなるに、別に聞く事はないかと例により御下問故)先日会計検査院の検査を受けましたが殆んど指摘された事はなく、前年小言をいはれました物品会計もよろしいといはれました。伝票の控をとつた方がよい位の注意にすぎませんでした。読売の記事は御読みでありましたかと申上げし処、読まんとの仰せ。それによりますると、大蔵省が一番不正会計が多く、何十件とかありました様子でありますが(81)、誠に無事で安心を致しました。汚職問題の多い時節柄、多少心配致して居りましたが。

只、会計検査院は、会計の確否を調べるだけでなく、近来は意見とか、勧告とかいふ事が出来ると見えまして、宮内庁病院が二百万円の赤字を出してるが、目下の処非現業の公務員に対する病院というものはないといふので、善処方を一寸申述べてありました。病院は何とか致したいのでありますが、読売記者の如きは、入院の経験から先達てむしろ望むやうな記事を書きましたが、非現業にないといふので、総理府としては困るといふ訳で予算も六ケしいのでありますし、一面会計検査院の方は赤字を出さぬやうとも申しますし……と申上げし処、皇室関係は多少よそと違ふといふ事もあるし……との仰せ(侍医との統合案の事を御つむりに御持ちかと思ふ)。

三月三日(月)　御召し御座所　一〇・五五―一一・三〇

此前長官が、宮内庁病院について、会計検査院長からいはれたといふ話だつたが……との仰せ故、イエ、院長からではありませぬ。検査に参りました検査官でありま す。そしてそれは、新しい制度ではあゝいふ参考事項を勧告としてか、いひ得るとの事でございますと申上げし処、そうか院長ではないか。宮内官はあまりやり手ではなくてもよいが、人柄のよい人物を得たいものだ。人間は報酬や待遇の為に左右されるべきではないが、然し人情としてさういふ事はどうしてもある故、人物を得たいと思へば、宮内庁には皇室の仁慈としてあゝいふ設備があるといふ事は望ましいと思ふがとの仰せ故、直ちに廃止せよといふ意見でもなく、非現業員で病院を持つ所はない。それを持つて国庫に二百万円も支出させてるといふ事でありますが、これは廃止といふ方に考へず、先日の読売に記者の経験から記事になりましたやうな方向へ進みたく存じながら、地面が六ケしく、又侍医の気持も考えて居りまするが、塚原の意見では元宮内大臣官舎のあとは駄目といふ事でありまして、林野局の建物、今はテートホテル〔現パレスホテル東京〕のものが一番よろしそうであります……厚生次官も、丸の内の立体人口の多いところに病院がなき故、希望してるとかきゝましたが……何れにせよ此方向に考へ、先達〔せんだって〕も首相にも一寸話し、毎年経費は相償ふとして、建築費等最初の必要経費はいくらかときかれたこともありました。兎に角、次長に此方向で考へて見て下さいといつてありますから、仰せのやうな御心配は御無用かと存じます。

御召しの時〔安井誠一郎〕東京都知事が参つて居りましたが、それは〔上野〕動物園創立七十周年の御祭りのやうな催がありまして、ジオラマ、パノラマで人類と動物との関係とか、動物が人に役立つ事とか鯨船等もありますそうで、元来恩賜故御礼に出ましたとの事でありました。科学博物館も元は宮内省のものでありましたそうで……と申上げし処、そうだよとの仰せ。

それから、先夜相談して文章はどうなつたとの仰せ故、戦争犠牲者に対する同情、米国への感謝、過去の反省等は大体うまくはめこめましたが猶研究中でありますと申上ぐ。

三月中、Ridgwayが司令官である間に今一度訪問の可然か、或は直後に御食事とかいふ事も考へられますので吉田首相に相談して見たいと存じて居りますと申上げし処、私は上院の批准と辞職との間に時間があれば、その時御礼といつては何だが、そういふのが一番いゝと思ふ。朝鮮問題などで政治的に動くといはれる事は困るから……との仰せ故、それは条約発効について政府も何か目安がありませうから吉田首相と相談致しますと申上ぐ。

その序の話で、松平の重要なる調査事項の一つであるが、外国軍隊に対する駐留国の元首の之に対する態度、儀礼だが、私はやつた方がよいと思ひ、又それは先方の儀礼に添ふのがよいと思ふとの仰せ。何れ松平が帰りましてからと申上ぐ。

新聞で見まするると、首相は秩父宮様を御訪問致して居りますやうで、例の御話も申上げたのではないかと存じますと申上げし処、そうかも知れぬと御話。実は秩父宮様の御口振りから田島の推察でございますが、軍服でなく何か天皇とか、皇族とかの大礼服のやうなものを作る事を御考へになつてたのではないかと考へられます。

先日御目に懸りました時、御服装はモーニングと信任状の式の時でもきまりました故、差当りは普通の服装以外のものは考へませぬと申上げましたら、ロンドンの仕立屋では燕尾服でも三回仮縫をするから三週間乃至一ケ月かゝるといふ御話がありましたと申上ぐ。秩父さんの戴冠式へ行かれたのはまだ日本のいゝ時で、私の行つた日英同盟のある頃とは違ふとしても矢張よかつた。今度皇太子が行つてもその時の様な待遇は受けられぬかも知れぬ。どうもイーデンは労働党の外相より日本に好意を持つて居ないやうだし……秩父さんの考へも御自分の行かれた時の事で考へて居られる点が多い……等御話いろ〳〵あり(皇太子様御名代の事は金曜に御進みの様子なりしものの、多少逆コースの御感じの御無意識に御ありかと拝察す)。

三月四日(火)

御召し御座所
一〇・〇五―一〇・四〇

昨夜ニユース(映画観覧)で三笠さんが来られて、戴冠式には誰か行くのかといふ御話であつたから、私は今研究中だといつておいた。そして先方の考へもあるだらうしといふ事をいつて先方の招待によるといつたが、これは私が少しいひ過ぎたやうに思ふから、いゝ時期に適当に三笠さんに適当にいつておいて貰ひたいとの仰せ故、御自分で御出でになりたいとは仰せになりませんでしたかと申上げし処、それはいはないが、行きたいらしい。

前回は高松妃殿下が居られたからいはれなかつたのだらうが、昨日は三笠宮殿下と同妃〔百合子〕殿下だけだつたから仰つたのだらうとの仰せ故、実は田島は、御名代か大使かといふやうな事は先方からいつて参ります都合で、といふ様な事を三笠宮に申上げてありますし、此間の弔祭式は全く招待によつたものでありますから、招待といふ事で訂正を致しまする必要はないと存じまするとと申上げし処、イヤあれはアグレマン〔外交使節として同意すること〕程度のもので招待といふものではあるまいとの仰せ。いやどうも実質は招待同様と存じますが、実は今日午後五時から首相にあふ事になつて居りますから、尋ねても見ませう。その上で陛下に申上げまして必要あれば、三笠宮に申上げるやうに致したいと存じますと申上ぐ。それでよろしいとの仰せ。

それから、例の作文がまづ一通り出来ました故、一寸読んで見ますから、訂正を要するところを仰せ頂きたいと存じます。尤も文句はまだよく考へまするが、とて読み上げし処、読み上げの途中で、(1)式に臨むといふ事は?、(2)即位以来は、摂政就任以来だとの仰せあり。内外に対する感謝、戦争犠牲者に対する同情及反省の点はよろしいとの仰せ。殊に反省の条、前回「敗戦云々」とありました為に侍従長などどうかと申しましたが、「過去の推移」にすれば広くなりました故、差支ないと存じますと申上げし処、「反省」は本来一般的でそんな事は理屈でいふ事は出来ぬ事だが、量的の差はあるが国会もいゝといひ、その代議士を選挙したのだから、皆反省する点はあるとの仰せ。道義的に反省は全国民でよろしいと存じますが、政治的にはそういふ事はいはぬ方が勿論よろしいので、東久邇内閣の時の「総ざんげ」も、道義的理屈はよろしいが政治的にはまづいと思ひましたと申上ぐ。

摂政時代からだとの仰せに対しては、文章の上では国是と上にもありますし、天皇として即位の方がよろしいと存じますがと申上げし処、文章の上や何かでその方がよければそれでもいゝが……との仰せ。式典に臨みはすぐあとに出て参りますと申上ぐ。

猶、始めからあり、前回御前で朗読致しましたものには、代々の天災や飢饉の時などの勅語にあります故、

「祖宗と万姓に愧づ」といふ文句を入れましたが、之は二説ありまして、小泉などは、此御言葉は国民が却て感激すると申しますが、又次長などの説ではどうか……といふ事もあり、安倍はよろしいけれど、「万姓」は「万世」と混じるから外の文字はないかと申しますが、蒼生も面白くなく、国民とむき出しにしましても天下と申しましてもそれに愧ぢるといふのはどうかと思はれまして、「寝食安からぬ」といふ言葉……これも御詔勅に使はれる表現でありますから……でかへて見ましたと申上ぐ。

陛下は私は祖先に愧づるといふのは入れて欲しいやうに思ふが、国民にとなると一寸変になるかも知れぬ。何かい丶字はないかとの仰せ(伝統といふ言葉に気付かず申上げず)。それらの字句はまだ練りまするがと申上げし処、筋はもうそれでよろしい。内閣へ相談してあまり変へられたくないネーとの仰せ。

それから、若し式がなければラヂオでやるかとの仰せ故、それは今日吉田にあひまする故、式の事をきゝまするが、若しなければラヂオか、或は首相が伺つたとして謹話の形とし、御ことばは別項に出すとか、何とか考へなければなりませんと申上ぐ。

それから三谷へ御話のありました、座談会の事は、あまり文化人斗りでなく、多少国事のやうな問題も入れたいといふ事で前田などをかへるとの話もありましたが……と申上げし処、まだそれはきいて居ないが、政事に関与するとの批難があつてもいけないから、よく其点考へて……との御話。

若し御よみ願ふとなりますれば、可成早く文案をきめまして御練習願いたいと申上ぐ。

三月五日(水)

御召し御座所
一〇・五五―一一・三五

今日はスウエーデン〔公使館〕へ行くそうだから、それまでの時間で若し又足りなければ又として、との御召し前の侍従からの話で参上。昨日総理にあつた話はどうであつたかとの御話。ハイ、戴冠式の問題は、吉田は東宮様は非常に賛成でありまして、秩父宮様から御話のあつた際すぐ結構と申上げましたやうでございます。それから人の事も御参考迄にといふ様な態度で山梨大将と松平信子を挙げて居りました。

海軍大将で？と田島が申しました節、いや軍縮の時の次官で其後は学習院長であり、英国に居た事もあり、英語を話し、文学の方も分り適当と思ふとの話でありました。此度は女さんは？と田島が申しました時、松平夫人ならば王室の事はよく知り、又友人も多いと思ふといふ様な意見でありましたと申上ぐ。（陛下は此際女では……とて信子さんの事は問題外らしく、いつもの山梨大将追放を不服に思はれ、バラの花作りを称せられるのとは一寸違ひ、余り御賛成でなく）老人で……との御話。猶、吉田は大将（トップ）と申しませなんだが、頻りに数回小泉は駄目ですかと話がありましたが、足は無理でありますからと申しておきました。

陛下は、小泉が一番いゝが、英国であのやけど(82)はどうだらう。話が出て爆弾の火災のこともどうかと思ふとの思召あり。人の事は色々御話あれども、これはよく考へますと申上ぐ。此問題は、偶然デニングが吉田を訪問し、外務次官の来訪等がありました為、新聞記者の注意を引き、今朝の新聞にも高松宮とか出て居りますが、昨夜は新聞記者が参りました。勿論何も申しませなんだがと申上ぐ。

それから、信任状捧呈の事に関して外務事務当局に話してありますことを申し、服装の問題にも及びましたが、吉田は文官の大礼服は考へぬと申して居りました。

勲章の事はガーターの事を話しました節、日本の勲章は如何になるかと聞きました処、独立恢復と共に昔のまゝの勲章を復活する。但し憲法制定も平和条約締結も一切論功の対象としない。其後の事ですると申して居りました。従て、東宮様の大勲位の問題は解決かと存じます。御成年式の時迄には叙勲になりますのではないかと存じます。それについて、内親王宝冠章の事申し、孝宮様は既に御降嫁済故一寸困る旨申しました処、吉田は素人論だがとて、御降嫁後も内親王の御身位あるのが本当とか申して居りました。英国流であつて、日本の皇室典範違反だと申して置きました。

それから再軍備と憲法の問題。陛下より数回御話の件は、陛下が政治上の御意見を仰せになつたとは絶対にいはれませぬ。話として申して置きました処、首相は、憲法改正となればいろ〳〵改正の希望が出て到底始末のわるい為と、憲法第九条に文句は忘れましたが、保安の為の軍隊的のものはいゝやうな文句があるから、それで抜けられなくないからとの二つの理由だと申して居りました。

追放解除に関する委員会に関する仰せの趣を伝へましたら、久原は長州派の計画で首相は入党を断りましたそうですが、そう致しましたら伊藤文吉(元男爵、伊藤博文の子)が何故だといつて来たがそれでも断つたと申して居りました。法律的には平和になれば皆解除になります由でございますと申上ぐ。此二件、首相に伝へしに対し、「それは難有う」との仰せあり。

それから、紀元節や大学長官選など自由党は少し軽卒のやうだ。漢文も必要ないといふやうな話の序に、小学校に日本歴史を入れることはやると申して居りましたと申上ぐ。

それから、独立に関する行事の事は誠に変な話で、田島には官房長官から御思召を伺つてくれとの事でありました故、伺つて返事を官房長官に致しまするを同時に、吉田内閣は首相と官房長官が必しもチヤンと連絡のない事を御大喪の時経験致しました故、手紙で其内容を首相に出して置きましたのに、それを見ぬと申しますので、式典は一体どうですかとき丶ましても、官房長官が案を具して来る事になつて居るとの事で一向承知致しませんだが、段々話して居ります内に、吉田の意見は式典をやる方がいゝやうな意見を述べて居りました。

おことばの文案も読みまして聞いて貰ひ、これは首相の助言と承認とは関係ない陛下御自身のことだから余り内閣でいぢらないやうに申しまして了承致しました。只、大体結構であるが、今少し積極的に新日本の理想といふものを力強く表はして頂きたい希望がありますと申述べました。至極同感であります故、試みるつもりでございますと申上げし処、それはその方がイ丶ネーとの仰せ。

リツヂウエー御訪問のことは、前回必要なしと松井秘書官を通しての時は申しましたそうですが、田島がき丶ました時には、陛下の御希望があれば御止めする事は何もないと申して居りました。それから、独立後に一度リツヂウエーを午餐にでも御招きになります事は？ とき丶ました処、それはむしろ願へれば結構と思ふとの事でありました。瑞典へ行くそうだから又、との仰せで退下す。

三月五日（第二回）　御召し御文庫　三・二〇―四・二〇

ゆうべの話の事だが、私について行った〔皇太子時代の欧州巡遊〕沢田節蔵〔元外務書記官〕はどうだらうとの仰せ。物のきり盛りは出来ませぬ。人間はよろしいかも知れませぬが、言葉数が多い丈けで一向とり止めはありませぬと申上ぐ。弟〔沢田廉三、元駐ビルマ大使、元外務次官〕は之に反しまして中々気の利いた男でありますが、廉三は少し才気過ぎて人物が東宮様に御伴するといふ面に欠ける処がありますす上に、仏印へ戦争中に参りました等で一寸問題になりませぬと申上ぐ。

山梨は人物は立派で、吉田がいゝといふのは分るけれども、何分老人でどうかと思ふとの仰せ故、実は吉田の話の直後、小泉に此事を伝へました際、一寸意外の顔をして居りましたと申上げし処、そうか。小泉もそうかとの仰せ。それから、小泉はどうも駄目だと思ふがとて、足の事の外に顔のやけどの事と英国へ行くには一寸どうかと思ふとの仰せあり。陛下は此点余程御顧慮の様子に拝す。実は起居すべて不自由で、軽井沢へ参りますにも妻が参ります程故、小泉は駄目でございます。吉田は此点無頓着に、小泉は駄目か駄目かと昨日も申して居りました。

それでは結局松平式部官長かとの仰せもあり。積極的に適任の点はありませぬも、秩父宮様も最近渡英の点などで及第との御話でまづ無難で一応及第点はありまするが、吉田が如何でございませうか。また吉田が賛成しませぬ理由は、兎に角非常な適任者でない事は勿論でありますが、愈々誰もなしといふ時、我慢出来ぬ事はありませぬと申上ぐ。そうだ。無難だとの仰せ。

陛下は突如、前田多門はどうかとの仰せ。英国には居りませぬが、米国や瑞西に在勤は致しまして、英仏用は足すかと存じます。又田島は親しい友人でございますが、必しも適任とも申されませぬが、一つの候補者には違ひありませぬ。但し、安倍、小泉等の人の間には左程重く見られて居らぬのではないかと存じまする点も気になりますと申上ぐ。それよりも、前田の長男の陽一〔前田陽一、仏文学者、東宮職御用掛、東京大学教授〕といふものは、東宮様のフランス語の先生で、英仏語共堪能でありまする上に、三谷の下で外交官も一時致して居りましたし、事務の才能もありまするので、随員には適格性があると存じて居ります。小泉はむしろ、山梨大将より野村大将の方がよいと思つてたやうでありますが、米国ならば兎に角、英国ではと存じます。松本〔俊一〕といふ〔外務〕次官をやつてた人物はいゝがネーと突如の仰せ。之は人物だと聞いて居りますと申上ぐ(83)。

侍従長は、堀内謙介〔元駐米大使〕は如何と申して居りました旨申上げし処、戦争中に外務次官をしてたからあれはいかぬ。いつか田島にきいた御退位論はどうか知らぬがとの仰せ故、只今は其点は如何か存じませぬが、人物は温厚でありまするが、少し温厚に過ぎるやうでありまするし、クリスチヤンでありますが、少し活気に乏しいと申しますか、御批准書の紛失事件(84)は少し本人に気の毒な事情にあつたと三谷は申して居りました。MRA(85)に少しかぶれてるかしらとの御話もあり御乗気でなし。永井松三はとても問題にならぬ御話もあり。老人でとても駄目との事にて、招待状なしにて英国王弔祭式に参りし話。勲章を下げて来た話。それを忘れて三谷と話したなど申上ぐ。永井音松と仰せあり。御訂正も申上げず〔加藤外松〔元駐仏大使〕と何とかのチヤンポン御記憶の為か〕。

それから、恩赦の事が新聞に出てる(86)がどんな範囲か、戦犯はどうなるか、天皇の権限の内だと思ふが、一々個人〱でいつて来るかといふ様な御話あり。調べて申し上げますと申上ぐ。三谷はどうだ。侍従長だけれど長官、次長も居るしするからとの御話に対しては Vichy の点〔戦時中、三谷がフランスの親独政権〔ヴィシー政権〕下の駐仏大使だったこと〕如何と申上ぐ。

又も東宮様御洋行の問題にうつり、汽船はまづ命にかゝはる事はない。東宮ちやんは船は多少弱いが、それは寝てればいゝから船がいゝ。飛行機はどうも墜落せぬと限らぬから船がいゝとの御話。

それから巡遊の御範囲。フランスは共産党が多いから共和国でもあり止めか。それでも白耳義、和蘭、瑞典は王国だから行つた方がよいとの御話。期間。アメリカ経由の事等いろ〱御話あり。吉田の話によりますれば、都合によれば来年かも知れませぬといふ口吻故、今年でありますとかなり忙しいやうにも思はれます。吉田は又、皇太子様御出掛けとして、大使もきめなければといふ様な事を申して居りました。時期の事か、人物の事か分りませぬが。

大体両陛下の御思召も御進みであり、秩父宮様は御発起であり、吉田外相首相も大賛成とありますれば、経費等の点もまづよろしからうと存じますが、御範囲、時期、期間、船とか飛行機とかの点、随員の点等々への手続、具体的の問題が解決されねば、大体抽象的にいゝ事でも、駄目になる事は外にでもある事故、此事もそうだとの御話。大体随員の人選で急ぐ事もないがと仰せになり乍ら、御気になる御様子に拝す。吉田、御留守に葉山へ伺候の事を秩父妃殿下より承りし事申上げ、大笑ひ遊ばす。

三月六日（木） 御召し御座所 一〇・一五―一一・〇〇

度々呼んであれだが、あの式典の時のことばについて、吉田がいつたといふ事は是非入れた方がよいと思ふが、文化国家など、いへば、再軍備機運の際に共産党など非軍備派の為に悪用されるし、又字の面の上では軍備といふやうな自衛的な事でもいつてはわるいしするから、八紘一宇(87)のやうな何かはつきりしない昔からの文字のいゝのがあるといゝと思ふ。日本書紀か何かの本来の意義では、八紘一宇の正当な解釈は侵略でも軍国でもない。今度のことばの際にいつていゝ様な立派な意味なのが本来の意味らしいが、既に軍閥に利用された以上は勿論此文字は使へぬが、そういふやうな文字はなからうかとの仰せ。御尤もでありますが、八紘一宇の文字の使へませぬ事は仰せの通り、それに類した文字が見つかりますれば結構ですが、それも六ケしいとしますれば、文化国家と仮りに書いても、先刻仰せの通り一部のものに悪用される虞もあり、誠に字句は六ケしい事と思ひますが、今夜又次長と相談することになつて居ります故、何とか考へる事に致しますと申上ぐ。

重ねて又、恩赦の事の御尋ねあり。非常に御熱心なり（退下後次長に話して法務府にきいて貰ひ、午、青松寺精進料理へ出掛ける時故、次長単独拝謁、御返事として御報告して貰ふ）。それから式があれば、おことばといふのはそこで放送されるけれども、式がない場合、田島は首相謹話のやうな事をいつてたが、英国でも十二月二十五日に放送される慣例だしするから、相変らず日本は旧態依然ではどうかと思ふ故、これはラヂオがよいと思ふ。よく調べて研究してくれとの仰せ。吉田首相に田島訪問の砌〔みぎり〕、式なくばラヂオでなく首相謹話の方よし。その謹話振りは一例はかくかくと申せし事には不服の様子。

将来或は侍従を拝命してもよろしい様な含みで人をさがして居りましたが、穂積〔重遠〕元〔東宮〕大夫の弟の真六郎〔穂積真六郎、元引揚者団体全国連合会副委員長、元参議院議員〕……赤かいといふやうな御話あり。イエ。引揚の世話をしました丈けでございます。その息で選挙事務局勤務の者が色々調べましたが、よろしいのでとりたいと存じて居りますと申上ぐ。

山梨大将は陛下御承知の通りで、東宮教育参与をやめましたが、追放がとれましたらば再び参与の御沙汰を拝しました方がよろしいかと存じます。尤も小泉、東宮職の意見もあり、又戴冠式にも多少関連しますが、若しよろしいときまれば二十七日の東宮様卒業御陪食の前の方がよいかと存じますと申上ぐ。御了承。

三月七日（金）

御召し御座所　一〇・一五―一一・〇五

戴冠式の日取の事、いまだ分らぬかとの仰せ。ハイ、まだ分りません。そうかとの御返事（どうも此点きまらぬと何か宿題のやうな御様子。それは我々も同感なれど）。実は昨日二時から三時まで一時間小泉、侍従長、次長と四人で戴冠式の事を相談致しましたが、第一に船にしましても、飛行機にしましても、御疲労になる事と思はれまするし、御健康の点が果してよろしいかが第一先決問題といふ事で、此次勝沼の参りました時によくその点を相談する事に致しました。それは必要だ。第一の問題だとの仰せ。次に、船はまづ大丈夫でありまする代り、陛下の時の軍艦とは違ひ、米国汽船等であれば新聞記者の同乗者が相当あります上に、米国の乗客が相当うるさく、結局船で御静養は出来ず、御疲労なるといふ事で、それよりは飛行機の方がよろしくて、同乗者は制限されまするし、早く御着きになつて御静養の方がよろしいとの意見。松平の時でも各社競争でありました故、東宮様となれば飛行機会社の競争ははげしく、その為には何か失敗すれば其会社の運命にも関しまする故、最良の飛行機、最良のパイロットを必ず使ふものと思はれ、決して危険はありませぬとの説もありまして、陛下の御船説とは又違つた意見でありまするが、一説として尤もと存じますと申上げし処、ウン。それもそうだ。飛行機ダネーとの仰せ。又ある一部では、今汽船といふ事では、駕籠旅行か何かのやうに思ふ輩もあるかも知れませぬと附言す。

随分新聞記者なども宮様は三宮様で、秩父さんは御病気として、二宮様ですが何れでも余り世の注目を引かぬらしく、東宮様御成年といふのでひそかにそう思つてるのもありますと申上げし処、どうしてそんなのかネー。高松さんは社交は御上手だし、内地でもいろいろ御出ましになるが、それが却て困るといふ事になるらしく、おたゝ様から直接承つたが、高松様は困ると直接大宮さんへ埼玉県々会議長がいつて来た事があるとの御話で、大宮さんは否定の御返事をなすつたときいたがそういふ事もある。又加納が何かいつてたと田島にきいた事もあるが、どうしてわるいのかネーとの仰せ。実は、吉田は東宮様と始めから思ひましたのも、両宮様がいやな為もあるかと思はれますと申上ぐ。吉田はどうしてかネー。秩父さんはいゝやうだが……との仰せ。高松さんは御招待も御断りしますし、封書も拝見せんで御返し致しますし、余程感情的にいやらしうございますと申上ぐ。

松平は只今コペンハーゲンから葉書が参りまして、と大要申上げ、又瑞典からの電報が先刻入りまして、十二日ローマ発十四日帰京との事でありました。

入江から御耳に達しました、久邇さんの北辰教の事は昨日は御会ひ遊ばしませんでしたかと申上げし処、あゝ会はなかつたよ。御嬢さん一所でその作つたものを持つて来て差上げるとかいふので良宮があつたが、そういふ訳でその話は少しもせずであつた。南部(松平直鎮〔昭和天皇の元学友〕のことを陛下は南部と旧姓を仰せになる)は、一、二年前だつたか、久邇さんと一所に来て、何か神がかりの迷信のやうな事をいふから反対した事がある。人間宣言といふ事をしたのに、その北辰のやり方はまことに困るとの仰せ。そういふ邪教はどうして出来るかとの仰せにて、信仰の自由は困るネーとの御話御繰返しあり。三笠さんも天照大御神はいかぬ、神様で日本はまけた。高御むすびの神〔高御産巣日神〕信仰でなければといはれた事もあるとの御話も出づ。

三笠さんのいろ〳〵の事を論じになります事に御忠告する公開状が右翼の雑誌(88)に出ました。半分読みましたが一々尤もと存じますと申上ぐ。

吉田は、勲章や外交官迎引の事等、次官に対して相談の時を与へませぬか。次官としては、先達て陛下に申上げました線で照会しましたに対し、次官としては賛成だが、大臣の意見はそちらできいてくれなど〻申して居ります由でございますと申上ぐ。恩赦の事は次長から申上げました通りでと申上ぐ。

三月八日(土)　願出御文庫　九・四五―一〇・一五

実は、次長が主として致して居りました事でありますが、京都出張所の飛鳥井〔雅信、宮内庁京都事務所長〕が部内の統制も余りよくとれず、投書などもありましたし、不正といふ程の大きな事ではありませんが、御所内の材木のはしがどうとかいふ様な噂もありまして、秘書課長等の間では定評があります。多少刷新の意もありまして、此際勇退して貰はうと考へまして昨年来神職の方をいろ〳〵、次長がかつて内務省の神社局に在職しました縁故であちこち致し、鎌倉宮とか、京都の鴨神社とか空席のある所を考へ当つても貰ひましたが、皆飛鳥井ではとてもと受け手がありませぬそうですが、一方行政整理の該当者は退職金の八割増といふ特典が若干余地があり、その中へ入れそうでありまして、退職金は百万近い様でありますから、他へ就職は退職後として、此三月限りで勇退して貰ふことに致したい事になりました故、御許しを得たいと存じます。十日に秘書課長の京都出張の際、其内示をも致したいと存じまして、今日御許しを受けます次第でございますと申上ぐ。あとは?との仰せ。石川〔忠、管理部監理課長〕に致しますつもりでと申上げし処、あの内匠のかとの仰せ。ハイ左様でございますと申上ぐ。

次に久松〔定孝、侍従〕でございますが、之も行先きを心掛けて居りますがどうもございません。然し、只今の行政整理にか〻れば〔退職金は〕相当額にはなりまする故、又一方侍従職の方でも今日ではむしろ望んで居ります故、何とか今年中に致したいと存じて居りますと申上げ、御了承を拝す。

それから例の文章はどうかとの仰せ故、今明二日で一つ試みて見ますと申上ぐ。陛下は、八紘一宇はい丶が絶対に使はれぬ故、此際文化国家など丶いへば、非軍備論者に悪用される恐れはある故、之を書けばもう一つ、侵略防御の為の自衛は必要だと書いて両方にすればい丶がソヴイエツトを仮想してる事が露骨ではわるし……との仰せ故、その点は首相でも余程遠慮して申します事故、陛下としてはもつと遠回しな言ひ方が必要かと存じます。非常に御関心の様に拝す。

先程神官の事を申上げましたが、坊城〔俊良、東京大神宮宮司〕は多少六ケしい曲折はありましたが先月発令があり、五日の夜披露宴がありまして、宮内庁からも十人位招かれました。鷹司〔信輔〕神社本庁総裁〔統理〕、佐々木〔行忠、神宮〕大宮司、佐藤〔尚武〕御遷座会長など、あとは神官連等で五、六十人の会でありましたと申上ぐ。最早御関心余りなき御返事。

英国国王御葬儀の雑誌が参りまして、ニウスウイーク〔ニューズウィーク〕は先刻よみましたが、チヤーチル〔Winston Churchill ウィンストン・チャーチル、英国〕首相の助言によつて、新女王は御葬儀前夜の晩餐会を御取止めになつたとあります。ウインザー公〔Edward VIII, Duke of Windsor 元国王エドワード八世〕の帰国、制服着用、七万ポンドの私的贈与額がコンウオル領収入の為、三才のチヤールズ皇太子〔Charles 英国女王エリザベス二世の長男〕に移る為め、話合に来たのだとか、市民拝礼の時クヰンメアリーの市民の邪魔にならぬやうとかの事申上ぐ。

吉田は矢張り、憲法と再軍備で陛下の御心配の点で今度はひつか丶りましたようでございますと申上げし処、改正すればい丶ではないかと又仰せになる故、国会は多数でありましても国民投票が十分見通しがつかぬ為ではございませんでせうかと申上げし処、そんなものが入るかとの仰せ故、今度の憲法ではそうだと存じますと申上ぐ。

吉田は今回の失言を認めた時、閣僚の閣議への出席を希望してるやう新聞にありました(89)が、自分は閣議へは出ない方針のやうで、閣議の結果をきいて裁決するやうであり、今回の式典の事もまづ御思召を拝して、案を具して首相にといふ事はどうかと思ひます。それ故手紙を書いて、吉田の意思を受けて、官房長官が御思召を伺つた事と了解して話をきゝましたと、返事はチヤンと筋を通しました。勲章とか恩赦とか、天皇のなすべき国事として憲法に掲げられたる事は勿論助言と承認にはよりますが、御認証を願ふ時、今少し天皇の事であるやうに国民が感ずる方がよくはありませぬか、御報告的でよろしいが、事前に申上げるような習慣になるとよろしいと存じますと申上げし処、それはそうだ、そういへば英国など勲章バス〔バス勲章〕は国で、ヴイクトリヤ（?エンパイヤ）十字章〔ヴィクトリア十字章〕といふのは皇室の勲章だ。国民は皇室の分の方を難有がる。英吉利は又少しルーズなのか、私の行つた時、珍田〔捨巳、宮内省御用掛（供奉長）〕と林権助〔駐英大使〕とで勲章が違ひ、私に交換して平気だつたやうな事もあつたよとの御話。

最後に久宮様〔祐子内親王、昭和天皇の二女、一九二八年三月八日死去〕御日柄の事を申上げ退下。

三月一〇日（月）　御召し御座所　一一・〇五―一二・一〇

此朝、高尾〔亮一〕秘書課長と官舎でおことばの当用漢〔字〕文、公文口語体に関連し、内容につきても彼の意見を入れて、彼の修正案をきいて十一時頃登庁の処、二度も御召しとの事で直ちに御前に出づ。

あの式のことばはどうだとの仰せ故、実は小泉等と相談の上、大体まとまりました故、之を次長に見せました処、感じが少し年層の関係か違いまして、小泉等も之を諒として次長案（之も最初案の上にたつて居りますが）を再検討致し、先づ大丈夫となりまして、当用漢字等の関係で高尾秘書課長に見せました処、之は次長よりは年層が又一層若く、感じが余程又違ひまして、議論が少し出ました。加ふるに、吉田首相の、今少し明るい前途の理想を織り込んでとの事ももつともと存じまして、今朝高尾案持参で色々評定して居りました次第でございますとて高尾案を朗読申上げし処、陛下は大層読み悪いネーと第一の感想をおのべになり、又吉田の理想的の所があまり出てないとの仰せ故、読み悪いと仰せの点は、文部省で定めました口語体となりますれば免れませぬ事でありますするが、今日陛下のおことばとして此文体以外に遊ばすことは当を得ませぬ故、已むを得ぬと存じますが、それも程度はありまする故、適当に文語調を入れる事は勿論考へます。それから吉田首相の理想の点はいつて居りますからとてその個所再度読み上げし処、そうかとの仰せ。

　次に、実は高尾が次長案を主にして一応まとめましたものに就ての批評として、主な二三の反対を強く致しましたが、その第一は「事志と違ひ」といふのを削除するといふ事でありました。何か感じがよくないとの事でありますと申上げし処、どうして感じがよくないだらう？私は「豈朕が志ならんや」といふことを特に入れて貰つたのだし、又日露戦争でも何でも平和を念願して已むを得ずとある[90]のだから、それをいつてどこがわるいのだらうとの仰せ。御尤も（なれども、高尾の説の根拠、悲壮にすぎるとかいふのも一寸説明困難で、くらいといふのも一寸説明困難故）ですが、随分戦争のときの戦争論者が、今となつては平和論者だといふやうな人が追放解除などに伴つていろ〳〵ありますので、そんな風なと同一に解されるといふのもどうかといふ様な点を懸念かとも思ひまするがと申上げし処、実際私はそうなのだから、私はあつた方がよいと思ふとの仰せ。それから又「豈朕が志ならんや」は同じだが、「国際法規に従ひ」が日露戦争などと違つてないのはとて、此前に伺ひし東条首相との問答の御話を承る。ハイ其の点は予て伺つても居りますし、今迄皆あつた方がよろしいと考へて参つたもので、よく又熟議致しますると申上ぐ。

　次には「祖宗と万姓に愧ぢる」といふ表現は、矢張高尾の考へは強過ぎるといふ考へで、「日夜為に寝食安からぬものがある」といふ表現の方がよろしいとの事であります。吉田首相は「祖宗に愧ぢ」の方は不賛成かと存じて居りましたが、案外賛成でありました。之は畢竟年令層の差かと存じます。小泉、安倍案では、このお言葉は却て国民感激するといふ考へ方でありまするが、高尾斗りではなく次長も此点は反対で、「日夜安からぬ」の方がよろしいと申します。但し高尾は、こゝに「光輝ある歴史に顧み」といふ句を挿みました。之はむしろ田島としてはどうかと考へます。祖宗に愧ぢるといふ様な表現は、歴世の詔勅に天災地変の時に使はれて居りまする慣用句で、強いやうで強くないといふ風に考へまするが、「光輝ある歴史に顧み」といへば、如何にも敗戦の不名誉といふ事を生々と感じるやうな感じでどうかと思ひますると申上げし処、そうかも知れぬが、高尾案の、歴史に顧みといふいひ方は中々いいと思ふ。小学校などで歴史を教へぬやうな空気の現代に、日本の歴史を顧みといふ様な文句はいゝではないかとの仰せ。(一寸見当違ひの理由と拝せしも)其点はそうでありますが、光輝あるといふ様ないひ表はしは少しどうかと思ひまするが、祖宗に愧ぢる文句をとりますれば、何とかの文案で国史に顧みといふやうな句があるのもよろしいかと思ひますが、よく一つ考へますと申上ぐ。

それから、陛下が摂政以来との仰せで、文章としては即位の方がよろしいとの考へで「終始かはらざる……」となりましたがと申上げし処、判然とはせざるも「即位」でもあまり御異議なきやふに拝す。御退位に関するところは大体落付きまして、あの程度の御言葉でよいかと思ひます。それはよろしいとの仰せ。

久邇さんの事は、永積侍従からも入江侍従からきゝましたやうな事を又きゝまして、松平直鎮から陛下の御書を取戻したいやうな希望も永積は申して居りましたが、それは兎に角、久邇さんがその北辰神社に御関係なき事は絶対必要と思ひまして、七日の金曜日五時に御目に懸かりました。「何を今日はおしかりを受けますか」といふ様な態度でおいででありましたが、話の筋はよく御分りになりました。直鎮が私に来てくれといひ、風邪で行けないといつたら、書いたものといふ事でやつたのだが……との御話でありました。ムルチの事は、御貰ひになつたと思つてらした物の書付は向ふにあり、代価を払ふとの御話でありました。そんな事故、中に入つた加藤隆也といふ人物の事は分かりませぬが、殿下としては大した事はなく、只改組の時の社長といふ事につられておいでだつたかと思ひます。大協はまづ素性がよろしいかと申して参りました。青木や塚越はいつも六ケしい事ばかりいふ(田島は勿論)ので、殿下の方御近づきにならず、大協の高橋の方に御近づきになりますから、高橋から御為になる事を申上げるやうにするとよろしいかと存じて居りますと申上ぐ。そうだネとの御話。

また、式の言葉の問題だが、もし条約発効とその式典との間が余り間があくやうなれば、ラヂオか何かでやる様にせねばならぬかよく研究してくれとの仰せ。

三月一一日（火）　御召し御文庫　二・三〇―三・〇五

あの、式のときのことばだがネー、又あれから考へたのだが、「事志と違ひ」といふのを高尾がよくないといふのは、今平和論者のやうな顔してるくせに、随分戦争的だつたものがあるのと同じだと思はれるといかぬといふやうな話だが、私は宣戦の詔書の時に「豈朕が志ならんや」といつたしするのだが、そういふ抽象の文字ではいかぬといふのなら、私はあの時東条にハツキリ英米両国と袂を分つといふ事は実に忍びないといつたのだから、文章のつゞきや、又余り具体的で駄目だといふならそれで止めてもいゝが、当時自分は今の様な事をいつた位だが、勢の赴くところといふ風にはいかぬかと仰せ。それは陛下も仰せの通り、少し文章のつゞきもわるく、余りに具体的の事で少しおかしうございます、と申上ぐ。そうか、どうも私は事志と違ひといふ事を入れてはわるいといふ事が、私の様に本当に事志に背いた事を已むを得ずしたものにとつては、「事志と違ひ」で差支ないと思ふ、と又も仰せ故、陛下の其御考の通り、我々は最初から考へて高尾が異論を申します迄、何の不審も疑問もなかつたのでございますし、今も必しも削除すべきとの結論に達して居ります訳ではございませぬが、天子様のおことばと雖〔いえど〕も、今は何とかかんとか皮肉つたりせぬとは保証出来ませぬ世の中故、念には念を入れ完璧を期して、高尾のやうな考へ方も一理あるとして考へて見るといふ立場でありまして、たとひ陛下が「豈朕が志ならんや」と仰せになりましても、結局詔書に書いてある理由で宣戦を陛下の御名御璽の詔書で仰せ出しになりましたこと故、表面的には陛下によつて戦が宣せられたのでありますから、志でなければ戦を宣されなければよいではないかといふ理屈になりますので、形の上からは戦を宣しておき乍ら、今は志は平和で事は之と違つたと仰せになることで、一般の今日平和を戦争の時は戦争を唱えた人と形式上は違はぬ事になります故かと存じます。然し、陛下が元首としてでなく、個人として平和論者として御終始なされた事は、むしろ市ケ谷裁判等によつて今は内外誰も承知してるともいへますから、其面を考へれば皮肉る余地はなく、田島など老人達は最初から「事志と違ひ」に不審を持ちませんでした訳でございますと申上ぐ。又市ケ谷裁判の時、木戸の弁論にローガン弁護人(William Logan Jr. ウィリアム・ローガン、木戸の弁護人)の話で、松平(恒雄、元宮内大臣)や蓮沼などを証人に出して、自然に私が平和論者であつたといふ事を表さうとした(木戸に関連して)事があつたが、それは結局やめにした。そしてそれは止めにした方がよかつたと思つてはいるが……といふ様な御話もあり。

此問題は中々どちらも決し兼ねて居ります。実は昨日小泉を訪ねまして、随分今迄何度も書き直し書き直しましてモーよろしいと思ひましても亦何か出てやつて参りましたが、多少頭をつつ込みすぎてマイマイツブラ(カタツムリの別名)の中に入つて了ひ、妙案が出ぬやうになつた形もありますので、最早全力を各自が尽した事として、田島の責任で次長を若い方の考の相手として、一つか二つか確定最終案を作り、御裁定を願ふより外ない旨申したやうな次第でございまして、此際は一寸離れて考へる方がよいかと思ふて居ります旨申上ぐ。ウンそれはそうしてくれてい、が、もう一つ「光輝ある歴史を顧み」といふ文句に関して、これも昨日から考へたのだが、元寇の役の時、壱岐対馬のみならず九州の一部も敵の地となつた事もあるが結局撃退したのだ。今回は内地では戦争は一つもなく進駐して来た丈けであるが、どちらがわるいといふ積りなのかとの御質問にて、一寸御趣旨分らぬも、元寇の如きは敵の侵寇に対して一時的戦闘バットルで敗けましただけの事であり、今回は戦闘行為はありませぬが、城下の盟と申しますか、無条件降伏を致して戦闘バトルでなく戦争ウオアに敗けました事とて、申上げますは恐れ多うございますが、申さば国史に汚点を印した事と存じます。元寇の如きは一時敗れても一進一退の如きもので、結局防ぎきつたのでありますから、今回のが汚点で、従来の日本の歴史にはありませぬ故、「光輝ある歴史に顧み」は正しい事で少しも間違ありませぬが、余り真実そのものを正面に対蹠的で、今少し正面からいはない文句はないかと考へて居ります所でございますと申上ぐ。そんならそれでよろしい、そういふ意味ならとむしろ朗かに仰せになり（御真意一寸分り兼ぬるも、歴史でも何でも、真実と違つた事が御きらいな科学的と可申歟〔もうすべきか〕、御性格故、元寇のやうな事は光輝ある歴史と果していへるか、敵の蹂躙に一時でも任したのは光輝ある歴史といへぬではないかと御考に一応一寸おなりになつたのかと推測するより外なく、今回は内地で戦つて負けたのではない、進駐を許した丈けだといふ方の軽いやうな御表現は、何か一寸御勘違ひかと御察しするより外なく、田島の方の奉答さへ正しければ、御下問の筋をハツキリ了解出来ぬも致方なしと覚悟して御答す。此答に対して朗かなる御返事も、一寸何だか了解し難し。然し結論はこれでよろしい故、よろしいとする外なし）。

それから、首相の新日本の理想を述べ、前途の光明を御与え頂くといふ意味の事は、簡単の様で中々六ケしく、小泉が昨日草稿をくれましたが、儒仏二教といふ様な事すら書き出してありまして、陛下のおことばとしては一寸不適当と思ひまするが、高尾の理想として申しました、人種と国境を超えてといふのもどうかと思ひます、と申上げし処、高尾のその文句は余りよくない、国際共産主義のやうな香〔にお〕ひがするし、国境もなくといふ様な事は、此際は誤解される余地があるからやめた方がよいとの御意見。これは田島もどうかと存じまする と申上ぐ。

此時陛下は一寸突如、紫式部のやうな女流の文学者を出して、平安朝は実に文化の花を咲かしたが幾何もなくして鎌倉の時代となつた。その前に藤原の貴族文化は源平といふ武士にとつて代られて了つた。奈良朝は公卿貴族といふより直接朝廷であつたからかも知れぬが、現に正倉院に見られるやうな文化もあり、ぢき鎌倉に代られた藤原よりはよかつたが、これは文化と武備とが両方なければいかぬといふ事であつて、正直にこういふ風にいへば今後の日本の理想、こゝに武備といふのは、今度の戦争のやうな侵略的の戦争といふ意味でない、本当の武備をいふのだが、此正しい意味の本当の武備といふ事は今はいへない立場にある。それ故、正直な将来の新日本の理想を正直にいへないのだよ。世の中は勿論、警察も医者も病院もない世の中が理想的だが、病気がある以上は医者は必要だし、乱暴者がある以上警察も必要だ。侵略者のない世の中になれば武備は入(要)らぬが侵略者が人間社会にある以上、軍隊は不得已(やむをえず)必要だといふ事は残念ながら道理がある。それ故、正直にいへば、正当な武備と文化の並行、両にまつといふ事だが、今それがいへぬから困るとの仰せ故、その通りでありまするが、憲法の手前そんな事はいへませぬし、最近の戦争で日本が侵略者といはれた斗りの事ではあり、それは禁句であります故――(そう、豪州(オーストラリア)など八釜しいのだからとの仰せ)、田島の、理想の処に私案として「文化を隆んにして国本に培ひ、産業を興して国力を養ひ」と試みました。産業は軍需工業もふくみますし、国力は暗に兵力をもふくみますからと申上ぐ(陛下は再軍備と憲法改正に付、再三吉田首相に伝へよと仰せになり、其度毎にそれはいけませんと申続けし事と御思想は一貫す)。

兎に角、「おことば」につきましては、先程申上げました趣旨で、田島の責任でいろ〳〵の人の意見を参照して、最終案を一つでなく問題の所は二いろにも書きまして、御裁断を仰ぐ事に致しまする。その際は二通りの何れを御裁可になりましても、田島責任を持ち得ますると考へました場合に、二通り申上げる事に致しますから、……或は中間御報告を余り致し過ぎましたかとも存じますが、と申上げし処、イヤそれは結構だが……との仰せ。

今日は丁抹(デンマーク)の天長節(国王の誕生日の意)で、帝国ホテルへ参りまして、シーボルトに遭ひまして、平和条約発効に際して、私として特に何か考へるべき事があるかと尋ねましたが、何もないと申して居りました。又十八日に帰米と新聞にありました事を本人が申して居りました故、日本へ何時帰られるかとき〻ました処、それは分らぬ、打合(コンサルテーション)の為に行くのだからと申して居りました。――米国外交局の彼の部下の一人にも、シーボルト氏はいつ日本へ帰るかとき〻ました処、米国へ帰る事すら知らぬ顔の話し振りでありました(勿論知つて〻)と申上ぐ。シーボルトは条約発効をいつ頃といつてたかとの仰せ故、それは何とも申して居りませんでしたと申上ぐ。発効の日と御ことばとの関係、御関心の様に拝す。

それから池田成彬の記念会に参りましたが、池田の日銀総裁の時の副総裁の津島寿一〔外務省顧問、元大蔵大臣〕も参つて居りまして、比島の賠償会議の話を致して居りました。(91) ルバン〔ルバング島カ〕島の日本人の応援といふ漫画に出されましたり、相当悪感情であるいろ〳〵の例の事、外相〔Joaquin Miguel Elizalde ホアキン・M・エリサルデ、フィリピン外務大臣〕は純西班牙〔スペイン〕人で始めて閣僚になつたとの事、八十億ドルの賠償の事など今日きゝし要点だけ申上ぐ。それはきゝたいとの津島の御進講の御希望も余りなきやに拝す。

三月一二日（水）　願出御文庫　一・四五―二・五〇

二十八日御陪食には東宮様御出まし願ひますことは、侍従長を経て御許しを得ましたかと申上げし処、きいた……が、話は東宮ちやんの事はいへぬし……との仰せ。これは小泉、野村より申上げますからと申上げし処、知らぬ人も多く話題に困る事はないかとの仰せ。家永〔三郎、歴史学者、東宮職御用掛、東京教育大学教授〕は歴史の博士で御承知故、前田〔陽一〕位でございませう。安倍小泉も居ります故、話題に御困りの事はないと存じます。東宮職も侍従職も御願したいと申して居りますからと申上げ、よろしいと仰せ。

次に前田〔多門カ〕、山梨大将へ参与を再御沙汰の様、御願い申上げ、二十八日に御召し願ふ様に申し上げましたが、一寸それ迄には運び兼ねまする故、これは熟考の上の事に願上げます、と申上ぐ。「よろしい」との仰せ。

北海道の副知事、昨日御下賜金の御礼に出ました。(92) 大事がありませなんだと、津波の知らせが三十分乃至二時間前で避難致し、人命が比較的失はれませなんだので、地震其物の大きさよりは被害は少かつたようでございますと申上ぐ。雪の為かとの御尋ね。あの地方は比較的雪は少いそうでありますが、幸にして火事がなかつたとの事でございました。

次に昨日、勝沼に極秘で、御渡米〔ママ〕の事或はあるやも知れず、之に御耐えになる御健康か否かの事を拝診前に申しておきましたが、拝診後に充分御よろしい、御健康との事でありました。勝沼は飛行機渡欧の経験もありまする故、其点も附加して御疲労になる事等も申しましたが、大丈夫との事でありました。就ては第一の問題がよろしいとなれば、次の問題を研究する事となるかと存じますと申上ぐ。

次に、あまりよろしくない事を申上げ恐れ入りますが、昨日新木栄吉〔前日本銀行総裁〕が参りまして、到底〔東久邇稔彦の経済〕顧問のお役はつとまらぬ故、御免蒙りたいとの事で事情をきゝましたが、尤もであり、田島としても此上引止めれませぬ故とて、島田〔島田理化工業株式会社〕とかから新木の反対を押しきり、御議論の上御用ひなく、例のミシンをば十万円とか御買いになり、内職をおやりになるといふ事で、陛下のいつか御話のありました問題でございますとて詳しく申上げ、大体元宮様、内親王様としては、此種の仕事をなさらぬ方がよいと存じますが、其上田島としては御利益にならぬ懸念があります。大体の御考へ方として、もうけようとの御考がどうかと存じまするし、此仕事は特に余りよくないと存じますと申上げ、山川は、山川と東久邇家との御話合に任せる事案の事も申上ぐ。陛下は竹田さん総裁の会ならの話の事も御承知なり、いろ〳〵仰せありしも結局、私から注意しやうかとの仰に対しては、矢張り此際は何も積極的に仰せなき方よいと存じます。陛下の仰せあつても、既に御始めになつた事故、一寸御止めにならぬと存じます。御成功を祈りますが、此御仕事で御成功になりましても、余りほめた事は存じませぬ旨申上ぐ。次に損をして了つた後では仕方ないから、良宮からでも照ちゃん〔東久邇成子、昭和天皇の長女〕にいはうかとの仰せ。それも只今は御無用かと存じますと申上げ、それでは田島から……との仰せ故、一応やわらかに申上げませう。田島としては顧問推薦せしも、結局駄目となりました以上、已むを得ぬ事及御仕向を適当にと申上げまする積り故、其時に申添へませうと申上ぐ。自働車問題の経緯も御話申上げ、松平へ御相談(田島、新木共、御相談通り応じませぬ結果)になりました事もあります故、今回も必ず松平へおいでかと御察し致します。照宮様も盛厚さん同様の御考の事、言葉は謹みながら申上ぐ。日銀も余りよろしい評判でなき事も一寸申上ぐ。

それできく事はもうないかとの仰せ。ありませぬと申上げし処、例の式のことばの問題だが、長官が昨日、宣戦の詔書を出した以上は「志ならんや」といつても、結局戦を宣したのだから、戦争論を戦時にした人の今更の平和論同様になるといつたが、あの場合支那事変のやうに宣戦の詔書なしにやつてたらいゝのかといふ様な仰せ。少し御見当違ひのやうに拝するも、頃日来御苦慮の御様子につき、あやふやも駄目と思ひ、詔書を御出しになりますませぬに関係ありませぬ。東条の輔弼でありますが、兎に角其軍閥のやる事を御認めになり、戦争すべからずと陛下は御止めにはならなかつたのでありますから、形式からは戦争論者で御ありであつたといふ事になります。勿論、個人としての陛下が徹頭徹尾平和的でおありの事は、今日では中外に知れ渡つた事で、識者は内外で知つて居りますが、一般には元首として無責任で輔弼者の責任でありますが、元首としての御名儀[義]はちやんと出て居ります故、高尾のやうにひねくつて考へてのあの議論になりましたものと思ひます。田島でも小泉でも又次長でも、事の実際の面からのみ見て居ります故、高尾の論をきゝ、ます迄は「事志と違ひ」はある方がよいと思つて居りましたが、陛下のおことばでも多少は揚足はとらぬと限りませぬ当節故、少しでもそういふ心配があればやめた方がよいかとも思ひ、最初の考へ通り差支ないかとまだ考慮中でございますと、昨日の繰返しの如き事申上ぐ。御了解のやうながら、御自分の御本心と違ふ事故、まだ少し御不満の様子。

　陛下が、式がなければラヂオといふ事を仰せになり、英国王も十二月二十五日にサンドリンガムから放送する[93]のに……と仰せにかゝはらず、田島は首相謹話説を申上げまする一つの理由は、陛下御自身としては御弁解らしくなりまするが、首相がおことばを頂きました所感として、陛下は終始平和論者で軍閥の政府に終始御不満といふやうな事を充分述べ得ると存じたからでありますと申上ぐ。これは非常に御納得の様子に拝せられ、ウンそうだネーとて、謹話説の理由もそういふところかと御理解の御様子。

　今朝の新聞には五月三日とありました。そして両院議長、最高裁判所長官の談話を発効の時に出すとあり、首相談とありませぬ故、之は田島の想像でありますが、式の時は首相ひとり式辞をよみ、そしておことばといふ事ではないかと考へて居りますが、之は絶対に想像に過ぎませんと申上ぐ。

今日は、発効当時ラヂオ、五月三日は一寸したことばといふ御説を御話にならず。

三月一四日(金)

御召し御座所
三・一〇—四・一五

昨日小泉と野村の東宮ちゃんの教育の話をきいて、親切なのに驚いたよ。私の時のことゝ比べて、愚痴と不満とをいふ事になるが、殆んど想像も付かぬ程の事だ。原〔智恵子（ピアニスト）カ、信子（声楽家）カ〕とか安川〔加寿子、ピアニスト〕とかの女流音楽家をよぶとか、映画なども見るらしいし、誠に自由な事だと思ふ。小泉が歌が出来るから国語も興味がある筈だといふが、あれば〔ママ〕歌を歌として言葉を見付けるので別だと思ふ。個人教授でない以上、大家に過ぎるといふが、私の時でも大家であつた……大家が教授法がまづい、学殖だけといふが、それなら他の生徒も興味がない筈だと思つてきいたが、此点あまり返事がはつきりしなかつた。私は東宮ちやんは国語や漢文に興味がないので、教授法の為めではないと思ふとの旨、御話あり。只今の御話は御尤で、興味をおもちにならないのでありませうが、碩学でなくても時代のかけはなれぬ年層の人は、如何にすれば興味を感ぜしめるかといふ事を、年代の違ふ人よりは早く感知しますと思ひます。東宮様の先生としては、大家碩学といふ点のみでなく、若いといふ事も資格に入れた方がよいかと思ひます。これは私達老人の余程注意すべき事かと存じます。例のおことばに致しましても、田島の原案に安倍も小泉も吉田も大して異議がなく、若い次長には異議があり、一層若い高尾は又次長案にも異議がありますやうで、従来と雖も年令層の差といふ事はありましたけれども、戦争後は一層ひどい様であります。それの一番近いものは、同級生といふやうな学校友達で、この相互の切磋琢磨といふ事は非常に大切だと存じます、と申上げし処、学友はいゝ人でなければ……との仰せ故、いゝ学生を御近けになる事は勿論必要でありますが、又よからぬものにも御接しになつて、善悪を識別する明を御持ちになる御修行も大切かと存じますと申上ぐ。

それから又、ことばの事に関連してだが、田島が真珠湾等の時に軍部に対して嘉尚の言葉を出してるのは、形式的には戦争を私が大に激励したといふ様にいふが、あれは全部の軍に対してといふよりは一部のものに激励せねばならぬ必要上いつたもので、それが私の戦争奨励といふ一般論にはならぬと思ふとの御弁解（や丶御弁解に過ぐと拝す）。ガダルカナルの時のなどは遂に公表されなかつた。私は実は無条件降伏は矢張りいやで、どこかい丶機会を見て早く平和に持つて行きたいと念願し、それには一寸こちらが勝つたやうな時に其時を見付けたいといふ念もあつたし、軍からいへば激励の言葉を全然やらぬ訳にもいかぬといふ事だつたとの御述懐。

それから、五月三日の憲法記念日にやるといふ様な新聞記事[94]が出てるがとの仰せ。左様でございます。前回、発効の時は首相の談はなしで、式典は首相一人といふやうな想像説を申上げましたが、一応五月三日ときめましたのにはそうでないやうで、首相も発効の時は談話をするやうでございますと申上ぐ。どうも新聞で見ると、発効が米国上院の具合では早いやうだ――そうすると、五月三日式典に例のことばを読むとして、発効の時簡単なものなしでい丶かしら、いると思ふとの仰せ。それは簡単でもありました方がよろしいと存じますと申上げし処、条約が発効してうれしい、内外の厚意と努力のおかげだ、感激にたえん、今後うんとやらなければならぬといふ丈けでい丶よとの御話。ハイ、短い者[物]でありますし、用意致しませうと申上ぐ。

それから、先もいつた三日の日とすると、式辞の中に憲法の事に少しもふれぬといふ訳にはいかぬと思ふとの仰せ。御尤もであります故、只今その方の事も考へて居りますと申上ぐ。イヤ、憲法中必しも賛成でない条項もあるのだから、憲法の総ての条項に賛成ととれぬやうに書いて貰はないと困る。それかといつて、憲法自体わるいといふ事ではないからとの仰せ故、憲法の精神を尊重するといふ抽象的の事で、憲法の個条にふれていはねばよろしいかと存じますと申上ぐ。

又も軍隊嘉尚のことばのあつた事に関連して御話故、ロンドンのヂヤパンソサイエチー（日本協会）に「真理」誌から転載した一文がありまして、それには陛下は個人としてどこまでも平和論者であり、「豈朕が志ならんや」を訳して「陛下御意思とは遥か違つて」と特筆してありますと申上ぐ(御悦びの様に拝す)。それは何といふ人が書いたのかとの仰せ故、筆者も「真理」誌の何ものかも存じませぬが調べてみますと申上ぐ。猶それには、大正天皇と同じく、今上陛下もガーター勲章と元帥の称を英国から贈られた。但し十六年十二月迄とありますから、矢張り英大使御引見の時も、大勲位の略章でガーターには御ふれにならぬ方がよいかと存じますと申上ぐ。ご了承に拝す。

それから昨日、入間野が参りまして、三笠宮家では四半期に二十万円宛入間野に御預け、年八十万円貯蓄……尤もこれは親王内親王御成長の時の為の必要貯蓄でありますが……をなさいます事に殿下もご承知で、来年度より御実行との事であります。又入間野懇意の本屋から、三笠宮様に何か書いて頂きたいといふ話がありました時、入間野は田島に諮らず田島の名を使ひまして、長官もそういふ事はどうかとの意見、入間野も同意見故、駄目と断つたと申して居りました、と申上げし処、三笠さんが怒りはせぬかとの御話故、それは入間野が適当に致しますと申上ぐ。それから鷹司家の方は詳細きゝましたが、数字は煩はしく申上げませぬが、収支御償ひのやうで御安心でございますと申上ぐ(入間野氏東久邇払下の事、同坪数のこと、最後切札のこと、朝香若宮〔朝香孚彦〕のこと、李王家参議院へ売却希望の事等は申し上げず)。

それから一昨日、盛厚さんに上りまして、新木の辞職已むを得ぬこと、御仕向可然こと、及田島は大体新木と同説のこと、入るを斗つて出るを制すること、臣籍降下金の国民の血税たる意味のこと、今回内廷費等増額迄の田島の消極的立場をとりし意味のこと等申上げ、比較的素直に御きゝになりましたが、洋服新調費など、現在ではどうしても元金に手がつく為め儲けたいこと、犬を飼つて失敗したこと、東久邇母堂の眷顧の人の奉仕あり損なきこと、三人御傭ひのこと等の御話ありしことも申上げ、三人も傭へば税金も出る事、陛下御著書の税を払ひし御話せしこと等申上げし処、儲けたい〳〵といふ御考がどうかと思ふ、照ちやんも田島の話きいてたかとの仰せ。照宮様は御出になりませんでしたと申上げし処、居ればよかつたとの仰せ。又入間野の話を申上げし時、盛厚さんも入間野に頼むとい〻との仰せあり。入間野も沢山もう御引受してますからと申上ぐ（盛厚さんには又と御推薦せずとは口まで出しも口外せず）。兎に角営業見たやうになるとわるいとの仰せ。それから大宮御所女官は、身分は高くなきも境遇の社会と没交渉は皇族方も同じである故、注意してるのは一知半解の御利口で、いろ〳〵日銀の事など批評されても、利害関係なき人は御身分に敬意を表して相槌をうつのを賛同感心と御とりになれば、余程馬鹿といふ事になる旨なども申上げし旨申上ぐ。どうも盛厚様はお利口の御積りのやうでございますが……と申上ぐ。

それから先程の東宮様の御成績の事でございますが、学問で身を立てるとか何とかいふのでなければ、びりでは困りますが、三分の一位でおいでなれば結構と存じます。入間野の話に、新木が七番で、一番の小林（正一郎）と申すは銀時計[95]で、二人共日銀に入りましたが、結局小林は理事で終り、新木は総裁になりました。銀時計の為には、一生却て小林は駄目でしたとの事申上げし処、陸軍や海軍で剣などを褒美に貰つたのが案外駄目だ……との仰せ。東宮様に関しては、田島は昨日その場でないと存じ差控へまして、あとで小泉にも申しましたが、「よいつぱり」はわるい習慣で、之は御直し願ひたいと存じますと申上げし処、去年の時その話は出たナとの仰せ。勝沼も申して居りまして、大宮様のご遺伝など……とも申して居りましたが、将来の為め……と申上げし処、西洋流の夜会などは余り早く寝る癖の人は困る……（東宮様の事は無意識に御弁護的の事となる。恐多けれど大宮様のよひつぱりの事を御話の時とは、多少語調異る程度なれども）。

此日（田中敏文）北海道知事御進講のこと。シーボルト帰国につき、何か仕向け必要かも知れずとの意見あるも、先方の名誉面目のため何もせぬこと。リッヂウエー平和批准後、発効前、今一度御訪問の事等今日はふれず。北海道は侍従長申上げ御許しを得たり。

三月一九日（水）　願出御座所 一一・四五―一二・一〇

二十七年度内廷費予算[96]につき、主管事務取扱次長（宇佐美毅、内廷会計主管事務取扱、宮内庁次長）より御説明申上ぐ。順宮様御婚儀費は孝宮様と大体同額の旨申上げしに対し、物価の変動等にて金額同じでは事実減少にならずやとの御質問。大体は騰貴なれども下落のものもあり、大して差異なき様出来ると存じますが……、愈不足の時は又考へる余地と財源はあります旨申上ぐ。

退下の節、あの……とて御止めになり、独り残る。照ちゃんが、長官が盛厚さん訪問の時居なかつたとの事で、きいて居なかつたとの事であるが……との仰せ故、実は今日新木が奥から御菓子を賜りましたので御礼に出まして、其序に只今田島を訪問致して話して参りましたが、盛厚さんが照宮様御同道、御徒歩でと申して居りましたが、御訪ね下さいまして記念品を頂戴致しました由、其際更めて、新木の先達来申上げました至情による意見を繰返し申上げました処、先達て中は議論的に御きゝになつてたことを、とても静かに御きゝになつて御帰りになりましたとの事でありましたと申上げし処、新木がそう話してくれたならそれでよろしいが、照ちゃんに誰かよく話す事は必要だと思つていろ〳〵考へ、野口明〔元侍従〕……あれは照ちゃんの小さい時からついて居たし、今お茶の水女子大学の学長だしするから、あれに話して、よく照ちゃんに話して貰つたらいゝのではないかと考へてたのだが、新木がそうやつて話してくれたならそれでいゝとの御話し。ハイ、只今はもう此儘でよろしいと存じます。新木も図らずも宮家に関係し、今回辞しまするが、どうか御間違のないやうに祈るといふ意味で、新木の推薦で勤めて居りまする山川が新木と共に止〔辞〕めるといふのを、新木は出来ればとゞまつて貰つて、何か変な事があれば連絡して貰つて、大きな事にならぬやうにとも心中考へて居るらしい旨の事も申上ぐ。その、趣味でする事なれば、実はもうける事でもいゝといふ立場で、新木も犬はいゝといつたときいたが、趣味でなく儲けたい〳〵といふやうな事はどうも……と思ふとの仰せ。ハイ、例の手内職のやうな事も、新木と議論の結果、御趣味といふ事になつておりますやうではありますが、人を三人も傭つて御やりになりますことでどうも……と申上ぐ〔従来照宮さんを御利口とのみ御いひになつてた陛下としては、多少御観察を御かへになり、御心配でなくとも、少くも御懸念の御様子に拝す〕。

シーボルト昨朝訪問の節、御写真をフレームに入れ家宝とする旨にて、感謝の御礼申し上げる様依頼がありましたこと申上ぐ。

今日午後葉山へ行くが、別にきく事はないかと仰せ。若しありますれば又葉山ででも申上げますと申上げ、退下。

三月二二日(土)　願出葉山御用邸御座所　一・四五―二・二〇

今日は人事について御許しを得たいと存じます。前回京都の飛鳥井の事を申上げましたが、内部に大した事ではございませんが、投書等によりまして、余り香(かんば)しからぬ事もあるやの噂で、秘書課長を京都にやり調べさせましたが、部下がよからぬ事を致して居りまして、小さいのでありますが質はわるいので、勇退を申入れました処、進退伺を出さねばならぬと思つてたといふやうな次第で、退官の事はきまりましてございます。離宮の裏山の木が倒れたのをどうとかといふ様な問題で、先年一度乱れた事がありましたそうですが、一寸革新致したいと存じます。部下中にはやめて貰ふものもあります。後任は、此前申上げました石川でございます。此人は天子様の事と宮内庁の仕事を一寸混合するやうな、例へば勤労奉仕の人を役所の用に使ひたいといふ様な人でありますが、まづ之を後任と考へて居ります。

次に鈴木〔菊男〕書陵部長と三井〔安彌〕管理部長でありますが、之を入れ替へに致したいと存じます。その方が適材適所と存じます。此事は初めから分つてた事でありますが、大場〔茂行、元管理部長〕、城〔富次、前書陵部長〕の転勤の時機の為に、三井の方が先輩でこういふ風になりましたが[97]、三井は歌なども詠み書陵部長が適任であり、鈴木は仕事がチヤン〳〵として、一番部下の数の多い現業で、御造営は先の事でありますが、その総合調査、東宮御所等に関しても必要でありますから、鈴木の方がよろしいと存じます。

又経済主管は政府大蔵省予算との関連上、石渡〔荘太郎、元宮内大臣〕の時に大蔵省の人を借りる事になり、塚越、近藤〔直人〕となりましたが、主計課長も〔大蔵省から〕借りて居りますが、今後は宮内庁の人を充てた方がよろしいかと存じます。只今次長が事務取扱を致して居りますが、西原〔英次、総務課長〕を之に充てまして、総務課長を他に求めたいと存じます。それ迄兼任を致したいと存じます。穂積真六郎〔穂積重遠前東宮大夫の弟、元参議院議員〕の子供〔穂積重道〕は先達て御許しを得ましたが、今一人の人は宮内庁はいきたくないと辞退して参りましたが、宮内庁縮少後、博物館総長のやうな位置もなくなり、又世間が何となく宮内庁などはといふ空気の為かあまり人が参りませず、西原、高尾のあとの大学出の人は、一寸種切れの形でありますが故、外部の人を入れる要がありますと申上げし処、その人は既にきまつているかとの仰せ。イエ、まだきまつて居りませぬが、総務課長の適任者は必ず得られると存じますと申上ぐ。そうか、どうも日本人は、議会何かでも、形式的といふか抽象議論をして、再軍備でもそうだが、事の実際にふれない、独乙流の教育の弊といふのかどういふのか、実際的でないはやりの様な事にのみ走るといふはどうかと思ふとの仰せあり。其点どうもそういふ傾きでと……と申上ぐ。

それから石川のあとへ並木〔四郎〕用度課長を、並木のあとへ田端〔恒信、侍従職事務主管補佐〕をと存じて居ります。田端は私生活を見ましても、実にきちきち百姓も致し、子供を学校へ出します事もチヤンと致して居りますやうで、あゝいふ実直のものが、人物よく仕事出来れば課長になるといふ事は結構で、同様出身の人のはげみにもなるかと存じます。うん、そうだとの仰せ。

侍従職には小畑〔忠、前皇太后宮職事務主管〕も参りました事で、そのあとはすぐうめませんでもよろしいかと存じて居ります。係長以下相当移動がありますが、之は御任かせを願ひたいと存じますと申上ぐ。あゝよろしい、とはつきり仰せあり。

それで人事の事はいゝが、いつか長官がいつてた東宮ちやんの妃の調べを、鈴木が比較的閑だからといつてたのはどうなるかとの仰せ故、ハイ、それは一応学習院の分だけ御調査済みでありますし、他の学校、丁度盛厚さんのお子さん〔東久邇信彦、盛厚の長男〕が慶応へ御出でといふやうな分もありますが、学習院以外はどうかと思ひまする点と、いつか陛下の仰せにも今少し先のことの思召でありますに以上、現在では中学の一年、小学の六年頃といふ事では、今直ちに調査します事は、むしろ無理かと存じまして、今一応一寸中止の形でありますと申上げし処、それもそうだが、外遊ときまればそうもいかぬかも知れぬとの仰せ。ハイ、それはそうでありますが、今回の戴冠式の御外遊については、特に御考申上げる必要はなく、御留学のやうなや丶長い御滞在でありましたら、その前に妃殿下のおきめを願ふがよろしいかと存じますと申上ぐ。そうかとの仰せ。

昨日は米国批准の事は、侍従長を経て申上げ、首相がダレスへの電報に陛下御満足と申す事を御許しを得まして、吉田の方へ伝えておきました。批准がすみました以上、余り時を移さず、予ての御話のリッヂウエー御訪問を願ひましてよろしいかと存じますので、二七、二八ならばと存じます、と申上ぐ。午前なら二八でもい丶。早い方がよい。朝鮮の事はどうかしらとの仰せ。三日位前に仰せ頂けばとの事でありましたから、二七か二八でよろしいかと存じます。早く還御になつてもよいやうな御気持に拝せし故、先方は御静養で葉山へ二十五日迄御出での事は承知致して居ります故、二十七か八で結構と存じますと申上ぐ。

それから発効後、御食事におよびの事も、余り離れぬ方がよろしくはないかと侍従長とも申して居りました。宮様も御召しなく、首相も本来は平和後はリッヂウエーの上席でありませうが、一度はリッヂウエーを上席でおかしくないやうな風がよろしいかと存じますと申上ぐ(御不満ではなきも、充分よろしいと御考へもなき様子に拝さる)。

講和に関連しましては、此前仰せのありました、短い御喜びの御ことばを首相に御伝へになりますか、何かで御表はしの事、式の時のおことばは既に完成してありまするが、其外には、或は批准済の国の元首へ御親電といふ様な事が必要かどうか、之は政府、外務省にきいて見ようと存じて居ります。

それ以外には別にないと存じまするがと申上げし処、吉田のいふ提灯行列が来たやうな時、二重橋迄出るとか……との仰せ故、一般には参賀といふ事になつて居りますが、四月廿九日の天長節にも一月一日同様御喪中といふ事で、之はまづ止めといふ様になつて居りますが、毎年ある行事でなく、七年目の独立といふ事で、例外的に考へまするかでありますが……まア此等の点を只今考へて居ります。

それから、吉田は本日拝謁の際、或は東宮様の戴冠式御名代の話が出まして、随員は山梨と申して居りましたから又申上げるかも知れませぬが、年も老つて居りまするし、直ぐよろしいと仰せ頂きませぬ方がよろしいのではないかと存じます。若い人はどうも山梨さんの長所はあまり分かりませぬが、高尾に大金が山梨さんは偉いと申しました節、どこが偉いのですかと申し、大金は年とれば分ると申しました由。次長もまだ偉いところが分らぬと申して居りました故、皇太子様も御若うございますから、世代といふ事は考へなければならないと存じます。吉田は追放解除の問題で、陛下から度々山梨の事を仰せになつた事故、陛下も勿論山梨なればと思つて居るかも知れませぬがと申上げし処、いつか御茶の会の時にも安倍や何かがいつてたネー。山梨はどうも野村〔吉三郎〕の方がいゝといふ様な事をいつてたネー。山梨は細(こまか)いのだよ、野村はボーッとしてる。松平恒雄などは野村はぼつとしてるといつてた。下のものは野村の方がいゝのだらうとの仰せ（人物とその癖とはちやんと分けて御承知の様に拝す）。

吉田は牧野〔伸顕、元内大臣〕墓所の石の御礼を申述べましたかと伺ふ。〝いつたよ〟との仰せ。ドレッヂの切れし事と[98]、御せき〔咳〕の事伺い退下す。

三月二二日（土）　葉山御用邸御座所（御召し）　六・〇〇―六・一五

総理が朝鮮のことをいつてたが、今日は李王さんの事はいはなかつた、との仰せ。ハイ、もう度々仰せになりませんで結構でございませうと申上ぐ（朝鮮との仰せで、戦線とか休戦とかの事と思ひ、一寸瞬間まごつく）。

それからRidgway御訪問のことでありますがと申上げし処、うん、総理は今日はいかん方がいゝといふのだが、どういふもんだろうかネーとの仰せ故、ハイ、私も先刻総理からきゝました。国民感情とか申して居りました、と申上げし処、うん、理由は国民感情だといつてたが……。朝鮮休戦のこともきゝたいのだが……との仰せ。それは二の間で御食後にでも御話になりますれば、こちらで皇后様に夫人の方と御話願ひますと申上げ、御納得の御様子にて、そうかそれならよろしい、二十七日がよい、四月に入るよりとの仰せ。学習院、進講関係の御陪食と土日故、一応二十七日といふ事に願ひます。総理は、人はリ夫妻と自分とのみと申して居りました。それから御訪問になるなれば、平和克復後と申しました故、それはどうかと思ふ、陛下は元首におなりになり、先方は駐留軍司令官といふ形でありまする故、どうかと申しました処、それなら直前とか申して居りました故、其方の事は未定と致して、二十七日の事だけ左様取斗はして頂きますと申上ぐ。

皇太子様の事も申上げましたやうでございますがと申上げし処、いつてた、そして山梨と松平〔信子〕がい丶といつてたが、私は松平は女で老人で、たとひ英吉利の事を知つて丶も供奉長官といふ訳にはいかんと思ふ。山梨の事は、私はそれでもい丶と思ふが、若い者の考へもあるので、之も考へて置くといつておいたとの仰せ〔松平信子については絶対反対。山梨は、これ以上の人がなければまアい丶との御気持に拝す〕。鮫島〔具重〕元侍従武官の事、御伺ひせし処、い丶人といふだけで、到底供奉長官としてきりもりするといふ人物でないとはつきり仰せになる。桑折〔英三郎、元海軍中将、元義宮付皇子傅育官〕と如何でございますかと伺つて見しも、マア桑折位かとの仰せ〔両人共とても駄目と分る〕。

三月二五日（火）　御召し葉山御座所　一・三五―一・四五

此間鮫島の人物のことをいつたが、大事なことを忘れてた。あれは南方の司令官〔敗戦時、第八艦隊司令長官〕だつたのだから、あれがよければ三谷のヴイシーもかまはぬし、小泉だつてい丶のだがネーと御話故、戦争の司令官たることは、三谷のヴイシー使臣たる以上にわるいでございませうが、小泉の方は戦争犠牲者の方でありますから……と申上げし処、然し戦争への話がつながるから矢張りよくないとの仰せ。ハイ、鮫島の事は、若しか〔ママ〕人物を御承知でよろしいのではないかと存じ、御伺致しました丈けで、誰にも申してありませぬし、あれば問題に致して居りませぬと申上ぐ。

それから私は松平信子だがネー。女で駄目だといつたが、男女同権でもあり、又先様が女王だから、或はい丶かも知れぬ。どうしても誰もない時には、最後の切札としてどうかと思つてる。尤も松平は矢張りいゝ点も沢山あり、在任した事等沢山あるが、私は一抹一寸いかぬ点もあると思ふので、それは誰か若い人でその欠点を補ふ人をつけたらいゝではないかと思ふ。然しこれはどこまでも最後の切札だよとの御話。そしてその松平をどうかと思つた一例は、おたゝ様に宮中服のことをよく伝達してくれなかつたといふ事だ。これは〔松平〕恒雄〔元宮内大臣、信子の夫〕と信子の連絡がわるかつた為かも知れぬ。又は信子が私の気持が分つてゝも、おたゝ様に申上げやうがどうもいけなかつたのか、どちらか知れぬが、それはほんの一つの事で信子の全体を彼是いへぬかも知れぬが、兎に角最後の切札としてはいゝのではないかと思ふとの仰せ。承りました、松平信子でなくても、誰しも完全を一人に求める事は六ケしふございますから、大物の欠を補ふやうな随員とのコムビで、完全を期することゝ存じて居ります。只、主観的の消極的の欠点はそういふ事で補完が出来ますするが、経歴とか戦争との関係とかいふ客観的の積極的の不遇の方は如何とも出来ませぬが……。よく考へますると申上ぐ。

序に一寸御腹にまで申上げますするが、三笠宮様が秘書課長の処へ御出でになつて、東宮様はきまつたかとの御尋ねがあり、秘書課長は何も知らず、宮様も好機会があれば御出かけ得られますと申上げし処、オリンピックはどうかとの御話がありました由、余程洋行は御熱心と存じます。東宮様の御出でなどゝいふ事は新聞には少しも出ませぬが、多摩御参拝の自働車の中で三笠さんはおきゝになりましたが、大体英吉利が……明年らしうございますが、皇太子様でもどなたでも御名代をと申して参りませうかしらと申上げし処、ロイターのチヤンセラー〔Christopher Chancellor クリストファー・チャンセラー、ロイター通信総支配人〕にあつた時、皇太子が戴冠式に御出のやうにも一部では話がありますがと申した故、それは知らぬが、もしそういふ事があれば好機会だとは思つてるが……といつておいたがとの御話。

何かきく事はないかとの御話故、一つありまするが、両陛下に御関係の事故、侍従長より御車の中で申上げまするすると申上ぐ。そうかとの仰せ。時間でありますからと退下の為立上りし処、二十七日のこちらの人は？との仰せ故、松平式部官長、彼地を見ての感想としては、相当の人間の数を御陪食賜ふ方がよいとの意見らしい事も申して居りましたが、前田、Ridgwayの時の陛下の思召もありまする故、長官、侍従長、式部官長、女官長の外、式部官一人、若し先方の副官参りますれば十三人となりまする故、式部官を今一人増さして頂きますと申上ぐ。そうかとの仰せ。

三月二六日(水)　願出御文庫　二・五〇―三・四五

起立のまゝ、東宮様、順宮様、御卒業御祝詞申上ぐ。難有うとの仰せ。

供奉の留守中に松井(明、総理大臣秘書官)が参りました由で、田島留守の為、次長において参りました。総理とRidgwayとの批准済についての書簡の往復の写でありますとて、意訳的に全文申上ぐ。ダレスへいふとかいつたあの話はどうなつたかとの御話故、実は松井に問訊しました結果、事実はダレス、マカッサーに打つた電報には、陛下のおことばの事はないとの事であります。Ridgwayのは、只今のやうに全く特別に一書を送つたものでございます。杉浦(徳、総理大臣)秘書官を通じての話は、吉田のいひ違ひか(之が本当らしく)、杉浦のきゝ違ひに由るものであります。吉田が少しマカーサー、ダレス、リッヂウエー等混線していつたものらしくありますと申上ぐ。

それから久松の事でありますが、退職の恩典の方はどうも出来ませぬやうでありますが、どうして洩れましたか本人が侍従次長へ聞いてきましたとかいふ事でありまする故、何れ本人も捜しませうが役所も捜しまする故、(次の何か口を)此際矢張り断行する外ないと存じますると申上ぐ。洩れたのはどういふところからかネーとの御話。其点は調査中でありますと申上ぐ。御異議を拝せず。他の部局長異動の点も、次長が順漸に話合を致して居りまして、その分四月一日付発令になるかと存じて居ります。

侍従長を以て御許しを得ましたアグレマンは、今一つ手渡にデニングが参るとの事でありますと申上ぐ。こうやつてアグレマンをとつて来ると、平和克復後随分一時に忙しくなるだろうが、然し或はアグレマンをとつても、桑港で調印しても批准せぬ国は国交は恢復しないから、そう一時にはならぬかも知れぬとの仰せ。

先日、高木〔多都雄〕が田島を訪ねて参りまして、皇后様の御服装の話がありました故、従来陛下の御話の和装の御話、宮廷服の御話等を申しておきました。高木は宮廷服あまりわるくない意見らしくございますが、従来の経緯を詳細話しておきました。即ち現状では宮廷服を規則の上で御止めとも申さず、和装も洋装も御自由といふ事を申して置きました。和装は百万円の御用意を致しましたが、洋装は一つ八十万円もかゝるといふ様な事で、これは只今は御新調の用意はございませぬ。今日は御洋装ですが、先刻高木は、明日は御和装願ふとか申して居りました。

高木多都雄は中々色々意見がありまして、先達て一寸申上げました。京都御所を宮殿再建に移築するといふやうな事を申しました様の次第で、いろ〳〵申して居りましたが、山本英輔〔元海軍〕大将が戦時中、高木多都雄によつて皇后様に申上げ、そして陛下にと考へたことが山本大将の喜寿に際してといふ本[99]に書いてありました故、今は陛下も政治に御関係なき世で、あゝいふ事はない様にと一寸申して置きました。山本は随分神がゝりでおかしな人で……と申上げし処、山本はとても駄目で、自分が総理大臣にならうといふので[100]御話にならないといふ意味仰せあり。あゝいふ神がかりのやうな変な人ですが、大将になるまではあんなではありませんでしたでございませうかと申上げし処、大将になる位の人ではあつたらしいが、それも辛ふじて大将といふ程度のものであつたやうだとの仰せ。

陛下は今日の学習院の卒業式で如何御感じ遊ばしましたか存じませぬが、実は安倍の式辞の内にもありましたやうに、両陛下も卒業生の親様として一入御感慨のことをおことば賜ひますれば、一般父兄等は大に感激し、皇室でも一般人でも親子の情に変りはないといふ親近感を得てよろしいのではないかと考へられまするし、又一方には行幸啓の御臨席だけで十分すぎるといふ様な意見も考へられますので、今回は兎に角おことばを御願致しませんでしたけれども、大学部を東宮様御卒業の折には、四年先、或はおことばのあつた方がよいかとも考へられますと申上げし処、私位の年のものは私が何かいつた方が親近感を増すと思ふが、又一方そう考へぬ人もあると思ふ。臨席その事だけで沢山だといふ人もあらうと思はれ、果してどちらがいゝか分らぬとの仰せ。その辺の所が非常に六ケしうございますと申上ぐ。

そういへば序だが、大宮さんの追悼会の為に、学習院の女子部が金を費つて、その為五十万とか不足して裁縫室(サイボウと御発音)とか出来なくなり、寄附をといふやうな事をきいたやうに思ふとの仰せに付、田島は作法室等女子部の特別必要な建築物を、女子部の父兄会が目論見まして、七百万円寄附金を募集して居りまする事を申上げましたが、大宮様云々といふ事は、健忘の為かも知れませぬが、どうも申上げた記憶も頓とございません。誰か他の者から御聞き及ではございませんでせうかと申上げし処、イヤどうも長官から聞いたように思ふとの仰せ故、重て前の通り申上げし処、ニコニコ遊ばして、そうであつたか、おたゝ様の事と何等関係ないのかとの仰せ。ハイ、それ故、来月に入りまして、予算の関係も有り、七百万円の口へ十万と思ひましたが、二十万御寄附願はしかと存じて居ります。実は陛下から、学習院の事は色つけてとの思召もありまして、月謝に当りまするものも、三十万の現状から四十万乃至四十五万でよろしいと存じましたのを五十万と致しました為、学習院の方で驚いた位であります。只今の七百万円口の方も十万円かと存じましたが、矢張同精神の下に、二十万御願したいと存じて居りますと申上ぐ。

今日の卒業式、吉田もなれて来て、演説が上手になつたネーとの御話。吉田が皇太子殿下に拝謁の時の様子を、小泉が手紙で書き送つて参りましたとて、礼儀の態度のこと、学習院出身なる事、馬の事等の御話あつた事、東宮職の方で一度お茶かお食事に御招き結構かと存じて居ります。吉田も皇太子様についてよろしい印象でありまして、吉田も一度東宮仮御所へ出ると申して居りましたから……と申上ぐ。

それから北海道の事だが、此間の田中〔敏文〕知事の話は、林〔敬三、警察〕予備隊総監や斎藤〔昇〕国警長官の話に比べれば、稍楽観のやうであるが、北海道は今年は行かれぬのかと軽い意味で御質問故、実は高松宮様、最近御出でゞありまして……、侍従長から御自働車中で伺いました件について、長官室へ御出の節、北海道は如何でございますかと伺ひました処、今年よりは去年の方がよく、今年の方が来年よりい丶との御話でありました。飛行機で二時間半、千歳に着陸後、可成小範囲で御巡幸になれば、不可能ではないかと存じます。いつかも申上げました通り、青函間の海はどうも危険のやうに感じまする故、飛行機の方がよろしいかと存じます（万一御願いするとすれば）が、此点もよく〳〵考へまして、北海道行幸の事も更めて考へる事と致します。実は斎藤は、非公式の場合でいへば、絶対いかぬといふ事はない旨申して居りましたと申上ぐ。北海道が一つ残されたといふ事と、行けば共産化に対する防御になるといふ点で行きたいと思つてる。社会党でも知事はよろしい様でと申上げし処、局に当ればよくなるから、社会党の方がよい位だ。自由党の知事でよくないのが随分あるやにも聞くとの仰せ。

社会党でも松岡（駒吉、元衆議院議長）はい丶人物で、吉田も松岡とは話しをする様子でありますと申上げし処、松岡はい丶人間だとの仰せ。

それから、議会の討論の様子の御感想としていろ〳〵仰せになり、数へ来れば云々とて右派左派の御話もあり。

突然、ダイヤモンドの内幕[101]といふので一寸見た感じだから、全体的に正しいかどうか知らぬが、投獄中の米国側の出した食事などよくないといふやうな事を書いていたので、村田省蔵（元逓信大臣）は反米になり、ソヴイエツト行きを志望するやうになつたのだらうかとの仰せ（一寸飛躍の御話のやう故）。只、追放又は戦犯になつた人は、人情の自然か、多少さういふ傾きは免れ得ますまいが……と申上ぐ。

昨日侍従長から車中で思召を伺ひました、高松宮様の御話の、皇后様大阪こどもに関する会へ行啓の事は、御一年祭に引続き御祭りあり、又順宮様の御納采等にて、今年は御無理で行啓なき事結構と存じまするが、高松宮様の仰せの如く、皇后様は皇后様で御適当な場所へ御出まし願ひ、国民と御接触を願ひまする事は、平和克復後は矢張り必要かと存じまするると申上ぐ（之は御異議なきやに拝す）。然し松平が申上げました、白耳義の女学校へ御出になり、大学へ御出にならなかつた為、いたづらを致したといふ様な事もありまする故……、日本で仮りにあんないたづらあればよろしくございませぬ故、公平といふ点も考慮は要しまするると申上ぐ。

陛下御下問の欧州君主は、大公使館などへは御出掛けになりませぬ由、又駐留軍司令官に話しても、左程重く御扱なき由でございます故、一部の声のみにもよれませず、六ケしい事でありますと申上ぐ。田島拝命前の御下問に申上げましたと記憶致しまするが、皇室と国民と申しましても、国民の常識といふやうなものが違う以上、皇室も西洋と同じやうには出来ませぬかと存じまする、と申上ぐ。

三月二七日(木)

御召し御座所
一〇・〇五―一〇・五〇

私が長官にいふ事ではなく、良宮が侍従次長にいふ筋合の事だが、一寸私も田島にいふのだが、昨日も一寸話があつたので……。高木は考へが足らんといふやうにいつてたが、実は良宮は〔保科武子〕女官長と高木は信用してる。それから若いけれども道木〔菊重、女官〕もいゝやうだが、良宮は雪井〔良子、女官〕と小倉〔満子、女官〕はどうもいかんといふ。私は小倉は左程に思はぬが、雪井はおしやべりでどうかと思ふが、宮中は何といつても保守的の所はあり、又人間だから欠点もあるしするから、いかんといつて止めた場合に、又世間へ出ていろんな事おしやべりするといふ事も困るから、出すとはいはんが……。

そこで女官の着物の問題だが、之を作るのは今大変だから、元のやうに何か手当でもやるとか、給料増すといふ事は考へられぬか。又大宮御所の女官もなくなつた事故、人数もへつたから、特別職にしたらいゝのではないかとも思ふがとの仰せ。……ハイ、女官の服装の問題につきましては、高木からも話があり、侍従次長に話すやう申しておきましたが、掌典職の祭服とか、又は女官が御代拝の時の五ツ衣かけのやうな場合は、自弁は誰も考へませぬ故、此線に沿ふて若干の備品を考へるといふ事で、侍従次長、次長間で話合をして居ります。

次に高木の事でございますが、考へが足らんといふのでなく、女官ではなく御通訳と御召物の御用掛で仕事の系統上の責任はなく、批評家のやうな立場で物を考へいひ、又若い時から相当進歩した考の人らしく、その上三井といふ金持〔三井高景、三井鉱山社長〔三井小石川家第八代〕〕の娘でありまする故、大宮御所〔を〕東京宮殿に移築の意見などを申しますやうな、少々勇敢な所があると存じまする丈けで、それならばこそ山本英輔大将のやうな取次などの点は一寸釘をさしましたが、さういふ点以外は、意見もあり見識もあり、むしろ結構と存じて居ります。

他の女官のことは、接触もありませぬのでよく分りませぬが、四年近くなりまするので、いつとはなしに耳に入る事等を総合しまして、雪井はどうも面白くないと存じます。また、小倉も矢張りあまりよくないかと存じますが、陛下から拝命直後以後一両回、松平楽翁〔定信〕は大奥に手をつけて失敗したといふ仰せを伺つても居りまするので、容易に手は下しませぬ積りでございます。それから特別職の問題でございまするが、之は一般職の方が有利で、特別職の方が不利の点もありまするので、例へば免職された場合、人事院に訴へるといふ様な事は、特別職の場合は出来ませぬ。さういふ事もありまして、秘書課で研究を致して居りますと申上げし処、特別職の方が不利な事があるか、さうかとの仰せ。鉄道国有の結果、官吏ではなくなりましたやうに、宮内庁は全部特別職のやうなもの、即ち不利のない何かいゝ特殊の取扱を受けるものにならぬかと考へて居りまするが、それらの研究は研究と致しまして、差当つての問題は女官達の衣類の問題だと存じます。それは先刻申上げました線で、具体的に次長と侍従次長との間で話をねる事に致して居ります故、それで解決すると存じます。

女官の人事の問題に関連致しまするが、人事につきましての全体の責任は田島にありまする故、――勿論一次的には侍従次長でありまするが――女官長が病気といふ様な時、女官のうちから長になる適格者はなしと考へて苦慮も致して居りまする訳でありまするが、高木は中々意見を述べる人で、先日田島訪問の節、今後皇后様も御交際が御広く御なりになり、御話題が広くなる必要もありまするが、小泉信三さんの御本など非常に結構に拝見しまする故、御進講を願つたらどうかといふ話もありまして賛成致しましたが、実は天子様の御進講同様、光栄の役目は一人にならぬ方がよろしく、其点ではかねてから田島は植村〔環、日本基督教女子青年会会長〕女史の聖書の講義も、多少偏して御改宗を希ふやうであり、又案外口はいろ〳〵話す人と存じまするので、適当にして、一切御聞きにならぬ事にする事は勿論必要ありませぬが、他の適当な人を交へる必要もあり、又加藤〔虎之亮、東洋大学名誉教授、中国哲学者〕博士の漢籍も、昔しながらの漢文の講義ならば、之もどうかと存じて居ります。要は時代に副つた人をいろ〳〵各方面の御進講を御きゝになりますのが御よろしいのではないかといふ様な話を致しましたやうな次第でありますので、将来の女官は相当学識あり、又出来れば語学も出来るといふ様な、但し宮廷の空気にあふ様な人が望ましいので、更迭もそういふ様な何か機運のまわつた時を待たねばならぬと存じて居ります。只今申述べましたような事は、お中に入れて考慮は致して居りますが、差当りは衣服を何とかする事で、それは先刻申上ました通りでございますがよろしいかと存じます。ア、、そうかとの仰せ。又田島は全責任ありまする事故、陛下から直接田島へ仰せ頂きまして、勿論結構でございますと申上ぐ。

それからあの、東久邇さんの事は其後どうかとの仰せ故、先日入間野が参りました時、中間報告がありました。入間野は退官致しましても、在官の次官を平気で呼び付けまするので、舟山〔正吉〕大蔵次官をよんで話して見ましたそうですが、第一父子で御同人ではありませぬが、盛厚さんが六本木を譲受けており、又市兵衛町を東久邇教の片付以後、若干御譲受けになりました故、第三回目といふ事は、どうも事務当局は一寸困るとの事でありましたそうです。それから高輪邸の一万坪位の地面はないといふ話でありましたから、先達て陛下から御注意もありました、田島も予て考へてました坪数、価格は必ずしも一致せずとも大体同じで、それが二つでも三つでも、交換物件が皇室用財産として適当なるもの、例へば義宮様一家御創立の時の宮邸になるとか何とか皇室用財産適当のものならば結構と、いゝ機会と存じ申しました処、入間野は後刻電話で、此事は入間野呑込み、緒方も申しませぬと申して参りましたが、其後の報告はまだございませぬ。第二の適当な交換物件がありますれば、交換後、高輪を払下げ受けられるのは、宮内庁は無関係で大蔵省と東久邇さんとの事でありまする際、宮内庁から多少御頼みするといふ様な事ではないかとは存じますると申上ぐ。

久邇さんの方は、先達て青木を久邇さん御訪問は御催促して実行されましたが、其結果青木から報告はありませんが、顧問にたのんだ以上、あまりきゝますのもどうかと存じて居りますと申上ぐ。

三月二八日(金)　御召し御座所　二・一五―二・二五

昨日吉田は良宮の和服のことを何といつてたかとの御下問。イエ、別に何も申しませんでした。そうか、との仰せ。

今日は話が途切れるかと存じて一寸話して置きましたが……と申上げし所、どうも少し同じ人間斗り話して……との仰せ。ハイ、もつと平均致しますとよろしうございましたがと申上げし処、そうだ私も名前と顔とがはつきり間違なければ、私から話を引出さうと思つたけれど、間違ふとわるいから……との仰せ。

次に、昨日塚越へ参りまして、青木が久邇さんの御話を承り、チヤンとしてる様子でありますが、余りハツキリ致しませぬが、ムルチの方は勿論御関係を深入りされる事はない様子でございますが、東日本の方は御本人がハツキリ御断りにならなければといふ事になつて居りますが、御本人はあまりハツキリでもない御様子でございます。然し顧問として常時居る訳であります故、これ以上望めませぬ。シツカリした人で地位があまり高くなく、常勤する人がない以上は駄目でありますが、そういふ人は一寸見付りませぬと申上ぐ。あればいゝがネーとの仰せ。

それから大妃〔俔子〕殿下の例の襖〔絵〕の百万円は、利息もつんでありまして百三十万円とかになりました。それから五十万円の分は、利息は御手許を差上げてありますが、今度邦昭さんの御卒業祝の背広を大妃殿下から預かれるとかいふ事でありましたが、又どういふ御金か存じませぬが、五十万円塚越の方で運用するやうになりましたとの事でありますと申上ぐ。又御降下資金の御子様方の分を、朝融さんがコゲ付かせて御了ひになりました事故、今回御邸御買替への差金で、その額迄は御子様方の名義にすると、塚越は申して居りましたと申上ぐ。そうかとの仰せ。

それから一つ間違を申上げましたが、女官は昨年既に特別職になつて居りますそうで、次長が左様に申して居りましたと申上げし処、そうか、官名が女官、女官長かと御追及故、左様と存じますが、法律を見ませんでしたから……と申上ぐ。

三月二九日(土)　願出御文庫　九・二〇―九・二五

一昨日御話のありました女官が特別職の件は、昨日申上げました通りでございますが、あれは長官等を規定した所にありませず、別に人事院の規則で定めてありますので、一寸間違つた事を一昨日申上げましたが、大宮様崩御前に、既に女官長、女官は特別職になつて居ります。只、女嬬〔にょじゅ〕〔下級の女官〕は事務官でありますと申上ぐ。官名かと重ねて御下問にて官名と申上ぐ。

次に女官の衣類の問題は、侍従次長の方から和装洋装共申出でがありましたので、次長の処で勘案中の処、あの程度のものならば、備品として備付ける事は可能でありまして、一部づゝ実現出来ると存じますと申上ぐ。そうかとの仰せ。これで一昨日御話の問題は当面的に解決致しました。

それから、シヤムの皇后さん〔ママ〕〔Ramphaiphanni ラムバイ・バルニ、タイ国先々代国王ラーマ七世王妃〕が見えるとの事でありまして、式部で目下御接待の事を考へて居りますが、四月七日頃に御食事を御願いする事になるかと存じ[102]ますと申上げし処、交戦国ではないが外交関係は絶へてる国だが、その辺はどうかとの仰せ。それらをよく考へまして、準備を考へますと申上ぐ。

三月三一日(月)　願出御文庫　五・〇〇―五・一〇

泰〔タイ〕国の皇后様が御来朝の事で御許しを得たいと存じます。四月七日に午餐を御催し願ひたい事と、今一つは御料車ではありませぬが、自働車を拝借したい事の二つでありますと申上ぐ。よろしいとの仰せ、羽田へ御出迎ひについては、式部官長説と外事課長説とありまするが、何れ協議の上御許しを得ます、と申上ぐ。よぶ範囲はとの仰せに付、先方様の皇族さん或は二人か四人か未定でありますが、その方々と随員が判任級でなければ、よばなければならぬと存じます。只問題は同国の大使でありますが、此前皇族〔チュンボット、タイ国赤十字副総裁〕の拝謁の時は断りました。外交関係開設前でありますから。従て今回も申出がありましても、皇室と先方王室との関係で断つてよいと存じますが、もし随員と申して参りました場合に、如何すべきかといふ事であります。日本側としましては、日泰協会は目下或は開店休業かも知れませぬが、総裁は秩父宮でありますから、両殿下と申しましても、妃殿下御一方かと存じますが、御招きがよろしいのではないかといふ様な考を致して居ります。又京都へ御出の節、御世話の為、人を派遣する事等もありますが、それらは猶、式部職の方で考慮中でありますが、今日は七日の午餐のことと、車を拝借の事だけ御許しを得たいと存じますと申上ぐ。

四月一日（火）　願出御座所　一一・一〇―一一・三〇

本日、先日御許しを得ました人事異動を発令致しました。それから皇宮警察の樺山〔俊夫〕本部長が仙台地区の本部長に栄転致しまして、東京都警察隊長……警視庁の自治体警察以外の東京都の国警隊長武末〔辰雄〕が後任といふ事になりますさうでございます。先日斎藤長官から更迭の意を通じて参つて居りました。次長とも話合を致しましたやうでございます。武末は昨年の御大喪に多摩の関係であつた事はありますが、為人等はよくは存じませんと申上ぐ。そうかとの仰せ（御異議なきに拝す）。

それから今朝の読売に出ました[103]故、一寸申上げますが、厚生省で戦没者慰霊の行事を、どういふ意味か分りませぬが、五月三日以前に行ひたいとの事で、先日来、次長の処へ話しに来て居りまするが、確たる具体案を示さず、宮内庁側にいゝ案があればとかいつて居りますやうの事故申上げませんでしたが、新聞に出ました故、一寸申上げますがと申上げし処、読売でない、毎日に出てたと仰せ故、イエ、読売にそれの一項が出て居りますと申上げしに、そうかとの仰せ。又厚生省がやるのかナーとの仰せ。宗教的儀式でないといふ事で、神仏耶〔「耶」は耶蘇教、すなわちキリスト教〕によらずと考へて居りまするが、具体的に戦没者霊とかいふものが出来て、拝礼をすれば矢張り宗教的になりまして、憲法違反の疑ひも出ますし、厚生省側としてはどうしても陛下に御出ましを願ひたいの眼目でありますると、余程憲法の点を考へなければなりませぬので、何ともまだ申してありませぬが、霊の方でなく、遺族の方の事はハッキリ此際でも態度をきめ得まするので、皇居の拝観を願出づればそれは喜んで応じまする事とし、全国の割当てで普く地域代表的のやうなものなれば御会釈を賜り、地方御巡幸の時のやうに御言葉を頂くといふ事はよろしいと存じます。又場合によりますれば、御煙草とか押菓子でも賜ひましても、その方はよろしいかと存じますが、御親拝となります事は余程慎重に致しまして、〔佐藤達夫〕法制局長官〔法務府法制意見長官〕の意見なり、又〔田中耕太郎〕最高裁判所長官の意見なりもきゝまして、しかも具体的の方法について研〔検〕討致しませぬと六ケしいと思ひますと申上げし処、第一、神道的の行事ならば、神様は喪は八釜しいからとても駄目だ。そして又、皇室と神道といふ事は、主観的には宗教と思つてない、儀式にすぎないと思つてるに拘らず、進駐軍関係ではこれに特に留意してるしするから、神道といふ事では絶対に親拝は出来ぬ。第二に、宗教でないといふが、霊に拝をするといふ事は、宗教的でないとはいへぬ故、憲法にふれる事になりはせぬか。第二と同じだが、違憲にならぬ行事といふものが、慰霊的にどういふ風に行はれ得るかをよく考へねばならぬとの意味を、相当強く仰せあり。陛下の御感じを更めて伺ひし処、皇居拝観の時の長官のいつたやうなやり方はよろしいから、其方を重くして拝礼、親拝とかいふ事のない方が無難だ。又拝礼する以上は対象があり、対象に拝すれば宗教的を免れぬから、黙禱といふやうな事が無難だとの仰せ。五月三日のおことば中に戦没者に対する事がありますから、その予定を申せば、余程又厚生省のやり方の考へもありませうが、それは申されませぬが、五月三日の式で黙禱するといふ事も考へられぬ事はありませぬと申上げし処、五月三日の式に然るべき場所を遺族に与へて黙禱するなれば無難だとの仰せもあり。まだ万事きまりませぬが、それだけ申上げますと申上ぐ。

次に四月四日の植樹祭の時の御供でありまするが、宇佐美次長は内外評判よろしく、役所に関係深い、小泉安倍などもよく申しまするし、私も至極よろしい人と存じて居ります。市内の行幸には供奉致しましたが、市外は余り経験がありませぬ。いろ〳〵考へまする際、矢張り実地の経験が必要と存じまする故、今回は次長が代つて供奉しまする御許しを得たいと存じますと申上げし処、田島が差支へある訳ではないのかとの仰せ。差支はありませぬが、実地経験の為代つて貰ひまするのでございますと申上ぐ。「よろしい」といつものやうな御許しでなく、又何か外部で思ふ事はないかとの御尋ね故、それは外部には田島が已むを得ませぬ差支といふ事に致しますれば、何も不思議がられる事はないと存じます。内部の本当の理由を陛下に申上げましたに過ぎませんと申上ぐ。「それはいかん」とは仰せられず、御了承には拝するも、何かしら御満足ではなき御様子を拝し、少々恐懼す。

猶、当日未定ではありますが、リツヂウエーも参るかいふ話がありますと申上げし処、そうか私はどうすればよいかとの仰せ故、スケンク、元GHQ天然資源〔Hubert G. Schenck ヒューバート・グレゴリー・スケンク、元GHQ天然資源〕局長の場合と大差ない位に御考でよろしいかと存じます。平和も目前にして、リツヂウエーは新聞関係などとも懇談致して居りまするし、先日の御招きにも喜んで上りましたし、時勢は代つて居ります故、最高司令官と余りはつきり御意識しなくてよろしいのではないかと存じて居りますと申上ぐ。

四月二日(水)

御召し御座所
一〇・二五—一〇・四五

朝日新聞に式典に率直に国民に呼びかけるとかと出てたが[104]、あゝいふ風だと、今まで例のおことばで色々考へてたような抽象的ないゝ方では、却て国民が満足しないではないか。もつと具体的にいつた方がいゝのではないか……。つまり、今まで練つてる方向の儘でよいのか。今日の新聞の記事のやうならば、もつとつつ込んで具体的にいふといふ風に考へ直す必要はあるのではないかしら……との仰せ。ハイ、朝日の記事は見出はあゝいふ風でありますが、中には想像的の文句もあります。藤富〔孔明〕といふ記者が尤も熱心な、おことばがなければならぬといふ論者でありまして、田島の処へも数日前に参りました故、そういふ事は想像されない事ではないが、今は別に用意してないといふ返事をしましたやうな次第で、いろ〳〵きいて廻つてあゝいふ記事を書きましたと存じますが、一般にも何かおことばが新憲法の時もありましたら、御ありかも知れぬとの期待と想像はあり得る事でありますが、それが為に今迄のおことば振りに抽象具体といふ風に変へる必要はないと存じます。小泉、安倍等も見まして、一応先づ最終案といふものを得まして、今朝次長とも話合ひましたやうな事でございますから、午後にはその案文を御目に懸け得ると存じて居りますから、其文案について現実に御批判頂き、御思召を体したいと存じますと申上ぐ。そうかとの仰せ。

　それから今朝の新聞には、慰霊の方は私の名が出なくなつてるやうだが、あれはこちらの意見の通り先方が了承して、あゝいふ風にきめたのだらうかとの御尋ねに付、実は厚生省から何の話もありませぬが、丁度陛下の御思召と全然同じ考へ方を、よく次長が先方へ話しました事故、返事はありませぬが考へてる事かと存じますと申上ぐ。

　今日は緑の週間の御下賜金を、林〔譲治、衆議院〕議長が拝受に参りますので、十一時に参りますと申上げ退下す。

四月二日（水）　願出御文庫　一・二五―一・四五

　今朝程申上げました案文が、未定稿ではありまするが、小泉、安倍も同意、次長、侍従長もよろしいといふもので、文字にあまり変なののないやう加藤〔虎之亮〕博士も見ましたものでございますとて、未定稿二七.四.二秘といふものを一部、ペン書きのも捧呈、そして音読言上す。おきゝの上、今きいたのでは最初のに比べれば大変よくなつて、これで大体今きいた処でいゝと思ふが、まだ時間もあるから見やう。いつ頃迄かとの仰せ故、発効の日頃迄に御決定を願へばと存じて居りますると申上ぐ。

　それからパラグラフ毎に趣旨を御説明申上げし処、冒頭に私もやつた事があるが、諸君とか何とかテーブルスピーチのやうな事をいふ必要はないかとの仰せ。（御趣意一寸解し兼ぬるも）、矢張り昔の勅語と同一内容のものを文体等新憲法下に合はせましたもの故、この案のやうな御いひ出しでよろしいと存じますと申上ぐ。「新憲法の精神を発揮して」につき、新憲法の条項中にはとつた方がいゝもの、改めたいと思ふものもあるが、此文字は差支ないかとの仰せに付、「新憲法の精神」と申しまして「条項」とは申して居りませんと申上ぐ。いゝのだナーとの仰せ。

大体私の注文した事は全部入つてるやうだし、きいた処ではこれでまづよいと思ふが、首相にだけは見せるかとの仰せ（見せた方がよいとの御意見らしく）故、これは陛下御自身の御考を御のべになりますもので、内閣の承認とか助言の問題はないと存じますが、首相一人にだけはよろしいかと存じます。陛下の御内関係にも、大体こんな事と申して見せようかと存じて居りますと申上ぐ。

それから、あの学習院の問題が新聞に出てた[105]がとの仰せ故、ハイ、高山（岩男、元京都帝国大学教授）は元来陸軍はきらいでありましたようですが、海軍の人とは連絡があり、田島は教育者追放委員長（中央教職員適格審査委員長）を致しました時、著書を見まして已むを得ぬと存じ追放とし、天野などは[106]人をほめて追放に同情して居りましたが、安倍は教授会にはからずに議をきめ、清水（幾太郎、学習院大学教授）等の反対を受けましたのですが、少し用意の足りません処がありましたらしく、著書を読み直し、相当矢張りひどい軍支持の点もあつてまづいと思ひまして、去りとて院長として依頼した立場上、発令をして本人自発的にやめるといふ事にしたものらしうございます。あまり立派な解決でないやうで、新聞に批評されて居りますやうですが、実質的に清水の言ひ分が通つたやうでどうも……と申上げし処、此機会に喧嘩両成敗にすればよかつたよ。いつか座談会の時にも、田島が清水の事を安倍にいつてたやうだつたがとの仰せ（記憶せぬもいひし事ありと思ひ出す）。両成敗にすればよかつたとの仰せ。

四月五日（土）　願出御文庫　九・三〇―一〇・二〇

新聞に陛下の臨御はなくなつたやに一寸感ぜられまし

た戦没者慰霊祭の件でありますが、慰霊祭といふ事は少し支障らしく、追悼式となりまして厚生省が矢張り熱心に臨御を仰ぎたいと申して居りますそうでございます。それも、祝賀式典では少し面白くないので、矢張り前日に御願したいとの事であります。戦没者追悼の標といふものを……木柱を立てまして、開会の辞、国歌斉唱、式辞首相、黙禱といふ順序で、次に陛下の御拝とか御ことばとかを期待し、其以後の両議長等の追悼の辞となつて居ります。

役所としましては関係局課、掌典も参加しまして、首相の式辞のあと、臨御御拝が一番無難との事でございますと申上げし処、拝をすれば矢張り宗教的となるとの仰せ。ハイ、多少其嫌ひはありまするが、先づ其点はよからうとの話でありまするが、厚生省と申しますか、政府側はおことばを願ひたいとの事で、誄（るい）〔貴人に対する弔辞〕を陛下が臣下にも賜ひまする上は、願へぬ事はないといふやうな理屈で申して居りまするが、田島の考へますに、誄は臣下に賜ひまするが、陛下御自身御読みの例はなく、「侍臣を遣いし」で侍従が朗読致しまするし、御沙汰書は朗読もありませぬ。其点……と申上げし処、そうだ、今後国葬が誰か行はれるといふ様な時、私が誄を読むといふ様な事を、時世の変化でやるといふやうな事まで此際考へて、そしてそれでいゝとなればいゝけれども、そこは現在の事のみでなく、将来の事との権衡をよく考へなければ……との仰せ。陛下とせられましては、大行天皇(107)、皇太后の時に誄を御読みになります外、臣下の場合は御よみになる事はありませんし、又葬儀に御親拝はありませぬ故、今後の事を考へまして、今直ちにその新例を御開き願ふといふ迄にはなりませぬ故、此際は例外として御願ひするとすれば、御願する外ないと考へて居りまする。戦争後、靖国神社御参拝の御希望も御自由に出来ませなんだのが、此際可能となりました特別の際故、此際は特別といふ事で御願ひするといふ位の事しか考へられませぬので、御拝のみに願ひたいと存じまするのと、三日の式典にも戦没者に対することがありまするから……と申上げし処、巴里では確かに無名戦士の墓のやうな所で私はよんだとの仰せ故、それは一向存じませなんだが、公衆に向つて御読みになりましたのでございませうかと伺ひし処、いや墓に向つて読んだが大勢きいて居つた、その例の事をいふかも知れぬが、あれは皇太子であつたと逃げられるけれども……。それから三日の式の時の文章にあるのは、もし二日に何かいへば削るのかとの仰せ……。それは重複してもよろしいかと存じますが、昨日神仏基〔「基」は基督(キリスト)教〕の宗教家の意見をきく事になつて居り、その結果、今日申して来る事になつて居りますそうで、その結果にもよります故、只今どういふ風に御願ひするかは、一定のものはありませぬが、反対に臨御を願はぬといふ事を考へますれば、此際それは国民感情上、皇室との疎隔を来さぬとも限らぬ時かと存じまする故、兎に角臨御を願ふといふ事だけ、御許しを得たいと存じます、と申上ぐ。それはよろしいとの仰せ。

行事の方法は、宗教家の意見の結果もきゝ、庁内で再打合せの上、重て御許を願ふ事に致しますと申上ぐ。御了承。なほ今一つ先方の願出は、式の進行中に音楽を用ひまするが、式部の雅楽を借りたいとの事で、之は結構かと存じますと申上ぐ。よろしいとの仰せ。

次に、条約発効直後に陛下の御感想を御発表願ひまするかは、先達て御許しを得、大体の趣意も長さも御思召を拝しましたが、之は吉田が前以て知りたく、又リッヂウエーとも打合せるやうな話でありました故、御目に懸けます事は其後と存じ、草稿を吉田に送りました処(その草稿は、とて朗読す)、吉田から手紙が参りまして、余りに平凡で荘重味がないから、小泉と相談してくれと申して参りました故、田島は返事を出しまして、三日式典の分に主力をそゝいで、これは平易な短いものにした故、更に賢考を煩はすと申してやりましたが……と申上げし処、吉田は三日の文と混線してるかも知れない。その通りだとの仰せ故、今一応、小泉とも打合せ、其方針通り致しますと申上ぐ。

それから先日差出しました未定稿について、御思召の程、侍従長を経て伺ひまして、あの後に考へましたが、どうも文章の勢の上で、あそこは「覚悟を新たにする」といふ事にかけますするもの故、附加するやうにとの点は非常に重要な事であり、又未定稿の最初の稿の時には、既にその点を加へてありました事でありまするが、何分ごろ〔語呂〕がわるくなりますので、「正しく民主々義に徹して」とか「民主々義の本義に徹し」とかでは如何でございませうと申上げし処、それでもいゝよ。いゝだろう。私は民主々義といふ抽象的の言葉は、使ふ人の勝手で随分ひろく使はれ、共産主義も一種の民主々義のやうにいふかも知れぬし、又国によつて民主々義のあり方はそれ〴〵違ふ。英国と仏と米と皆違ふだろう。私は「日本的民主々義に徹して」でもよいと思ふとの仰せ。理屈は仰せの通りでありますが、此際「日本的」といふのは、民主々義の仮名で昔風の忠君愛国的の事をいふのだとでも誤解されてはまづいと思ひます故、それは如何かと存じます。今少し研究は致しまするが、陛下の仰せ(御加筆)通りのにはなりませぬかとも存じますと申上ぐ。又先達ても吉田に見せよとの仰せ故、前段の事に関連して見せたいと存じますと申上ぐ。

それから、青木から二日に電話がありまして、其日に一昨日と申して居りましたが、東日本開発の人がやつて来ました由で、初めは経済的に宮家にいろ〳〵物的に尽したいと云々と申して居りました由ですが、青木としては、久邇さんの立場からして、仕事はよい事でせうが、一般論で同意し兼ねると申した由で、青木としては片付けたといふ事でありますが、久邇さん御自身はどうも断然ではないやうな風もありますかも知れません……と申上げし処、自働車でも借りてるか、大協から借りればいゝに……との仰せ。左様であります。それから青木の話では、ムルチの方は色々追窮〔及〕しましたが、何か貰つておいでのやうな事はなく、左すれば別に大した事はないとの事でありますが、検事のやうな関係もあり、之は御離れのやうに思はれますと申上ぐ。但し蘭の御栽培に関連して、何か又あると青木は申して居りましたと申上ぐ。

それから、先達て御尋ねがありました吉田首相の皇后様の御和装の感じの事は、女官長を経て申上げて置きました通り、大変よろしいと申しましたそうでございます。松平が渡欧の報告に参りました節に、そう申して居りましたそうでございますと申上ぐ。陛下はそうか、それはきいたらいつたのか、吉田の方からいつたのかとの仰せ故、多分話がそこへ及んだのかと存じますと申上ぐ。

原田日記第七巻を読みましたが、有田は大変しつかりして居りますようで……、と申上げし処、有田はしつかりしてるよあれは……。近衛は結局日本国の為にならなかつたやうに存じますと申上げし処、近衛は意思が弱いし、悪まれたくないし、聞き上手で誰れにもかつがれるし……。しかし海軍も山本〔五十六、海軍〕次官でも、進んで責任をとつて、一年以上軍は出来ぬとはいひ切らず、首相に一任などいふので、どうもこれも弱い……。平沼は〔日独伊〕三国同盟の時は何か変で……と申上げし処、あれは内心同盟を望んでたと思ふよとの仰せ。ハア、原田日記にはチヤントそう書いてあります。又宇佐美〔興屋、元侍従〕武官長には随分御迷惑のようで……と申上げし処、イヤ、通ぜぬ事は決してないが、つつ込まぬ故、結局通ぜぬ事になるとの仰せ。近衛は数字が分らぬ。数字の説明など東条がすると、眠つて了ふやうな事がある。本当に春秋の筆法からすれば、太平洋戦争は近衛が始めたといつてよいよとの仰せ。戦争中の御回顧いろ〳〵御話あり。

　それから、実はロックフエラー財団で日本に〔国際文化〕会館を建てまする事になつて居りまして、樺山〔愛輔〕伯、前田〔多門、元文部大臣〕、高木八尺〔東京大学名誉教授、政治学者〕、松方〔三郎、共同通信社専務理事〕等が委員でありますが、ロツクフエラー〔John Davison Rockefeller III ジヨン・デイヴィソン・ロックフェラー三世、ロックフェラー財団評議員〕が最近参りますので、敷地の選定を急ぎまする様子で、先日前田から田島へ、元宮内大臣官邸跡の処の希望があり、それは総合計画中でもあり困ると申しました処、一昨日又電話で樺山老人が、秩父宮邸焼趾[108]がいゝといふので、宮様の御同意を得、吉田首相も賛成だとの話で田島へ話がありましたので、総合計画成立せぬ内は手離し兼ねるのと、吉田首相が学校を不同意した経緯もあり、絶対に出来ぬと申して置きました処、秩父宮妃殿下からも三日に其御話があり、宮様は自分のものでない、宮内庁のものだから何もいへぬが、そうなつても自分は異存ないと仰せになつただけとの御話がありました処、昨日又藤沢の妃殿下から御電話で、樺山老人現場を見て、益(ますます)気乗りで、〔池田勇人〕大蔵大臣もよろしいといつたとかいふ旨の御電話で、田島はそれには絶対反対の旨、申上げておきましたが、例の総合計画を見た上でなければ、東宮御所、義宮様御別家の上の御邸、又秩父さん等の公邸問題等もあります故、只今手離し兼ねまするし、先達て学校は区内に限るの故と、地形上からもまアよろしいとて御許しを得、大宮様にも伺ひ取り運びました処、吉田の閣議反対で駄目になりましたが、今回のは東京市中どこでもよろしい事故、如何に日米親交と申せ、学校側に対しても出来ませぬ故、吉田が何と申しましても、田島は断るつもりでございますと申上げし処、学校に対してもそれは出来ぬ、まア日米親交の為でよく〳〵他になければ、宮内大臣の官邸の方ならネーとの仰せ故、それも愈どうしても妥協の必要の時の事でございますと申上ぐ。

四月八日(火)　御召し御座所　一〇・一〇―一〇・五〇

新聞で見ると、平和条約の発効が延びる様だが[109]、長官は何か情報を聞いてゐないかとの仰せ。ハイ、岡崎(勝男)国務相から先刻の節き〻ました処では、予定の中旬よりも後れる、下旬といふ事でありました。五月三日の式典に間に合はないやうな事はないかと聞きましたら、そんな事はないとの事でありました。実は発効直後に賜るおことばについて、総理からもつと荘重にも少し長くと申して参りました事に付、式典の際のおことばに主力を注ぎ、あれはあの程度と申し送りましたところ、昨日返事がありまして、式の日と思違ひしてたから、あれはあれでい〻と申して参りました。猶、その手紙に岡崎国務相より委細きいてくれと申して参りましたが、今朝その電話に誤解の旨申して参りましたから、発効予想をき〻ました処、只今申上げました通りで、三日と非常にくつつく事はないが、さすれば二度はいらぬと申しました処、イヤ、そんなに遅くはならぬといふ様な話でありました、と申上げし処、間があく故、二度だが、近ければ式のだけでい〻よとの御話故、それは二つとも用意致しまして、其時の接近の程度を見まして、時宜に応ずる事に致したいと存じますと申上ぐ。その時の都合による、二度出さんでよければ出さぬ方がよいとの仰せ。

四月から漸次行事が多くなりますので、六月までの私共の一応考へてまする事を申上げますと申上げし処、条約発効直後、賢所、神宮、山陵奉告は喪中だから出来ないとの仰せ。日々の代拝すら止めてるのだから、甘露寺が私の命令でなくやるなら別だが、それは私の命令では出来ない筈だとの仰せ。御喪中故、駄目ならば駄目で、甘露寺と申しますか、掌典職で御命令をまたずに奉告するといふ事は、一寸解し兼ねまする故、二つの点とも、これはやらぬ方がよろしいと存じます。一応予定表にございます故、申上げましたがと申上ぐ。

五月一日に、多摩陵竣功奉告祭の予定でありまするが……。このお祭りは余り重くなく、長官も出ませぬが、大体山陵は完成致しました故、四月十七日御参拝の時に、一応御覧遊ばしますかと伺上げし処、大正さんの時にその前例はない故、おたゝ様だけとなつてもわるいと思ふ。但し空気が一応見分した方がよいといふ事を皆がいふならば、前例と違つてもいゝけれども……との仰せ。別に空気等はございませぬと存じます故、又四月十七日御遥拝の節、大体は御覧になります故、前例通りで結構と存じますと申上ぐ。

二日の追悼式は、昨日侍従長から申上げました通り、式次第は別としまして、行幸啓の上、おことばを賜はる方がよろしいと存じます。三日は予て申上げました式でございますと申上げし処、場所は？ との仰せ。追悼式は新宿御苑、祝賀式は皇居前広場と存じます、と申上ぐ。

九日消防大会、岡本愛祐〔元帝室林野局長官、参議院議員、財団法人日本消防協会会長〕が会長とかで願つて居りますが……。あゝ、それは行つた事があるやうだ、よからうとの仰せ。

猶、日赤が七十五周年とかで、皇后様だけでなく、陛下にも行幸仰ぎたい申出であります。そして今年は、赤十字の施設は御覧願ひませんん代りに、三越とかで赤十字の展示会がありますそうで、それへ行幸願ひたいとの事であります。式の方は、皇后様が名誉総裁でおいでであります故、皇后様だけ行啓になり、三越の方へは行幸啓を願つては如何か位に考へて居りますと申上げし処、大体それでよい様の思召に拝するも、良宮でなく私に赤十字総裁をといふ話もあつたし、外国には元首のなつてる例もあるから、こんな時には良宮だけでなく私にもいはなければ、良宮を名誉総裁にしてる為に、日赤だけの国際的重要な団体が、もつと重要でない団体よりも、行幸がなくて軽いといふ事になるのかしらといふ点もあるかも知れぬとの仰せ。よく考慮致しますと申上ぐ。

貞明皇后一年祭は、大喪儀最後の重い御儀式で、正月拝賀の連中は皆参列致しまするし、翌日は御祓い、その翌日霊代奉遷の儀がありますに、引続きいろ〳〵行事があります。

学士院及芸術院の受賞式は、今年は独立第一回で、両方とも御出まし願ひ、結果〔ママ〕かと存じますと申上げし処、よろしいとの仰せで、何かいふか？との仰せ。折角でございますから、メモ程度のものでも御願出来れば結構と存じますと申上ぐ。

先刻、講和発効の奉告の事に関し、御思召は承りましたが、愈、御喪明けの節は、御親ら御奉告が必要と存じまするし、これは五月一杯、即ち足掛け十三ケ月で明きまする故、そして神宮は十二日以降、神宮御自身の御祭りがありまする故、そして又順宮様も那須は内親王様としては最後の年でありまする故、御一所に山つゝじの頃、御出を願ふ事を一応想定致して居りまする故、六月三〇日に御出ましを願つて、七日位御帰京かと存じて居ります。田島は、此際は行幸啓とのみ存じて居りましたが、前例は行幸のみでありまする故、そして又日繰りの関係も、陛下御一方の御参拝でございますと日数も少くありますので、今回は行幸のみに願ひ、更めて皇后様は又久方振で御参拝を御願する方がよろしいかと存じますと申上げし処、前例は私一人だ。しかし、二千六百年の時に、私は良宮つれて行くと言つたのに、その時は〔松平〕恒雄〔元宮内大臣〕がひどく反対して私一人で行つたが、おたゝ様がいらしやつたので、又別に良宮もいつたとの仰せありしも、結局、七日ならまだつゝじはよろしい、それに今年は後れるから、つゝじは先年のやうな事はないとて、那須行きは御賛成らしく、皇后様御同列は更めての事も、まづ御異存なきやに拝す。

その外、母の日とか看護婦大会とか、皇后様の行啓願出もありまして御忙しく、此上に次ぎ次ぎ大公使の御接受もありまする故、中々御忙しく、独立を記念して世間にいろ〳〵の行事が行はれ、それが又多く御出ましを願ひまする故……と申上げし処、良宮のは皆市内だろうとの仰せ。ハイ、皆市内でありますると申上げし処、良宮が市外へ出るとなると、一つ例が出来ると断るに困るやうになり、わるい例だが、高松宮さん見たように、出てばかり居られ、妃殿下はいつも御留守居で、御一所の事が少くなる。これはいゝ例でない。私が私の用で出る、良宮は良宮で出るとなると、極論にいつては、どつちかちぐはぐになるといふやうな事はよくない。それ故、地方行啓は余程慎重にせぬと、最初が六ケしく、一度やれば、家庭の事や私の事で、それを理由に断る事は出来ず、困る事になるからとの仰せ（三谷侍従長も常にいふ。陛下御自身の御希望を端的に仰せなるも、一寸象徴として、私事の為にとて、余り節の通らぬ事と思ふも、黙してハア……にて、今日は伺ふ）。前例は余程気をつけて開きませぬと、後々困る事でありますから、注意は致しますがと申上ぐ。

それから、宮内庁長官か又は役人の誰かが、緑の週間の植樹は関東に限つてくれとでもいつた事があるのかとの仰せ。田島は申した事がありませぬし、役所の者も申した事はないと存じます。たゞ実際は、青梅に始まりまして、毎年御日帰りで行幸啓を仰ぎ居ります故、慣習的に行幸啓を願ふ為には、前例により御日帰りとあれば、自然近県となつたのではないかと存じますと申上げし処、殖林は関東だけ必要な訳でもなく、或は関西とか九州とか各地でやるべきだと思ふ。そしてそれを機会に、地方に同列で出掛けるのもいゝ事だと思ふとの仰せ故、それもそうであります。理屈から申せば、山林県の奈良とか日向（宮崎県）とかにお出にならぬもをかしなものでありますが、前条の理由かに存じますと申上げし処、国体などあの運動に関係ある故、いゝ機会に関西でもいゝといふ事をいつておいたらどうかと思ふとの仰せ。適当な時期に耳に入れるやう心懸けませうと申上ぐ（此日拝謁直後、偶、岡本愛祐、消防大会の用件にて来室につきそれとなく話す。千葉県位に来年はきまつて居るかも知れぬといふ話をきく。全国偏らない方がよいといふ理屈も出ますから……と話置く）。

六月一日頃、伊勢等奉告の時のこと、泉山（御寺泉涌寺、京都にある皇室の菩提所）も御話あり。左様でございませうと申上ぐ。治安関係のことは、今回は法務府の話もきゝまして、次長が申上げる事に致しますと申上ぐ。直接警察の人などの話をきかぬ方がよいと思ふとの仰せ。

昨日タイ大使館には、高松三笠両殿下も御出でゝあり、リ将軍夫妻をも見受けました、と申上ぐ。ア、三笠さんはニユースを見に来て、流石に御自分の事は何ともいはず、私達の前で、秩父宮様の御話で東宮様の御出になるとかいふ事ですが、おきまりですかと私にきいたから、まだきまつては居りませんと答へておいたとの御話。それから三笠さんから、しきりに主役はなく、何でもない事といふ事をしきりにいはれたから、私は役柄はそうかも知れないが、日英の関係や、日本の位置が、秩父さんのいかれた時とは違ふから、そう簡単なのか、いやな事があるか、其辺は分らぬといふ意味をいつておいたとの御話、拝承す。リツヂウエーも行政協定の為、反米思想があるのを顧慮しましてか、昨日かの新聞に、ヘリコプターを見る為に大使館内に人々の入る事を認めたようでございます。事情の変化は中々大きうございますと申上ぐ。

四月九日(水)　御召し御座所　一〇・一〇—一〇・四五

あのたから〔高良〕ネー、新聞で見ると、との仰せ。一寸解し兼ねしも、高良(コーラ)〔とみ、緑風会所属参議院議員〕でございますか。ウンこうらといふのか。あれは入ソしたことは大した事ではないが、帰つた後の言動[110]といふものが変なことをして貰ひたくないと思ふがネー。松岡〔洋右〕はあれだけ老練……といつては語弊があるが……何といふか外交の面で馴れてた人も、独乙から帰つた時王侯のやうな好遇を受けたといつたきり、何をきいてもいはないんだよ。侍従長は直接聞いたか、或はそういふ風に思はれる事をきいたかしらんが、それによればシンガポール攻撃を〔ママ〕言質を与へたのではないか[111]。少くも個人としては賛成だ、国としては知らぬ位の事はいつたのではないかとも想像はされるが……。それは兎に角、外国で好遇されるとつい其国のひいきになるものであるが、松岡でもそうだから高良なんかも……、それに歴史の証明するところでは、ソ連といふ国は何をするかわからない。〔あと〕一年中立不可侵条約があつたにもかゝはらず、日本が仲裁を頼んであつたにもかゝはらず宣戦して来るといふ国だ。[112] 蔣介石〔中華民国総統〕は怨に報ゆるに恩といふやうな事をいふのとは違ふ。又ルーマニヤ王朝に対しても、一旦約束した上で……或は王朝側にもわるい事もあつたかも知れぬが直ちに進出するといふ事をしてるし、[113] 又侍従長にきいた話だが、ローマ法王庁との修交の話に、ローマは何師団あるかといつたといふやうな事で侵略とか軍事とか直ぐ考へる。[114] 要するに、自国発展の為には手段を選ばない国柄故、高良を好遇して、帰国後高良がソヴイエツトの利益に動くやうに仕向けるに違ひない。此点如何にすべきかと侍従長にも話して……との仰せ。政治上の事に陛下が特に御容喙(ようかい)はなれませぬ事は申すまでもございませぬが、御尤もの御趣意故、適当な時期に適当な方法を以て、累の及びませぬやう、政府の責任者首相の耳に入るやうに致しますが、それ以外には別に致しようもございませぬ。高良は条約反対の投票をした一人でありますが、新聞にはクエーカーとありますが、クエーカーか如何かははつきりは存じませぬ。先達て佐藤参議院議長の官邸で、英国の絶対非戦論者の婦人の名前を忘れましたが、少し赤がかつた人の話をきく時にも出席して居りました。安倍〔能成〕は其時賛成のような言をいひ、田中耕太郎は反対的の論をして居りました事もありました。其節も出席して居りました。共産党以外の人であるだけ此人の言動次第で影響もありまする事と存じます。ソ連は此人の利用をのがす事はありますまい旨申上ぐ。

それから、平和条約発効後に勅使を神宮等へ御差遣しの事を昨日申上げました際、御代拝御中止等と照応して不可との仰せ、御尤と存じましたが、実は大正時代に御喪中にも発遣されて居りまする故、実は日程に掲げました訳でございますので、まだ研究中ではありますが……と申上げし処、前例があるならば、それならそれは除喪してやるのかしら……との仰せ故、其後掌典職等で研究中であります故、其結果を以て更めて御思召を拝する事に致したいと存じますと申上ぐ。

猶、侍従職から予め御許しを得ましたかと存じますが、順宮様御慶事の順序として、日は未定として十月、従て告期の儀は九月でありますが、御納采の儀は御喪明けの五月二十四日といふ事でお願してありますするが、二十五日の前日でありますが、之は御よろしいかと存じますがと申上げし処、よろしいとの仰せ。立太子式は十一月と一応予定して居ります。

それから、追悼式に雅楽を貸しまする事はやめになりましたそうでございます。そして追悼式には矢張りおことばを賜ります方よろしいと存じます。兎に角、此際之へ御出席ないといふ事はどうしてもよろしくなく、折角御出を願ひますればおことばなくては物足りませぬので、慎重に起案いたしますが御許しを願ひます。よろしいとの仰せ。

それから、条約発効に関するおことば、発効直後は先達て御許しを得ましたもので、首相も異議なくよろしいと存じますが、三日の式日のは陛下の御直しの個所を研究致しましたが、あそこは「覚悟を新にして」の上につけますので少し長くなり過ぎ、つなぎがどうもよろしくありませんので「民主主義の本旨に徹し」と致しまして御趣意が立つと存じますが……と申上げし処、「よろしい」との仰せ。

四月九日(水)　御召し御座所　一一・〇〇—一一・〇五

(退下後侍従長室にて、高良の事を話す内、侍従を以て再度御召し) 大正の時、喪中でも発遣されてる勅使のこと、今一寸思ひつかなかつたからいはなかつたが、たとひ大正の前例があつても、それは旧憲法下で、今回は新憲法下といふ事を頭に入れて考へる必要があると思ふとの仰せ。御尤でございます。その点をも考慮致しましてよく研究を致します。実は、明治天皇の御陵に昭憲皇太后の御喪中に大正天皇が御参りになつて居ります前例がありましたので、十七日多摩の御陵参拝の時、大正天皇の御陵に御参りの事を研究しました時に、新憲法の下でも少しも差支なきのみか、一般の場合と関連して考へましておた丶様の御陵へ御参りの節、御隣りのおもう様御陵へ御参りは却て当然として御願致しました次第でございまするが、今回はよく研究いたしますと申上ぐ。

四月一〇日(木)　願出御文庫　五・二〇—五・四〇

条約発効の時期の後れる事について情報はないかとの

御下問でありましたが、外務省から武内〔龍次、在ワシントン在外〕事務所長から大臣宛の秘電報がありましたそうで、新聞にも出て居ります[115]やうでありますがとて、全部読み上ぐ(2063)(316)[116]。米国の国内問題でありまする大統領の強権が平和になると共に失効しますので、それの延期法の成立迄発効を延ばすといふ事で、対米感情など気にしてるやうでありますと申上ぐ。

兎に角其様子では、今日は木曜故、今明日にでも通過すれば、十日の予告をおいても二十二、三日の頃、なるほど二十五日から月末迄となるか……との仰せ。若し二十五日といふならあの短い方は出さなくてもいゝ、ネー。ハイ余りくつつきますれば必要ありませんと思います。明日吉田総理にあひまする故、よく打合せまする。それから、二日の事は、黙禱とおことばで御退出願ふ事と致したいと存じますと申上げし処、そのことばを又考へてくれとの仰せ。侍従長へ仰せのことも拝承致しました故、短いもので只今考へ中でありますと申上ぐ。

三日の方は、主催者は、両議院長、首相、最高裁長官、都知事、都議会議長でありまするが、陛下のおことばありまする故、少く致しまして衆院議長と首相と長官とになりまして、万歳が参院議長、御着の前行が都知事、御還りの前行が〔菊池民一、東京都議会〕議長といふ事でありますと申上げし処、読みたい人を……いゝのかといふ御意向に拝せし故、それは右の様に役を振りますればよろしいと存じます、只三日にも黙禱がありますので、一寸分かりませぬ。二日の事を三日にはせられぬといふ祝事とくつつく意味からもわかりませぬが……と申上げし処、三日に黙禱あれば二日はやめていゝとの仰せ。二日は実は日本国戦没者で、三日の黙禱は連合国側の人もこめてとかいふ事でありましたがと申しました処、そんなら、あのことばの中に全世界の戦争犠牲者といはなければならぬからとの仰せ故、あれは日本とも世界ともありませぬ故、どちらにもとれますからよろしふございますと申上ぐ。

飛行機事故[117]の事気の毒と申上げし処、シヤム皇后さんのはあれではないネーとの仰せ。ハイ、内地はあれかも知れませぬが日は勿論違いますと申上ぐ。

四月一一日（金）　御召し御座所　二・一五―三・二〇

総理と話したかと仰せ。今日十時三十分官邸に訪問の約でありましたが、御記帳に参りますといふので、田島の部屋に十二時過ぎに訪ねて参りまして、三、四十分話して帰りました。第一に、発効が二十五日から月末となりますれば短い、意を悉〔つく〕さないおことばを出すのは止めにして、むしろ大変発効を御喜びであり御感想は祝賀式典で仰せにならうという事は流した方がよろしい旨申しました処、これは同意致しました。次に、三日のおことばの文案を見せました処、一覧だけで感じをのべると、申しまして（アメリカに何か誤解せられはせぬかといふやうな事を気にしてるやうに見えましたが）、悔恨悲痛はどうかと思ふとか、「感慨無量」は敗戦を何かくやしがるやうな感じはないかとか、敗績といふ文字の感じはどうかといふやうな事を二、三申して、拝借したいといふ話でありましたから、閣議などにかけて頂いては困る、首相其人にならお貸しします、又早くきめたく思ひますからと申しましたから、今晩一晩見るといふ事で閣議などにはかけぬと申しました。それから、Ridgway にはどうかといふ話でしたから、之は陛下が国民に御話しかけになるもので、占領軍司令官に相談すべきものとは思ひませんから御止め下さいと申しましたが、吉田は余程アメリカを気にして居りますと申上げし処、これは主権回復後に私が国民に示すものだろうとて、陛下も Ridgway に示さんでよろしい御考に拝す。

それより、追悼式には黙禱及おことばといふ事に願ひまして、その間だけの出御と考へて居ります。これは厚生省側もそう考へて居りますようで、そこでは未定稿でありますが、大体こんな風なものを読んで頂いてはと思つて居りますとて、まだ陛下にはお耳に達しませなんだがとて、（田島案第二版、総、秘両課長次長の案を折衷せるもの）を御前にて朗読し、これも吉田に渡しておきました。それから三日の式次第に黙禱があつて、あれはどうも意味か〔ママ〕解からぬ旨申しました処、まだ吉田は一向存じませぬので、何だか黙禱はやりのようですナーといふ様な調子でありましたから、実は不審に思ひきいて見ましたが、二日の追悼は日本国民の戦没者の為であるが、連合国も入れての世界全体の黙禱といふ事でありましたが、祝賀式にどうかと私は思ひますといふことで出来ればない方がよい旨申して置きました。

次に、Ridgway 御訪問の事で前田〔元侯爵〕邸へ引越しとなれば……吉田首相は之も存じませなんだが……。理屈の上では発効迄はそれが scap〔Supreme Commander for the Allied Powers 連合国最高司令官〕の官邸でありませうが、駐留軍司令官移行の前提の関係上、どうも私邸で御出ましの様な感じを与へますので、私は余り望ましくなく、最初は御訪問そして国交回復後御招きの予定が総理の考へでお招きになり、あの節朝鮮の事もおきゝになり、御礼も十分御述べになり、今度行幸されましても極めて形式的儀礼として七年間の御挨拶といふ訳故、おやめ願つたらどうかと思ひますがと申しましたが、之は中々承知致しません。然し前田邸はどうも感じのわるいと思ひましたが大使館へ Ridgway が来てと申します故、あの家は修理するとかきいてると申しましたが、之は容易に同意しませんで、考へるといふ事で別れました。

それから、平和回復と同時に各方面とも行事がふえ、行幸啓を願出るものが多いのでありますが、外務大臣の御考としては大公使御接見の国事は後れませぬ方がよろしいと御考と思ひますが、いつ信任状捧呈式か不明なのに、他に国事ではないにせよ、国民との御接触を此際御願する事を見合せる事も出来ませぬが、その辺はと申しました処、御喪中はやめといふ事で御喪明け後に願つてもと申します故、それはいけますまい、国会開会式の如きは除喪で御願してます以上、国事の信任状捧呈式は御喪中でも願はばなりませぬと申しましたが、それでは可成早く御出掛の間にも御願い出来ればといふ事に話合ひましたから、午前に行幸があり、午後信任状捧呈式をお願いする事もあるかと存じますと申上げし処、それは行幸啓先はきめておいて、その時申出があれば臨機応変に時間を少し工夫し繰合せばよいと仰せ（陛下は此事の御苦労等の御気分少しもなきやうに拝す）。それから、御一年祭、順宮様納采、神宮等御奉告行事の事など一応話して置きました。

それから、高良の事も田島が承つた事の感想として田島が吉田といふ人に話すといふ事にして、御心配のやうな内容の事を申しました処、抑ソ連は三十万の人を抑留し、千島以外のホ〔ハ〕ボマイ島を不法占拠し、且つ中共との同盟条約に日本国を仮想敵として明記して居ります事等到底話になりませぬので、そういふ国へ行く必要はなく、旅券を出しませぬに旅券なしで行つたのは国法を無視したもので、その取締り方を研究させて居りますといふ様な話で、一向単純に軽視してるやうな話でありました。田島は、共産党員以外のもので、先方では願つたり叶つたりの道具に使ふ様厚遇しますれば、ソ連に関して帰国後いゝ事をいゝ、共産党員以外の人の言として世に反響が大きいやうな事を恐れるのだと話しましたが、首相は高良といふ人はどういふ人ですかといふ様な風で、日本女子大出身のコロンビア出で、クエーカーといふて居りますそうですが、入会希望にすぎぬやうで、緑風会唯一の条約反対者のやうですと申しました処、そうですかとそんな事も知りませなんだと申上げし処、いやそれは吉田が忘れたのだ、条約通過の時反対が一人あつたといふ事は私に話したよとの仰せ。只今のやうな訳でございます。

それから先日来、問題の独立奉告の勅使御差遣の問題は、侍従長へ御話の事もありまして調べては居りますが、色々複雑多岐で明治天皇以来一貫したものもありませず、理路の貫かぬので、まだ十分過去の事が呑み込めませぬので、今日整然とは申上げられませぬが、結論と致しましては、理屈は考へれば必ず正当のものがあります故、社会情勢、殊に独立と同時に神社は何れもその祭典を行ふ事を考へて居りまする際、御喪中でも日独戦争〔第一次世界大戦〕宣戦の御奉告(118)がありまする以上、御喪中ではありませぬが、終戦の時もありまする以上、国民の感情上、どうしても御差遣を願ふ方がよろしいと存じますから、其方向に考へますする事を御許し願ひたいと存じますと申上げし処、それでよろしいとの仰せ。明治天皇時代以来一貫しませぬと申上げし処、イヤ、それは一貫しないのだよ。真実かどうか知らぬが、承るところによれば、明治天皇の御一代には遂に法案が出来ても服忌令は御裁可がなく、その時々御きめになつたやうな訳で、いはゞルーズであり、明治天皇崩御と共に大正の御代になつて、その草案が急に法律になり六ケ敷なつた上、おたゝ様が其点非常に御厳格であつたから益〻八釜しくなり……尤も御たゝ様は急に終戦後は御楽になつたが……とて、その側女官が皇居の者でも、大宮様に何かいはれはせぬかと喪の事はとても気にしてた。況んや大宮御所の女官は厳重だつたと思ふ、忌みの点掌典以上だつたよ……との仰せ。それで私が多少緩和して大正時代のが少しゆるんだ訳で一貫しないのだとの仰せ。——そうでありますが、神事は中々六ケ敷ございますので、今少しよく研究を致します。例へば、御祭の関係では神武天皇と先帝様が重く、その前御三代は御同様でありま す故、御祭の方で行けば明治天皇も孝明、仁孝天皇も同じでありまするのに、陛下御親拝の場合、桃山〔伏見桃山陵、明治天皇の墓所〕に御出になつて泉涌寺にはお出になりませぬはどういふ事でございませうか。終戦の時にも陛下は桃山へ御出では人皇歴代以外の特に理由があつてでございませうかとの意味御伺いせし処、明治天皇は陸軍海軍御創設の方故、無条件降伏でそれがなくなる故、奉告したとの御説明。その点もあるかとも存じますが、朝鮮、台湾等、明治時代に出来た領土がなくなる意味でかと存じまするがと申上げしも、之は何とも仰せなし。喪の問題は、英吉利の現状と明治天皇の時とむしろ同様でありますし、時勢の変化もあり余りに長きに過ぎますと、自然、観念が喪中故とはならぬ場合に一層無理がおきると存じます故、此際前例を一貫しませぬ理由を調べ、将来の為何とか致したいと存じます。今回は勅使御差遣は願ふとし、理由を明かにして更めて御許しを得ますと申上げし処、侍従日記にも只結論丈け書いてあるから後日の参考にならぬ故、経緯理由をかけといつてる事だ。よく調べて書いておくといゝとの仰せ。又三殿に御奉告だけで六月一日旬祭御親拝の時の前に親しく御奉告なくてよろしいかといふ事が、伊勢及御陵と比較してほんとに御近い皇居内であるに拘ず、ないといふ前例も如何なものかとの疑問もありますと申上ぐ。その点も研究ものと仰せ。

総理は、条約発効と同時に外務大臣の更迭と若干の大公使任命をするといふ事を申して居りました。外務大臣を兼務して居れば外交団の交際で十一時までもの宴会に出ねばなりませぬが、少々閉口致しますので、其方は免職を願ふといふやうな事を申して居りました。後任は別に岡崎とは申しませんでした。

四月一四日（月）　願出　一〇・一五—一〇・二〇

シーボルトが華府（ワシントン）から手紙をよこして、御写真を賜りましたことの御礼の言上方を私まで申して参りました。それから、西原〔英次〕が経済主管に転じまして、総務課長の後任を外部の内務系統からと心懸けて居りましたが、曽我部久と申します人が、内務系統でありますが、外務省にも内務省にも一寸勤めて居りますやうで……外務省に居たのならそれはい丶ネー、其方面の事も理解があり……との仰せ。大した外務省の仕事ではないと存じますが、其外宮城県等に居り、現在は和歌山警察隊長であります……ア、よろしいとの仰せ。

退下せんとした処、それから、総理からあの文について返事があつたかとの仰せ故、実は一晩考へての事でありましたが、今朝大磯からの伝言として〔松井明〕秘書官から電話がありまして、御約束でありましたが明日（十五日）午後に面会出来ると思ふから其折に御話しすると申して参りましたと申上げし処、つら〳〵思ふに、今は民族主義とか平和主義とかといふ美名で呼びかけてるソ連と、持たざる国といふいひかけで又軍需品をどうとかするといつて呼びかけた、昔の独乙と非常に似てると思ふ。憂ふべきものがあると思ふから、過去の反省をする事はどうしても必要と思ふ。敗績の由つて来たつたといふのがわるければ、今日に至つた所以といふ事にかえてもい丶ではないか。反省の事はい丶たいとの仰せ。国土を縮めといふのが朝鮮、台湾のことが何か感じのわるいといふなら別だが、奄美大島などを失ふ事[119]について何もいはぬのは、見捨て丶何でもないといふ事は私はどうも……との仰せ。

陛下の御思召でこれ〳〵のことはといふやうにとの事も申してあります故、又陛下の御覧済みのものを総理の意見でといふ事もどうかと思ひます故、御内閲を一寸経ましたといふ事にしてあります故、総理の説が出ましても御許しを得えねば同意は致しませぬやうに手紙で申してありますから……、と申上ぐ。私はまけたのがくやしいとか何とかいふよりも、現下の情勢から将来を心配してるのだとの旨仰せあり。

四月一六日(水)

御召し御座所
一〇・一〇―一〇・四五

昨日御召しの節、三階改修現場実証中の旨申せし処、マア、昨日いつた事のつゞきで、今日でなくてもい丶と の仰せありしとか、庁舎へ出御匆々〔そうそう〕今日は御召しあり参上す。どうだ、総理から何といつて来たかとの仰せ故、実はまだ何とも申して参りませぬ、金曜日に一晩だけとて持ち帰りましたが一覧の節の感じを申しました「悔恨悲痛」とか「感慨無量」とかいふ所は、古い原稿では別の字句を使つて居りますので、金曜日に総理の一応の所感によつて字句を直したものを郵送し、どうもアメリカ側への響きを気にしてるやうに察せられますので、用意してあります英訳の文字も入れまして届けましたが、それが土曜日でありまして、月曜に大磯より電話で十五日午後には返事が出来るとの事でありました処、昨日松井が参りました処、その問題はなくキーナン〔Joseph Berry Keenan ジョセフ・B・キーナン、元極東国際軍事裁判首席検察官〕拝謁の事だけでありましたから、催促を松井に致し、又只今も秘書官の方へ電話をかけましていつ返事が貰へるか、き丶合せ中でありまするが、まだ返事がございませぬ。或はアメリカ側を気にして、或は英訳でもして研究して居りますか、或いは三日の総理の式辞と照応して研究致して居りますかと邪推して居りますと申上げし処、奄美大島の人に何もいはずに私はどうしても済まされない。総理は何もいはぬ方がよいと思つてるのかしらとの仰せ故、昨夏来、総理は余り直接国民に御呼びかけを願はぬ意見のやうではありましたが、三日の式に出御を願ふ事になり、又何かおことばある事は最早総理も了承して居りまする今日、仰せを全然ないやうになどといふ事はございませんと申上ぐ。

私はリツヂウエーに見せるかとの事をききました故、総理には平和回復後、陛下が国民に仰せになりますことをリツヂウエーに相談する筋はないと確信致します故、その必要はないと思ひますとハツキリ申して置きましたし、手紙には小泉に十回位稿を改めて相談して居りますから、総理からの訂正も小泉氏と相談した上でなければすぐは受入れられぬ旨を書き、又中間報告で御趣旨を伺ひそれを体して今日に至つたので、陛下の御決定は勿論首相も異議なきものにつき、御きめを願ふのであります が、あの中には御思召のこれ〳〵の点が盛られてある事も申してあります故、それを没却するやうな修正は致さぬと存じますと申上げし処、字句の多少の変化ならば勿論よろしいが、私は今日の世の中を中々容易でないと思つてる。丁度戦前の困つたやうな事情に似たものがあるから注意をせぬといかぬと思ふ。占領が長い為に、又米国のやり方とて完全でない以上、十分やつてくれたにしろ反米思想といふものゝある事は事実だ。私はどこまでも親米でやらなければと思つてるが、下手にやると親米になるものが反米となり、それが段々再び日米戦争といふやうな事がおきては大変だとの仰せ(これは少々陛下の御思ひすごしなり、又「日米戦争が再び」といふ様な事は仮にも口外なさらぬ方よいと思ふ)。反米はたしかにありまするから、総理のやうに余りにも気がねせずともよいと思はれまするが、総理の立場として外交上字句を気がねしなければならぬ点もありませうから、それは先刻申し上げましたやうに軽い意味の字句も参考に追加して送つてあります旨言上す。

陛下は、目下の時勢は独とソと代つただけで、平和だの民族だのといゝ、言葉でソ連が日本国民の心を親ソに引きつけようとしてるのに、安倍のやうな理想的の平和論をやつてもソは利用する事が巧みだから余程気をつけぬと行かぬ。南原が、北海道は一時占領されてもといふ様な事はどうかと思ふ。私は、大切な時だから将来を過去に顧みて注意しなければといゝたいのだが、露骨にはいへぬから……との仰せ故、字句が六ケしく、陛下のおことばとしては四方八方への影響を心配せねばなりませぬ故、総理が一読しての感想は中々大切でありますから、字句のかへたのを参考に送りましたが、随分稿を改めましたもの故、組立及趣旨の変更を申されましても田島は承知は容易に致しませぬ積りであります故、恐らくは字句は多少変りましても大体の文意は陛下の御満足なさらぬやうなものに変る事はないと存じますし、御不満なもので御決定を願ふやうな事は致しませぬ積りでございますと申上げし処、それなら大変よろしいが……字句など少し弱い表現となつてもそれは構はぬが……との仰せ(此おことばに関しては、昨夏来非常の御関心なだけ、吉田首相の返事の遅いため少々異常に御不安の程度に拝せしも、申上げし為そうかとの仰せ)。

それから、御祭り御奉告、勅使の問題でございますが、どうも御喪中という事と、御奉告といふ事で先例通りで矛盾の点もありますが、御使を御出し願ふ事は願はねばならぬ理由も確かにありますので、そうお願いしたいのでありますが、まず既に第三期喪でありまする為といふ事が一つと存じます。又平和条約発効の為め、各神社等でその御祭り等を致しまするとき、陛下自身は御喪中でも、御使も神宮等へ出ませぬとあつては聊(いささ)かどうかと思はれまする点も一つの理由でございます。只新憲法下で違ひまするところは、元は地方長官をして官国幣社へ参伺を御命じになりました事は今回は出来ませぬ筋でございます。之は憲法の為の大きな変り方であります。神宮等へ勅使御差遣の場合、陛下の御命令なくば出られませぬが、その為か或は拝謁といふやうな……と申上げし処、そうかそれはおかしいとの旨仰せあり。是等の点も今一応調べて申上げまするが、大体先例にありまする事を此際御止めは、どうも国民一般の影響上よろしくない為め此前お許しを得ました次第で、理由は多少矛盾するところあるかと存じます旨申上ぐ。

外に何かきく事はないかとの仰せ。別に只今はありませぬと申上ぐ(北海道行幸御願の事、マーカット〔William Frederic Marquat ウィリアム・フレデリック・マーカット、GHQ経済科学局長〕の事等、まだ中間的に申上げるまでに熟せずと思ひ、然と申上げず後日に譲る)。

四月一八日(金)　願出御座所　四・二〇—四・五〇

御喪中の祭事の関係は先達て申上げました後、又掌典と話合ひましたが、多少の矛盾はどうも免れぬやうな点はありまするが、結局喪が長過ぎるといふ事が一つの原因かと思ひまする。然し一応の道理と存じます事は、御喪中と雖も祭事は一日欠かされぬ御趣旨で掌典職を置かれ祭事を遊ばしめられまする以上は、文書で御伺をして行はせられる、但し御直に勅命は受けぬといふ立場でよろしいかと存じます。前例が大正にありまする以上、第三期も終り、ことは今日行はせられぬのは国事ではありませぬが一般への影響もあります故、御願いを致したいと存じますと申上ぐ。よろしいとの仰せ。

次に、おことばの事は吉田から返事が少しも参りませぬので催促致して居りましたらば、一昨日夕方手紙を送つて参りました。処が一節全体を削除願ひたいといふ申出でありましたが、それは此節でありますとて読み上ぐ。之は実は最初から申しますれば、一番出発点の陛下の思召でありまして、田島としましては同意し兼ねます事で陛下に申し上げまするには其理由を篤ときいてと存じまして、昨朝供奉の直前に手紙を書きまして、之は直ちに同意し難いから、面談の上、首相の意思もきゝ、こちらの意見も述べたい、又充分きいて下されば削除説は撤回して貰へると思ふと反対の旨をかき、面談の時を与えてくれと昨朝申送りました処、どうしても昨日其時間がないといふ事で、やつと只今二時から三時一寸過ぎまで懇談致して参つたのでございまするが、要するに折角今声をひそめてる御退位説を又呼びさますのではないかとの不安があるといふ事でありまして、今日は最早、戦争とか、敗戦とか、いふ事はいつて頂きたくない気がする、領土の問題、困苦になつたといふ事は今日申しては天皇責任論にひつかゝりが出来る気がするとの話でありましたから、実は小泉とも相談してありました故、退位論に引かゝるといふ事も一理あるかも知れませぬが、三淵〔忠彦〕元最高裁判所長官の退位論といはれたものは退位論ではなく、一言残念であつたといつて頂けたらよかつたといふ事に過ぎませんでしたと申上げし処、ア、佐々木〔惣一〕博士との話だネとの仰せ。ハイ、あの週刊朝日のあれ[120]でございますが、あゝいふ人達にはむしろ所謂退位論者でなくなさせ、彼是申す事を止める結果もあると申しました所、総理は強引に俗論俗論をいひつゞけ、俗論ではありますがデリケートな事で、折角静かな所に引つかゝりを作りましてはの一点張りでありまするが、左りとて御退位説を再燃しても構はぬといふ事は申されませぬしと申上げし処、それはそうだと仰せ。

あの節の文章の一句一句どこがわるいかと議論しました処、国民の康福国際の親交が国是であり御宿願であるといふ事は何もさはりはないと申しました。其次の、勢の赴く所以下は兎に角戦争を御始めになつた責任があるといはれる危険があると申すのでございます。それは構はんとは申せませぬが、田島としましては、昨年来陛下が国民に真情を告げたいといふ思召の出発点が消えて了つては困りますといふやうな事で一応分れて参りましたが、御思召御感じの程は如何でございませうかと申上げし処、国政に関係するものがどうしても困るといふ以上は或は已むを得ぬとしても、私は吉田に条件がある。吉田は次に私のいふ事を充分了承するといふか(との仰せにて、いつものたどたどしい御調子でなく、すら〳〵励声で仰せになる)。それは私は実に心配しているのだが、戦争前の状況といふか、大正末期から昭和の始めへかけての社会の有様と最近は非常に似てると思ふ。独乙が持つ国持たざる国といふ標語で軍人に渡りをつけ、今度ソ連は実業家に商売銭もうけといふ事で渡りをつけてる。そしてそれは日本の一部の人間をその心酔者にして了ふ。一方国会は矢張り其頃と実際少しも変りなく、国家社会より党の事を考へたやうな様子でその言論や実勢力を行ひ、政府側の答弁も責任逃れのやうな事ばかりで慨〔なげか〕はしい有様は、先つきいつた頃と少しも違いない。あの頃は血気にはやる青年将校を此等の事情が刺戟して段々さはぎを大きくしたが、今はこれがソ連の手にのせられて共産的になるか、又は反動として右翼的の戦前と同じ様なものが出現するか、世相は誠に私には憂慮すべきもので、その前徴は歴々あらはれてると私は思ふ。吉田は私の認識を充分了承するか。蟻の穴から堤が切れるとか、塵もつもれば山といふ諺がある。今私はその徴候を充分認める。これは過去の過ちを再びせぬと限らぬ徴候だ。まだ徴候の内に手を打たなければ、そして重病になつては名医も及ばぬ、今の内に警告して何とかすればどうかなると思ふが、時機を失しては駄目だ。私はそこで反省を皆がしなければならぬと思ふ、との仰せ。

実は、十一日、吉田に文案を見せまする前に段々に仰せになつた事ではありますが、平和が摂政以来の念願、領土の縮少その人等に対する同情、連合国と国民への終戦後の事の礼、戦争犠牲者に対する同情、敗績のよつて来つた由来の反省、新憲法の精神、民主々義の本旨、条約を守るの国際義務、御退位なしと、これだけの事は是非ふくめるやうに仰せであつた事を申してあります故、御念願の事と領土の事があの節を削りますと抜けてますから困ると申しました処、ハボマイ島についてはソ連と今後掛合うつもりであると申し、琉球、奄美大島については、主権は棄てず軍事上信託統治するだけとか申して居りましたが、それは兎に角、陛下の只今仰せの反省の条項は削除の内には入つて居りませぬが……と申上げしところ、吉田は「敗績」といふ文字はいかぬといつてるといふ事で、そこを既往の推移としたところで突如既往の推移では分らぬ。矢張り戦争が意思に反して行はれ其結果が、こんなになつたといふ事を前に書いてあるから既往の推移といつても分るが、それなしではいかぬとの仰せ。

又今一つ吉田にいつて貰ひたい。奄美大島の人達に私が同情してるといふ事を政府でどういふ方法で伝達してくれるか、之を一つきいてくれ。その上で或は削除は已むを得ぬとなるかも知れぬと大層御不満に拝す。吉田は、国是なり陛下の御念願なりの点は残すとして、その結果、万世の為に太平を開かん……につないではと申しましたが、それは文章の上ではどうもつゞきませぬ。然し只今、陛下の仰せになりました反省の点は吉田は何とも申して居りませぬので、むしろそこへ御宿願なり国是なりをくつつけて書く事は考へられると思ひます。十一日吉田が田島の室へ参りました節、「悔恨悲痛」はどうかと申しました故、「遺憾の極みであり」と直しましたが、寝食為に安からずとか、祖宗に愧ぢとか、遺憾とかいふ言葉は、御自分に御責任のあるといふ事を自ら御認めになつたといふ風に俗論に乗ぜられるからいかぬと申すのでありますが故、田島は卒直にそういふ事を敢て国民に告げたいといふ陛下の思召は誠に有難いといふ事を力説致しましたが、その思召の程はよく分つて居るが、俗説が何分恐ろしいといふ感じのやうであります。只今仰せになりました反省の点は大切で、吉田も其条は何とも申しませぬ故、その辺の所一つ実際に文に試みて見ます事に致します。そして思召を伺ふ事に致しますと申上ぐ。

猶、吉田は、終戦の御勅語で戦争とか敗戦とか戦争の惨害とかいふ事は一切やめにしたい、今そういふ事を溯つていはない方が此際としてはよろしいといふ考へ方の様であります。御思召の程は昨年来拝承して居ります故、兎に角、実際文章の上で何とか考へて見ますと申上ぐ。

猶御話中に、私は、吉田が今削除するといふやうな事は外国の人にも直接言つて居る事で、素志に違つた結果を生じ、国内にも世界にも迷惑をかけて遺憾だといつてるとの仰せをも拝す。

又、時勢を慨嘆せられる御言葉中には、久原や平泉澄（国史学者、元東京帝国大学教授）（ノボルと仰せになる（本当は「きよし」と読む））の追放解除など訳が分らぬ。新聞雑誌などに散見する文章を見ても、辻大佐などの外にも結局将来が憂慮されるような読物があるとの仰せ。又、少々笑顔遊ばされて、国会では乱闘も昔の儘だとの仰せ。

附記、最初申上げし時、たしかに御六ケしき御顔遊ばされ、又それなら総理のいふ通りにすれば私は条件があると仰せ出しの御励声は初めて拝す。

四月二一日（月） 御召し御座所 一一・三〇―一二・〇〇

あれからずつと考へたのだが、あゝいふ事は私は外国人にはいつでもいつてるし、どうもわるいとは思はないが、総理が困るといへば不満だけれども仕方ないとしても、文章は忘れたけれども、私の念願といふことからつゞけて、遺憾な結果になつたといふ事にして、反省の処へつゞけるといふ事は出来ぬものか。又奄美大島の事は琉球なども同様だから、「異域の住民」といふ言葉をつかつて文章は忘れたが、戦死等の犠牲者といふ所があつたから、あのあとへ入れて同情を表するといふ事はどうかと思ふとの仰せで、今日ははつきり不満を仰せになる。

一昨々日伺ひました時、総理がいふなら已むを得ぬとは仰せになりましたが、御不満といふ事に拝しましたので其後文章面で何とか考へたいと存じて居りましたが、吉田もあれから又考へましたといふことで、土曜日に又手紙をよこしました。今回は真剣に考へて居ります様でございます（吉田の修正案文の事は申し上げず）。田島としましても何とか具体的に考へたいと存じまして、昨日侍従長、次長、小泉と四人で長時間に亘り相談致しましたが、其結果は首相の申分にも道理がある、今迄我々は陛下の御気持を国民に御述べになるといふ面を主として考へて参りましたが、総理としての心配も尤もであり、又総理の考へと致しましては終戦迄の事は終戦の時の御詔勅で一先づすみと致しまして、今回は終戦後の事で始めとしてむしろ今後の明るい方面の方の事を主としていつて頂きたいといふ方の考へであります。之も一理ない事はございません。そして此際戦争とか敗戦とかいふ事は、生々しい事は避けたいといふ意味であります。然し反省の点は吉田も何とも申して居りませぬ故、あれはあの儘として、むしろ国是なり御念願なりの一節は抜いた方がよろしいといふ事も考へられまするとと申上げし処、御不興気な御顔で、然し戦争の事をいはないで反省の事がどうしてつなぐかとの仰せ。ハイ、其点は実際文章の上で試みましたがつなぐと存じます。小泉なども文筆で立つて居るものですが之で分ると申しました。勿論、明かに戦争の事を具体的に表はしませぬから、はつきりといふ点は戦争の事に関して明示ない以上ぼんやり致しますが、反省すべき事が何だといふ事は分ると思ひます。

昨日、随分長時に亘つて相談致しまして、最初は只今仰せのやうな文章を如何に綴ることで協議致しましたが、吉田の心配の事を考へますればどう書いても多少残りまするので、矢張りない方がよいのではないかといふ事に傾きました。尤も安倍は昨日参つて居りませぬので、今日二時半からあふ約束にしてありますので、安倍の意見をもきゝました上で、田島の責任で今少し秩序を立てまして、御不満でございませうが御納得の御許しを得たいと存じております。次長は、昨日の話の内で、大体戦争に関して此際又も御繰返しない方がよいのではないかとの意見を持つて居りましたやうですし、小泉も陛下の御思召は充分理解して居りますが、いひ過ぎをしては困る事は起きるが、いひ足らぬ場合は御不満はあつても困る結果の心配はない、此際は無難の方がよいのではないかといふ風に傾きますやうであります。侍従長は、何とか反省の条に国策の事を適当に結びつけて乗ぜられぬやうに出来ぬかとの考の強い様でありますが、どうか多少の難は残るので、無難の方がよいのではないかと考へる様であります。田島も大体そういふ風に御願いする方がよいのではないかと存ずるやうになりましたが、安倍の意見をも聞きまして、今日三時半頃か明日、筋道を立てまして田島の責任で御願い致したいと存じて居ります旨言上す。

陛下は、御気持ちを外人にはよく御話しになつて居つて、どこにも悪い影響ないではないかとの御考らしく拝するに付き、実は昨日、随分長時でいろ〳〵話が出ましたが、たとひ国是であつた、御念願であつたと申しました処、事実としては戦争をしたではないかといふ、外人側からいへばいへぬ事もないといふ話も出、又志と違つたと戦争などの字を避けて抽象的に申しました処で戦争やつたといふ事は争はれぬ事実で、志と違つたとか、素と〳〵(もともと)志はこうだと申しても、素直にとらぬ以上はそこを何とか申しまする。三淵のやうな、残念であつたと一言いつて頂けば感激する多くの人もありますが、今日の国情ではそう斗りでなく、吉田が心配するも強ち無理とは申されませぬし、まア、陛下の御地位と比べまする事は少し違つて居るかとも存じまするが、ある内閣が施政方針を掲げて居りまして、その施政方針と反対の事を致し、それがある実情の為已むなくそうなつたから、猶政治をして元の施政方針通りになると申しても、之は政治の場合、内閣の場合には通らぬ事かと存じます。陛下の場合はこれとは違ひまするが、理論の節は多少似通つて居ります。申さば、平和が国是と御念願であつたが事志と違つて戦争になつた。ついては退位してその責任をとるといふ方が文章の論理は通ります。申さば事志と違つたといふ事をハツキリいつて、そしてあの誤りはお互せぬやうにしやうといふ事になれば、為にしようとするものがつけ込むすきはないとは申されませぬ故、そういふ処は少しも残さず全部とる方がよいといふ事にもなるかと思ひますと迄申上ぐ(別に何とも仰せず曇つた御表情に拝す)。安倍ともあひました上、筋を立てまして更めて又申上げますと申上ぐ。

奄美大島の字句の事は別に何も申上げず。毎日新聞にこれらの島の行政上の事が出て居りましたが、と申上げし処、毎日の記事(121)かとの仰せ。ハイ、アメリカも色々考へて居りますと申上ぐ。おことばの事申上げ中の御顔色とはやゝ違ふやに拝す。次で退下しながら、東京新聞に、宮内庁の官吏が頭が固く宮廷服を最近まで御願して、、最近洋服和服とかにおなりになり結構だといふ記事(122)がありました。和服については批評はわるいのはまだありません。東京新聞も戦時服といふやうな書き方でありましたと申上ぐ。そうか、和服はわるいと書いてないか、と御笑顔に拝す。

四月二二日（火）

御召し御座所　一〇・〇二—一〇・五五

おことばにつきまして、田島が職責上一人の責任をもちまして、矢張り総理申出の通りあの一節を削除願つた方がよろしいといふ結論に達しましたので、少し筋道をたてまして御許しを得たいと存じます(123)。第一に、現在のまゝ御留位の御表明でありまする故、日本最高の機関と申しますか、天皇の御地位に何の変化もありませぬ事故、国政に無関係と申す訳でありますが、此事の裏を読みますれば、多少問題となつて来た御退位……即ち国政の重大事の御退位のない事の表明であります故、実は大きな国政問題の内容を持つて居ると存じまする。そういふ性質の問題でありまする以上、国政の責任者である首相の意見は重んぜられなければならぬと思ひます。折角静まつてる退位論の寝た子を起すの心配といふ事でありますれば一層そうかと存じます。次に、現今の世相はおことばと雖も、遠慮気味であつても批判し、場合によりてはひねくる事は可能と思はれまする故、可成無難といふ事は考慮に入れなければなりませぬが、削除の方が無難である事は確かであります。第三と申しましても似た事でありまするが、過ぎた事は如何とも致し難いのでございますが、及ばないのは後に補充がつきます。御思召の全貌有りのまゝに表明しますれば——それは最初に御耳に達しました分でありますが、あれなればあれでハツキリ分りまするが、あれは思召むき出しでおことばとせられませぬので、削り削り致しまして一番大切な、然し事実をのべる事故、よいと思つて残しましたところも結局は中途半端のものでありますので、一面その部分以外に勝手な推量を附加さるれば、却て全体的に見て誤解の乗ぜられる余地のあります事、第四には、国是御念願を申し、それが志と違つた結果になつたといふ事を残せば、普通の論理として申訳なし責任ありとなりまして、その責任とは普通の退くといふ方へ論理が参ります故、いけませぬ点がありまする事、遺憾の意の表明があり、その責任に二つあり、退くといふ事一つ、進んで再建に努力するといふ事、其後者をとるといふ一段が抜けて居ります以上、遺憾とか遺憾の前提をのべまする事は弁解的にのみとれても已むを得ず、削除の方がよろしいかと存じます。又、陛下の御思召が国民に徹底いたします事は望ましく、陛下の平和愛好の事は英国の雑誌にも出て居りましたやうに周知でございまするし、又陛下も外人に随分仰せになつて居りまするが、此等の人は理解のある人達でありまするが、只今国内には為にする主義を持つたものも居りまする故、徹底を図りまして却て反対の結果が考へられぬ事はありませぬ。

それから、只今は首相の申します通り、全般的に申して退位論は声をひそめて居りまする故(陛下が五内為に裂くといふ道義的責任をお持ちといふやうな実状は兎に角)、申さば頬かぶりといふ様な批評も只今は余りない時態〔ママ〕かと存じまする事、それより、昨年来御思召の通りますやう御思召を拝しながら今回削除方を御願いたしまする事は誠に申訳ない事でございまするが、具体的ではございませぬが、最後の結論の所は随分はつきり出て居ると思ひまする。寡薄なれどもといふ普通の御謙遜の言葉ではありまするが、その中には戦争を止められなかつたといふ様な内容ももつた気持でよいと存じまするし、過去を顧みと申しまするのは、回想と同時に戦争に至るまでの推移についての御反省のあるといふ意味であるとなりますし、又世論に察しは、退位論のある事も承知してそれも考慮に入れて留意して国の為に尽すのと、どちらが本当に国に忠かといふ事を「沈思熟慮」遊ばしたといふ意味迄ふくめて沈思熟慮といふ事とし、又自らを励まして云々にも、その事は表はれまする故、行間に遺憾の意はありますし、具体的でない丈け含蓄深くとも思はれまするが、此点、国是、御念願、事志と違ふ、遺憾といはずして、可なり御思召の意味合はこゝにあるかと存じます。そして、之なれば論理的に御退位とはならぬと存じます。

次に、陛下が反省の個所に、突如従来の推移をいつても反省の対象が何だか具体的に分からぬとの仰せでありましたが、之は昨日も申上げました通り、ハツキリ具体的に指示してはありませぬが、誰がよんでも何を反省すべきか誤解の余地はなく、具体的でないだけに結論の所の各字句と同様、却て含蓄があつてよろしいのでないかと存じます。最初から問題で、陛下から仰せ頂きました、事志と違ひと、具体的に戦争、敗戦、戦禍と申しませぬ迄で、国是や御念願に反した結果になつた言訳的文句、又は戦争はしたが今更平和論者のやうな顔するといふ誤解もありまするので、思ひ切つて全文一節とつた方がよろしいかと存じまする。陛下には御不満と拝察し、恐入りまするが、御許しを願ひたいと存じます。又一つには、祝典のおことばで、独立の喜びで将来に嘱目する方が似付かはしく、むしろ戦争の事を具体的に取上げ書きたてる事は避けた方がよいとも考へられます故、反省は必要でありますが、いひがゝられる心配の「事志と違ひ」でなく、平明に「既往の推移」でよろしいと存じます。右のやうな大体筋でございますから、田島の責任で吉田の申出の方がよろしいと存じまして、御許しを得たいと存じます旨申上ぐ。

長官がいろ〳〵そうやつて考へた末だから、それでよろしいとの仰せ（然しとて、又昨日、又その前に御話のやうな事、繰返し御話あり）。木戸が巣鴨に居る。内大臣として最側近のものだ。それが戦犯といふ事は私にも責任といふ論が出るのではないかと思ふといふ様な仰せあり。又、久原や平泉の追放解除を不当の旨、木戸など釈放さるべき旨、賀屋〔興宣、元大蔵大臣〕に比べて主戦的なのは岸だ、賀屋が巣鴨で岸が追放解除は失当だとの旨等等仰せあり。米国進駐当時は事火急を要すると占領目的の為、今日になつておかしな処置が沢山ありました。野坂〔参三、日本共産党幹部〕を凱旋将軍のやうに迎へたりしまして。然し本日の新聞に本間〔雅晴、元陸軍〕中将の死刑も米国で問題にしてる(124)やうでありますし、段々是正の空気もありませうと思ひますと申上げ、実は職責上田島単独の責任で御願しますのでございますが、独善的でありませぬので、侍従長、次長、小泉と相談しました外、昨日午後安倍の意見をきゝまして、田島の考へを定めました訳でございます。御参考の為申し上げますれば、小泉は今日田島が申上げまする事と先づ一致、三谷は御思召を体して多少躊躇ながら結局同意見、次長は若い為か御思召をあまり伺はず、内務行政の経験上民心への影響を考へまする為か、首相の意見なき前よりむしろ賛成な位であります。只安倍は、徹頭徹尾先達て御目に懸けました案のまゝで結構、多少人の批評はあつても省みて疾しき事でなくば卒直にいふべきだといふ意見であります。之は一つの考へ方でありますが、元来安倍は共産党の利用するところとなつても全面講和を主張するといふやうな傾向の人間でありますから、意見はきゝましたが、此意見を採用しませんでした訳でございますとて、成案を御覧にいれる。高声に例の抑揚つけて御朗読になり長官が筋をいふからよろしいとの仰せ。猶そのあとで削除の一節の一策〔ママ〕を御目に懸け、今日になりますれば此は矢張り問題であつたかと存じます。そういふ風に考へますれば、もつとよく考へまして、総理の言をまたず、御軫念〔しんねん〕を少くして、最初から只今の成案の如きものを御前に差出すべきであつたかと存じ、又一面、御思召を一年近く承りながら、今頃こんな不手際に御心配おかけし御不満かも知れませぬものを御許しを願ひ、誠に申訳ございませぬと申上げし処、いや、大局から見て私はこの方がよいと思ふとの仰せ（誠に難有く、又勿体なく、目頭あつい思ひ）。

猶、頃日、秩父宮様御上京中御帰邸の朝拝謁しました節、高松さんは、しきりに此際おことばといつて居られるが私はどうかと思ふ。英国のキングのクリスマスメッセージのやうに、此時を外して今後の例となつてでもいゝと思ふ事故、正月にでも年頭の御所感でいゝではないかとの事でありました。高松宮と大体御意見が一致かと存じましたが、之も御参考に申上げますと申上げし処、イヤ意見は違ふんだよ、高松さんは結局海軍の意見、秩父さんは陸軍の背後といふ訳でとの御話もあり（大体大した御不満なく、御納得の御様子に拝す）。成文に「完全なる主権」問題の為め一応訂正の事にて申上ぐ。講和条約？との御尋ねあり。

四月二二日（火）　願出御座所　二・五〇―三・〇〇

吉田総理を十一時半に官邸に尋ねまして、要領を話しまして御許しを戴いた旨申しました。総理はどうも心配故、御願い致しましたがどうも……といふ事でありました故、陛下の御軫念の二点を陛下の仰せを伝へるといふ意味でなく、田島が伺つた事を話す意味で話して参りました。現世相の方の問題は御尤で憂慮すべき点もありますが、そうでない面もあるといふやうな事を申して居りました。又、奄美大島等の問題は法律の問題等調査致しますと申して居りました。そして二十四日拝謁を願ひたいと申して居りました。時間は何れ御都合を伺ふと存じますが。そして、今回のおことばの事は御許しを得た事故、拝謁の時も何も申さぬともよろしいと田島が総理に申して参りました旨言上す。学習院女子部御下賜研究中の処、十万円願ふ旨申上ぐ。外国人に御心境従来御話しの事も、講和を境に止めて頂く事の希望も未必ながらとて申上ぐ。

四月二三日（水）

願出御座所
一一・一五—一一・二〇

昨日おことばの御許しを願ひました時、附加へて御許しを得べき事を失念致しました故、只今補充をさして頂きまするが、神様への御告文[125]等の中には、祖宗に愧づといふ様な最初の（吉田説を入れぬ前）の様なおことばの御趣意に沿つたもので用意する事に致して居りますと申上ぐ。よろしいとの仰せ。侍従長にいつたからきいたかと思ふが、「主権」といふ字が問題との事で、ソ連にあてつける様でわるいかも知れぬが、外交権を回復といつたが侍従長は少し細小だといふ様にいつたが、其後考へて「自主権の回復」ではどうかとの仰せ。ハイ、「完全なる主権」はいけませぬが、「完全」をとりましては今迄主権もなかつたやうでありますし、只今の外交権は少し細かすぎますやうですし、又自主権も一寸外務省にきいて見ませんと何とも申上げられず、その点は何とか作文致しますやう次長に頼んでありまする故、何とかいゝ文句を考へる事と存じて居りますと申上ぐ。そうかとの仰せ。又、侍従長への仰せの末尾の「所感をのべて祝辞に代ふ」といふ様なことは、陛下としての御言葉には一寸おかしいやうでありますからと申上ぐ。

それから、北海道行幸の書類が出て来たがとの仰せ故、その点は先日知事が上京して願出ましたが、講和発効と共に御多忙であるからといふ理由で六ケしい旨申してあります。尤も陛下も残るは北海道だけといふので御希望であり、又吾々としても万全第一ではなく、先づ責任はもてますといふ治安関係ならば押しても願いたい気持の旨も話しました。然し実際の治安状態につき総理は比較的消極的で、此際は御見合せ願ひたい意見であります。

期間的にも制限された土地でありますます故、発効後の行事の為不能といふ線で、治安などに余りふれず御都合の御出来になるや否や考慮中で、今後も対処する旨打合せてありますます位でありますと申上ぐ。そして前条は知事の希望もあり、今後も行事輻湊の事だけ申すつもりでありますと申上ぐ。そうか。外にきく事はないかとの仰せ。「只今は此程度で」と申上げ退下す。

四月二五日(金) 御召し御座所 二・四五―三・一五

此頃長官とあつてもことばの事ばかりであつたが、宮内庁の事は別にきく事はないかとの仰せ。大した事はござりませぬが、三笠宮様が今朝も田島の部屋へ御出でになりまして、御洋行希望の御話がありました。実は秩父宮様御退京の朝、兄宮様御見送りの為御来邸の折、秩父宮御帰りのあとで御話がありまして、オリムピツク選手の名誉団長といふやうな資格で行くといふ事はどうかとの仰せありました故、宮様の海外御旅行は、内地で随分近来簡単に遊ばしてるやうな訳には参りませず、国費で可然御伴をつれて御出掛が必要と存じます。そしてそれは宮様の御出掛なれば、いつか吉田首相に話しました時も国費でなければならぬ意見のやうでありました。今回英国の戴冠式の行われまする時、御名代といふやうな事になれば至極結構でありますが、これは秩父宮様から御聞きの通り、まづ東宮様として考へて居りまするが、その為には一億近い金が入〔要〕るのではないかと思ひます。その点は吉田総理にも伝へてありますが、其上に皇族様の海外御旅行費を国費でといふ事になれば何かちやんとした廉がありませぬとどうかと存じます。田島は遠慮すぎるとか何とか叱られましたが、皇族費の今回の倍額増加もちび〳〵増額を要望しますよりは却て結果は此方がよかつたのではなかつたかとも考へまするやうな訳で、秩父宮様は先英王〔ジョージ六世〕戴冠式に御出かけ、高松宮様はガーター御答礼等で御出かけでありますます上、御年齢等も只今の三笠宮様より皆御若い時代かと思ひまする故、宮様だけまだ御洋行になりませぬ事は自然むしろ適当な機会にどうかといふ空気も出来まするし……といふ旨で申上げて置きました処、今日は費用を国に厄介かけねばどうか、オリンピツクでとの御話でありました故、殿下の海外御旅行はそう御簡単には願へませず、矢張り天子様の御兄弟としての格式がありますから、御伴は入りますし、矢張り国の費用によるべき事でありまする。新聞記者などにも直接おあひとのみは参り兼ねますし、御急ぎない方がよろしうございます旨申上げました処、侍従長にも同様の御話があり、侍従長も田島と同趣旨の事を申上げましたそうでございます。右御含み迄に申上げますと申上げし処、三笠さんの行きたい事はよく分るが……昔の様に皇室に費用の点の心配さへなければだがネー……との御話。

総理はお目にかゝりまして奄美大島等の事はご説明申上げましたでございませうかと伺いし処、ア、話しはきいた。書類も置いて行つたがまだ見てないとの御話。それから、国情について御軫念の事についても何か申上げましたかと伺ひし処、いつてた。大学なんかの事も今度の学長〔矢内原忠雄、東京大学総長〕は中々しつかりして、やるといふ事であつた。侍従長も、学長は中々意思の強い人だといつてたが、どうも私はある点弱いのではないかと思ふとの旨繰返し仰せあり。矢内原は人としてはいゝ人間と思ひます。行政上うまくやるかどうかは存じませんが、との旨申上ぐ。南原とは違ひますと申せし処、南原は、北海道は一時どうなつてもといふ様な事をいつたが、あれはどうもいふべき事ではないとの仰せ。それからあの、長官は天野の文相になるとき人物はよろしいが、行政上の手腕はないといつてたが、吉田は近頃やつと分つたらしく、昨日文部大臣はかへるといつてた。吉田はどうも人を見るのに……との仰せ。

白洲〔次郎〕といふのは、あつた事はないがどうもあまりよくいふ人がないが、あれを米国大使にするそうだ。あ、左様でございますか。そう致しますと二十八日匆々認証式がありませうかと伺ひし処、五月になつてからといつてた。英国も松本〔俊一、外務省顧問〕といふ話だが、松本は人物はいゝ立派な人と思ふが、仏印にいつてたし、戦争中の次官だが果していゝかしらと多少御懸念の御様子。外務大臣も発効後に更迭するらしい。天野は議会終了後とかいつてたとの仰せ（要するに、おことば問題で数日御目に懸り、その間他の事申上げず、多少雑談的に御話の御希望らしく、いとも和やかなる御話風なれども、侍従久松が小畑〔薫良カ〕外務省嘱託の来る三時の約束申上げなき為か、長く御話の様子故、敢て其事も申上げず一寸切目に退下す)。

四月二六日(土) 御召し御座所　三・四〇―三・四五

三日の御ことばの本物大のもの持参御練習用に差出す。字は此大きさでよろしいとの仰せ。あのことばのことだが、昨日練習してよんで一寸感じたのだが、反省の条の、相共に戒慎しといふのは差支ないか。勿論裁可したのだけれどもあれは……との仰せ。米国等も戒慎するといふ意味にとられる恐れはないかとの御意味らしきに付、その点は毫も御心配ありませんと申上ぐ。そうか。あ、よろしいとの仰せ。侍従長から申しあげましたやうに、明日秩父宮様に上ります。明後日九時高松宮様に上りますと。あ、そうかとの仰せ。

四月二六日(土) 願出御文庫　六・〇〇―六・一〇

只今侍従長から電話でありましたが、松井秘書官が参りまして、リツヂウエーから総理に電話がありまして、今日陛下からリツヂウエーへ御話の概略、及リツヂウエーから陛下へ申上げました感謝及理解の御話を本国へ電報致したいとの事で、首相及宮内当局の同意を得たいとの事であります。その内容は御通訳の松井が間違いない事と申しますし、首相もその事は異議なく、陛下の御許しを得まして結構と田島も存じまする故、御許しを得たいと存じますと申上ぐ。よろしいとの仰せ。つゞいて東条内閣の閣僚の追放解除を取消したが、岸と一所に寺島〔健、元逓信大臣〕や八田をするのはひどい。どうして事実に即しないで形式的にするだらうといつもの御説仰せになる。ハ、矢張り形式的の点は……と必しも陛下の仰せの通りを拝承せぬ御返事申上ぐ。御相伴にと退下す。

四月二八日(月) 御召し御座所　二〔以下記載なし〕

まあ、講和が愈……との仰せに、今夜と思ひし為め一寸たじろぎ、ハイ、誠に結構に存じますと申上ぐ。三宮さんは皆廻つたかとの仰せ故、昨日秩父宮様に上り、今朝高松宮様に上がりまして、只今三笠宮様に御目に懸る手配中でありまするが、一面、も少し押し迫つてからがよろしいかとも考へて居りますと申上げし処、その方がいゝかも知れぬと仰せになり、又、今夜ニユース〔映画〕で若し高松さんも三笠さんも見えると話が出ないかも知れぬが出るかも知れぬ。そうすると矢張り今日三笠さんにもいつておいてくれた方がいゝネー。話が出ないかも知れぬが……との御話故、それでも御目に懸りまする事を今日つとめましてどうしてもその時がない場合は已むを得ないと致しますと申上ぐ。

秩父宮様、御丁寧に三回熟読になりまして、少し堅いやうだ、それから抽象的だとの御話がありましたが、正月位にして、此際は何も仰せない方がいゝと仰せになつてた事は別に仰せになりませんでした。始めの稿からは随分変りましてといふやうな事情を少し申上げましたと申上げし処、あゝいふものはどうも少し堅くなるのも抽象になるのも已むを得ない。御退位の事については何も御異見もありませんでした。

今朝高松宮様は一度ざつと御読みになり、まアこんなものだろうとの仰せでありましたが、ブレントラストは誰かと御質問があり、小泉、安倍と申しました。又もつと他に書き加へよといふやうな意見はなかつたかとの御質問故、随分原稿は変りましたが、其中で比較的大きな事は戦争のこと、終戦前の事にふれるかふれぬかで一寸論がありましたが、此際それは止めた方がよいとなりましたと申上げました処、それはやめた方がよい、戦争については、陛下は事実平和論者であられるけれども、詔書の事があるから、自分の意思に反した結果となつたといふ仰せは何だかやはりなさらない方がよい。過去を顧みといふ一句もあるしとの仰せで、高松宮様も御退位について尚何の御疑問も御質問もありませなんだと申上ぐ。

そうか、高松さんは矢張り御自分の御考へよりは周囲のいふものに左右せられるのだナー。砲術学校の時は非常に主戦論で東条の時は海軍の意を受けて非戦論、又終戦の時は勿論早くといふ御考へだつた。御自分の意見といふより周囲の意見に従はれるのだナーとの仰せ故、それも先鞭をつけるとか意見を御急ぎになる所がおありではありませんでせうかと申上げし処、それもそうだが、退位はあの頃南原がよく上つてたからだ……との仰せ。要するに、お二方とも御退位なき事に何の御異存もなき御様子に拝し、又おことばも別にとりたてゝ仰せはありませなんだ、只今申上げました通りでありますと申上ぐ。今日〔木村篤太郎〕法務総裁は恩赦の事を奏上致しましたかと伺ひし処、治安の事もいつてたとの仰せ。

それから、ことばの事ばかり頃日中はいつてたが別に何もないか、宮家旧宮家には変つた事はないかとの仰せ。〔二四七文字削除〕今ひとつは、先日入間野から電話で、鷹司平通氏が自働車を買ふといふので話があるが、私は反対だが、長官の意見は？ といふ事で同意見と申しました処、そういふ風に鷹司氏がいつてい丶かとの話で、よろしい。但し、孝宮様〔鷹司和子〕が元内親王様の御資格で、や丶公的の所へ御出掛で御必要の時は、宮内庁で車は出来るだけ心配致しますからといふ事を附加しておきました。まづそんな事でございますと申上ぐ。

四月二八日(月)　願出御文庫　五・二〇—五・四〇

三笠宮様に御目に懸りませうと努めました処、役所へ御序でございましたが、田島の部屋へ御出ましになりまして可なり長く御覧になりました。綿密に六回は御読み返しになりました。そして御意見として、「米国を始め」はなくてよい、「連合国」の中にふくまれるとの仰せ。それから、「国本につちかい」とはどういふ意味かとの御質問で、民力を養ひ物質的の面に対して精神的の基本の意味と申上げましたが、どうも分らぬとて字引をもつて来いとて引きましたが、国の基本となる事とあるのみでありました。その外には全体に文章語と口語とがチヤンポンである、もつと文章語をとつて口語文にすればよいとの仰せでありました。但し、「今や世局は」から「期してまつべきであります」までは満点だとの御話もありました。随分時間をかけて御考へでありましたが、結局、「米国を始め」と口語体でないとの二つだといふ御話でありましたが、御退位の条(くだ)りには何の仰せもありませんでした。御三方ともに御話を致し終りましたと申上ぐ。「米国を始め」は、矢張り反米的なのだろうネーとの御話。色々の関係で総理は之はとる事は承知致しますまいと申上げし処、私もとる事は反対だ、米国が一番友好的であつたもの……との御話。

今日正午に首相官邸で祝賀会があり、参りました処で法務総裁にあひました故、北海道の事をきゝましたが、矢張り只今は御願する事は出来ぬといふ話でありましたから、御巡幸の残るは北海道丈けであり、又行幸願へば又結果のよろしい事も考へられまするし、陛下も御希望故、可能の時が来ましたら御知らせ願ふと申して置きましたと申上げ、御了承。但し北海道の人々には治安の問題にふれず、御日程御忙しき旨で申し、その内に北海道は期がありますので結局今年は駄目と相成りますと申上ぐ。ご了承。

序だがとて、追放解除に形式的なる旨を又々仰せあり。岸と寺島が同じ東条内閣の閣員でも違ふのを一律に取消し、久原や平泉を解除するは私はどうも分らぬ。今日特に法務総裁にいはなかつたがどうも分らぬ。又首相も戦争の事をいふと(ことばの中に)、退位論を引出すといふ事と、あの形式主義の解除とは矛盾だと思ふとの仰せ故、それは実は実質形式の伴ひませぬ場合に六ケしいのでございますが、陛下の御個人の平和主義に徹しておいでの事は今では内外共に認め居りますが、然し形式的には宣戦の詔勅は陛下によつて陛下の名によつて渙発されて居りまする故、御心情は心あるものには分りましても、一般的には、陛下が宣戦遊ばし、陛下の為に命を捨てといふ事になりますれば、矢張り形式的に御責任が残り、その点にひつかけて彼是申すものは申すといふ訳でありまして、追放解除の場合、個人的の心情は分つておりましても、一様に宣戦詔書に副署の形式は同一でありまする故、矛盾はないかと存じます。首相の言を弁護致す訳ではございませぬが、世の中は六ケしく形式論を全然なくする事も出来ませぬかとも存じますと申上げし処、真珠湾があつた以上、支那事変などゝ違つて宣戦布告をせざるを得ぬといふやうな意味仰せあり(少しおかしいと存じ此話別に此上何も申上げず)。世の中は実質論と形式論と中々六ケしうございますと申上ぐ。一応御うなづきの様なれど御不満に拝す。

午後只今、〔Albert Orsborn アルバート・オースボーン〕救世軍大将歓迎(126)が東京都知事主催でありましたが、飛行機が延着でありまして大将は出席ありませなんだ。マーフィ〔Robert Daniel Murphy ロバート・ダニエル・マーフィー、新任の駐日米国〕大使も同機とかで今夜おそく着との事でありましたと申上ぐ。事故ではないだろうとの仰せ。事故ではございません、延着のやうでございますと申上ぐ。

猶、今日午後十時半の式終了後、外務省の〔高橋通敏〕総務課長から田島迄電話があります筈で、当直の侍従まては申しまするが既定の事であります故、御寝後は申上げませぬ。今日の旗掲揚も祝賀会も、現実〔ママ〕発効前に行ふ事も協議済、又式が五分後れても十分後れても三十分発効といふ打合せの由でありまする故、明朝御祝を申しますか、一度拝謁の時に申上げますと申上ぐ。それでは寝てもいゝネーとの仰せ。どうぞと申上ぐ。

猶、北海道の御話申上げし時、支庁の人本日御救恤の御礼に参上の事も申上ぐ。

四月二九日(火)　願出御文庫　一〇・〇〇―一〇・一〇

御喪中故、拝賀は差控へまするが、御誕辰で誠に御目出度存じます。又昨夜、愈平和条約発効致しまして誠に喜ばしい事と存じますと起立の儘申上ぐ。

昨夜十時四十分頃、公電の入りました電話を外務省から受けまして、当直侍従に電話致しましたが、電話故障で大変後れましたと申上ぐ。それから昨夜、松井秘書官が首相の方へ Ridgway 大将が天長節の祝詞を届けました由で、多少異例と首相も申して居りましたそうですが、去りとて返すも如何と存じますので、御宸翰でなく陛下の仰せを承つた意味で、長官名義で礼状を出す事の御許しを得たいと存じますと申上げ、来書直訳して申上ぐ。転任の祝を書き込むかと御尋ね。それは先方がふれて居りませぬ故、如何かと存じますが、よく相談致しまして適当に認めますと申上ぐ。それからいつ離任するか、大使接見前がいゝか、後がいゝか、一度よばなければなるまいが、よくその点も相談しておいて貰ひたいとの仰せ。退下す。

四月三〇日(水)　御召し御座所　一〇・二五―一一・三〇

今日又新聞で見ると、二人ソ連へ入つたやうだが、(127) 私はどうも時世が心配だがネー。此前の反英米の気分に乗つて、独乙といふものに軍人といふ組織をもつたものが結びついて右翼とつらなつて、心ある人が沈黙して、多数の意思でもない事がずる〳〵と出来ていつた。今度も反米思想が此際あるのに乗つて、ソ連といふものに、労働者といふ、矢張り組織をもつたものが結びついて左翼の運動をして、一般人は共産主義をきらひ、心あるものも賛成してないと（大多数は）思ふが、断然立つて反対するのは小泉位のもので、矢張り沈黙するといふ丁度同じ事をやるので心配で仕方ないがネー（と先日来の御憂国の御言葉。拝聴する外なく）。それに政治も国家よりは党を重んずるやふなやり方をして誠にどうも……との仰せ故、外部の力は申さばバチルス(128)でありまするが、日本国が健康ならば少し位バチルスがあつても大した事にはなりませぬが、内部に弱い処があつて犯されゝば誠に心配であります。其点新憲法の下で議会の権能はふえたのでありますが、国会議員のやり方は以前と変りなく、仰せの通り国家よりも党といふやうな有様で慨〔うれいた〕しい事でありますとて、昨日林〔敬三〕前次長来訪あり、大橋〔武夫〕国務相の人物のつまらぬ事、又予備隊の敷地、又は購入物品などに選挙費用捻出の為か、池田蔵相とか麻生とかの名も出て科学的に一番いゝといふものにもきまらず居るとか、場所もきまらぬといふ御話を秘密ながらとて申上げ、猶吉田は、流石に党利よりも国家本位の考らしくありますが、吉田をとりまく連中はどうも面白くなく、正直な国民の憤慨を買う様な状態でありまして、昨日も官職なくば吉田首相に一言したいやうにも思ふ位であります旨一通り申上げ、まア適当な機会に吉田首相に御軫念の事を又申ます以外、どうも何の策もありませぬ旨申上げし処、入露の問題も旅券拒否の法律的一方でなく、ソ連に入る事の不可なる所以をよく説明して、丁寧懇切に説明して、納得して貰ふやうな事を政府はなぜせぬかとの仰せ。

又、広場使用の問題の如きも、私は使はしてもいゝと思ふ。秩序を保たぬ場合はいかぬが、一応は秩序を必ず保つといふ条件で許した方が私はいゝと思ふが、そして秩序が保たれぬ事がある場合に禁じて、それもよく理由を懇切丁寧に（此日懇切丁寧を十数回仰せになる）説明してやつて行くといふ事にして貰ひたいものだ。木戸が居れば戦前の心配の事情をよく承知してるから、現状についてよく似てる事を話す事が出来るが、松平康昌では全部を知らぬし……との御話故、木戸や松平が昔の今日と類似の事情を知つてゝも、此際現状について御話せしめられる事は政治に干与遊ばす事になつて、到底出来ませぬと申上げし処、そうか政治にふれる事になるかとの仰せ。それは無論そうなりまする故、昔の事を存じませぬ迄も、今日の弊について田島が吉田に話しまするとしても、余程用心して話さねばならぬ訳で、誰にも話せる訳ではございませぬ。陛下の仰せのやうに、今日は大局上、自由党といはず、改進党といはず、保守的な根本思想の政党はむしろ団結して大同につき、共産党的のものに一致して当たるべきでありまするが、事実は自由党政府に〔対し〕立ては社会党右派は勿論、改進党まで野党となりまして、共産党等の為に助けをなしてるといふやうな事が困つた事と存じますと申上げし処、あゝいふ大同の政党はむしろ仲よくして、侵略的なる事は確かなソ連に当る事を考へねば駄目だと思ふとの旨御話あり(此事は、おことばの反省に関連して同一趣旨の御話随分引続き御話あるも、政府へ変に通ずれば陛下の国政干渉となる故、適当な時に吉田よりありませぬ故、吉田に伝えまするといふより外なし)。

三笠宮様に御目に懸りまして、「米国を始め」に御異議のありまする事は既に申上げましたが、又文体字句につき御意見を承りました事も申上げましたが、御一心に御考になりまする御性質で、昨夜おそく突然御訪ねになり、文書にしたとて御渡しがあり拝見いたしましたが、文体よりして見ますれば、陛下に開陳しておいでのやうに存じまする。元より私は改訂御願する意思はありませぬが、私が陛下への御意見書を途中で仕舞込んで了ひます事も出来ませぬので、こゝに差上げますると申上げし処(内容は見やうともなされず封筒を御手になされたまゝで)、三笠さんは何でも一徹で洋行の事でもそうだが、英米といつても之は今度は違ふ。又、米国のやり方を批評すれば沢山あらうし、感心せぬ事もあるが、朝鮮動乱でも米国が率先しなければ、英国始め誰も出兵しないし、若し朝鮮の南までソ連化すれば日本はどういふ事になるか。力がないからといへばそれまでだが、経済援助も米国のみがしてくれたし、条約を結ぶとしても英国だけだつたらあれより寛大でないものになつたらうと思ふ。英国々風が保守的といふ事と、王室があるといふ事とが日本の親しみだが、国情からいつて、英国は日本に対しては米国と違つた立場に立つやうになつてるから、英米を始めとする事は出来ぬし、単に連合国とだけでは米国に対する気持として不充分だと思ふ。三笠さんは個々の事柄で筋が通れば、大局の上から見ないで、結論をその個々との事で小さいと思はれる事から出されるのはどうも感心出来ない。文章の体のことは過渡期で程度の問題で、私も皆に分る方がいゝと思ふが、いろ〳〵考へてあゝなつたので……といふ事で、三笠さんの重ての御申出につき、三笠さんの御性格につき御話あり。話を転じて、英国戴冠式も愈公報で来年六月二日のやうでございますがと申上げし処、それはいゝ、来年で……との仰せ。

松平信子が英国大使といふ御話は申上げませんやうですが実は……と申上げし処、長官からはきかぬが、吉田からはきいた。吉田はする気はないらしい。保守的な英国に婦人大使はよくないとかいつてたが、之はどうも訳が分らぬ。女王であるし、別に婦人の大使がいかぬといふ事は保守的の処で、英国でいかんといふ事はないと思ふとの御話故、川越〔茂、元駐華大使〕、坪上〔貞二、元駐タイ大使〕、三谷訪問、川越、石黒忠篤、小泉訪問、坪上、田島訪問、石黒の線にて、鍋島〔直紹〕佐賀知事の松平家訪問の経緯詳細言上し、吉田に此経緯を話せし事も言上。吉田の坪上評（善人）の事も申上ぐ。そして、今朝坪上から電話で、吉田が此上押してやつてくれんでもいゝといふ事で終了したとの報告を得ました事も申上ぐ。猶、松平信子が過日知事との話ではつきり断つた序に、皇太子の為なら別だがといふ言葉のありました事を附言して申上ぐ。

又序だがとて、入ソの事に関連して国情の御憤慨の御話あり。最後に、あの田島の子供の家へ石を投げたそうだネ、然し誰も怪我もしないでよかつたネーとの仰せ。恐入ります、昨夜は秩父宮妃殿下御泊りの為め皇宮警察の申出もあり警察官一人泊つて貰ひましたが、今夜からは又やめでございます旨申上ぐ。

四月三〇日（水） 再度御召し御座所 一一・四〇—一一・四五

今此三笠さんのをよんだけれども、第一こういふ文案を見せて意見をきいて居るのではないのを誤解してるやうだとの仰せ。その点は誤解はありませぬやうに三笠様にもその点は申上げました。今回こういふものを御出しになります事になりましたが、宮様方が式でおき、〔始めて〕になるのも、陛下としては御不本意で、事前に御見せになるといふ意味の事は誤解なきやう御伝へ致しまして、両宮様は御了解であります。三笠宮様も御承知でありますが、御性格上、御思込みになりますと申上げずにはおられない方と存じますと申上ぐ。それから第二にとて、内容申出の「米を始め」を削る事、「英米を始め」とする事について、陛下は強い反対の意見で、〔三笠宮は〕米国が始めに共産党を歓迎し後に圧迫した[129]といつておいでだが、その外始めにまづくて変へた事が多いといつて居られるが、行懸りにこだわつて頑張るより、君子豹変で過を見て改めるは米国は私は偉いと思つてる位だ。そして、米国のやり方が大局に於て日本の為であつた事は争へぬ事だとの御繰返しあり。又文章の点についても、午前の御話しと同じ御繰返しあり。私に直接此事をいはれなければ私からはいはぬが、三笠さんから私に直接意見の申出があれば私は私の考へてる事をいふ積りだとの仰せ故、それは御話が出ますれば軽く大局論を仰せ頂きま〔す〕事に願ひますと申上ぐ。此御書面は私御預り致し、あの通りで御訂正にならぬ事を軽く申上げておこうかと存じて居りますと申上ぐ。文章の事はさつきいつたが、これは私は三笠さんにはいはぬとの仰せ故、その点は田島なり小泉なりの事でありますから、それで結構であります。英米の点もまア田島から一寸申上げておきますつもりでございますとて退下。

五月三日(土)　願出御文庫　一二・二〇—一二・三〇

椅子を頂かず起立のまゝ、今日は誠に不心得のものが部内から出まして、しかも御身近の事を致しますもので何とも恐入りました事であります。不取敢〔とりあえず〕御詫に出ました。責を負ひまする進退の事は総理大臣を経て申出ますると申上ぐ。座せよとの御言葉に付着座の後、〔五文字削除〕と申す者で膳手でありまするが、掌典職の職員の子供で勤務振りもわるくなかつたものとの事でありますが、供奉車で御文庫へ出ます頃に何だか登りかけて居る話をきゝ、目撃も致しましたので、外部の者とのみ思ひ、どうして侵入したかと門の事、御警護の事など注意して、時刻供奉致しました節にはまだ下りませんで、皇宮警察の人と上で問答対立して居りましたが、還幸の節はもう下りて居りました。其後、只今までに分りました事は、宮内庁の職員である事と、共産党員ではないが共産主義者だと申して居ります様子でありまする。皇宮警察の方で取調中でありまするが、大要は左様の次第でと申上げし処、元からの共産党的のものを入れたのかとか、いつ入つたものか等、二、三の御質問ありしも大体の事しか分らず、取調に従つて申上げまするが、多少之に関してるかと思ひまするやうな事もありまして中々油断のなりませぬ事故、差当りの措置と致しましては、供御につきまして責任者の責任をとれる方法をとりまする事、御仕付け〔毒見の意〕も従来は有名無実で、召上り後に侍医が御仕付けするといふ様な事もありましたが、之も更めまする事等致しまする旨申上げ、退下す(今晩の怪文書の事は何も申上げず、前述の程度に留む)。

五月四日(日)　願出御文庫　一〇・一〇—一一・〇〇

米国大使から昨夕(二日付でありまするが)届きました。それはダレス氏〔前国務長官顧問〕の国務省を通じましてメッセージを陛下に差上げてくれとの事で、取次で参りましたとて、全文を逐次訳して申上ぐ。「只今式から帰つた処で」と申上げし処、米国でも式をしたのか? との仰せ故、イエ、之は発効の四月二十八日の式の事でございますと申上げし処、そうか、そう……との仰せ。ダレスの感想に御同感の様子にて、「日曜であるけれども、早く田島で適当な返事を出してくれ。又、その中にダレスの所感については私も同感するといふ事を伝えてくれるやうにしてくれ」との仰せ拝承す。それから昨日は大変厳粛に行はれまして、御ことばは式場では伺つて居りましたが、余りはつきり致しませんでしたが、七時半の録音ニユースで拝承致しました処、失礼でございますが、おくせも大変少く、殊に前の方が結構でございましたが、全体としても結構でございましたと申上ぐ。

矢張り内容も総理の意見を御容れ願ひました方がよか

つたと存じますと申上ぐ。

これは何の御返事もなく、毎日だつたか色々の人の意見が出てたが[130]、政府や自由党の方は勿論だが、改進党の方もい〻が、矢つ張り社会党の右派左派と各々矢張りい〻方が違つて来てるとの仰せ故、鈴木左派〔鈴木茂三郎、左派社会党委員長〕などの申分も予想よりはよろしいかと田島は存じましたが、むしろ実業の藤山〔愛一郎、日本商工会議所会頭〕などの意見が、陛下が平和論者であられながら当時の事情で戦争の已むなきに立至つたといふ表現でなく、太平洋戦争といふ大きな間違を陛下御自身の御発意で遊ばした様によめるい〻方の点は、少し言葉が足りなかつたように思ひましたと申上げし処、いつもとは逆に、それは形式的に宣戦した事をいふのだらう、然し私はいつも不思議に思ふのだが、旧憲法でも国務大臣の輔弼といふ事はあるので、私のしたわるい事は国務大臣の輔弼がわるかつたといふ事にならなければならんと思ふとの仰せ。又、朝日新聞などにはおことばの推移を見て来たやうに色々間違つた事も書いて居りますが[131]、想像の記事を書く事はどうも已むを得ませぬ。それから小笠原島民の事も出ておりましたが[132]、新聞の記事からのお話としてなされば、陛下が政治に御干与といふ事にはなりませぬので、次回首相の内奏の時か何かに、小笠原島民はどうなるかとでも御尋ねになりましてはとも存じます。左すれば自然、先達の陛下の仰せの御趣旨が日本を離れる島々の人達の上にも常に御同情になつてる事が分るかと存じますと申上ぐ。

それから例の不心得者の事件は、其後あまり進展した調査の様子もき〻ませぬが、勤務振は非常によろしく、只無口でありましたそうですが、親の身元も確かで、誰れもそんな事とは気付きませせなんだそうですが、昨日煙突に上りました事は共産党と連絡あるものと致しますれば誠に変な事かと存じます。水や卵持つて上りました外に、風呂敷包にラジオを持参しましたり、又色々の記録をもつて居りました様子でありますが、そういふ事をつゞけて共産党の為に宮中の事を色々探りまする方が立場上普通と考へられまするのに、煙突へ上りますれば捕まへらる〻事は必定であり、又その捕へられました時に持ち物をそのま〻警察へとられて了ひまする事はどういふつもりなのか分かりません。只今の処、此者一人か或は同類、又は共犯のものが居りまするかが只今の重要事で、専らその点を調べて居りますが、昨日も申上げました通り、供御の事を改良致しまして、今日より〔鈴木菊男〕管理部長と〔稲田周一〕侍従次長と打合せの結果、〔野村利吉〕主膳監と〔秋山徳蔵〕主厨長と交代で御文庫の供御の責任的監督を致す事を実行致して居ります。又侍医の御しつけの形式的な事を実際に叶ふやう致しまするが、多少冷めまするとかいふ事がありますかと存じます。その外、花蔭亭門の警衛の外、御文庫は一構でなく、窓の点もあり、入口も多くありますので、今少し御警衛方を工夫致し、其他此機会に直す点は直したいと存じて、職に在る間はなほ一生懸命致しますと申上ぐ。

昨日吉田の官邸で園遊会がありましたので、それに出席しました後で首相に面会、委細報告致しました。又法務総裁にもあひました故、話しておきました。今後の警察方面の調査の結果で対策を考へまするつもりであります。首相には、丁度穂積重遠〔前東宮大夫〕が外形的適格の条件を具備しておりますが、肝心の処がだめな為め、小泉に更迭の事を御願い致しましたと同様、田島の後任につきましても、親類関係でありまするが、渋沢敬三〔元日本銀行総裁、元大蔵大臣〕など常識はあり、視野も広く、適格者と一応見られまするが、穂積同様に、長官として適格のやうに見えて不適格と思ふ旨を吉田に申して参りましたと申上げし処、渋沢は常識があり物分りもいゝやうだが……との仰せ故、池田も相当人物と思ひ、国の為に広い処へ出し、人物に仕立てやうと第一銀行から日本銀行へと世話しましたと存じますが、日本銀行総裁の末頃には矢張り少し目鏡〔めがね〕違ひと申して居りましたようでございます。目先きも早く、目前ではなく、二、三歩先は見るやうな利口ではありますが、正しい事をしつかり意思強くといふ点は如何かと存じます。むしろ現在よりは一寸先を見ての機会をつかむ人のやうで、新官僚と組んで致しました跡を顧みましても、信を措く人柄とは一寸思へませぬと申上げし処、陸軍の阿部信行〔元陸軍大将、元総理大臣〕がそうだ。陸軍には稀な常識円満な人だが意思が弱いとの仰せ。海軍の米内は実に立派な人でしたが、多少消極的で弱いといふ点も少しはあつたやうに思はれますと申上げし処、米内は結論を口少なに一寸いふだけで、それも理論をいはずに早く結論だけいふから、一寸皆に分らぬといふ節があつたとの仰せ。人間は中々六ケしいとの御話。

実は宮内庁長官の後任について渋沢の事を申しました処、総理は実は米国大使に渋沢がよいではないかといふ話があるのですがいけませんかナーと申しました故、その事を申しました処、イヤ、私も実は幣原〔喜重郎〕内閣の同僚で少し知つてますが余りすきではない、外務省の予算を削減するといふので大に争ひ少し高飛車に出た処、すぐ全額外務省の通りにした事があるとの話をしました。その主張すべき事ならどこまでも主張するという所がないやうに思へまするると申上げし処、白洲を止めたのは私の為かしらと仰せになる故、それは……?と御伺ひせし処、随分色々白洲については悪い評判があるがいゝのかときいたんだが、その為に止めにしたのかしら……との仰せ故、田島は役目柄人事に立入つてきく事は致しませぬ事にして居りまする故、白洲はどうして止めたかとかはきゝませず、渋沢はどうかと申します故、いらぬと思ふ事を申しました次第であります。吉田は、渋沢栄一の孫といふ事で米国に於ては信用になるといふ点も考慮してるやうでありました。何れにしましても米国大使の定まらぬ事は不手際であり、吉田もいゝ人はないかしらときゝます故、第一条件は?ときゝましたらば、経済上の問題が多い故、その道の人で、本省の訓令を仰がず処理出来る人といふ様な事を申して居りましたが、外国勤務は交際費等入りますので、尻込みする人もあると聞きましたので、それは総理の機密費の内からでも賄ふ様にしてと申しましたら、それはしますが中々といふ様な話で、向井忠晴〔元三井物産会長、元貿易庁長官〕などよろしいでないかと申しました処、健康が許さぬ、人はよく知つてゝいゝに違いないがと申して居りました。有田などはよろしいと存じますが三国同盟の人だからと申して居りましたが、防共協定の責任者で之は今日防共といふ事はわるい事はないと存じますがと申上げし処、有田は立派な人だが、意思も強い人だが、理屈だほれするといふ点で木戸とはどうもよくなかつた。木戸は重光とはいゝので重光を通して有田と連絡してたやうだつたとの仰せ。

木戸と申しますれば、今回始めて家族以外の者との面会が許されまして、松平康昌が数日前、第一回に木戸夫人〔ツル〕と共に面会致しましたそうでございますが、刑務所の次長室とかで面会しました由で、委細は近くきく事になつて居りまするが、何れ式部官長から直接申上げる事と存じますと申上ぐ。そうかとの仰せ。次に昨日、河田烈〔元大蔵大臣、日華平和条約締結の際の全権委員〕にあひました処、使節に出た者は陛下に御土産を持参する慣例だと多分随員でも申したかと存じますが、河田は考へました末、此際台湾の土産物を陛下に献上する事は忍びんといふ風に河田は考へまして、止める事に決めましたから何かいゝ折があつたら申上げてくれといふ様な事でありましたと申上げし処、それはよろしいとの仰せ。但し、御話を申上げる事は喜んでといふ様な話でありましたから、御進講の形に致しますれば、復命をおきゝになつたといふ事になりませぬと思ひます故、外務省に異議なければ御都合を見斗ひ願ひたいと存じて居りますと申上ぐ。それはいゝネーとの仰せ。猶序に、昨日、前英大使ガスコイン〔Alvary Douglas Gascoigne アルヴァリ・ガスコイン、駐ソ英国大使〕夫人に首相官邸であひましたが、皇后陛下に拝謁の希望がある旨一寸耳に致しましたが……と申上げし処、それはよろしい、ソ連の話もきける し……との仰せ。

五月六日（火）　御召し御座所　二・二〇―二・四〇

あの、すんだ事だが三日のことばネー。あれについて朝日新聞に書いてあつたやうに[133]、政府が憲法の事についてあゝ考へてしたといふ事だと、事実相違だと思ふがどういふものだろうとの仰せ〔再軍備とは仰せなきも「憲法の精神を発揮し」を再軍備反対ととられたのは一寸困るといふ御意味と存ぜしも〕。私は、あの記事は想像で書きましたもので、少しも関係ありませぬし、又新聞の想像で書きました事は、陛下は御責任上退位を深く御考になつたといふ事が表はれて居り、首相が御退位願つてはとても困るといふ様に出て居りますし、憲法の精神の為に再軍備をやめ云々は、実際に何の関係もありませぬ事で、却て結構かと存じますと申上ぐ。陛下は、抽象的にいはなければ色々さわりがあるから抽象的の言葉を使つたのだが、具体的でないために誤解を生ずる。さりとて具体的にいへば障りがある、仕方がないと思ふが……との仰せ。田島はおことばについては苦労致しました為、世間の反応如何と注意して居りまして、朝日、毎日しか田島の宅にはありませんので、先刻各新聞全部目を通しましたが、何等批判等の事はなく、英字新聞は全文を掲げて居りますし、ほめたものもありませぬが批判したものもなく、御退位なき御ことばの部分も素直に受取つた様子でありまして、まづ大過なかつたものと喜んで居ります程でございます。その点で首相の申出の箇所を抜いた事も矢張りよかつたと考へて居ります。朝日の記事についての御心配は毫も入りませぬと存じますと申上ぐ。そうかとの仰せ（先づ大体御納得の様子に拝す）。

それから、四月二十六日に瑞典の少年（クリステル・ヴァールバック）を皇太子様が御引見になりました模様(134)を御耳に入れてくれと小泉から手紙が参つて居りますからとて全文を読み上げ、段々こういふ御修行で結構と存じますと申上げしも、之は頓と御興味なきやうな御返事振にて御聞き終りになる。

次に一昨日一寸申上げました、三日に吉田を訪問して田島の辞表を出しました節、後任について渋沢の事を申しました節、首相は渋沢を米国大使にといふ人もあるがとの話が出ました故、その不可な事を申し、新木栄吉は紐育（ニューヨーク）の日銀監査役を三年もして為ましたし、英語も出来ますし、花やかさはないがしつかりした人間だといふ事を申して参りましたが、今朝の新聞では大使にきまつたやうでございます。白洲は陛下の仰せの為ではなく、新聞に出て居ります通り、米国側がシーボルト（元GHQ外交局長）の意見で矢張り好まぬと申したやうに存ぜられますと申上ぐ。陛下は、白洲はどうも皆あまりよくいはないネーとの仰せ。そろ〳〵英大使（エスラー・デニング、新任の駐日英国大使）御接受の時間にまだ平服で御出で故退出す。外にきく事はないかとの仰せ故、少時考へ、ハイ、只今申上げる事はございませんと申上ぐ。

五月七日（水）　御召し御座所　一〇・三五―一〇・五五

今日総理が来るについて、何か聞いて置く事はないかと仰せ。別に御座いませんが、おことばの問題の時、陛下から仰せになりました、奄美大島等の島民に対する陛下の御同情を如何にして伝達するかといふ事は、首相に申してあります処、最近新聞紙上これに関する記事があります故、何か申上げるかと存じますが、多忙で申上げませぬかも知れませぬ。これは陛下から御聞きになりましても結構な事ではないかと存じます。他には一寸思ひ付きませぬ旨申上ぐ。今日の新聞の写真を見ても、若い学生や女学生位のものが労働運動のやうなのが出てた(135)が、学生があゝいふ風に学業よりも政治に趣味をもつ事はどうも困ると思ふ。中国もあんな風ではなかつたかと思ふ。本庄〔繁、元侍従〕武官長のやうな軍人でも、戦術は六ケしいが政治はやさしいといふ事をいつてたのをきいて驚いたが、自分の手掛けて研究するものは益々至難なる事を覚る。反対に一寸かじりかけには六ケしいといふ事迄分らず、すぐ自慢したり何でもなくやれると思ふものだ。ゴルフでも始めてぢきに天狗になるし、謡曲でも習ひ始めには人の迷惑を構はずうたつて見たくなるものゝやうだ。本庄の話もそうだ。軍人が政治を本務でなく興味で、それを何でもないと思つたのが過ちの元だつた。若いものが政治に興味を持ち出すといふ事は困つた事だとの仰せ。今回のおことばの内にも、各分を尽しと本分にいそしむようの旨ありまするが、そういふ事までに之を受取つて居りませぬ。残念でありますと申上ぐ。

それから、大公使の食事の事はどうなつてるかとの御下問故、実は御都合は一応伺ひ済みでありますが、信任状捧呈式の方が具体的に定まつて居りまするのは十日まででありまして、十二日、十三日の分も具体的に定まつて居りませぬ。又或は、其後の申出がありまして、続々あるかも分かりませぬ。十五、十六もありまするが、十七、十八、十九日は御一年祭関係でありますが、捧呈式で相当御つかれとも存じまするし、是も国事でありまするが、田島と致しましては、陛下の御健康の事を考慮致しまするのも重要な国事と考へまして、二十四日御納采迄の二十一、二十二、二十三か或は二十八日は皇后様の行啓故、二十九、三十、三十一日の三日間か葉山へでも御静養願ひたい考へで居ります。六月は、匆々神宮及山陵へ御親拝を願ひ(136)、御還幸後は那須へと存じて居りますので、信任状捧呈が此上どれだけありまするかきまりませぬ内は、外国使臣に御陪食といふ事の日取がきまりませぬし、其前に皇后様拝謁を賜ふ行事もあります故、何とも申上げられず、式部も外務省からの通知によります る事故、一寸只今何も申上げられず、其内英国などは六月に入りますれば中禅寺へ参りますかも知れず、一般的にも東京に居らぬ人も出来ませう故、或は夏休み後の秋といふ事になるかとも存じますと申上ぐ。神宮や京都の事は昨日きいてよろしいといつたが、那須の事は返事を留保してあるのはその為だ、外国大公使陪食の点がどうかと思つたのだとの仰せ。その点は何とか其内にきめて申上げますと申上ぐ。

何か外にないかとの仰せ故、決定済の事を御報告せぬも如何と思ひ、煙突上りの不心得の者は、長官も次官も関係せぬ、秘書課長限りで採用し退職せしめる事の出来る程度の者の為、昨日秘書課長の手許で免官に致しました。尤も権限はありまするが、此度のやうな事件によります事故、勿論事前に次長と熟議し田島にも話しがありました。よろしいと申しました次第であります(こゝまで申せばどうしても言及せざるを得ぬと思ひ)。此不心得者監督上の責任の点も目下それ〴〵調査考慮中でありまするが、平素取締上に手落ちがあつたかなかつたかが問題でありまして、不心得の行為とは直接関係ありませぬ故、手落ちがなければ監督上の責任は軽いものと存ぜられます。只今の処、手落はないやうでありまます故、事務的の面はすべて軽く扱います処存でございます。事務的以外の責任の面、社会に対する責任といふやうな点は重く扱ふべきで、之は長官一人の責任と存じて居りますと申上ぐ。何の御応へもなし。退下す。

五月八日(木)　御召し御座所　三・四五―四・一五

昨日総理が来たので小笠原島民の事きいたが、新聞を読んで居ないので新しい事は何も知らず、古い話をして た。つまり島民は帰る事は出来るが、東京都との関係は駄目だといふやうな事をいつてた。それから警察権を総理の手に納めるといふやうな話[137]をしてたから、私は自治体警察の事はかねてから心配してたから、実権を政府の手中にとの事は同感だといつておいたが、その時総理の手に帰する事はよいが、社会党左派のやうな内閣が政権の時は困ると思ふといつた処、社会党左派は吉田は一線を画してるなど丶いつてるが、共産党と同じだといふやうにいつてた。それから右派はい丶が頭がなくて困るといつてた。今日の新聞を見ると左右の統一といふやうな事が出てる(138)が、一所になつたら左派に押されるだらうから困る。右派がもつとしつかりしてくれねばと思ふ。又侍従長もいつてたが、改進党がもつとしつかりして、保守の連繫をやれば若干は社会党へ走るかも知れぬが、保守合同となれば強くなると思ふ。然しこれも中々六ケしい情勢にある。実に政治上の情勢は困つたものだ(エ、エ、そうでないかと此点非常に御憂慮にて、しきりに同感する事を求められるやうに仰せあり。結論として困る情勢たる事は確かである)との仰せ。保守が一党になるか、吉田のいふ堅実な労働党として社会党が保守的政党になるか、何れかになつて欲しい。去りとて社会党の統一問題は中々六ケしいらしい云々御話で、此事を政治に干与するの誤解の起らぬやうにして吉田に伝へる方法はないかとの御話。その非難の起らぬやう適当な時に適当な方法で通じませうと申上ぐ。

それから、吉田はしきりに五月一日の騒擾事件(139)の事を報告してた。学校がどうも駄目だ。天野の事を又いつてたよ。田島は天野の行政的の〔ママ〕駄目だといつてたが、吉田はとても駄目だといつてたとの仰せ故、昨日安倍が十万円下賜の御礼に参りまして、天野の方から助言を求めないのに進んでこちらからする事も出来ぬが、兎に角まづい故、何か注意したいといふ様な事を申して居りましたが、又小泉もやつて参りまして、又々小泉に文相を引受けてくれと申して参りました由を申して居りました。勿論小泉は受けぬと存じますが、其使は緒方竹虎との事でありましたが故、緒方がなればい丶ではないかと田島申しました処、緒方は他の内閣のポストにつくやうだと申して居りましたと申上げし処、「そうか、フンそうか……」と其点御存知なき御様子に拝す。それから例の女学生がメーデー参加の写真の話を総理にしたのよと仰せになる。然し、首相は新聞を見ないので知らん様子であつたが、そういふ女の人のやり方は朝鮮から移入されたものだといつてたとの御話。

あの、米国大使の御話は如何でございましたかと申上げし処、白洲はアチソン〔Dean Gooderham Acheson ディーン・G・アチソン〕国務長官の命令でシーボルトが手紙をよこし、白洲は官吏との折合がわるくはなきか、又新聞記者、官吏群にわるいといふので、吉田は軽くいつてたが、矢張りシーボルトの手紙がそういへば軽いといへば軽いが、それだけいつて来る位なら相当重いと思はれる。兎に角それから詮考をしたが、渋沢にも断られ、新木に落付いたといふ話をしてた。そして吉田が新木とあつて見て、よい印象を受けたやうだとの御話。

白洲は評判はわるいやうだがと仰せになつた事で止めにしたのでありませぬから……陛下の御ことばによるものではないとの御話もありましたが……御安心を願ひます。どうも吉田はあまり人を知りませぬのでと申上げし処、知らぬ事もあるか知らぬが、吉田は近衛と同じで変りものがすきなんだらう。近衛は官吏がきらいで、末次〔信正、元内務大臣〕だとか松岡〔洋右、元外務大臣〕だとか風見〔章、元内閣書記官長、元司法大臣〕だとか、妙に一寸普通でないのが好きだつた。そしてぢき又いやになる。吉田も一寸そういふ風ではないかしら、との仰せ。そういふ点もありますかも知れませぬが、一辺倒で百点か零点かで源平の様に分けて感じますやうであります。電気の事で松本烝治〔公益事業委員会委員長〕とも最近はあしく[140]、面会を申込んでも決してあひません。河上弘一〔日本輸出入銀行総裁〕といふ委員が心配してますがうまく行かず、三菱の老人に加藤武男〔元三菱銀行会長、吉田内閣の経済最高顧問〕といふ人が居りますが、之はまことによい人物でありますが、吉田も経済上の顧問のやうな事を頼んで居りますが、之が松本〔烝治〕博士との仲をよくしようと話を致しましても決して受け付けず、外の話は機嫌克く話ますが其事になりますと……。実は加藤も之といふ事は相当ねばり強くいふ人でありますが……どうにもならなかつたと申して居りますと申上ぐ。人は神様ではないから皆長所もあれば欠点もある。長所を用ひて欠点も表はれぬやうに人を使はねば……との仰せ（どうも非常に色々話題を昨日の総理の拝謁に関して仰せあり。今回の煙突事件の引責其義〔儀〕は及ばずとの思召の事、首相昨日拝謁の時承り候、翻意せよとの首相の手紙を昨夕落掌し乍ら、何も申上げぬはどうも相済まぬ気持となり、躊躇し乍ら勇気を鼓して)。昨夕実は総理より手紙で、田島引責辞職の事を総理より申上げました処、其義〔儀〕に及ばんとの御寛大な思召の旨を承知致して誠に恐入て居りますが、実は田島は、私の為でなくお国の為、皇室の御為との考から、今少し考へさして頂きたいと存じますから、何卒今暫く考へさして頂きたいと存じます、と全く低頭起立のまゝ申上げし処、陛下はエ、エ、エ、エ、エ、と仰せのみ。御顔を拝し得ず低頭の儘退下す。

猶、政界の前途御心配のいろ〳〵の御言葉中、私は再軍備によつて旧軍閥式の再台頭は絶対にいやだが、去りとて侵略を受ける脅威がある以上、防衛的の新軍備なしといふ訳にはいかぬと思ふとの旨御話あり。

五月九日（金）

侍従を以て、陛下より御話の事は別になきも、長官より申上げる事なきやとの事。ありませんと申上ぐ。

五月一〇日（土）

御召し御座所
一〇・二五―一〇・四五

あの、長官に相談だがネー、どうも学生の騒ぎがあつて警察との争ひがあるやうだが、早稲田の場合[141]も警官としては職務の執行であらうに、軟禁したといふので学生の行過ぎだと思ふ。従て、これに対して警官は正当に之に対するのだと思ふが、そこがデリケートな問題である。今日四時に総理が来るから一寸聞いて見たいと思ふが、どういふ風に聞いたらよいか、相談だがネーとの御話に付、それはデリケートの問題でありまして、陛下が学生と警官との実情如何と細かく御尋ねも如何と存ぜられまするし、今回のも最初はよろしいようでありますが、あとは多少警察側に行過ぎといはれる点がないでもないかと思はれまするし、実際としては、同僚が何か不当の事をされた場合は警官とて人間で又若い連中で反発心もありますので、其辺は中々六ケしいと存じます故、大きく、最近東大といひ、早稲田といひ、学生と警官の間の争ひ事が頻発するのは社会に与へる影響と申しますか、世道人心と申しますか、気にかゝるがあれはどういふものだろう、といふ様な御尋ねになさいましたらば如何かと存じますと申上ぐ。ウンそうだネーの御話。

一つ問題がありまして、先日岡崎〔勝男、外務大臣〕から首相の意思だと申して、此際大使の赴任前に御陪食でも賜はれぬかとの話がありましたが、岡崎は、先達ての大喪の時の問題以来余り信用致しませぬ故、果して首相の真意かどうか分りませぬので、今日にでも直接総理に話して見たいと存じますが、此問題は先づ前例を調べる必要がありますので、次長の手許で調べて貰ひました処、赴任の場合は最近はございませぬ。帰任の場合にあるだけでございます(……陛下はそうだ、帰任の時だけで赴任の時はない例だと仰せになる)。

ハイ、左様でございますが、田島は古い頃を調べました処、明治三十九年林董が英国大使から帰任の際、始めて〔西園寺公望〕外務大臣の御願で行はれ、爾後〔じご〕之を例とすと記録に残つて居ります。帰任の時の例はこれが始めでありますが、其直後に小村寿太郎が英国大使として参ります時には御陪食がありました。之は小村が外相でありましたし、殊に日露戦争講和談判もした地位、経歴の為の特例かと存じまするが、其後にも大正時代に数回赴任に際して行はれて居ります。松井〔慶四郎、元駐仏〕大使の場合などもありますがと申上げし処、その時の松井は外務大臣就任前だよとの仰せ。左様で。後、大臣になりましたが。斯様に少い例ではありますが全然ない事も御座いませぬ。天子様からの御仕向に不公平のことは厳に戒め、思付きや一時の便宜の為にすべきでない事は勿論で、一応目安は立て内規を作る事は勿論でありますが、又いろ〳〵の情勢上、多少伸縮性のある定めも事宜により適する場合もありまするので考へて見まするに、司法官も此二十日に御願致します様に、認証官の最高裁判所判事及高等裁判所長官等は年一度御陪食賜はりまする慣例でありまする故、認証官である外交官が任地に二、三年勤務すると致しますれば、赴任の際賜はりましても非常に権衡を失するとも申されませぬし、此外交再開といふ特別の時機に特別に考へまする事はよろしいのではないかと存じまするので、今回の分も少くとも米英仏等の大使の場合はよろしいかと思ひますので、首相にそんな意味で話し、是非とも願いたいやうな話でありますれば、一つ御願したいかと思つて居ります。此線で総理に話しまます事は如何でございませうと申上げし処、よかろうとの仰せ。

岸本〔勘太郎、日産ビル会長〕といふ人が今朝の新聞に出てまして、きいて見ましたが、鮎川義介〔元日産コンツェルン総帥〕(142)の秘書のやうな事をしてた人で外国修業の、英語の出来る人で妻は美人とかいふ事をきゝました。そうかとの仰せ。

新木は夫人がないのがどうもと先回陛下が仰せでございましたが、娘の一人が一所に参りますやう新聞にもありましたが、言葉も不自由でありますが、米国では特に夫人がいるらしく、此際新木も再婚の要があるやうに思ひます。実は立派な人物故、大宮御所女官に関しても一寸再婚をすゝめた事もありますが、亡妻に対する心持上そうならぬといふ事でありましたが、今回は御奉公上必要といふ事で今一度いつて見たいつもりで居りますと申上げし処、今回再婚すれば英語の出来る人でなければいかず、又さうすれば家庭の方に必しもいゝといへぬ場合もあるし、六ケしいがネーとの御話。米国あたりは結婚の観念が少し日本とは違ひまするか、年も隔たり、門地も違つた場合がありまするが……シーボルト夫人も一寸申して居りましたし、一部の外人の間で多少いはれて居りますように、リッヂウエー〔米国極東軍総司令官、陸軍大将〕夫人もどうも少し……と申上げし処、東郷〔茂徳〕が独乙人の妻で却て独乙でいけないやうだ。結婚する時は若いからあまりいゝ、内の人と結婚出来ぬし、大使ともなれば却て一寸わるいといふ事になるとの仰せ。来栖三郎〔元外交官〕なども夫人はあまり地位がよくなく、むしろ御用掛を致しまして死にました寺崎〔英成、元外交官、元侍従職御用掛〕の妻の方が門地がよかつたようであります。昔青木周蔵〔元外務大臣、元外交官〕妻は門地がよかつたかときゝますが、新渡戸〔稲造〕博士夫人も英国風の米国としては旧家で、教育も全部家庭教師で学校へは参りませなんだそうで、老人〔博士の義父〕に対しても田島の老父に対しても中々態度がよろしうございました。又大宮様の御話と一寸暗合致しますが、入浴の時などいくつもタオルを持つて参りました由でございますと申上ぐ。新木の場合も両方いゝ人は六ケしいネーとの御話。

別にきく事はないか。ありませんと申上ぐ。今日は非常に御朗らかに拝す。

五月一〇日(土)　願出御座所　四・五〇―五・〇〇

起立のまゝ申上ぐ。どういふ訳か、陛下も御起立のまゝなり。今回不祥な事件を生じまして誠に申訳なく、辞表を首相に差出しました処、難有い御思召を首相を経て承りましたに拘りませず、田島と致しましては、今少し考へさして頂きたい旨を申上げまして誠に恐れ多い事でございましたが、小泉によく心境を通じまして首相と話して貰ひました結果、色々経験のある首相も又信頼し尊敬する友人小泉も此際思ひ止まるやうとの意見でありまするので田島の責任観、又臣節より致しましては、全然左様に存ぜられぬ点もございまするが、御寛大の思召に甘へるような結果で誠に恐入りまするが、今回は此儘職をつとめる事に決意致しまして、首相に其旨申しましたい事でございます。誠に御心配を御掛け申上げ申訳ございませんと申上ぐ。御着席になり、かけよとの御指示。御着席後、私もそれをきいて大変うれしい(安心したと仰せになつたか判然せず)。どうか今後あゝいふ事の起らぬやうに気をつけてくれとの仰せ。万全を期しまするとと申上ぐ。

猶、既にそれ〴〵其方途を講ずる事に致しましたが、あゝいふ事件のあと、社会が左程長官の立場を攻撃致しませぬのが誠に一面嘆かはしい事とも存ぜられますといふ事は、万全を尽しましても中々将来は六ケしい世の中と存じます。実は此前にも申上げましたが、今回の事件は事務的に申しますれば、刑法上はあまり罰し得ぬ事でございまして、監督の責任の問題も本人の勤務がよろしく、大して手落もございませぬので之も不問に近い事でよろしいと存じまするが、宮内庁の庁舎内に、宮内庁の現役の職員が、役目はひくい者でありましても、御側に出入し得る役柄の者が、陛下に対し不敬不穏の行動を致しました事は、社会的に宮内庁の責任者として責任が軽くないと存じ、又臣節上も退くべきだと存じました次第でございます。最近又、責任をとる事に世が稍ルーズな事も、田島は退くべきだと考へました理由の一つでございます。が一方、田島は後任者に適当な者を得まするやう輔弼し奉る責任があるのでありまして、官制上総理大臣が宮内庁長官を任命し得るのでありまするが、吉田第一次内閣の取きめによりまして事実上長官の人選は必ず陛下の御同意を得る事になつて居りまするので、[143]其点で退きまする長官として後任者に其人を得まする最善の努力を致すべき立場でありまするが、此際実際問題としては首相に其具体的考へはなく、田島の方としていつかは退職の時の為にと考へて居りました緒方は政治に入り、石黒〔忠篤、参議院議員〕も国会議員となり、新木〔栄吉、新任の駐米大使〕は大使となりまして、如何とも致し方ありません。内部としても動かしますれば適材が必しも適所でない所に移るといふ考へになりまするので、等等で決意を致しました。御思召の御寛大に甘へまするやうな点、心苦しい思ひがありまするが、猶留まつて一生懸命致す事に致しますとの意を述べ退下す〔非常に厳粛な御様子に拝す〕。

五月一二日(月)

御召し御座所
一〇・〇五―一〇・四〇

あのあの、新聞に一寸出てたが、川崎の近所で手榴弾の稽古をしてる[144]といふのはあれは本当なのだろうかネーとの仰せ。田島も新聞で見ましたがある一つだけだつたと存じます。又十名位とかありましたが、共産党としてはあり得ますかも知れませぬと申上げし処、実に困つた事だネー。何とか……との仰せ。これも新聞一つではありますが、結核療養所の患者が赤が非常に多くていろ〳〵動いて居るやうな事がありましたと申上げし処、昭和の始めに一寸赤が盛んな時があつたが、其時にも結核の患者が動いた事があつたとの御話。結核で人生の前途に望を失ひかけましていろ〳〵考へまするとそういふ風になり勝ちかも知れませんがと申上げし処、イヤ赤になるのは結核患者には比較的頭のいゝのが多いからだよとの仰せ。日本人はこういふ性質なのか知れんが、何でも極端に走り勝ちで理性的でなく感情で走り、そうして自分が真理と思つた場合には少しも他を顧みない。自由主義といへば放恣のやうな自由主義迄いゝと思つたり、忠君愛国といへばその方面の思想にふれた者は皆不忠とか売国奴とかいふ。新聞などでも調子が矢張りそういふ点があるとの仰せ。

之も毎日か何かの社説でありましたが、赤でも何でもない大学生といふの、意見も、兎に角満洲事変前後に生れて小学校時代は軍国主義で育てられ、一旦敗戦後は急カーブの民主、自由といふ訳で、戦争にこりて居る気持に新憲法の平和主義無軍備の宣伝がきゝまして、真から国の防衛といふ事に思ひを回らす余裕もなく、再軍備反対といふやうな風とありましたが、只今の御話のやうに、抽象的の文句で概念的に考へて単純に之と両立しないものと考へ、これと違つたものは皆許すべからざる罪悪のやうな敵のやうな考へ方を致す傾向があるかと存じます。正当な無口な一般国民の常識的の輿論といふものは案外沈黙して居りますし、又近来NHKで街頭録音など致しましても、編輯者の截り方でその人の考へのやうに編輯される場合もありますし、又此頃、東京区長の選任の問題の時など、先の侍従の小倉〔庫次〕など任命を是として[145]街頭録音に出ました際の如き、反対者の方が徒党をくんで妨害しましたそうでございますが、こういふ場合にも録音故、返つて真正の輿論と一般に誤解される点もありますと申上げし処、NHK斗りでなく新聞の論調にもそういふ場合がある。何分組織を持たないものは弱いので、民主とかいつて共産党など組織でいろ〳〵やる場合には組織がなければ駄目だといふやうな御話。ついで、早稲田の騒動なども学生側で何か一寸出過ぎた事をした場合、警察側が少し行過ぎがあれば警察が全部出過ぎのやうな感じを与へるようで誠に困つたものだとの仰せ。これらの点は、憲法の政治に御触れになりませぬ条文にふれませぬ様、注意する必要がありますので、一々の場合にきゝまするもどうかと存じまする故、御心配の旨を田島体しをきまして、又適当の時に適当な方法で話し又きゝまする事に致しますと申上ぐ。そうしてくれと御軫念の体に拝す。日本人は、どうも今のやうに常識がないといへば常識がないといふか、附和雷同性が強く誠に困つた事だと御軫念の御様子に拝す。

内閣の改造も、〔日本〕経済新聞に出て居りましたが[146]案外真相に近いやうで、緒方が予備隊の事をやるといふ様に出て居りましたし、天野も退くといふやうな事で……と申上げし処、吉田も大橋〔武夫、国務大臣(治安関係担当)〕はやめるといつてたよとの仰せ。大橋は、共産党などやり合ふには中々負けて居ない所があり、又弁舌も達者で鷺を烏といふ様な事も出来る力はあるようでありますが、何分にも出世したい念が強く、増原〔惠吉、警察予備隊本部長官〕とはとても仲がわるいときいて居りますと申上ぐ。吉田の大磯行は私は賛成なんだが、尤も休養といつてもどういふ風にしているかは知らぬが、休む事は必要だと思ふ。けれども、土日以上に金曜日から火曜までといふのはどうかネーとの仰せ。英吉利でロイド・ジョージ氏（氏と仰せになる）〔David Lloyd George デイヴィッド・ロイド・ジョージ、英国首相〕は貧であつた為に、少しも利益交換の意思なしにチエッカーの別荘を提供する人があつて受けたが……との御話。日本ではどうも利害関係なしに厚意で行はれる事は少いと思ひますと申上ぐ。

陛下は話題を御転じになり、中共貿易の事[147]をしきりにいつてるが、大局から見て果たしてい丶のかしら、それは日本は工業国で中国が消費国故、いはゞ輸出先でい丶には違ひないが、それと同時に今の中国は共産主義で取引の相手は国であるし、又貿易の再開が出来れば交通が出来て、中共の共産主義のものが日本へ渡来する事も多くなる様に思ふがとの仰せ。満洲を除きました中国の貿易額は世間の思つて居りますより少いと思ひますし、共産主義で個人の勘定では結局ない国へは、たとひ綿製品を売りましても結局は侵略主義国家の一種の軍需品になるかも知れませぬし、思想的の侵入も多くなりますので、余程よく考へて致さなければならぬと存じますと申上ぐ。商人はもうかりさへすればよいといふ考へだけだろうかとの御話故、大阪の商人など、野坂〔参三、日本共産党幹部、当時中国に亡命中〕の表面活動してました頃には、片手で自由党に片手で共産党に献金してたといふ様な話もき丶ました事がございますが、商人はそういふ点、どうなつても自分の安全といふ事を考へてるかとも思はれます。その点、忠君愛国時代の熱した愛国でなく、本当の愛国心が誰にもあるやうに希望されますと申上ぐ。

右のやうな点は、適当に又責任ある向きへ、さわりない様に伝えますと申上ぐ。

それから又、三笠宮様の事でありますが、五月一日の事件で検挙されました都立大学の寺沢〔恒信〕[148]といふ助教授が、人物がい丶から釈放されたいと石田〔馨〕元警視総監を通じて総監〔田中栄一カ、警視総監〕に御話になつたという事であります。御外遊の事は国費の上と申してはありますが、こういふ一種な変な進歩的の事を遊ばす方は其点で当分御洋行は余程考へ者〔物〕と思つて居ります。御話なければ勿論陛下から御話の必要はございませんが、一寸御耳に達して置きますと申上ぐ(御困りのやうな御表情)。これは私の邪推だけれども、朝融王からラヂオの伝献〔人づてで献上を受けたの意カ〕を受けたのだがネー、単純なのか、あの方だから何かそれが又利害に関係してやしないかと思つてるのだが何かきかぬかとの仰せ故、それは何も伺つて居りませぬが、どうも陛下の御考へは邪推でもなく、何かありますかも知れませぬ。蘭は温室が二百万円もかゝりまするが、大妃殿下の建増しすら五十万程度であります故、御全廃には不同意故、小さくして移す事にする旨塚越が申して居りました。東日本は手が切れた筈でございますが、又広告に出てますそうで、厳重抗議すると塚越は申して居りました。猶今度は何の宗教か存じませぬが、二人の中老婦人がつきまして、同行で伊勢参宮をなされたとの事であります。誠に困りますと申上ぐ。

起立してより、一昨日万全の策をとの御話でございましたが、六日に田島は部局長に訓示を致し、就任以来の初めての事でありますが、その趣意を若い人にも誤解ないよう部局長から話して貰ふやうにしまして、各部局から万全にする具体的の方策を出させる事にしてありますから、近日具体的な事が申上げられると存じますと申上ぐ。そうかとの仰せ。

猶、今日のおことば「平和回復の今日」について御意見がありましたのは、「完全なる主権」云々を御考へになりましてでございましたかと伺ひし処、その点もそうだが、全面講和とか何とかいふ議論もあるし、国内的には争闘してるし、南原のやうな会員も居るしとつた方がいゝと思つたのだとの仰せ。拝承退下す。

又御話中、日本では民主々義の抽象的言葉に熱心で、何か気に入らぬことがあるとすぐ「反動的」といふ言葉を使ふ。丁度軍閥時代に其主張に反するものを「非国民」とか何とかといふ〔のと〕同じだとの旨御話あり。

五月一三日(火)　御召し御座所　一〇・三〇―一一・一五

(此日勝沼〔精蔵〕博士拝診にて、其直後らしく御召し)

昨日も同じような話でマア愚痴見たような事だが、昨夜の夕刊や今朝の新聞を見ると、(149)警視総監辞職とか、破防法反対とか、大体の空気が、秩序維持しようといふもの に攻撃的で、それは行過ぎもあつたかも知れんが、大体政府がこういふ法律を作らうといふやうになつた事を考へずに、何でも反動とか、特高再開とかいふ風にいふのは私はどうも分らん。社会党左派とても共産党とは一線を画してるといつてるのだし、右派は勿論、改進党でも容共とはいつてないのに、野党として一概に政府の取締らんとする目的を承知の上で攻撃斗りするのは、言行不一致の政党といふべきだと思ふ。度々いふ通り、戦争前の様子に似てる。独とソと違ひ、軍部と所謂は き違への民主主義と違ふ丈けで、中正な意見を持つてる人は多数でも沈黙してるし、又組織もない言論も大体反動といふ風に書くのはどうかと思ふとの仰せ、繰返し仰せ。

御軫念は御尤もで、象徴として国のための み御考への陛下の公正な御考へは、中正な不偏な一国民田島などの考へまする事も全く同じでありますが、今日の憲法の条章では陛下の御軫念をその儘政府に伝へなど致す事は出来ませぬ。又組織なき国民として何か運動する方法もありませぬ。又こういふ事に反対運動を公然するものは、他の面で注意すべき右翼でありまして、赤尾敏(大日本愛国党総裁)といふやうな人間はそういふ事を致しまするが、是亦与することは出来ませぬ。矢張り差障りなきようにして、此間の事情はよく承知して居りまする吉田に適当な方法で通じるより外ないと存じますと申上げしも、陛下は吉田は分つてるから、野党側の反省を求める手段はないかとの御考らしく、何とも仰せられず。

しばらくして、元の憲法なら、私が真に国を思ふ立場から何とか動くといふ事もあるのだが、今はどうする事も出来ぬし、皆が心ある者が心配しながら、打つ手なしにしてるうちに大事に至るといふ事は軍部にやられた過去の経験だ。どうも心配だとの仰せ。御尤もなれども、うつかりした事は申上げられず、又出来もせず、只陛下の御軫念に同感の点を他の面より申上げる位の事のみ。これは別の事でむしろいゝ方だが、田島はきいてるかしら。昨夜高松の妃殿下からきいたのだが、米国の陸海軍で戦争中、日本語を教へる語学将校を作る学校へ日本人でアメリカで教師をしてた為、日本語教師として雇はれた某といふものが今日本へ来てるが、そのものが高松妃殿下に申上げるには、当時戦時中から日本の皇室はどうしてもおかなければいかんといつてた由で、今は平和になつたから話したとて構はんといふ事だとの事だ。米国でもよろしい事はよろしいとしてチヤンとやる。その研究をちやんとやる。この人の事は田島きいて居らぬかと又御尋ね。きいて居りませぬと申上げし処、或は参考になるかも知れぬ故、調べて次長位に一度あつて話をきいておいて貰つた方がよいかとも思ふ。場合によつては長官もあつて……との御話。是はあまり重要ならざる事の様に思はれしも御熱心故、一つよく調べましてと申上げ置く。

次にそういふ国家の運命に関するやうな大問題ではありませぬが、申上げました事に関連して二つ斗りあります。一つは煙突に上りました〔三文字削除〕を昨日釈放する(微罪で)段取を検事と警察とで打合せ、腹を切るとまで責任観の強い男親(掌典職勤務)とその兄弟即ち伯父とに身柄を引渡す事にして居りました処、馬場検事正から意見が出まして、法律上は警察の拘留、検事の拘留の外、判事とて適法に留置く事が出来ます由で、精神鑑定をする為め少し延引する事にきまつたとの事でありますと申上げし処、気狂ときまれば却てそれはいゝネーとの御話。実は、親は只今申上げましたやうに切腹し兼ねまじきと申上げし処、それも少しおかしいネーとの仰せ。〔一九六文字削除〕不思議に此度の事件を社会一般が余りに問題に致しませんので、煙突男が宮内庁にも出来て世間並になつたんだと批評するものもあるときいて、世の変遷に驚いて居ります位でございますと申上げし処、此事には余程御驚きの様子で、そんな考へ方はいかんネーとの仰せ。こういふやうな考へ方を世の中がしてる様な世の中で、田島の進退の場合にも考へさせられました云々申上ぐ。

次に、三笠宮様に、昨日とか高尾秘書課長から寺沢助教授釈放御依頼の件の御軽挙を御攻(ママ)め致しました処、相当御困却の御様子で、長官、次長は知つてるかとの御尋ねがありました由、況んや陛下に迄申上げありとは御存じありませぬ故、其御積りに願ひ上げますが、砂が少しついてゝも検挙するといふ警視庁のやり方を非難し、寺沢もその程度と思つてやつた事との御弁解だつたそうですが、事実寺沢は一隊を指揮したとかの話であります。たとひ端役でありましても、殿下としてそういふ軽い御行動は慎んで頂かなければ困りますと申上ぐ。

それから昨日、天野文部大臣がやつて参りまして、学生が騒いで辞職するといふ事はありませんから、それで辞職はする事はない。然し中々面倒で、適当の時にはやめたいやうな意向を洩らして居りました。それから、池田蔵相が最初はよかつたのが段々わるくなり、予算を中々渋り、其外巾着を握つて居ります為に、どの閣僚も多少遠慮するので、巾着の為に優越とは知らず、本人が偉いと自分で思つてるらしく、人間はやり手でありますが、教養といふものは零で読書などした事はなく、新聞位のものではないかと申して居りました。現に、近代美術館の予算の時は、親類か知人か選挙に関係ある人の為に言を二三にした事があり、此時斗りは天野も大に争つて遂に主張を通したとか申して居りましたと申上げし処、俗物ダネーとの御話。どうもそうの様で、塚越と同級生でありますが、賀屋〔興宣〕の勢力のある頃は随分賀屋に取入つたとかいふ事でありました。総理が経済の事に疎い為に重宝がられて、中々の勢力のやうでございます。

又次長にきゝました話では、地方の政界も、選挙の為に知事の選挙に骨折つたものが立身するといふ様な有様で、県会議員も民主主義で相当我儘のやうで、心あるものは県庁の官吏をやめるそうでありますと申上げし処、選挙のものが多すぎる。吉田も官選がいゝといつてた。知事など官選にして了へばいゝにと、いつもよりは強い語調で、はき違への民主主義の事に御憤慨の御様子で、アメリカでは議論のきまるまでは随分やるが、一旦きまればそれに従ふといふ事だがとの仰せ。それはヴアイニングを御頼みになりましたスタダード総長〔George D. Stoddard ジョージ・D・ストッダード、元米国教育使節団団長〕の教育意見書にも、民主主義とは少数者が多数者に従ひ、多数者は少数者を尊敬する政治だといふ事が書いてありましたが、之は真理だと存じますので、時々引用して居りますが、先程のアメリカ人の御話にもありましたやうに、日本人の優秀の点もありまするが、民主政治をやります事はマッカサーの十三歳[150]かも知れませぬと申上ぐ。

中正の意見が輿論となるやうに願はしいのでありますが、今度の破防法反対の気勢は五月一日事件で内閣側が少し威張り過ぎた反動もありますやうでございます。実際政治は理論でなく、感情やいろ〳〵のものがふくまれて「勢」が出来ますから六ケしいと存じます。反米思想があります事はアメリカの施政や、やり方の行過ぎの為起きました事故、理屈からいへば逆コースをとる事は非難さるべきでないに係らず、何でも逆コース、反動の名で反対します。

重光〔葵、改進党新総裁の被推薦者〕の総裁選任にも、吉田のやうなワンマン振りや、側近政治はやらさせぬとかいふ様ないひ方を三木〔武夫、改進党幹事長〕か何かがいつてましたが、どうもそういふ様な反対党の事は何でもかでもわるくいふ。昔の憲法で、陛下が内閣任命権お持ちの時ならば、事件騒動が起きれば辞職の已むなき場合もありました時の様に今は参りませぬにしても、国利民福より倒閣とか、次の選挙とかいふ様に各政党がなつて居るやうに思はれますなど雑談申上ぐ。御軫念のやうに拝す。

五月一五日(木)

願出御座所 一〇・五五—一一・〇〇

既に侍従長から御願申上ましたと存じますが、外国大公使の午餐御陪食の事でございますが、一度で出来ぬ事はございませぬが、今一日御願致し、二度に分けました方がよろしいと存じますがと申上げし処、侍従長からきいた、よろしいとの仰せ。それから山田〔三良、日本学士院〕院長御見舞の御思召の事は、既に林春雄〔元日本学士院第二部長〕の時の例もありまする故、あの通りにして時機を逸しませぬ方よろしいと存じまして昨日、田島伝達致しました。山田院長は御思召に感激致して居りましたと起立御礼言上す。

次に、御思召を伺ひまして処理の考へ方をきめたいと存じまする事は、今回の神宮御参拝に関してでありまするが、御日程を知事の心得迄に話しましたのが地元で話したと見えまして、放送やら新聞やら出ましてございます。前に御巡幸の時二見の提灯行列がありましたので、あるとかいふ話もありまするが、今回は御参拝の前夜で御慎みの時故、止めるも如何といふ場合には、侍従が代つて御答へといふやうな場合があるかと存じますと申上ぐ。別に御異存なきに拝す。今一つ、小学校長会が偶（たまたま）〔宇治〕山田市で其頃開設されますそうで、御出でを願ひたい旨申して居りました。天野文相からも話がありましたが、今回の行幸の御趣意上不可能の事、申述べましたが、地元の校長又代議士等が何とかと申して居ります由でございますそうですから、御親拝のすみました後、京都への御道すがら、適当の場所さへありますれば御車から御下り頂き、一寸御激励のおことばを頂きまする事は如何なものでございませうと申上げし処、山田でやるのか、そうか、参拝がすんでからよかろう。それなら神宮の方も別に異議なからうと思ふとの仰せ。その含みでそれでは、場所と時とを考へ、神宮の意向もきゝまして、考へさして頂きます。

あの、新聞を見ると又ストがあると書いてあるが[151]、そういふ時に葉山へ行つていゝかとの仰せ。少しも差支ありません。信任状の式で田島などは直立だけでございますが、陛下は総て御応対遊ばすので、御休養を願ひまする事は田島の義務でございますし、第三次ストの時も二十七日とかありましたし……と申上ぐ。そうかと御了承。

五月二〇日（火）　願出御文庫　三・〇五―三・一〇

ほんの一寸した事でございますが、下村宏から昨日電話がありまして、癩予防協会の事務所が工業倶楽部内にきまつて居りましたが、最近断られて参りましたそうですが、患者がやつて来るとか、手紙が困るとかいふ事を考へてるやうでありますが、事実患者は来ませぬし、手紙は消毒して出すのに、そういふ事がいはれるのは先づこういふ所から啓蒙してかゝらねばといふ様な話でありました。又その意味で、名前も癩予防協会といふよりは恵楓協会と致したいといふので御許しを得たいとの事でありましたが……。勿論総裁はまだ御引受になつては居りませぬが、事実厚生省の人と御連絡して居りまする高松宮様も御異議ないとの事でございますと申上げし処、私は異議はない。又下村にあつた時に伝へて欲しいが、予防協会の仕事は大宮様の御心のこもつた事でもあり、大切の事だから一つ努力してやつて欲しいといふ事を、それから順調に進んでるだらうネーとの仰せ故、募金の二億円は達成出来ませぬようですが、仕事は下村が会長となりやつて居りますし、[152]お金の点は二億円あればよし、二億円なければ出来ぬといふ性質でもありませぬ故、会の運営が何れ道〔とのみち〕活発となる事が必要で、その点は着々致して居ると存じますと申上ぐ。金額よりも、理想に一歩づゝ近くやうにやつて貰ひたいとの仰せ。下村へ仰せの趣は申伝へますると申上ぐ。

それから、今日どうしたのだとの仰せ。ハイ今日は葉山へ御出掛の事を田中〔耕太郎、最高裁判所〕長官に予め申し、長官も後から入つたせいか、真野〔毅、最高裁判所判事〕だの沢田〔竹治郎、最高裁判所判事〕などと相談致しまして二時迄に終了といふ打合せになつて居りましたのは、田中がやゝ司会が下手だつたかと存じますが、兎に角そんな事で、真野や沢田が時間が来たからといふ事であちこち致しましたのでございますと申上ぐ。

あゝそうか。外にはないか。今ありませぬ。今日は英国大使館によばれて居りまする為、又二十三日はガスコイン夫人を呼んで居ります為、御伴は次長に致して貰ひますが、二十二日には河田と共に参上致します。猶、急な事が出来ますれば、又参上致しますと申上ぐ。

五月二六日(月)　御召し御座所　一〇・五〇―一一・二五

〔木村篤太郎〕法務総裁来訪中御召しあり。只今法務総裁来訪中、又小泉博士と約束来談の筈故、御急ぎの御用でなくば暫く御猶予を願ふ旨、小畑〔忠〕侍従にまでいふ。やがて、ゆつくり話をして後でよいとの電話あり。用談すみて後、御前に出づ。

法務総裁と話ししてたといふが、あの此頃中田島にいつてたやうな事を一昨日法務総裁にあつて質問した所、いろ〳〵の点は私の考へと違はぬようで安心したが、法務総裁が一生懸命やつても、一寸きくと党出身でないから、総理なり官僚なりのカバーが足らぬのではないかと思はれるとの御話。そういふ点は多少ありますかも知れませぬが、しつかりした人物で、しつかりした考へを持つて居りまするものが其局に当つて居りますれば、先づ一応は安心願つてよろしいかと存じますと申上ぐ。只今は別の用件で参つたのでありまするが、一昨日の議会の流会の事[153]など、議員が公務員として職務怠慢であり、一国民としては議会政治に疑惑を抱くやうな事をしてるは誠に残念であり、フアシヨ（ファッショ）に国民を走らせるやうなもので、共産党の為になるやうな結果だと感じをのべました処、総裁も同感で、此前司法大臣になつても財的犠牲で別荘を売つたとか申して居りました。又今回も何も好んで法務総裁にならなくてもいゝのだが、明治時代から生きて来た人間として御奉公の覚悟で、子供等は家に残し、妻と二人で官舎に移り、何事もあつてもいゝ覚悟をしてるとの話をして居りました。GHQのある頃も、その属僚が憲法違反とか何とかいつて来るので、Ridgwayと話して、悲壮の覚悟も語り、それ以来うまくいつたと申して居りました。しつかり人間のやうでありますと申上げし処、法務総裁の話をきいた翌日の新聞に、大学の慰霊祭をやらしてる[154]。誠に慨嘆にたへぬと仰せ。

そこへは藤川アンナ〔アメリカ人、労働運動家藤川義太郎の妻〕が出席してるが、盛厚さんの話をきくと、盛厚さんの知人の処に居た事があるそうだが、その頃は米のスパイだといふ事だつたが、ソヴイエットのスパイだつたのだといつてなすつた。盛厚さんの話には一情報ではあろうが、仏印は一年にならずして中共に落とされる。今でも各都市は皆共産側に包囲されて飛行機で連絡をとつてゐるといふ話だと。又交趾支那（コーチシナ）〔旧フランス領インドシナのフランス直轄地域、現ベトナム南部〕よりもビルマの方がもつと危いといふやうな話を盛厚さんがしてた。又共産党の反対の者は皆殺して了ふ。何とか罪名を作つてといふやうな事で今は決して安閑たる時でないと思ふのに……との仰せ。仏は本国の方が中々大変でありますから、東洋の方には手が廻り兼ねませうと申上ぐ。盛厚さんの話では、蒋介石は米国の援助が足りないといつて慨いてゐるといふ事だとの御話もあり。陛下は、もつとアメリカが徹底的に蒋介石を助けて、中国本土の共産勢力を弱める事をしなければ、あとになつて取り返しのつかぬ事になるとの仰で〔内々中国の国民政府の力で中共を弱めるために事を起す事が望ましいやうな御気持にも拝せられる〕、頃日の河田の話にもありましたやうに、国民政府に内心気を許す人が中国に居りましても、海をわたつて行く事は自力で出来ませぬ故、米国が蔣を助けねば中国本土へ進攻する事は出来ますまいと申上ぐ（盛厚さんの話の元はどこか分らぬも、盛厚さんの話にはまづ信を措いて焦燥的の御感じに拝す）。侍従長にも話した事だが、マカツサーが中国迄攻めるといふ事をいつた方が今から見ればよかつたのではないかとも思はれるが、是はいつでもある事で、後日になつてあの時こうすればよかつた、後日の結果を見ての批評であつて、実際としてそれがそうならないやうな事情があつたのでこういふ事はいへぬのだが、今になればそんな事も考へられるとの旨の御話もあり。

法務総裁の参りましたのは、今回の御親拝に橿原神宮をも加へて欲しいとの話に参りましたのでありますが、御親拝の性質、前例等申して出来ぬ旨申して置きましたと申上ぐ。

それから法務総裁のあとで小泉が相談に参りましたが、三宮さんで皇太子様を御食事にといふ御話でございますが、前回高松宮様でヴアイニング御送別の会があり、小泉も御伴して御出席といふ事になつて居りましたが御病気でおやめになつた事があります。又其後、三宮から一度御話がありましたが、何かの事で之も行はれませなんだが、御成年にも達しられた事故、此際奇麗にお受けになつた方がおよろしいと二人の意見は一致しましたので御許しを得たいと存じます。ヴアイニングの時と違ひ、皇族様方のみの御集りに御出掛であります故、臣下の御同席を願ふ事は如何かと存じます故、お一人で御願ひしたいと存じます。小泉の話に、殿下もよくいろ〳〵御考への様でありますからと申上ぐ。よろしい、うんとの仰せ（力強く御喜びのよろしいではなき様に拝せしも、それはいかぬといふやうな御気持を無理によろしいと仰せになつたとも拝せず）。葉山は折角御出を願ひましたが天候があまりよくありませんで……と申上げし処、葉山の事には少しも御興味なく、生返事を遊ばすのみ。国際情勢、治安関係、学生問題、一口に共産勢力の進出による御心配で今日は御一杯らしく拝す。文部大臣はまだ拝謁致しませぬが……と申上げし処、二十九日だとの仰せ。其節にはどうか充分御質問頂きますやう、東大も南原時代とは違つて居りますやうで、新聞で御覧になりましたかと存じますが、医学部長なども相当強硬な考であつたやうでありますからと申上ぐ。

あの、東久邇さんの所の仕事の税金が沢山かゝるとか何とかいふ事はきかぬかとの仰せ。何も承りませぬ。先日の御話では、税のかゝらぬ様に仕組む御話でしたが、それが問題になりはしませぬか、又税金をお払ひになれば御利益は大した事にならぬのではないかといふ事を当時も申上げたのでございますが、あの以後何等承つて居りませぬと申上ぐ。

共産党の動き等に関し、宋襄の仁[155]といふ様な御言葉も拝す。

五月二八日（水）　御召し御文庫　一・五〇―三・一五

あの少し先の事であるが、英国女王の誕辰に電報を発することはどうなつたのかとの仰せ。それは先の事ではありませぬので、キングヂヨーヂ六世弔祭式御名代御差遣に対する挨拶のなき経緯、又天長節に先方より御親電なかりし事等を詳細十五日に首相にいひました結果、首相は一寸考へるからとの事で、翌日〔渋沢信一〕外務次官が朝海〔浩一郎〕代理大使〔在ロンドン在外事務所長〕に電照する文案を見せに参りました。照会することの適否は関知せざる事故、電文内容の事実相違（弔祭式を弔問と誤解）を指摘しておきました丈けの処、その返事を外務省から見せに参りました。其結果、矢張り当方として尽すべき事は尽し、先方のなさぬ事は先方の過失と思つてやりまする事の方が此際適当との結論に達し、その旨首相に手紙で伝へました。仮りに首相に異論ありましても直ちに承服せず、議論するつもりでありました故、御発電可然と考へる故、御願するつもりである事御了承を乞ふ。御異存あらばとは書きませず、猶御指示の点あらば御電話被下度旨書いておきました処、総理から即日返書が参りまして、同意見である、此際事を荒立てるもどうかと思ふ故、御発電願ふ方よろしと申して参りました故、どうぞ御許し願ひますと申上ぐ。よろしい、其方がよいとの仰せ。右経緯は、逐一詳細に弔祭式の時の先方の申入の事よりの経緯、吉田首相に話した経緯、田島個人の信念としては人の事は構はず自分のすべき事はするといふ流〔儀〕義の事、但し私人でなく国家皇室の事となればその流義〔儀〕でやれぬ事も承知。但し自己流に堕する事の警戒もあり、首相に相談した事なども申上ぐ。

外にそちらからきく事はないかとの仰せ。別にありませんと申上ぐ。そうか。どうも愚痴見たような事だが、私と近衛とが意見が一致してたやうに世の中は見てるようだが、これは事実相違だ。丁度アメリカもソ連も抽象的に形式的に表面的にいへば両方とも民主主義といふだらうし、平和主義といふだらうが、其の実際の具体的の事を見れば正反対のやうなもので、近衛が私の考へと一致と見るのは皮相な事で、むしろ場合によれば正反対だとの御述懐。色々陛下の御話を伺ふやうになりましたり、又原田日記のやうなものを見まして、必ずしも陛下の思召を体してやつてた人ではないと思ひますようになりましたが、一国民として当時の近衛の活動を見て居りまするときは、一番陛下に近い陛下の思召を体してやつてる人とのみ思つて居りましたので、今でも一般的にはそう思つてる人の方が多いと存じますと申上ぐ。いや、新聞や雑誌など見れば、どうも真実とは遠く、近衛は公卿華族であり又心安く話も出来た為めか、さつきいつたように誤解してるものがあると思ふとの仰せ。公卿華族の筆頭ではあり、一寸他の華族とは違つたやうに世間でも準皇族見たような見方をして居りまして、申上げまするも如何かと存ずる事ではありますが、新橋あたりの巷でも光栄に思へ位の様の振舞をしてたやうでありますし、一般もそれを認めてるやうでありましたが、段々陛下の御話を承りましては随分違つた事と思ひますと申上ぐ。

近衛はきゝ上手又話し上手、演説も一寸要点をいつて中々うまいし、人気はあるし、中々偉い点もあつたやうだ。例へば自分の誤りだと思ふ事は余り拘泥しないスツト変へるといふ様な点はいろ〳〵長所あつたが、余りに人気を気にして、弱くて、どうも私はあまり同一意見の事はなかつた。之に反して、木戸は飽くまで事務的であつたから……。私自身も事務的だから……、私は木戸の方がよくあつた。あれなら話がよく出来る。近衛はよく話すけれどもあてにならず、いつの間にか抜けていふし、人はいかもの食ひで一寸変つたやうな人が好きで、之を重く用ふるが、又直きにその考へも変る。政事家的といふのか知らんが、事務的ではない。東条は之に反して事務的であつた。そして相当な点強かつた。強かつた為に部下からきらはれ始めた（既に承つた事ある、東条、近衛、木戸の人物論を大に繰返し遊ばさる）云々仰せになる。ハイ、然し人間に備はらん事は中々求め難いので、国務のやうな大業は一人では出来ませぬ故、矢張りコムビを良くして長短相補ふが必要かと存じます。長短といふ事も全く別物ではなく、実は同一物で慎重といふ長所は同時に優柔不断といふ短所ともなりまするし、果敢といふ長所は同時に慎重味を欠くとなりまして此辺は六ケしく、可成人の特長を生かして数人のコムビで全体として誤りなきを期する事が大切かと存じますと申上ぐ。

それはその通りだ。首相と書記官長、今の官房長官などは其最たるものだが、夫婦もそうかも知れないネーとの仰せ。夫婦の性質も、相互に反してます場合に却て和合する事もありますやうでございます。

東条は、政治上の大きな見通しを誤つたといふ点はあつたかも知れぬし、強過ぎて部下がいふ事をきかなくなつた程下剋上的の勢が強く、あの場合若し戦争にならぬようにすれば内乱を起した事になつたかも知れず、又東条の辞職の頃はあのまゝ居れば殺されたかも知れない。兎に角負け惜しみをいふ様だが、今回の戦争はあゝ一部の者の意見が大勢を制して了つた上は、どうも避けられなかつたのではなかつたかしら。又歴史上に見ても、内部の力の抗争した時、政治家が外国と事を構へたといふ事例もあるが（構へん為ではなくても戦争になる勢であつたといふやうな「負け惜しみではないが」と仰せになりながら稍「負け惜しみ」より「自己弁護的」な意味で、しきりに勢の赴く所、実に不得已（やむをえざる）ものがあつたといふ事を仰せになる）。

（どうも皇后陛下常磐会(156)へ行啓の為御閑らしく、雑談遊ばす御意味と拝する故）平沼は西園寺は枢府〔枢密院〕議長にはせぬといつて居たようでありますが、一木がやめましたのはどういふ経緯でありませうかと伺ひし処、一木は体も弱つてたし、美濃部学説のやうな風当りも多少あり、西園寺も大勢を見てどうもならず、むしろ〔枢密院議長に〕した方がよいと思つたかも知れない。然しあの時、国本社(157)はやめさせる条件にといふ話をしてた処、こちらから条件など出さぬ内に先方平沼の方から国本社はやめると申出て来た。どうも国本社も自分が何か地位を得る為の手段の様に思へる。平沼は其後、国本社関係の人間は一人か二人以外は使はぬ事にしてた。平沼といふ人間は、私は邪推だが、或は射撃された際[158]随分近距離であつたに拘らず致命的でなく、又岡山県人だときいて、少し芝居ではないかと思つた事もある。これは一寸邪推にすぎるが。兎に角考へ方も一定といふでなく、其点実に近衛もひどく、平沼と悪かつたが後には平沼の味方のやうな事も随分あつた。平沼は狙撃されて必しも反英米でないといふ感じを与へる狂言かとも思つた(之は少しひどいかと思ひハアと申上ぐるのみ)。

二、二六事件の時は、〔斎藤実〕内大臣は殺され、〔鈴木貫太郎〕侍従長は傷つき、本当に陛下御一人で御困りになりました事と存じますが、杉山〔元〕参謀次長が出ましたらば、いきなり叛乱軍鎮定の方針を御尋ねになり、恐れ入つたといふ様な事が原田日記にありますがと申上げし処、いやあの時は、一木が枢密院議長で、湯浅〔倉平〕が宮内大臣であつたから、職権上は相談相手にはなれぬが内密には之と相談し、又閣僚には町田忠治〔商工大臣〕が居たから、そして湯浅が之と親しかつたから、湯浅を通して町田の意見もきいてやつたとの仰せ。斎藤は内大臣は比較的短つたやうですが、斎藤内閣は相当長く、どういふやうな人柄でありましたでせうかと申上げし処、綿密であり中々よくやつた。然し、満洲国承認とか連盟脱退とかいふ事も相当妥協的によくやつたと思ふが、どうして軍部が悪んで殺したかと思ふ位だとの仰せ。二、二六事件の時、山下奉文〔陸軍省軍事調査部長〕などはさうわるい人と思つてないが、叛乱軍将校に勅使を頂きたいとか何とか馬鹿な事をいつてた。勢といふものは随分ひどいものであつた。川島〔義之〕などいふ陸軍大臣はとてもおとなしく、ロボツトで満足するやうなものをすべて大臣にするやうな傾向になつてた。寺内〔寿一、元陸軍大臣〕は粛軍はまアやつたけれども余り感心出来ず。ポーランド入りをした事など言語道断だ[159]。粛軍の出来たのも梅津〔美治郎〕が次官で居たからだよとの仰せ。斎藤内閣のあと、岡田〔啓介、海軍〕大将を内閣の首班に推薦された時など、矢張り首相として適当の人のやうに思ひましたが、其後出て来ました首相は、どうも岡田大将見たやうな首相たる素質を持つた人が出ぬやうに思ひまするがと申上げし処、そういふやうな者は出ぬやうにするし、出さうといふのは一部のものに都合のいゝものに限るやうになる為だといふ意味の仰せ。

堀田〔正昭〕が先年御記憶を伺ひましたり、拝命の時拝見御許しを得ました陛下の御手記の外に、もつと真相を、外部へ発表でなく、御書留めおきになりまする事は結構かと存じますがと申上げし処、人を得るのが六ケしいが、そういふ事は出来れば結構だ。侍従長とも相談してくれ。記憶といふものは当てにならぬもので、私の長官に見せたのにも或は記憶違ひがあるかも知れないし、又思ひ違ひがないともいへぬ。然し、何かきいて貰はぬと話すといふ事も六ケしいしとの仰せ。人と方法とは又侍従長と相談致しまするが、後世の歴史の為に是非願ひたいと存じます。公表は出来ませぬが、東宮様が他日の御参考には大になりますると存じますと申上ぐ。

平泉澄が御進講申上げ、後醍醐天皇の事を何か申上げといふ事が原田日記にありまするが(160)、あれは誰の推薦によりまするかと申上げし処、平沼だと思ふ。近衛も随分親しかつたかと思ふ。一時は秩父さんも平泉の話をきいたのではないかしら。平泉は皇室の事を一般に知らしたといふ事はあるかしらんが、いゝ事ばかりいふといふ歴史観は私と一寸違ふので、一度聞いたあとはもうきく事はやめた。

話は違ひまするが、ガスコイン夫人の為に英大使館で晩餐がありました節、花がありまして誰も名が分りませんでしたら、後藤〔鎰尾〕式部官は陛下ならすぐ分るなど申して居りました。黒田〔実、式部官〕が調べましたら、石楠花〔しゃくなげ〕科カルミヤと日本で申し、明治の終り頃米国からの輸入されたもので、日比谷や新宿御苑にもありますが、さし木でないとうまく行かずとか申しておりました。

「つゝじの様な花なら石楠花科かしら?」と仰せになる。食卓の話は政治外交禁物でありますから、花などの話とか、美術の話など、相当の教養が必要と存じまして、自然科学が絶対出来ぬのは困つた事と存じて居りますと申上げし処、私も欧州へ入つた時、花をきく事はいゝと思つた。第一言葉も容易だし一番イゝネーとの仰せ。

大変長くお時間を頂きまして……とて立上り、只今の処、御親拝御旅行後には那須へ御出を予定致して居りますが……と申上げし処、状勢がそんな呑気な事といふ風でなければ、私の健康の為といふのなら……との仰せ。勿論只今の情勢は別に何もないと存じますが、何か治安問題が突発しませぬ限りは……と申上ぐ。別に何も差支なくばそういふ予定でよい旨に拝す。

広田〔弘毅〕は、田島など遠くから非常に強い人のように見てましたが……と申上げし処、背が高いし、又玄洋社[161]などといふ意味で強いと思ふやうだが決して強くない。可なり妥協的だつたといふやうなお話もあり。岡田のやうな人はあつても中々段々出て来られなくなつた。海軍でも及川〔古志郎、元海軍大臣〕がしまいに同意するに至つたのも、陸軍と同じく、下に矢張り相当主張するものが押へ切れなくなつたのだとの御話。海軍も、〔近衛〕総理に一任するといふやうな風で責任を回避するやうになつたとの御話。湯浅は強かつた代り、下を押へるから、始終あの頃の宮内省はなんかこう一寸がたくしてたとの御話。ゴルフでも碁でも謡曲でも、やり始めに奥義に分らぬ内は天狗になりたがる人の常だとのお話。

五月二九日(木)　願出御座所　一二・二〇―一二・二五

非常に簡単な事でございますが、大宮様の多摩東陵御造営中、勤労奉仕があるとの事が伝はりまして、事実はありませんので誤伝でありますが、癩の軽症患者がその奉仕をしたいといふ話が出て、それは不可能となりました処、今回は全国十三ヶ所の公私の療養所の患者が全部醵金致しまして十六万……十銭といふ端金をつけての願出であります。今迄は宮内庁の組合と、青山会[162]以外の寄附は受付ませぬが、是は格別で御受けになつた方がよろしいかと存じます。之をよろしいと致しますれば、若し今後願出がありますれば蚕糸会と灯台守の会[163]は已むを得ないかと存じます。之は之で線が引けると存じますから御許しを得たいと存じますと申上ぐ。よろしいとの御事〔ママ〕。次に、先日御許しを得ました癩病予防協会の名前の事でありますが、恵楓は熊本の療養所の名前であり、きまりませぬので別の名前を考慮中でありますが由で、恵楓は変更と存じますが兎に角「癩予防協会」は他に変更されるといふ事で御許しを得たいと存じますと申上ぐ。よろしいとの仰せ。昨日のカルミヤの黒田の研究[164]は何の本によるか徳川〔義寛〕侍従に仰せでありましたがと申上げし処、あの図鑑は図書館（宮内庁内の）にもあるが、私の手許にもある、貸してもいゝとの御話。黒田はあれを虎の巻にして調べたのかしらとの御話。如何でございますかと申上げ退下（後黒田氏にきゝし結果、此本でなく、新宿御苑にきいたとの話故、其旨徳川侍従を経て申上ぐ。午後二時半頃）。

五月三〇日（金）　御召し御座所　一一・一五―一一・四〇

昨日ネール、天野にいろ〳〵話をきいた。大部色々考へてやつてるやうだから、あの通り行けば誠によろしいが……（果して行くかしらとの御寓意）。東大なども余程やつてるようだ。此間の犠牲者の葬儀をやるといふ時、一守衛がそれはいけませんと学生に抗議した時、危害が及ぶといはれても主張して石を投げられたとかの話もきいた。新聞が学生葬などを大に書き、こういふ守衛の事など書かぬのはいかぬ。むしろ此守衛なんか可然表彰した方がいゝと思ふとの御話。新聞はニユースの扱ひ方がどうも私共には感心致しませぬ事が多く、あの短い批評文のやうな所に「革命の小英雄」といふやうな言葉がありましたが、之などもどうも感心せぬと思ひます。こういふ様な点で為政者は新聞は見るべきと考へ過日も首相に申しましたが、内閣に調査部を設けそこで見るとの話で、自分が読むとは申しませんでしたが、どうも新聞は読むべきだと存じます。新聞の切抜を集めて出しましても吉田は余り注意して見るとも思へませぬし、時機をも失しますと申上げし処、吉田は忙がしくて外の書類でも余りよくは見ぬだらうとの仰せ。猶、吉田は新聞の首脳はよく分つてる、只若い者がどうも……と申して居りましたが、紙面を作るのは此若い者でありますから其点どうも……といふ。

東大は南原時代とは違ひ余程よくなりましたでございませうと申上げし処、それはそのやうだ。私は、早稲田は大山郁夫〔参議院議員、社会運動家〕などが居たから其影響があるだらうと天野にいつたが、天野はそれはないといつてた。その代り、若い教授達には相当ひどいのが居る。そしてそれらはチヤンと分つてるといつてたとの御話。大山は余り古いので影響力はあまりないと存じますが、若い教授中にあるだらうと存じますと申上ぐ。天野は反動だといふ事をいつてたが、それは反動といふ事は動があれば反動のある事、時計の振子見たやうなもので、当然で自然だが、その振子の動き方が私は静かにゆるやかな事が望ましいと思ふとの仰せ。その通りでございます。天野も、軍閥時代、著書等でいぢめられ犠牲を払はされて居りまする故、(165)共産などとは全然違つた立場ではありますが、自分の身に受けた事は感じが強いから、天野も共産などとは似もつきませぬが、こんな事態に立至るのは軍の時代にあまりにも振子を動かし過ぎた為に若干反動の起る事は当然との感じはありませう。赤などはそういふ無害の反動意識につけいつて自分達の主張や運動に利用するのでありますと申上げし処、天野は配属将校とか何とかいぢめられ迫害せられたといふ事でその圧迫がとれた以上、全然目的主張は異りまするが、抑圧されたもの丶自由に解放といふ理念には余程感じが深いと存じますと申上げし処、天野程直接ではないにもせよ、私も軍部の一部のものには麻雀をやつてると誹謗され、又好きな研究も遠慮するといふ様な事もあり、危害は私にはなかつたがいはゞ内大臣でも侍従長でも二、二六にはやられてるし、浜口〔雄幸〕首相の狙撃でも皆私にとつての圧迫といふ事は天野の受けたのと同じだともいへるが、その圧迫からして免れ、逆にその圧迫に対する反動といふ事はあり得るは当然かも知れぬが、それはゆるやかで欲しいし、その当然の反動に便乗して新たな動が大いに出て来る事は誠に困つた事との旨を、繰返し仰せの様に拝す。

どうも段々考へれば下剋上を早く根絶しなかつたからだ。田中内閣の時に張作霖爆死を厳罰にすればよかつたのだ。あの時は軍でも大して反対せず、断じてやればきいたらうと思ふが、あの時には久原だの小川平吉だの政治関係のもの丶方に不服があつたのだ。久原は訳が分らぬ。其時其時にいろ〳〵やる人らしいが、小川は国粋的といふか右に過ぎる方向の人らしい。どうもどちらかといふと政友会の方にはそんな風な人間が多かつたやうに思ふとの仰せ。概言すれば、憲政会の方が進歩的といふ風だつたかと思ひますと申上ぐ。

今日、吉田が公使の内奏に出ますそうですが、法務総裁や文相の内奏も、首相の心遣ひで出た事かと想像されますので、きいたが、きいた通りに実行されるといゝといふ様に仰せになりましては如何かと存じますと申上ぐ（吉田に陛下の御述懐を報じ、その措置たる事とは明かには申上げぬ。建前上）。

六月二日（月）　列車中　藤沢辺　約一〇分

三十日吉田にあつた時に、文相や法務総裁との報告をきいた事をいつたが、法務総裁の方はいゝが、文相は実行力がないからといつてた。三十一日に又法務総裁の話をきいたが、考へてる通りにいつてくれればよいがといふやうな仰せ。那須へ行くについても、地方の状況を見た方がいゝかとの仰せ等。

六月九日（月）　御召し御座所　一〇・五〇—一一・二〇

何か聞く事はないかとの仰せ。大して別にございません。順宮様の御順序の事は、大体孝宮様の例に従ひまするが、岡山へ御出でといふ事は例がありませんが、之は内親王の身分を御止めになつて[166]からではありますが、直後でありまして、如何致したらばよろしいか問題があるのではないかと存じて居ります。大体告期の儀九月十二日御式十月十日の予定で進めて居ります。それから、東宮様御成年式立太子礼の事を御喪前に一応結論を出してありますが、平和回復の今日、多少再検討の要あるか、只今やつて居ります。勲章の問題が議会の法律を要するとなりまして、その決議が後れました場合どうなるかと思つて居ります。それから、式年祭は従来宮内大臣が御陵へ参拝して居りますが、戦時中から少しくづれましたのを平和克復後再開する方がよろしいとの議もあり、今後長官か次官が参拝する事と致しまして、綏靖天皇の場合は、差当り次長に行つて貰ひ、明治天皇御式年の七月には田島参りたいと存じて居ります。又朱雀天皇千年式祭が秋にもありますと申上ぐ。それはよからうとの仰せ。

国体への行幸啓でありますが……と申上げし処、福島の外、仙台、山形へも行つてやればいゝのだとの仰せ故、それは結構でありますが、今回の京都、伊勢の警察の警戒は大変なものでありまして、いつもの警察情報は大事をとつて大袈裟にいふのとは少し違ひますようで、皇宮警察も東京から人をもつて行きましたし、市警は大変な機構で致しましたので、新聞でも見えまするやう、㊒〔共産党〕は隙さへあれば何か致さうとして居りますので、警察は責任をもつて充分致しますと申しますが、責任をもつとはいへばいゝともいへませぬので、余り警察に負担が重過ぎる時は警察で責任を持ちますと申しましても考へる必要があります。次長の如きは、こういふ時は余り御出ましのない方を希望して居ります位故、其時の形勢を見ませぬと国体行幸の事は何とも申されませぬ。十二日那須への御出掛けは鉄道の座り込みで争ひ中故、如何と存じましたが、鉄道当局は仕事は仕事、要求は要求といふ立場で御心配ないとの確言がありました故、御出掛を願つて結構でありますが、全体としてはこゝの所一寸考へませねば……と申上ぐ。

汽車中でいつたが、那須へ行つてる時は何か予定で見に行くといふ事は警察がそういふなら止めた方がいゝなとの仰せ。ハイ、それは此際御止めの方が結構と存じますと申上げし処、例の改装で東京に居るのが不便といふ点もあるし……との仰せ。それは今月末芸術院の二十五、二十六[167]のあと、外交関係の事がどうなりまするかでありますが、普請の能率上、葉山へ御出を願ひたいと存じて居りますと申上ぐ(その事で那須行きも理由づけられたような御感じに拝す)。綏靖天皇の御事歴御進講が、講師〔芝葛盛、元図書寮編修課長〕の都合で二十五日になりました事を申上げし処、二十一日に帰京するから、そして那須できくといふ訳もないから、その方からも二十三日になるよとの御話。今後は可成事前御進講のやうに致しますと重ねて申上ぐ。

それから久邇さんの東日本が、段々ひどくなつて来た。塚越の電話情報を申上げ、多分新聞には出ますまいが或は……と申上ぐ。当初より分りきつたことを誠に困つた事でありますと申上ぐ。

直接損害はないネーとの御話故、受身の事でいゝが、ゝりを付けられ訴訟にでもなればその費用が入用といふ事になりますが、積極的には損といふ事は今ありませぬと申上ぐ。

ヴァイニング[168]の本は中々色々の事を書いて居ります。

著述家故、随分いろ〳〵書くものでございます。内幕とかわるい事はない様でありますが、兎に角いろ〳〵書いてありますと申上げし処、野村〔行一〕や小泉の話でもそのようだとの御話。

鳩山〔一郎、元日本自由党総裁〕と吉田との話も、自由党内で何分分裂の様な事はどうかと思ふ。もつと大きい気持で吉田を鳩山は助けるようにして、又吉田はどういふ積りか知らぬが反共といふ一線では社左派すら一致点がある故、共産党を相手に此際一致団結すべきであるとの御話。新聞なども共産党の攻勢、侵略の事をいろ〳〵少しは書き出して結構だが、又学生なども反共の動きが少しあつて結構だが、もつと大に反共の線で大同的に一致しなければとの仰せ（稍実情を遊離した理想論的な御話）。

実は御還幸の日、英女王の誕辰で大使館へ参りましたら矢内原にあいまして、スタンドプレーをしないといふ事でやつてますといふ話から、今度立つた学生は右翼ではなく中正組であるがビラ一枚はる金がないので困つてるといふ話がありました[169]。大学当局ではどうする事も出来ず、政府も宮内庁は勿論駄目でありますが、何か民間で考へて貰へないか。実は今日首相に話すつもりで居りますと申上ぐ。それは法務総裁に話すとい丶。そういふ民間の金をもつてる筈だ、世界[170]に対する雑誌を作るなどともいつてたよとの御話。ハイ、吉田に話しましてからと申せし処、法務総裁にも話すとい丶。吉田に話した上……との御話。

英国王御誕辰御答電の事、松平〔康昌、式部官長〕御使優遇の事、英国大臣〔Harold Alexander ハロルド・アレキサンダー、国防大臣および John Selwyn Brooke Lloyd セルウィン・ロイド、国務大臣〕拝謁の事、戴冠式記事のこと等少しづ丶御ふれになる。

六月一〇日（火）　願出御座所　一一・〇〇―

起立のま丶、昨夕三笠宮御乗車の列車に投石あり。宮殿下は勿論乗客に何の被害もなく、いたづらとの事なり。右御報告の旨申上ぐ。

六月二〇日（金）　願出那須御用邸　五・〇〇―

起立のま丶、メキシコ大使[171]のアグレマンの事にて履歴書お目に懸け、御異議なき旨を拝す。他の問題は明日申上ぐる旨申上ぐ。

六月二一日(土)

願出那須御用邸
一〇・〇〇—一〇・二〇?

昨日のアグレマン以外の問題は急ぐ問題ではございませんで、御留守中、申さば何事もございません。十九日の午後、貞明皇后記念癩予防資金の結果の報告会がありまして出席致しました。最初の予定期間中には目的たる二億二千万に達しませぬ為め、延期致しまして六月末には目的には達するとの事でありますが、五月末現在で二億〇[ママ]三百万であります。各府県割当で、その額以上の県が二十二県、九十五パーセント以上六県、八十五パーセント以上五県でありまするが、それ以下の内大阪が四十三パーセント、奈良五十六パーセントといふ訳で、東北方面がよろしく、関西九州がわるうございます。熊本四十三、大分六〇、宮崎七一、徳島六四、高知五九、鳥取五八、島根六五パーセントでありますが、最初赤い羽根等の競合等で問題があり、着手のおそかつた処もあり、六月末には達成との事でありますが、大体大阪が一割以上の二千五百万の割当てが、事業界の不振等で四十三パーセントといふ様な訳でありますから、これにか丶つてるような訳であります。それから来る二十四日は大宮様御誕生日の、先達て一寸申上げました予防協会が名を藤楓協会と改称しまして、講演と新橋花柳界のおどりの会があるとの事であります。費用が入りますので内済(三百万円)したとの事でありました。一万田は絶滅の理想。下村は海外に進出等の事を申しました事は前に申上げましたが、昨日も其話がありまして、常に陛下に申上げて居ります旨を申しておきましたと申上ぐ。

大阪の募金のわるいは事業の景気によるといふ事、左もあらんとの旨仰せあり。

それから、東宮様の立太子礼の記念切手発行の申入れがありまして、西洋風に御肖像をとの郵政省申出でありまするが、従来西洋の事例は承知の上で、未だかつて其例がありませんので、一部に相当反対の説もあらうと存じますし、又一面には世界共通の事はその方がよろしいやうにも考へられますので迷ひますがと申上げし処、私の考へとしていへば、どちらでも当局の考へに従ふと思ふ。私は一方で従来のやり方は兎に角、世界共通の事を日本だけ独特といふやり方は兎角日本の立場を変なものにするといふ事も考へられる故、世界共通の事には移つてよいと思ふから断行してわるいと思はぬ。然し、当路者又は世論が矢張りそれは行過ぎといふ念が強ければそれを強行する程の意思はなく、それに従つて従来通りの意匠にしておく方がよいと思ふとの旨御話あり。田島も御考のやうに考へますので、特と各方面の意向をよく総合致し、改めて御許しを何れにせよ仰ぐ事と致しますと申上ぐ。

次に、ボアソンピエール〔Albert de Bassompierre アルベール・ド・バッソンピエール、元駐日ベルギー大使〕に御陪食の事なくてよいかとの御下問がありましたそうでありますが、侍従長と式部官長とも相談致しました。田島は特にその人物を存じませぬ故、判然たる考へもありませぬが、二人の意見をきゝまして、矢張り只拝謁を願へればそれでよろしいかと存じます。あれだけ長く外交団首席をした人の例は従来にはなく、今後も余りありますまい故、特別の御扱遊ばして理由はなくはありませぬが、人物は余り感心しませぬ由で……と申上げし処、侍従長は悪口をいつてたとの仰せ。どうも大した人ではなく、日下大公使もベルギーはありませぬし、旁御止めがよろしいかと存じます。仮りにグルー〔Joseph Clark Grew ジョセフ・グルー〕元米大使が来朝致しました場合は、首席は短期でありましても最近の日米関係に彼のなした役割を見まして特に御扱ひを願ふべきかと存じまするが、ボアソンの場合は単に長い丈けであります故、拝謁だけで御よろしいと存じます。松平は、御気が御済みでなければ何か賜りをとも申して居りましたが、それも御入〔要〕りになりませぬと存じますと申上ぐ。それでいゝとの仰せ。但し大宮様は格別であつたとの仰せ故、それは一昨年来朝の話のありまして九州御巡幸の折の前で、大宮様に拝謁の時にその事は直々に伺ひましたが、大宮様は中々何人にも御親しく遊ばしたので特に御考慮願ふ事はないと存じますと申上げ、御異存なしと拝す。

それから、こちらの日英協会の手から英国の日本協会に、両陛下の御写真を賜りたいといふやうな意向が松平式部官長迄もたらされましたやうでありますが、之がよろしいといふ事になれば日米協会、日仏協会等類似なものには皆賜はるといふ事になりますが、こちらの日英協会には英国の陛下の御写真はあるとの事でありますから、今少し研究しました上、賜はる建前としてよいのではないかと存じて居ります。御許しあれば、実は三十日レッドマン〔Herberd Vere Redman ハーバード・ヴィア・レッドマン、英国大使館参事官〕の賜暇帰英に際して持参致したい意向もあるようでありますが、実は皇后様の御服装の問題がありますので宮廷服のは如何と存じます故……と申上げし処、それは此間誰かに――〔マーカット〔マーカット、元GHQ経済科学局長〕でありましたかしらと申上ぐ〕写真といふ時に、私は問題として、入江に既に新しく写真をとるように言つてある。私もモーニングより背広の方がといつてあるとの仰せ故、こういふ個所へ賜はりまするのは、矢張り英国王などは大礼服の方が多いそうでございますが、皇后様は御和装でございますか御洋装でございますかしらと申上げし処、宮廷服はいかんので和装でも洋装でもいゝのがいゝといふ様な仰せ。矢張りこういふ場合は、おすその長く引いたといふ様なものがおよろしいのではないかと考へます。何れにしましても、その点で御写真が出来ましてからの問題で、建前として賜はるかどうかは先づ賜はる建前として猶研究致しますと申上ぐ。

実は、此御服装の問題で、将来勲章贈進といふやうな場合、陛下がモーニングを召して、はどうにもなりませぬので、燕尾服を召して頂くといふ事が起きるかとも考へますし、又式部官長などは、目下の傾向とは違ふが、或は大礼服のやうなものをも御制定願ふ必要が起きるかも知れませぬと申して居りますがと申上げし処、私はそう思つて天皇服廃止の説のとき廃止とせず、賢所の時丈け使ふといふ事にして残した[172]のだよ。あの黒へリを簡単な菊の金モールにするとか、又はあのまゝでエポレット〔肩章〕を付けるとかいふやうにし、又供奉服を少し金モールにして、私のが菊なら供奉服をかへる方は桐にするとかいふ風にして、宮内官も大礼服がいるのではないかと私は思つてるとの御話。

外にないかとの仰せ故、順宮様御慶事の御順序と併行しまして、立太子及成年式の次第も大宮様崩御前に一度立案しましたもの故、再検討を加へて居ります。一応十一月を考へて居りましたのを、日の短くならぬ内の方好ましく十月末といふ考方になりつゝあります旨言上す。そうかとの仰せ。

それから、秩父宮妃殿下の御話で通産省の役人の申出で、ある社会事業（その詳細は忘れましたが）の為に特にダラ〔ドル〕の輸入割当をする、それはある信用ある貿易会社を特定して、その利益を提供するやう条件付で許す。それには久邇さんの御関係の極東貿易会社がよいとの話があつたとの事でありましたが、御名前は申さず、元皇族で印度人の極東貿易会社の密輸入に御関係で困つて居りますと申上げた事がありました事を御記憶で御尋ねがありまして、久邇さんといふ事を申上げ、御関係ない事がよろしい旨申しておきました。矢張りまだ元皇族と御関係といふ事で世間には信用の増すといふ有様で……と申上げし処、それは実にいゝ事で、世間が元皇族、皇族は勿論だが、をさうやつて重んずる風はいゝ事だと思ふが、それに値するだけの皇族、元皇族の自重自粛がないと実に困るネーとの御話。

それから十九日、林[173]〔譲治〕衆議院議長が参りまして、未帰還者促進期成の会長の資格でその大会に行幸を仰ぎたいので御内意をといふやうな事でありましたが、厚生省も次長に対して此事は行幸には……？と思つてもいるらしく、五月二日の追悼式とはどうも少し違ひまする……尤も国民誰一人不同意のない点は同じでありますが……戦死といふやうなきまつた事実の上に立つ事と、帰還を促進する運動をする事とは稍違ひまするし、政治又は外交に関連をもち得る事でもあり、どうも六ケしく思はれる旨の返事を致しておきましたが、若し全国からの参集者が宮城乗入又は奉拝を願出ました場合は、御巡幸の時でも留守家族御慰めのことはありまするので、それと同じ意味でおよろしいのでないかと思つて居りますと申上ぐ。

外交関係の事もなき時は七月葉山、八月那須といふ事で、宮殿改造の仕事の上も大変願はしい旨、一寸附加言上す。

六月二四日(火)

御召し御座所
一一・二五—一二・〇五

エーッ、国会の有様はどういふ事だらうネと最初より御感慨の御様子。日本が再建する為には此際は挙国一致であるべきだと思ふに、国の前途など少しも考へぬやうな風に、党利党略に専念してるやうな国会の有様は、民主化とか、憲法改正とかいふが、少しも戦前の議会のわるかつた処は改まつて居らない。これでは国会政治に失望する人が出るのは当然ともいへるので、それが昔は軍部の台頭の結果を生んだが、それは軍人が独乙にだまされたのだと同じ様に、今では組織労働者や学生を共産ソヴイエットが丁度独乙と同じ立場でやつてる。之では国が亡んでもいゝと国会は考へてるのかともいひたくなる位だとて、議会の現状に憤慨した往年の軍の一部、独乙—軍閥—戦争—敗亡といふやうに今の国会の有様に憤慨して学生、労働者—ソ連—共産党—戦争—敗亡といふ余りに相似的な事に目をさまさぬのはどうした事かとの、先達来の一貫した「おことば」の時の「反省」を強調遊ばされし御信〔ママ〕念を又数回御繰返しになり、何とか、陛下として手を打ちたき御心持と、それは出来ぬ現在の憲法の規定では致し方ないが、国の亡びゆく経路を傍観出来ぬとの御心持を拝して誠に恐懼す。陛下は政治上には御関係なき御立場故、陛下としては何も遊ばす事は出来ませぬ旨を例により申上ぐ。それは分つてるが、国がこんな事では亡びるのではないかといふやうな仰せ。

此間会食の時に、東宮ちゃんが学習院大学へは、高等科の優秀は東大へ行くから、其次のが進級してる処へ外部から入つて来たものが相当あり、之が多少対立し、外部から来たものは矢張り進歩的といふか左〔ママ〕り的であり、学習院の高等科から昇つたものはそうでないので中々六ケしい処があるとの事だ。安倍は誠に人格はいゝが、そういふ事を処理するのに矢張り多少進歩的の方に譲歩する傾きがあるのではないか。自分の考へは正しいが、その正しさを強く出さぬのではないか。米内に似てるのではないか、といふ様な御話に付、学習院も世間の大学並に左的の空気がありませうし、又何れの大学でも、教授、学生共に進歩的でなければ一日も治まらぬ情勢故、安倍の立場も非常に困難だと思ひます。勇気がないといふより、実際的でない、理論的であるかと思ひます。全面講和論の如き態度であります。緒方竹虎に随行[174]しました元の朝日の嘉治隆一〔元朝日新聞社出版局長〕――曽て日本の文化に及ぼせる外人につき御進講致しました――の話に、蔣政権では中共と正面に反対して居りまする以上、日本がよし国民政府に援助せぬにもせよ、中共に勢をつける事だけは少くもやめて貰ひたい。南原、安倍、矢内原といふやうな人の言論は、五万の援兵位の価値があると申して居りましたとかいふて居りました。東宮様の教育の面も、大学は中々六ケ敷、学習院の学科と特別単独の御講義とありますが、場合によりますれば御やめ願つてもよろしいと考へて居りますと申上ぐ〔小泉氏と数日前談合の事は一切のべず、単に〕。それから義宮さんもいつておいでだつたが、水島〔三二郎〕の話に東大の中にはそんなわるい学生はゐない、あれは外部の学生だといふやうな事をいつてたそうだ。然し大学は大学でやるから自治で、警察は困るとかいふのでその事自身矛盾してるやうに思ふが、水島がそんな事をいつてたそうだ。何か機会のあつた時小泉に、東宮ちやんの話と義宮さんのいつてた事を伝へておいて欲しいとの仰せ。それは承りましたと申上ぐ。

六月二五日（水）　御召し御座所　一〇・二五―一一・二〇

昨日の話のつゞきだが、東宮ちやんが若し学習院をやめるとなると、学習院の声価に関する事と思ふが、その点はどうだらうとの仰せ故、昨日場合によれば必しも学習院御在学の要はないので御やめもよろしいと申上げましたつもりで、御退学を願ふと腹をきめた訳でも何でもございません。只場合によれば御退学も已むを得ぬ場合があり得るといふ事を小泉とは話しあいました丈けで、昨日御話の際に一寸未定の事を申上げすぎたと存じますと申上ぐ。

いや、学習院としては、東宮ちやんがやめたとなれば評判がわるく影響するだらうから、東宮ちやんの話をきいても、社会科がどうもいかぬとの事で、清水〔幾太郎、社会学者、学習院大学教授〕といふのをけんか両成敗でやめればそれでいゝのではないかとも思ふのだ（社会科と社会学とのトンチンカン少しあれど、敢て何も申上げず）。安倍は昨日も申上げました通り、人物はよろしいが議論は公平といふ訳で、マルクスの勉強もよろしいと公然申して居りますが、稍現実離れのした理想論をする頭の傾向で、全面平和論を固持して居ります事等で、いつか清水はひどいと田島の申しました時にも、考へてはいるがといふ様な事でありましたが、大学長は何処でも相当進歩的といふ事でなければ一日も勤まらぬやうな状勢でありますが、時機と方法とは勿論考慮致しまするが、最後には御退学を願ふ場合もあると小泉と話合ました丈けで、具体的にその方向へ進んでる訳ではございませぬ。又御話しの学習院の声価に悪影響のない時期と方法を考へる必要は充分ありまするので、之は熟議の上、更めて御許しを得なければその方へは進みませぬと申上ぐ。

いや、私の学問所は洋行の機会に止めになつたのだから、今度の御大礼に行く事にでもなればその時がい丶と思ふとの仰せ故、実は小泉と先日話合ひましたのは、矢張り戴冠式へ御出掛の機会を捕へるがよろしいと申合つた次第でありまして、御出掛に際してがよろしいか、御休学で御洋行になり御帰りになつてからがよろしいか、兎に角それらをも比較研究して、もし必要あれば其機をとらへるといふ事を考へて居ります。又講義は兎に角、一般国民との御接触上、寮へは御出になるといふやうな考へもあります。何れにせよ確定議ではございませんと申上ぐ。

昨日貞明皇后をしのぶ会に出席の事、三笠宮御ことば無難なりし事、利栄治[175]の事、おどりの事、言上。猶、集金の完成の機会に、募金会長等及予防協会改め藤楓協会の役員等を、九条〔道秀、貞明皇后の甥〕さん等御接待程度の御茶でも直宮様方と共に賜る事は如何かと侍従長とも話合ひました事であります。或は高松宮様あたり何か御話がありますかも知れませぬ故、陛下に右様の御考のおありの事をおふくみ願ひたいと存じますと申上ぐ。

二億二千万円六月一杯に完了と申上げし故、この七月匆々に催すのかとの仰せ故、いや善後計算引継等もあります故、九月で結構と存じますと申上ぐ。

ブラジルに永く住みます宮坂〔国人、ブラジル国サンパウロ市日本人商業会議所会頭〕といふ人物、外務次官等にもき丶まして相当の人物と存じましたので、御進講の御許しを得ましたが、昨日参りましたのであつて見ましたが、勝組負組[176]の融和して居らぬ事はひどいと存じました。東久邇俊彦さんの事も、可もなく不可もないといふいひ方のやうに思ひました。御結婚は勝組から貰はれれば負組は承知せず、又負組からなれば勝組が承知せずといふ有様で、内地から御迎へより致方ないのかと存じますと申上ぐ。移民の方がよければそれでいゝネーとの仰せ。

予て問題と存じて居りましたが、戦争犠牲者の問題であります。今日陛下としては国事に御関係出来ませぬ建前でありますが、往年の大元帥としてとの感じで皇室に対しても多少怨言をも申す者もあります所へ、選挙関係で声を大にする輩も出て来、平和回復の今日は最早何憚る所ないといふ考へもあり、又再軍備の出発にて前提として何とかせねばならぬ事情もあります。第一、戦死者は靖国神社へ御参拝願ふ事は今迄は駄目でも最早出来ますから……と申上げし処、それが痛くない腹をさぐられて反米思想に利用されるやうな事は充分留意して避けねばならぬとの仰せ。其点は余程留意せねばなりませぬので、五月二日の全国戦没者追悼式の時のおことばの中に「それを表はすの機を得ざる事あり」といふ意味の一句を政府側と申しますか吉田は削つた方がよいと申して削りましたやうな次第で、デリケートでありますが、之は先日陛下の仰せもありまして、先づ明治神宮へ御参拝との事でありますから、来月三十日前後に明治神宮御参拝を願ひ、十月大祭の時、若し国体とかちあへばその前後に御参拝願ふ事に只今考へて居りますと申上ぐ。

左うすれば先づ余程よいとの仰せ故、然し戦犯で死刑の者が千人もありますそうですが、之はどうも一般戦没者の中に入れぬ向きもあり、日蔭の扱で、その未亡人など感情的に余程つきつめてるものもあるとの事であります。戦犯と申しましても一概に同一でなく、真に日本の国の為にならぬ事を推し進めた戦犯もありまするし、司令官であつた為とかいふ様な形式上の気の毒な人もありますので、一概にいへばおかしな事になり、又一概にいはなければ之亦おかしい事になります上、陛下の御立場として累ひない方法もないと思ひまするが……と申上げし処、戦犯にもいろ〳〵ある。木戸は気の毒だし、広田など死刑はひどいと思ふ。橋本〔欣五郎、元陸軍大佐、元衆議院議員〕など死刑でもい〵位だと思ふが、形式的に公平にすれば実質上は不公平であり、実質上公平とすれば形式上不公平となり、実に六ケしい。戦時中よくなくて引揚げさせた軍人も、帰れば凱旋将軍といふ訳で賜物等は一様にあつた。実におかしな話だが、左りとて之より仕方のない事だ。木戸は内廷の関係があるから慰問の方法もあるが、内廷に関係ない人はどうする事も出来ず、そういふのに公然とはやれず、対外関係と対内関係とで露骨公然とは出来ぬし、誠に困つた事だとの仰せ。

矢張り、政府の善所〔処〕方に期待する以外方法ないかと存じますと申上ぐ（下村〔定カ、元陸軍大臣、元陸軍大将〕の名も昨日来た話といふ事も一言も申上げず）。山下もそうかも知れぬが、本間が気の毒だ。自働車が足らぬので死の行進は実に仕方ない。天津司令官の時も武藤〔章、元陸軍中将〕がやつたんだ。[177] いつも本間は気の毒な立場だつたとの仰せ。

皇后様の御召し物の事は昨日伺ひましたが……と申上げし処、あれは私は着物の事と思つてたが、実際は暑い時がいやなのだそうだとの仰せ。ハイ、それ故、三十日御引見、午餐は秋といふ事におきめ願ひましたと申上ぐ。

今日は朝鮮事変の記念日で、日比谷ではい〵方の朝鮮人の集りがありますが、之に対して共産系の者が何か仕掛けはせぬかとか、共立講堂では北の方の集まりがあるとかで、今日の行幸には其点で御警衛が少し増加かと存じますが、上野方面には催物はありませず、神田の集りは夜との事でありますから……と申上ぐ。

今日の新聞に多く御成年式のことが出て居りますが、あれは発表ものではなく区々の記事でありますが、誰か役所の人にきいての記事かと思ひます。東宮様大使引見の記事が読売にありましたが、[178] 御覧遊ばしましたかと伺ひし処、イヤとの御話。

六月三〇日(月)　御召し御座所　一〇・五〇―一一・一〇

岡崎にあつていろ〳〵きいたが、ソ連のやり方は、米軍が駐留すれば戦場になるぞとおどかし、又中共貿易のやうな甘言を以てつり、日本国を共産陣営へ引き込まうとしてる事は戦前の独乙のやり方と全然同じであり、ヒットラー〔Adolf Hitler アドルフ・ヒトラー、ドイツ第三帝国総統）が武器を沢山作つてソ連に之を売るぞと軍人をおどかし、反英米となれば日本人は利益を得ると釣つた点は全然同じだ。其点を日本人はもつとはつきり認識せねば駄目だ。占領すれば、又殊に長期に亘れば、反米の種となる事はあるにきまつてるのみならず、米国がやつた占領政策で間違つた事も沢山あるから、そこに付け込む訳だとのいつもの御話。岡崎に御質問になりまして、先達て来の御疑念の点はお分りでありましたでせうかと申上げし処、キシレンコ、キシレンコ〔Aleksei Pavlovich Kislenko A・P・キスレンコ、元駐日ソ連代表部首席〕の去る事は別に刺戟もせぬが、言分だけは一応いふといふ態度[179]のようだつた。

七月四日の米軍司令官のレセプシヨンの接待係を一人一人きめるやうに心を配つて居りますと申上げし処、そんなに心を配らんでもいゝから、自分のやつた事の行過ぎについて訂正する意見でも発表する方がよい。例へば農村の長子相続の如き点をとの仰せ（これは内政干渉で出来ぬ事と思ひしもそうは申上げず只ハーといふ）。どこでも面子といふものがあるネーとの御話。

七月十日に検事の御陪食がありますから、十一日から明治天皇祭まで葉山へ御出を願ひ結構かと存じて居りますと申上げし処、新聞では八月までは大に治安の問題云々とあるがとの仰せ故、勿論国警なり法務なりで差支ない状態ならばといふ事でありますが、国民の思惑も別に大した事なくば、今夏は修繕の事もあります故と申上ぐ。

注

一九五一(昭和二六)年

(1)　宮沢俊義は、朝鮮はポツダム宣言の定めるところによって日本の領土ではなくなったとしているが、一方で領土の変更は「当然に、条約の形式でなされるべき」と述べており、実質的に領土ではないが、法的には講和条約によって変更がなされると解釈している(宮沢俊義『憲法』再版、有斐閣、一九五〇年、九七〜九九頁)。

(2)　一九三七年制定の文化勲章令に基づき、文化の発達に優れた功績をあげた者へ授与される勲章。この時の受賞者は、民俗学者柳田国男、医師光田健輔(ハンセン病対策に従事)、歌人斎藤茂吉、原子物理学者西川正治、同菊池正士、作家武者小路実篤、歌舞伎役者初代中村吉右衛門で、アメリカ滞在中の菊池以外はこの午餐に参加した(『昭和天皇実録』一九五一年一一月三日条)。

(3)　たとえば「久原氏、自由党へ」(『朝日新聞』一九五一年一一月四日付朝刊)など。久原房之助は明治〜昭和期の実業家・政治家で、戦前に政友会総裁、大政翼賛会総務等を歴任し、戦後は公職追放となっていた。

(4)　志摩郡浜島町所在の御木本真珠養殖場のこと(『昭和天皇実録』一九五一年一一月二四日条)。

(5)　有山鐵雄「楽園を夢見る吉田」(『改造』三三巻一三号、一九五一年一二月号)。

(6)　小松輝久は、第六艦隊司令長官時代(当時侯爵、一九四二年三月〜一九四三年六月)に同隊所属の潜水艦が連合国船舶撃沈時に生存者を殺害したことの罪を問われ、一九四八年一二月一四日、BC級戦犯裁判(横浜法廷)で重労働一五年の判決を受け(浅見雅男『皇族と帝国陸海軍』文春新書、二〇一〇年、二七八頁)、この時服役中。

(7)　これについては詳細不明。

(8)　日清戦争後の三国干渉に際して、明治天皇が遼東半島還付の勅裁を下し、合わせて国民向けの詔勅を発したことをさす。

(9)　この話は、田中英一郎『先帝と居家処世』(九経社、一九一二年)一一七頁に、一九〇一年五月、第四次伊藤博文内閣の退陣時の逸話として出てくる。その他、国会図書館デジタルコレクションのインターネット公開資料だけでも、時期は明記されないが、勝原権之助編『御徳高き明治天皇　学生必読』(柳沢盛栄堂、一九一二年)四三頁、高桑駒吉編『明治聖代志』(大日本実業協会、一九一二年)四五四頁、山本八之烝『嗚呼明治大帝』(明治大帝報徳会、一九二二年)三三頁、千代田会編『義は君臣情は父子』(千代田会仮事務所、一九二五年)一一三頁に見え、かなり有名な逸話だったことがわかる。

(10) いわゆる「終戦の詔書」の中にある字句。

(11) 『天皇歌集 みやまきりしま』(毎日新聞社、一九五一年)のこと。

(12) 生物学御研究所編『相模湾産後鰓類図譜』(岩波書店、一九四九年)のこと。

(13) このとき天皇は京都・滋賀・奈良・三重行幸中であり、奈良での宿泊所である県知事公舎で条約の認証を行った。

(14) 一一月一二日に昭和天皇が京都大学を訪問した際、一部学生が反戦歌を高唱して迎え、学内に警察官が派遣される事態となった。学生自治団体の京都大学同学会は、これ以前より大学当局に対し天皇への公開質問状や面会申入書の提出といった行動を起こしており、騒動後大学当局は、同会へ解散、学生八名へ無期停学の処分を下した(河西秀哉『天皇制と民主主義の昭和史』人文書院、二〇一八年、九七~一二九頁)。

(15) 高嶋真珠店・高嶋真珠養殖所のこと。

(16) 国鉄労組(国労)による年末一時金をめぐる座り込み戦術のこと(「きょう交渉開始か　国鉄争議　座り込み六千八百名」『朝日新聞』一九五一年一一月二二日付朝刊)。

(17) アメリカのアルベン・バークレー副大統領が一一月二二日、極東情勢に関する情報交換等を公式な目的として来日し、二八日に天皇・皇后を訪問した(『昭和天皇実録』一九五一年一一月二八日条)。

(18) 袞龍の袖とは天子の衣服の袖、転じて天子の威徳の下という意味。

(19) 戦前の田中義一内閣の改造をめぐって起きた政争、いわゆる「水野文相優諚問題」のことを指す。田中内閣で文相だった水野錬太郎は一九二八年、久原房之助の入閣に反対して辞表を提出し、それを天皇へ取り次いでもらうことを希望した。これに対して田中は水野留任を天皇に奏上して許され、水野は留任した。天皇に拝謁した後に水野が、天皇の優諚を受けたので留任したと公表したため、天皇を政治的に利用したとの批判が巻き起こり、水野は再度辞表を提出して裁可された(古川隆久『昭和天皇——「理性の君主」の孤独』中公新書、二〇一一年、八七~八八頁)。

(20) 一二月四日に天皇は千代田区立番町小学校創立八〇周年記念式典に出席した(『昭和天皇実録』一九五一年一二月四日条)。

(21) 「[逆コース]＝25完　ズバリ三笠宮　皇居新築とんでもない(連載)」(『読売新聞』一九五一年一二月二日付朝刊)。これより先、三笠宮は文相天野貞祐と「天皇論」について会談し、「三笠宮、天野さんと「天皇論」」(『東京新聞』一九五一年一一月二九日付夕刊)にその感想が掲載された。

(22) 三笠宮崇仁、M・レスター対談「平和は禁句(タブー)か?——ヒューマニズムよどこへゆく?」(『文藝春秋』一九五一年一二月号)。

(23)　皇太后に関する事務を掌る皇太后宮職は、貞明皇后の崩御に伴い廃止の必要が生じ、一九五二年一月一日の宮内庁法改正施行により廃止された。
(24)　小原龍海の問題と思われる。第一巻一九四九年九月二二日条参照。
(25)　一一月初めに報道された、大成貿易の倒産のことを指していると思われる(「大成貿易倒産、新日窒配当すえ置、阪神電鉄後配、日本パイプ無償交付」『朝日新聞』一九五一年一一月二日付朝刊)。
(26)　第七次計画造船のこと。計画造船とは、一九四七年に開始された、公的金融機関の融資で造船事業を進行させる政策。
(27)　最後の元老である西園寺公望の秘書を務めた原田熊雄による口述記録。西園寺の秘書として政界上層部や友人の近衛文麿・木戸幸一などと緊密に連絡し、情報収集活動を行う一方、その過程で見聞したことを四百数十回にわたって口述し記録させた。事実に忠実な記述内容から、昭和政治史上の重要史料として今日まで参照され続けている。『西園寺公と政局』全八巻・別巻一巻(岩波書店、一九五〇年～五六年)として刊行。
(28)　高松宮が砲術学校に勤務するのは太平洋戦争末期の横須賀砲術学校教頭の時であり、西園寺は一九四〇年一一月に死去しているので、昭和天皇の記憶が混乱している。
(29)　報道の一例として、「増田・広川の対立と国政　ことごとに動揺の因　全権問題・定員法案など」(『朝日新聞』一九五一年一二月一〇日付朝刊)。
(30)　駐日イギリス大使館から久原についての苦情が寄せられたことは『牧野伸顕日記』一九二八年四月一八日条に記されているが、リンドレーは後任の大使であり、このとき日本に滞在していなかったため、天皇の記憶が混乱していたと推測される。
(31)　この日、ダレスは日米政府関係者らが出席する昼食会で演説を行い、非武装中立が過去のものとなった今日においてはどのような国も集団安全保障に寄与せねばならず、日本も平和条約・日米安全保障条約の発効後には可能な形で集団安全保障体制に貢献しなければならない等と述べた(「集団安全保障への寄与　ダレス大使平等な主権国の協力を説く」『朝日新聞』一九五一年一二月一四日付夕刊)。
(32)　東京高輪にあった竹田宮邸は堤康次郎傘下の国土計画興業が買い取った(猪瀬直樹『日本の近代　猪瀬直樹著作集5　ミカドの肖像』小学館、二〇〇二年、八七～九一頁、原著は一九八六年)。のち高輪プリンスホテルの一部となり、現存している。
(33)　一九三〇年二月、定年間際の鈴木壮六参謀総長の後任をめぐって、宇垣一成陸相が金谷範三(当時軍事参議官)を、上原勇作元帥が武藤信義(当時教育総監)をそれぞれ推薦し、対立した騒動のことを指す。両者の溝は埋まらず、最終的に昭和天皇の判断により宇垣推薦の金谷範三が後任に決定した(照沼康孝「鈴木壮六参謀総長後任を繞って――宇垣一成と上原勇作」『日本歴史』第四二一号、一九八三年)。
(34)　一九四八年四月七日、当時の首相芦田均は天皇に対し、宮内府(当時)の改革に伴って長官・侍従長を交代させたい旨を上申したが、昭和天皇は「政府の変る毎に宮内府の長官が交替するのは面白くないと思ふ」、「現在の長官、侍従長共によく気が合ふので」と難色を示した。結局は許可したものの、四月一三日には松平慶民宮内府長官が芦田に対し「お上は当分現状維持で行きたい御考へで、更迭を延期する訳に行かぬかと仰せられる」と伝え、再考を求めた。最終的に松平と侍従長の大金益次郎は、四八年六月同時に辞任した(芦田均著・進藤栄一編『芦田均日記』第二巻(岩波書店、一九八六年)一九四八年四月七・一三日、五月二九日、六月一・五日条)。

(35) ここでの免職の話は京大のこと。『朝日新聞』一九八七年五月一六日付夕刊の同氏の訃報欄には、「昭和二年から五十回、天皇陛下にご進講。京大理学部助手や非常勤研究員を長く務め、この間日本貝類学会を創設」の記述。「貝殻が結んだ　天皇と老研究員　30年来のお付合い」(『読売新聞』一九五八年二月八日付夕刊)に「黒田さんが六十三歳の定年になったとき陛下はわざわざ文部省へ特別のはからいを依頼され、黒田さんは非常勤研究員として京大理学部動物学研究室にとどまることができ、……」とあり、一八八六年生まれの満年齢六三歳を迎えるのは一九四九年であることから、このとき既に非常勤研究員か。

(36) 松平が宮内大臣~初代宮内府長官だった時期のこと。

(37) 皇族と旧皇族が交流するための団体。

(38) 「本社座談会　独立日本と天皇制＝下の二」(『読売新聞』一九五一年一二月二四日付朝刊)。座談会は植原悦二郎・矢部貞治・鈴木安蔵による全四回の対談。

(39) 一八八〇年、東京における伊勢神宮の遥拝殿として日比谷に創設された。関東大震災後の一九二八年に現在の飯田橋に遷座。天照皇大神、豊受大神、天之御中主神、高御産巣日神、神産巣日神、倭比賣命を祀る(東京大神宮ホームページ「東京大神宮の紹介」http://www.tokyodaijingu.or.jp/syoukai/index.html　二〇二一年一二月一二日閲覧)。

(40) 浚渫(dredge)のこと。観測船に備え付けた器具で海底の堆積物を採集する。天皇は葉山御用邸滞在中に海洋生物の採集を行なった(『昭和天皇実録』一九五一年一二月五~七日条)。

(41) 一九四〇年九月の北部仏印進駐に際して、陸軍の一部が独断で攻撃を行い、東条英機参謀総長が、その責任者である冨永恭次参謀本部第一部長を更迭したことを指すとみられる。ただし、東条は翌年四月に冨永を呼び戻し、その後も側近として重用し続けた(一ノ瀬俊也『東條英機　「独裁者」を演じた男』文春新書、二〇二〇年、一三七~一三八頁)。

(42) 一九四一年一一月九日に近衛歩兵第一連隊の一兵士が宮城内で放火事件を起こした。この処理において東条英機総理大臣兼陸軍大臣が近衛混成旅団長であった賀陽宮恒憲王を更迭したことを指すとみられる(『昭和天皇実録』一九四一年一二月二四日条)。

(43) 関東軍参謀長のことを指す。一九三七年三月に板垣征四郎から東条英機に交代した。

(44) 第一巻一九四九年一一月五日条参照。

(45) 注38にある座談会に対して、三笠宮が感想を述べたことを指す。「三笠宮・御感想を語る　〝難かしい〟本社座談会記事を読んで――譲位後の論議が不足」(『読売新聞』一九五一年一二月二五日付朝刊)。

(46) 募金運動は不要とする趣旨で、一二月二八日の各紙夕刊に掲載された。

一九五二(昭和二七)年

(47) 戦前の外交官・政治家だった重光葵はA級戦犯として巣鴨に収容されており、一九五一年一一月に刑期を満了した。

(48) 貞明皇后が総裁を務めていた大日本蚕糸会が編纂した『貞明皇后』(大日本蚕糸会、一九五一年)のこと。冒頭に、勢津子(秩父宮妃)、喜久子(高松宮妃)、百合子(三笠宮妃)の和歌が掲載されている。

(49) 第二巻一九五一年七月九日条参照。

(50) 一九五一年一一月一三日に京都・滋賀・奈良・三重行幸中の天皇は舞鶴市を訪問した。このとき警察予備隊舞鶴部隊が整列して捧げ銃で天皇を迎えた。「旅路の菊」(『朝日新聞』京都版一九五一年一一月一四日付朝刊)。

(51) 「この儘でよいのか　平和会議田舎風景　雍仁」(『読売新聞』一九五二年一月四日付朝刊)。

(52) 貞明皇后の遺徳記念として、ハンセン病(旧称、癩病)撲滅のための国民募金運動が一九五一年八月に開始された(「救ライ募金始まる　貞明皇后の御遺徳記念」『朝日新聞』一九五一年八月二五日付朝刊)。

(53) 白い羽根は日本赤十字社への募金。第二巻注60参照。

(54) 一九四八年四月、内蔵寮が廃止され、長官官房に皇室や宮内府の会計事務を担当する皇室経済主管が置かれた。

(55) 高宮太平『天皇陛下』(酣燈社、一九五一年)。

(56) 『山本達雄』(山本達雄先生伝記編纂会、一九五一年)。高宮太平が執筆者であることは、小泉信三が序文で明記している。

(57) この年四月から行う予定の軍人遺家族・傷病軍人への援護策を巡り、橋本厚相は、財政上の都合から消極的な案を掲げる池田蔵相と対立した。一月一六日の閣議で蔵相の主張に沿った対策の実施に決まると、これを不服とした橋本は保利官房長官や増田自由党幹事長のほか古島一雄らと協議したのち一八日に辞表を提出。また同日、援護問題に対する政府の態度を非難する声明書を発表した(「厚相、進退を考慮か　遺家族援護で苦境」『朝日新聞』一九五二年一月一七日付夕刊、「首相、橋本氏の辞表受理」同紙同月一八日付夕刊、「〝観念の相違〟　橋本氏声明」同紙同月一九日付朝刊)。

(58) 一例として、「紀元節復活　自由党で法案　相良文部省総務課長談」(『朝日新聞』一九五二年一月二五日付朝刊)。

(59) 一九三一年に陸軍の橋本欣五郎中佐らが画策したクーデター

未遂事件。当時の陸軍大臣であった宇垣一成の内閣成立を目標としていた。宇垣自身も当初は乗り気だったが、翻意して中止を命じたとされる。三月決行の予定だったので三月事件と呼ばれる。八月に政界上層部や宮中の知るところとなり、衝撃を与えた（堀真清編著『宇垣一成とその時代――大正・昭和前期の軍部・政党・官僚』新評論、一九九九年）。

（60）一九三八年七〜八月にかけてソ連と満洲国の国境に位置する豆満江下流の張鼓峰で発生した日ソ両軍の武力衝突。日本軍の損害が大きく、宇垣は近衛文麿内閣の外務大臣兼拓務大臣として停戦交渉をまとめた（笠原孝太『日ソ張鼓峯事件史』錦正社、二〇一五年）。

（61）「侍医の腕を公開　皇室病院設立を準備」（『読売新聞』一九五二年一月二八日付夕刊）。

（62）亜武巣山荘のことか。アームストロング（Margaret Elizabeth Armstrong 一八七七〜一九六〇）はカナダ人宣教師でアームストロング青葉幼稚園設立者。日本に帰化して亜武巣マーガレットと名乗った。堀江節子『日本人になった婦人宣教師――亜武巣マーガレット』（アームストロング青葉幼稚園、二〇一一年）。

（63）一九五二年一月三一日の衆議院予算委員会で、中曽根康弘衆議院議員（国民民主党、当時）が天皇の退位に関する政府の見解を質した。吉田茂首相は、退位は国の安定を害するものであり、天皇には在位したまま新日本を導くことを希望する等と答弁した。

（64）鷸蚌の争いとは、『戦国策』に出てくる警句。鷸（しぎ）が蚌（はまぐり）の肉をついばもうとしたのに対して、蚌が貝殻を閉じて鷸を動けなくしてしまい、膠着状態に陥ったところに通りがかった漁師が両者を労せず捕まえたというたとえ話で、漁夫の利の元になった言葉。

（65）現地時間二月六日に死去した。

（66）吉田茂首相は一九五二年一月末に、警察予備隊・海上保安庁を再編して防衛隊・保安隊を創設するつもりである旨を表明して以降、野党の追及への対応に追われていた。たとえば二月六日の参議院本会議で野党の質問を受けた吉田は、再軍備をするつもりはなく憲法改正を行うつもりもない等と答弁していた。

（67）翌年に予定される第五九回伊勢神宮式年遷宮のことを指す。

（68）一九四五年九月二〇日施行の緊急勅令「「ポツダム」宣言ノ受諾ニ伴ヒ発スル命令ニ関スル件」（通称ポツダム緊急勅令）に基づき発せられた命令。同勅令により、政府は連合国最高司令官の要求に関わる事項を実施するため、特に必要のある場合においては命令を以て所要の定めをなし必要な罰則を設けることが可能とされた。

（69）たとえば、「女王エリザベス二世　あす正式に即位宣言　戴冠式は六か月後」（『読売新聞』一九五二年二月七日付夕刊）。エリザベス二世の即位を報じ、正式の戴冠式は六か月後に行われる予定とも観測していた。実際には一九五三年六月に行われた。

（70）日清戦争・日露戦争・第一次世界大戦の宣戦の詔勅には、「国際法ニ戻ラサル限リ」・「国際条規ノ範囲ニ於テ」一切の戦争行為を行うという旨の表現があったが、太平洋戦争の宣戦の詔勅には盛り込まれなかった。なお、拝謁記本文で天皇が「国際法規に従ふ」と述べているが、「国際条規」が正しい。天皇が誤って発言したのか、田島が誤って記述したのか不明のため、原文通りにした。

(71) 一九三七年一二月、日本軍が南京を占領した際に一般人や捕虜への略奪・虐殺が行われた、いわゆる南京事件のことを指す。

(72) ネズミ目の外来種哺乳類。毛皮を利用するために輸入された。

(73) 二月二二日付新聞各紙に、反植民地闘争デーを期して集会・デモと警官及び派出所襲撃が起きて、負傷者・逮捕者が出たことが報じられている。

(74) 徳田は中国に亡命中で中国からラジオ放送で日本共産党員に対して武装闘争を指示していた。

(75) 掲載紙不明。なお、践祚は皇位継承、即位礼は皇位継承を内外に宣言する儀式を指す。イギリスの戴冠式は日本の即位礼に相当する。

(76) 一九四二年四月に起きた米軍による初の本土空襲を日本が防げなかったこと。ドーリットル(James Harold Doolittle)はその指揮官を務めた米陸軍軍人。

(77) 一定額以上の財産を保有する個人に対し、その財産の価値に応じて課される税。日本ではシャウプ勧告によって一九五〇年に導入されたが、一九五三年に廃止された。

(78) 「生きかえる参謀本部　二　再軍備への系譜＝下」(『読売新聞』一九五二年二月二九日付朝刊)。再軍備の動向を追った全二六回の連載「生きかえる参謀本部」の第二回として、再軍備に関与しようとする旧軍関係者が特集された。その中でも特に服部卓四郎らは、さまざまな人脈を駆使して再軍備に関与しようとしている「野党的花形」であると指摘されていた。

(79) 二月二五日から三月三日までの予定で群馬県に出かけ、白根温泉を経て尾瀬に向かった(「皇太子様スキーへ」『朝日新聞』一九五二年二月二六日付朝刊)。

(80) 日本共産党が武力革命闘争のテキストとして一九五一年に配布した「われわれは武装の準備と行動を開始しなければならない」(『球根栽培法』第三一号)のことを指す。

(81) 「底なし沼の官僚の汚職　会計検査院、昨年度の報告書　食われた血税35億円」(『読売新聞』一九五二年二月二四日付朝刊)。

(82) 小泉は一九四五年五月の空襲で一時重体となるほどの傷を負い、顔に火傷の跡が残った(小川原正道『小泉信三――天皇の師として、自由主義者として』中公新書、二〇一八年、一〇二〜一〇四頁)。公職追放は受けていない(同書一〇七〜一〇九頁)。

(83) 松本はフランス領インドシナ特派大使の経歴のため当時は公職追放中。

(84) 一九二七年二月に批准した日英通商航海条約補足条約批准書を、当時在英大使館一等書記官だった堀内謙介が紛失した事件(JACAR(アジア歴史資料センター)Ref.B02031361500、2 昭和三年(臨時議会)、A-5-2-0-1_3_009、(外務省外交史料館))。

(85) 道徳再武装運動のこと。第一巻注19参照。
(86) たとえば、「大赦手続き急ぐ　平和発効、今月中を予定」(『読売新聞』一九五二年三月一日付夕刊)。
(87) 「八紘一宇」とは世界を一つの家のように統合するという意味。『日本書紀』の一節「掩八紘而為宇」を元にした田中智学の造語で、初出は『日本国体の研究』(天業民報社、一九二二年)。一九四〇年に近衛文麿内閣が「基本国策要綱」で用いたことにより、戦時中のスローガンとなった。
(88) 里見岸雄「三笠宮に捧げる公開状」『国体文化』三五一号(一九五二年三月)。
(89) 三月六日の参議院予算委員会で吉田は岡本愛祐(緑風会)の質問に対する答弁において、自衛戦力の保持は憲法違反ではないという趣旨の発言をした。これが従来の憲法解釈を変更するものとして野党の追及を受けたことから、吉田は七日の閣議で発言を訂正することを確認した。その際、吉田は閣僚の閣議への出席率が悪いことを咎めたと朝日新聞は伝えている。「記者席」(『朝日新聞』一九五二年三月八日付朝刊)。
(90) 日露戦争の宣戦の詔勅では、日本が列国との友好を深めてきたにもかかわらず、開戦することになったのはロシアの行いが原因であって天皇である自分の本意ではない(「豈朕か志ならむや」)とされた(アジア歴史資料センター「露国に対する宣戦の詔勅」https://www.jacar.go.jp/nichiro/sensen.htm　二〇二一年二月一六日閲覧)。
(91) 津島寿一は一九五二年一月に外務省顧問の資格でフィリピンを訪問、日本使節団団長として賠償問題について協議して二月に帰国した(「友情の回復を　津島全権声明」『朝日新聞』同年一月二六日付夕刊、「津島全権帰国」同紙同年二月一五日付夕刊)。
(92) 一九五二年三月四日に発生した十勝沖地震とそれにともなう津波がもたらした被害に対して、天皇・皇后から北海道に救恤金が下賜された(『昭和天皇実録』一九五二年三月八日条)。
(93) 一九三二年一二月二五日、ジョージ五世はサンドリンガム・ハウス(冬季に滞在する離宮)でラジオを通じてメッセージを発した。一九三九年のジョージ六世の放送以降は毎年クリスマスに慣例となり、現在も続いている。録音は主にバッキンガム宮殿で行われている("History of the Christmas Broadcast", The Royal Family, https://www.royal.uk/history-christmas-broadcast　二〇二一年一二月一四日閲覧)。
(94) 「「五月三日」有力　独立記念日」(『朝日新聞』一九五二年三月九日付朝刊)。講和発効を記念する式典を五月三日の憲法記念日に行うという意見が政府内で有力と報じている。
(95) 一九一八年まで、東京帝国大学を優秀な成績で卒業した者には、恩賜の銀時計が与えられた。
(96) 物価高騰や貞明皇后の崩御に伴い、前年度から百万円増額の三千万円が計上された。
(97) 三井は一九四九年一二月に塚越虎男の後任で管理部長、鈴木は一九五〇年七月に城富次の後任で書陵部長に就任。よって、田島の「大場」の記述は塚越の間違いだと思われる。
(98)　この日の午前中、天皇は皇太子を伴なって海洋生物の採集を行なったので、そのときのトラブルを指すと思われる。ドレッジについては注40を参照(『昭和天皇実録』一九五二年三月二二日条)。
(99)　山本英輔『喜寿を迎へて　さて今年は』(明和印刷、一九五二年)のことか。
(100)　山本英輔は、一九三六年の二・二六事件の際に暫定内閣の首相候補と目されたことがあった(高橋正衛『二・二六事件　増補改版』中公新書、一九九四年、九一頁)。
(101)　村田省蔵「ユー・メイ・ゴー・ホーム」(『ダイヤモンド』臨時増刊号「日本の内幕」(一九五二年三月))。村田は同手記において、戦犯として巣鴨に収監されていた際の食事の劣悪さを指摘している。
(102)　四月七日に実施された(『昭和天皇実録』一九五二年四月七日条)。
(103)　「天皇臨席して全国戦没者慰霊祭　政府で準備進む」(『読売新聞』一九五二年四月一日付朝刊)。
(104)　「国民にお呼びかけ　天皇陛下　独立祝賀式典で」(『朝日新聞』一九五二年四月二日付朝刊)。天皇は独立祝賀式典で、独立に向けた心境を国民へ「率直に」述べるといわれていると報じている。
(105)　「高山氏教壇に立たず　学習院の新任教授発令」(『朝日新聞』一九五二年四月一日付朝刊)。
(106)　人格あるいは人柄の意か。
(107)　天皇崩御後に追号が贈られるまでの呼称。
(108)　秩父宮邸は赤坂表町にあったが一九四五年五月二五日の空襲で焼失した。
(109)　たとえば、「講和の遅延は不可　トルーマン大統領、議会へ書簡　日本の自立阻害　非常大権の延長急務」(『朝日新聞』一九五二年四月八日付夕刊)。アメリカのトルーマン大統領が四月半ばまでに講和を発効するよう副大統領らに働きかけていること等を報じ、講和の発効がさらに遅れれば日本の独立にとって「重大な障害となるであろう」と指摘している。
(110)　「礼儀も厚い歓迎ぶり　高良女史　モスクワの印象」(『朝日新聞』一九五二年四月九日付朝刊)では、日本人で戦後初めてソ連に入国し、国際経済会議のオブザーバーとして列席していた高良とみ参議院議員からの手記が掲載されている。
(111)　一九四一年三月、訪独した松岡洋右外務大臣がヒトラーと会見した際、シンガポール攻撃を要請され、「松岡は個人としては、ドイツの要請に同調するが、日本国内の反対勢力は、自分一個の力では何ともならぬと弁明」したと三谷は回想している。三谷は当時駐スイス特命全権公使であり、反ナチス世論が強いスイスにはドイツの情報がよく集まっていた(三谷隆信『回顧録　侍従長の昭和史』、中公文庫、一九九九年、一六七頁)。
(112)　一九四五年六月から駐日ソ連大使マリクを通じて和平工作を

行ったが、すでに二月のヤルタ会談で対日参戦を決めていたソ連は回答を引き延ばした。ソ連は、一九四五年四月に五年間有効（一九四六年四月まで）の日ソ中立条約の延長をしないと日本に通告したが、有効期間内の八月に日本に宣戦布告をした。

(113) 一九四七年末、ソ連の支援を受ける共産党政権が国王に退位を事実上強制して、王制を廃止したことを指すと思われる。「ルマニア共和制に　ミハイル国王退位宣言　ソ連の地固め工作一段落　東欧最後の君主制消滅【解説】」（『読売新聞』一九四八年一月一日付朝刊）、森田昌幸「東欧における社会主義国家の成立――ルーマニアを中心として」（『城西経済学会誌』四巻一号、一九六八年一二月）九〇頁。

(114) 三谷は戦時中ヴィシー政権下の駐仏大使として赴任したが、そのときラヴァル首相から、同首相が一九三五年にソ連を訪問してスターリンと会見した際、ローマ法王の政治的重要性を説明したのに対して、スターリンが「ローマ法王は何個師団の価値があるか」と反問したというエピソードを聞いた。天皇は三谷の話を誤って記憶したと推測される（三谷前掲書、一九〇頁）。

(115) たとえば、「ト大統領非常権の延長要請　平和条約発効遅延許さず　一〇日までに決定を」（『読売新聞』一九五二年四月八日付夕刊）。アメリカのトルーマン大統領が、大統領の戦時非常権限の延長が議会に認められるまで平和条約への調印を延期することを示唆した等と報じている。

(116) この数字については意味不明。

(117) 四月九日に起きたもく星号墜落事故のこと。羽田発大阪経由福岡行の日本航空の旅客機が伊豆大島の三原山山腹に墜落し、乗客乗員計三七人全員が死亡し、大きく報道された。

(118) 一九一四年八月二九日、宮中の賢所や全国の官国幣社で臨時の祭典が開かれ、第一次世界大戦におけるドイツへの宣戦の奉告が行われた。「宮中の宣戦奉告祭　賢所大前の御式」（『東京朝日新聞』一九一四年八月三〇日付朝刊）。

(119) 奄美大島は一七世紀における島津氏の琉球征服で琉球から割譲され、明治維新後は鹿児島県に属したが、第二次世界大戦後は沖縄県と同様、アメリカ軍の軍政下におかれた。

(120) 佐々木惣一・三淵忠彦・長谷川如是閑による鼎談「憮然たる世相の弁」（『週刊朝日』一九四八年五月一六日号）。天皇の地位に話が及んだ際、三淵忠彦最高裁判所長官は昭和天皇が終戦当時自らを責める詔勅を出さなかったことを遺憾に思うと述べた。こうした発言が話題となり、昭和天皇の退位論が数多く展開される契機の一つとなった。

(121) 「小笠原・南西諸島の復帰　講和後、強力に交渉　軍事行政除き順次解決を期す」（『毎日新聞』一九五二年四月二一日付朝刊）。

(122) 「筆洗」（『東京新聞』一九五二年四月一七日付夕刊）。今後皇后が洋装や和装を身に着けることを「大いに賛成」とし、服装を例に、自国の風習に「自信をもたぬ国民こそ、むしろあわれというべし」と結んでいる。

(123) この時に用いたと思われるメモは四月三〇日条の部分に挿入

されていた。翻刻は巻末資料参照。ただし、話の順番とメモの記載順は必ずしも一致しない。

(124)　日付は違うが「追放解除と戦犯裁判　米に批判高まる　故本間中将の復帰に関心」(『読売新聞』一九五二年四月二〇日付夕刊)のことか。同記事では、マニラの戦犯裁判で死刑となった本間の追放解除が四月一五日に日本政府から発表されたことを受けて、米ワシントン・ポスト紙が戦犯裁判を批判する社説を掲載したことなどを紹介し、米国内の空気が二、三年前から大きく変化していると伝えている。なお、本間が起訴された理由は、フィリピン占領直後に捕虜のアメリカ兵を遠隔地の収容所まで徒歩で行軍させ、一万人以上の死者を出した、いわゆる「バターン死の行進」の責任を問われたことによる。

(125)　これは、『昭和天皇実録』一九五二年四月二九日条にある、皇居内の賢所皇霊殿神殿で行われた奉告の儀で甘露寺受長掌典長が読み上げた祝詞に相当すると思われるが、その文章は同書には掲載されていない。甘露寺が伊勢神宮に赴いて読み上げた祭文は同書に掲載されている(同日条)が、そこには「祖宗に愧づ」に相当する字句はない。

(126)　救世軍は実践的な社会運動を重んじるプロテスタント系キリスト教の一教派で、軍隊方式の組織を採用し、世界各国に支部を持つ。一九五二年四月二八日には、救世軍万国総督のオースボーン大将が日本での発展状況等の視察のため来日した(「救世軍オスボーン大将来日」『朝日新聞』同年四月二九日付夕刊)。

(127)　たとえば、「帆足・宮腰両氏ソ連入り」(『朝日新聞』一九五二年四月三〇日付朝刊)、「帆足、宮腰氏も入ソ　モスクワで高良女史と合流」(『読売新聞』同日付朝刊)など。前参議院議員帆足計と衆議院議員宮腰喜助が日ソ貿易の可能性を検討するため、二九日にソ連入りした。

(128)　バチルス(Bazillus ドイツ語)は桿菌(棒状または円筒形の細菌の総称)を意味する単語だが、田島はウイルスと混同したのかもしれない。

(129)　GHQは占領開始当初、戦前からの政治犯の釈放・治安維持法等の廃止を行って共産党を合法化したが、一九四九年以降の占領政策転換に伴い、共産主義者の公職追放などを指令した(レッド・パージ)。

(130)　「陛下の決意を拝して　林衆院議長ら九氏の意見を聴く」(『毎日新聞』一九五二年五月四日付朝刊)。

(131)　「「退位説」に終止符　お言葉　御決意を表明」(『朝日新聞』一九五二年五月三日付夕刊)、「首相、再軍備に慎重　「お言葉」へ特に進言　自由党新政策　憲法改正の項削る」(『朝日新聞』一九五二年五月四日付朝刊)。式典における天皇の「御言葉」は「退位論」に終止符を打つという決意の現れであり、これは吉田茂首相と田島宮内庁長官が慎重な打ち合わせを重ねてきた結果である等と報じられた。

(132)　「〝日本独立〟のかげに小笠原島民は嘆く　〝ついに故郷なし〟最後の帰島嘆願」(『朝日新聞』一九五二年五月四日付朝刊)。

(133) 「首相、再軍備に慎重　「お言葉」へ特に進言　自由党新政策　憲法改正の項削る」(『朝日新聞』一九五二年五月四日付朝刊)。式典における天皇の「御言葉」中、戦争犠牲者を追悼する表現や「新憲法の精神を発揮し」という文言などは吉田茂首相の助言による天皇の決意の表れであり、吉田はその精神を尊重して再軍備や憲法改正に対して慎重になるだろうと報じている。

(134) 「いずみ」(『読売新聞』一九五二年四月二七日付朝刊)に記載あり。

(135) 「警官に挑む〝お下げ髪〟陰で糸をひくものは誰?」(『毎日新聞』一九五二年五月七日付朝刊)が、労働運動に参加する女学生の写真を掲載している。

(136) 天皇は六月二〜五日の日程で京都・奈良・三重を行幸し、講和条約発効・独立の奉告のため、伊勢神宮・神武天皇畝傍山東北陵、明治天皇伏見桃山陵を参拝した(『昭和天皇実録』一九五二年六月二〜五日条)。

(137) 一九五二年の警察法改正のことを指す。一九四七年に制定された警察法は警察機関の民主的運営・地方分権等を特徴としていたが、五二年の改正によって首相が必要に応じて都道府県・市町村の公安委員会に指示を行うことなどが可能になり、中央統制が強化された。

(138) 「政府の反動政策と闘う　両社党談話発表」、「両社党の無条件統一　国鉄労組申入れ」(ともに『朝日新聞』一九五二年五月八日付朝刊)など。

(139) 血のメーデー事件のことを指す。一九五二年五月一日(第二三回メーデーの日)、サンフランシスコ平和条約・日米安全保障条約への抗議のため行進していたデモ隊と警察隊が衝突し、死者二人、重軽傷者千数百人を出した。

(140) 松本はこの年前半、政府の公益事業委員会の委員長として、電源開発への外資導入や電気料金の値上げに反対して政府や与党自由党と対立していた(「公益委譲らず　周東、松本会談物分れ　電力値上率」「自由党電源案に反対　松本公益委員長表明」『朝日新聞』一九五二年四月二四日付朝刊)。

(141) 五月八日、同一日に発生したメーデー事件の捜査のために早大構内へ立ち入った警官二名を、大学自治の観点から反発する学生らが吊し上げ、軟禁する事件が起きた。大学当局・学生・警察の三者間で交渉が行われたが、九日午前一時過ぎに突如警官隊が突入し学生に対して実力行使に入り、多くの負傷者が出た(一九五二年五月九日付各紙朝刊に記事多数あり)。

(142) 「岸本氏に内定　パキスタン大使」(『読売新聞』一九五二年五月一〇日付夕刊)。

(143) この件については、瀬畑源「「宮中・府中の別」の解体過程——宮内省から宮内府、宮内庁へ」(『一橋社会科学』第五号、二〇一三年七月)九頁。

(144) 「日共、手りゅう弾訓練　川崎の山中に野営の一団」(『毎日新聞』一九五二年五月一一日付夕刊)。

(145) 政府は一九五二年四月二三日、東京都特別区の区長の公選制を廃止する地方自治法改正案を国会へ提出し、非民主的として批判されていた。法案は可決され、区長は特別区の議会が都知事の同意を得て選任することとなった。なお区長の公選制は、七四年の法改正で復活。

(146)「首相、内閣改造を決意　入替え、補充は四、五名」(『日本経済新聞』一九五二年五月一二日付朝刊)。独立後の選挙対策と人心一新のため、吉田茂首相が国会終了直後に内閣改造を行う決意を固めたと報じた。天野貞祐(文部大臣)・大橋武夫(警察予備隊担当大臣)の交代が確実であり、大橋の後任には緒方竹虎がつくと推測されている。

(147)一九五二年四～五月当時、マッカーサーの解任に伴って従来制限されていた中国との貿易が解禁されるのではないかとの観測が一部に存在した(たとえば、「経済観測と商工相談　解除・考えられぬ　マ元帥解任と中共貿易」(『読売新聞』一九五二年四月三〇日付朝刊)など)。

(148)寺沢は哲学者(一九一九～一九九八)。主にマルクス主義哲学を研究した。

(149)たとえば、「警視総監に抗議　警官の記者への暴行で」(『朝日新聞』一九五二年五月一二日付夕刊)・「労相、労闘会見物別れ　治安立法の撤回申入れ」(『毎日新聞』一九五二年五月一二日付夕刊)・「「労働情勢」再び緊迫　政府の治安策が刺激」(『朝日新聞』一九五二年五月一三日付朝刊)など。吉田内閣は、血のメーデー事件を契機として治安体制の強化と治安関係法令の早期成立という方針を明確にし、批判も本格化していた。

(150)一九五一年五月に行われたアメリカ上院の軍事外交合同委員会における、ドイツと日本の違いに関するマッカーサーの発言を指す。マッカーサーは、ドイツの文化・科学・美術は他のアングロサクソンと同程度に発展しているのに対し、日本は一二歳の少年のようなものであると述べた(「マッカーサー元帥の日本観　文化程度は〝少年〟　働くことを知る日本人」『朝日新聞』一九五一年五月一六日付朝刊)。田島の「十三歳」の記述は記憶違いか誤記。

(151)一九五二年当時には日本労働組合総評議会が破壊活動防止法反対闘争を展開しており、全国的なストライキ(労闘スト)が行われる機運が高まっていた。「電産、炭労でスト準備」(『朝日新聞』一九五二年五月一五日付朝刊)は、日本電機産業労働組合・日本炭鉱労働組合が労闘ストに同調する方針を決めたと報じている。

(152)下村はのちに癩予防協会後身の財団法人藤楓協会の会長を務めた。

(153)労働関係の法律改正案が一九五二年五月二四日夕方の衆議院労働委員会で可決され、政府は同日夜の衆議院本会議で可決しようとしたが、野党の抵抗で流会を余儀なくされた(「労働法改正案昨夜衆院でもみ抜く　野党作戦で流会　二十七日改めて上程」『朝日新聞』一九五二年五月二五日付朝刊)。

(154)一九五二年五月二四日、血のメーデー事件で死亡した法政大学学生の学生葬が、大学当局らの制止を振り切って東京大学や法政大学で行われた(「禁止押切って強行　メーデーの死亡法大生東大の学生葬もむ」「法大でも強行す」『朝日新聞』一九五二年五月二四日付夕刊)。

(155) 宋襄の仁とは『春秋左氏伝』に出てくる故事。宋の襄公が敵軍の布陣が整わないうちの攻撃を禁じて大敗したことから、敵に対して無用の情けをかけること。

(156) 学習院女子中等科・高等科同窓会(華族女学校時代含む)。

(157) 平沼騏一郎が一九二四年に設立した国家主義団体。著名な軍人、政治家、官僚、財界人、学者が多く会員となった。一九三六年、平沼の枢密院議長就任を機に解散した(萩原淳『平沼騏一郎——検事総長、首相からA級戦犯へ』中公新書、二〇二一年)。

(158) 一九四一年七月、松岡洋右外務大臣を更迭するために第二次近衛文麿内閣が総辞職し、第三次内閣が発足した。平沼がこの動きを主導した一人であったことから、憤激した右翼の活動家が八月に平沼を狙撃して、平沼は一時重体に陥った(萩原前掲書、二五六~二五九頁)。

(159) 一九三九年九月、訪独した寺内寿一は、ドイツ軍が占領したばかりのソポト(現ポーランド領)に滞在していたヒトラーを訪問した。なお、当時のソポトは国際連盟保護下の自由都市ダンツィヒ(現ポーランド領グダンスク)に属しており、厳密にはポーランドではなかった。「寺内ヒ総統　大本営で会見」(『東京朝日新聞』一九三九年九月二二日付朝刊)。

(160) 原田熊雄述『西園寺公と政局』第五巻(岩波書店、一九五一年)一三〇~一三一頁に記載あり。

(161) 一八七九年に結成された国家主義・アジア主義団体。当初は自由民権運動に参加していたが、次第に大陸進出の後方支援活動を行なうようになった。一九四六年、GHQの指令で解散した(石瀧豊美『玄洋社発掘——もう一つの自由民権(増補版)』西日本新聞社、一九九七年)。

(162) 大正天皇と貞明皇后の旧奉仕者で結成した交流団体。当初は大正天皇の皇太子時代の側近と学友たちだけだったが、一九二五年以降は即位後に仕えた人々も参加するようになった。「喜びに集まる　お側に仕えた人々の青山会　御幼少時の御用掛や御学友銀婚式に大奉祝会」(『読売新聞』一九二五年四月二五日付朝刊)。

(163) 航路標識事業従事員が組織する社団法人燈光会のこと。貞明皇后は同会を支援していた。「畏し皇太后陛下　海の星・燈台守に御歌を下賜　感激する燈光会」(『東京朝日新聞』一九三七年二月一九日付朝刊)。

(164) CiNii(国立情報学研究所運営の論文検索サイト)で検索しても該当する論文がないので、公刊論文の形にまとめられたものではないと推測される。田島は黒田の個人的な作業を「研究」と記したのかもしれない。

(165) 天野の著書『道理の感覚』(岩波書店、一九三七年)が軍部や右翼の脅迫を受け、翌年自発的絶版に追い込まれたことを指す。

(166) 皇室典範の規定により、皇族女子は天皇及び皇族以外の者と婚姻した場合、皇族の身分を離れることとされる。

(167)　昭和天皇は六月二五日に日本芸術院賞授賞式に臨席し、二六日には同賞受賞者と会食(御陪食)するので(『昭和天皇実録』一九五二年六月二六日条)、その予定があることをさしている。

(168)　Elizabeth Gray Vining, *Windows for the Crown Prince* (Lippincott, 1952)のこと。後に小泉一郎訳『皇太子の窓』(文藝春秋新社、一九五三年)として刊行されている。

(169)　この話を裏づける報道として、「〝学生間に高まる秩序〟衆院行政監察委　矢内原東大総長が証言」(『朝日新聞』一九五二年六月一五日付朝刊)がある。矢内原は学園の自治を守ろうとする動きが高まり、法学部自治会の選挙で左翼学生が敗北したと述べている。

(170)　岩波書店発行の月刊誌。

(171)　Manuel Maples Arce マヌエル・マプレス・アルセのことか(『昭和天皇実録』一九五二年九月一二日条にメキシコ国特命全権大使として信任状捧呈の記事あり)。

(172)　終戦直後、軍隊色を排した天皇服の様式が制定された(「新に天皇服を御制定　詰襟型、御佩剣は用いさせられず」『朝日新聞』一九四五年一一月八日付朝刊)が、講和発効に合わせて一九五二年四月ごろに廃止が内定した(「宮中も独立への装い　天皇服取止め外国使節に儀装馬車等」『毎日新聞』一九五二年四月一日付朝刊)。

(173)　林は、七月一〇日に日比谷公会堂で開催の抑留同胞救出国民大会において議長を務めた。

(174)　緒方竹虎は、この年の五月二日に外務省参与に就任し、五月六日から六月一〇日まで吉田首相の特使として東南アジア諸国を歴訪した。

(175)　本名篠原治、一中節家元、のち人間国宝。新橋芸者としても知られ、芸名は「利恵治」。「篠原治さん」(訃報)(『読売新聞』一九七〇年八月一四日付夕刊)。

(176)　ブラジルの日系人社会では日本の敗戦を事実として受け入れない「勝ち組」と、受け入れた「負け組」との間で分断が生じ、暴力事件に発展して死者も出ていた(宮尾進『臣道聯盟――移民空白時代と同胞社会の混乱』サンパウロ人文科学研究所、二〇〇三年)。

(177)　一九三九年四月、天津で日本に協力的だった中国人へのテロが相次ぎ、イギリス租界へ逃げ込んだ容疑者の引き渡しをイギリス側が拒否したことから、六月に現地日本軍が租界を封鎖する事態に発展した。七月の有田八郎外務大臣とクレーギー駐日イギリス大使の会談でイギリスが譲歩したことで妥結した。当時、本間雅晴は天津駐留の第二七師団長、山下奉文は北支那方面軍司令官、武藤章は同参謀副長だった。本間は直接封鎖にあたるとともに、イギリス側との交渉をなるべく穏健にすすめようとしたものの、武藤が強硬姿勢を主導したので、天皇の発言はそのことを指すと推測される(内山正熊「天津英国租界封鎖の契機」『法學研究』四四巻三号(一九七一年三月)三八九〜四二五頁)。

(178)　「話の港」(『読売新聞』一九五二年六月二四日付夕刊)。語学

堪能な皇太子が各国大公使の間で人気があるとしている。

(179) キスレンコはソ連の軍人で、一九五〇年〜五二年六月に駐日ソ連代表部首席代表を務めた。五二年六月二七日に離日する際、ソ連は日本国民の苦悩に同情しており、日本もソ連のように再生と独立を勝ち取ると確信している、と述べた(「離日に〝年頭の辞〟を引用　キスレンコ少将」『朝日新聞』一九五二年六月二八日付朝刊)。

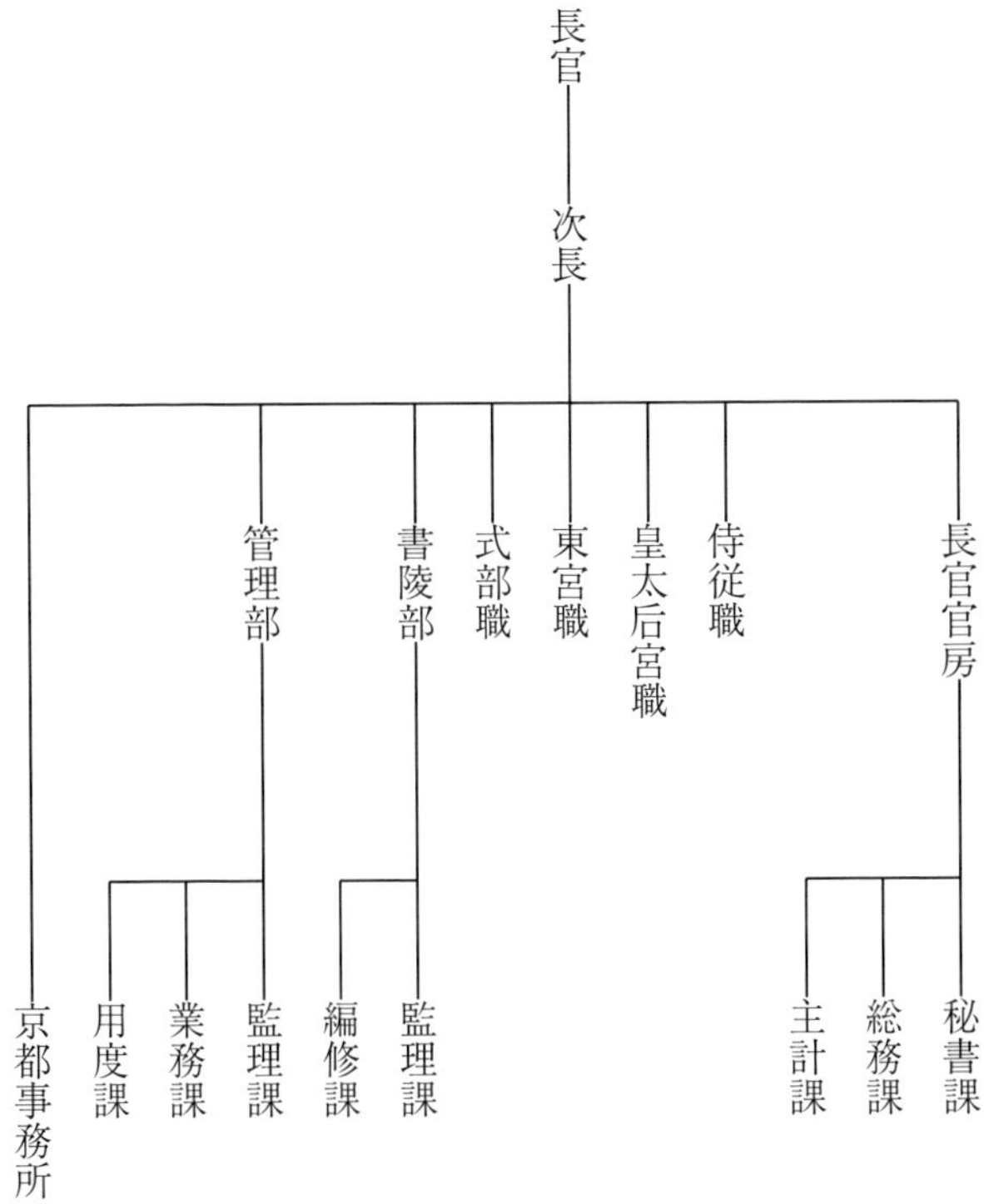

宮内庁機構図（1949年6月）

「機構・定員の変遷」宮内庁秘書課法規係「宮内庁関係機構法令（沿革）」第五分冊（情報公開請求にて入手）をもとに作成.

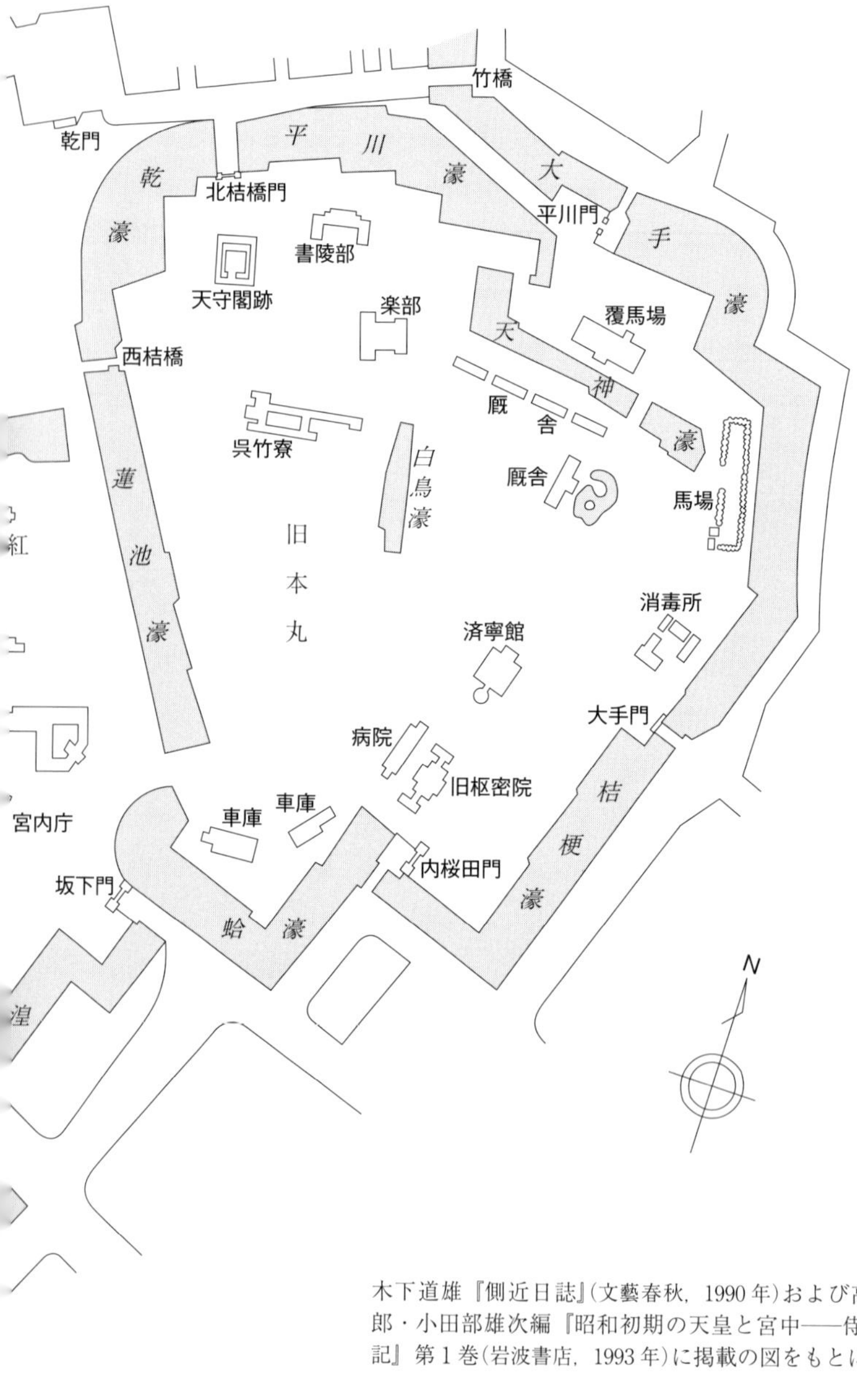

木下道雄『側近日誌』(文藝春秋, 1990年)および高橋紘・粟屋憲太郎・小田部雄次編『昭和初期の天皇と宮中——侍従次長河井弥八日記』第1巻(岩波書店, 1993年)に掲載の図をもとに作成.

1950年頃の皇居図

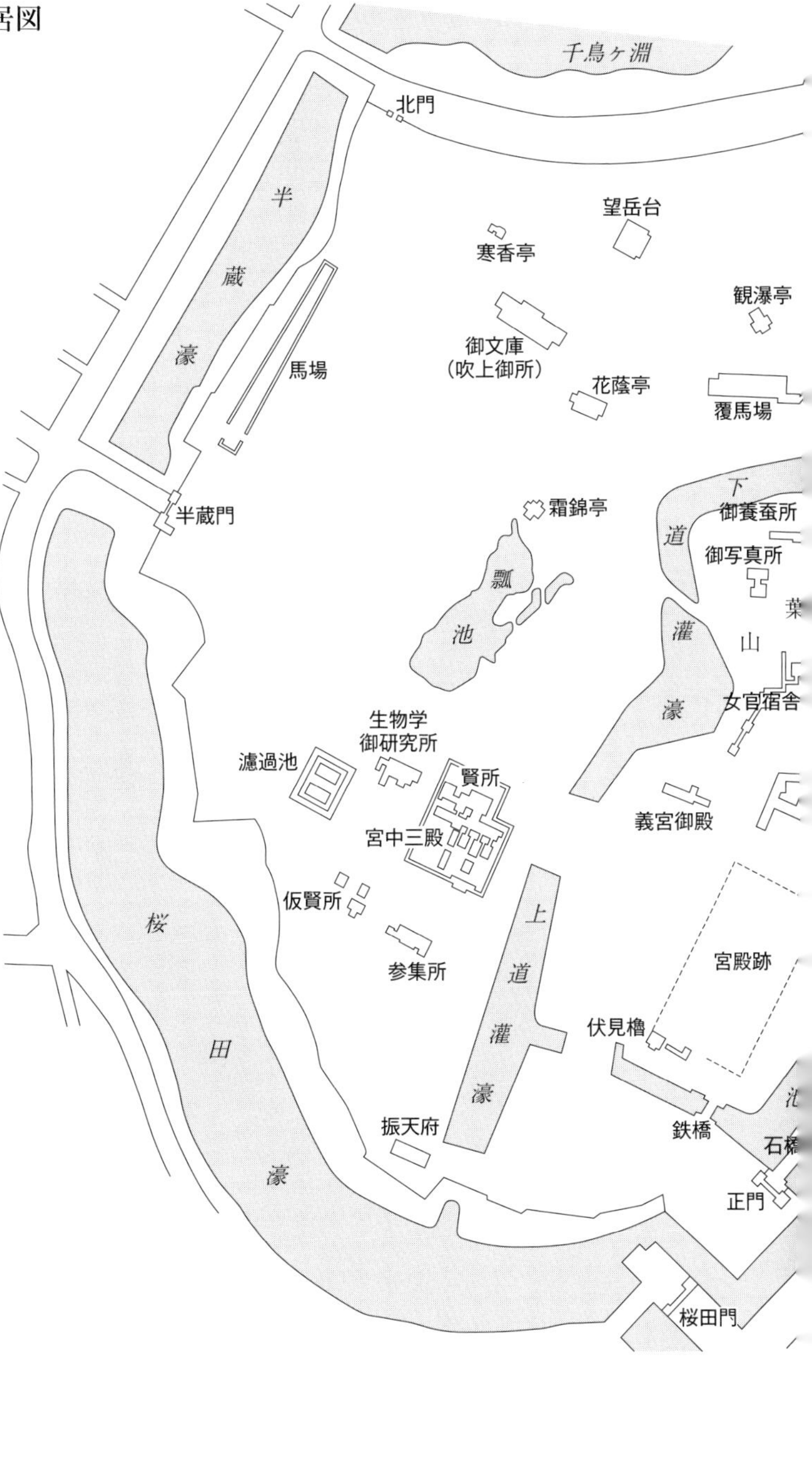

千鳥ヶ淵
北門
半蔵濠
馬場
望岳台
寒香亭
観瀑亭
御文庫
（吹上御所）
花蔭亭
覆馬場
半蔵門
霜錦亭
下道灌濠
御養蚕所
御写真所
瓢池
女官宿舎
生物学
御研究所
濾過池
賢所
宮中三殿
義宮御殿
仮賢所
桜田濠
参集所
上道灌濠
宮殿跡
伏見櫓
振天府
鉄橋
正門
桜田門

旧皇族家系図（一九五二年六月末）

太字は一九四七年一〇月（皇籍離脱）当時の当主　•は故人　［　］は皇籍離脱前の称
故人については最終配偶者のみ記載した

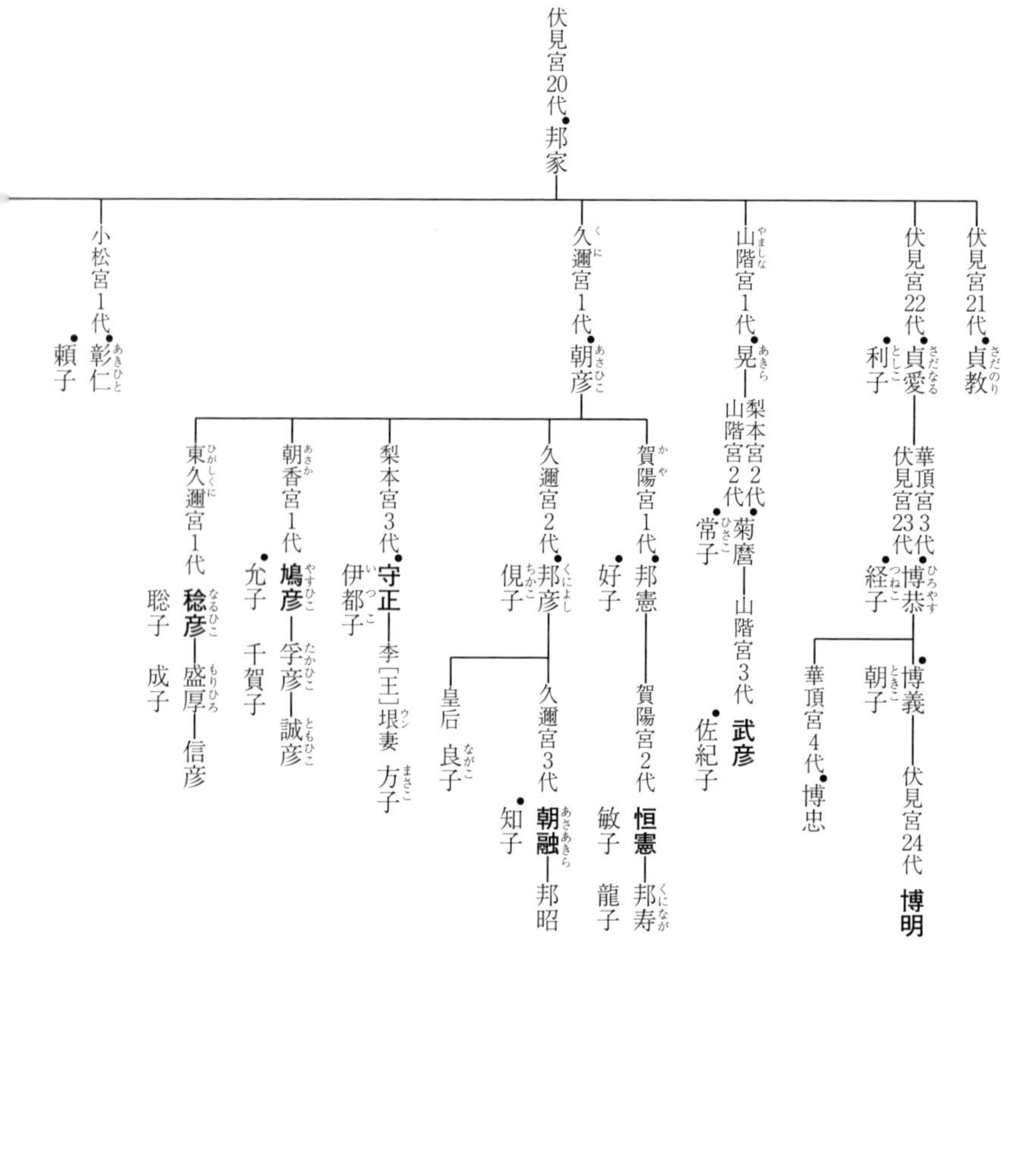

高橋紘・粟屋憲太郎・小田部雄次編『昭和初期の天皇と宮中——侍従次長河井弥八日記』第1巻（岩波書店，1993年）および霞会館華族家系大成編輯委員会編『平成新修旧華族家系大成』上巻（霞会館，1996年）に掲載の系図をもとに作成．

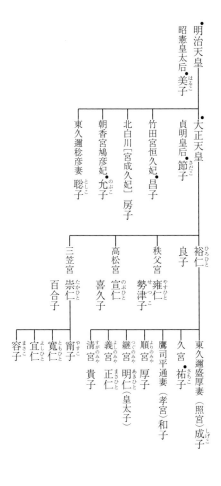

天皇家系図（一九五二年六月末）

- ●明治天皇 — 昭憲皇太后 ●美子（はるこ）
  - ●大正天皇 — 貞明皇后 ●節子（さだこ）
    - 裕仁（ひろひと） — 良子
      - 東久邇盛厚妻（照宮）成子（しげこ）
      - 久宮 ●祐子（さちこ）
      - 鷹司平通妻（孝宮）和子
      - 順宮（よりのみや） 厚子
      - 継宮（つぐのみや） 明仁（あきひと）（皇太子）
      - 義宮（よしのみや） 正仁（まさひと）
      - 清宮（すがのみや） 貴子
    - 秩父宮 雍仁（やすひと） — 勢津子（せつこ）
    - 高松宮 宣仁（のぶひと） — 喜久子
    - 三笠宮 崇仁（たかひと） — 百合子
      - 甯子（やすこ）
      - 寬仁（ともひと）
      - 宜仁（よしひと）
      - 容子（まさこ）
  - 竹田宮恒久妃 ●昌子
  - 北白川［宮成久妃］房子
  - 朝香宮鳩彦妃 ●允子（のぶこ）
  - 東久邇稔彦妻 聡子（としこ）

- 北白川宮2代 ●能久（よしひさ） — ●富子
  - 北白川宮3代 ●成久（なるひさ） — 房子
    - 北白川宮4代 ●永久（ながひさ） — 祥子
      - 北白川宮5代 **道久**
  - 竹田宮1代 ●恒久 — ●昌子
    - 竹田宮2代 **恒徳**（つねよし） — 光子
      - 恒正
- 北白川（きたしらかわ）宮1代 ●智成（さとなり）
- 華頂（かちょう）宮1代 ●博経 — ●郁子
  - 華頂宮2代 ●博厚
- 閑院（かんいん）宮6代 ●載仁（ことひと） — ●智恵子
  - 閑院宮7代 **春仁** — 直子
- 東伏見宮1代 ●依仁（よりひと） — 周子（かねこ）

「拝謁記」一覧表

	形　態	書き方	表題(田島記載)	備　考
1	昭和24年衆議院手帖(75mm×127mm)	横書き，カタカナとひらがなが混在	Ⅰ　昭和二十四年拝謁記　自二月三日至十二月二十九日	表紙に「Ⅰ 24」と記入．表題は表見返しの遊び頁に記入
2	東海銀行手帳(昭和25年)(72mm×126mm)	横書き，カタカナとひらがなが混在	昭和二十五年拝謁記Ⅰ　自一月二日至五月二十五日	表紙に「Ⅱ 25」と記入．表題は表見返しの遊び頁に記入，「日記ハ日銀※ノ二十五年分アリ」(※は日銀のマーク)と付記
3	職員手帳(昭和25年)(80mm×126mm)	横書き，カタカナとひらがなが混在	昭和二十五年拝謁記Ⅱ　自五月三十日至十月二十三日	表紙に「Ⅲ 25」と記入．表題は表見返しの遊び頁に記入
4	昭和25年衆議院手帖(79mm×129mm)	横書き，カタカナとひらがなが混在	拝謁記Ⅲ　二十五年自十月三十一日至十二月二十八日　二十六年自一月二日至五月二十七日	表題は表見返し及び遊び頁に記入．遊び裏頁に「Ⅳ 25 26」と記入
5	東海銀行手帳(昭和26年)(73mm×119mm)	横書き，カタカナとひらがなが混在	拝謁記Ⅴ　昭和二十六年自五月二十九日至六月二十七日	表紙に「Ⅴ」と記入．表題は表見返しの頁に記入．遊び頁に「May29 July27」と記入(内容は7月27日まで)
6	高島屋ノート(A5判)	縦書き，ひらがな	(ロ)昭和二十六年自八月三日至九月四日半ば(1.)	表題は表紙に記入，赤字で㊙と付記
7	高島屋ノート	縦書き，ひらがな	(ハ)昭和二十六年自九月四日(中途)至九月二十二日(中途)(2.)	表題は表紙に記入，赤字で㊙と付記
8	高島屋ノート	縦書き，ひらがな	(ニ)昭和二十六年自九月二十二日至十月二十三日(3)	表題は表紙に記入，赤字で㊙と付記
9	高島屋ノート	縦書き，ひらがな	(ホ)自昭和二十六年十月三十日至同年十二月十四日(4)	表題は表紙に記入，赤字で㊙と付記
10	GNノート(B5判)	縦書き，ひらがな	(A)26.12.17-27.3.5	表題は表紙に記入．頁上部余白に見出しが書いてある
11	GNノート	縦書き，ひらがな	(B)27.3.5-27.4.30	表題は表紙に記入．頁上部余白に見出しが書いてある
12	GNノート	縦書き，ひらがな	(C)27.5.3-27.9.16	表題は表紙に記入
13	GNノート	縦書き，ひらがな	(D)27.9.19-27.12.19	表題は表紙に記入
14	GNノート	縦書き，ひらがな	(E)27.12.24-28.3.13	表題は表紙に記入
15	Tapecorder DIARY(昭和28年)(110mm×152mm)	横書き，ひらがな	拝謁記　自二十八年三月十四日至七月二十五日	表題は表見返しの遊び頁に記入
16	高島屋ノート	縦書き，ひらがな	(G)自昭和二八．八．一．至〃〃〃二七．	表題は表紙に記入
17	GNノート	縦書き，ひらがな	(F)28.9.11-28.11.11	表題は表紙に記入
18	GNノート	縦書き，ひらがな	(H)28.11.13-28.12.15	表題は表紙に記入

1～5，15は左開き，それ以外は右開き
「職員手帳」は印刷庁編集発行．宮内庁のものではなく中央省庁汎用のものか
GNノート＝ヂーエヌ紙製品社の製造したノート
表題の(イ)(ロ)(ハ)や(A)(B)(C)の記号は，孫の哲夫氏が整理のために書いたもの

巻末資料

おことば案一覧

おことば案イ　作成日不明
おことば案ロ　昭和二七年一月二日か四日
おことば案ハ　作成日不明
おことば案ニ　昭和二七年三月四日
おことば案の経過　昭和二七年三月上旬？
おことば案ホ　昭和二七年三月一七日
おことば案ヘ　昭和二七年三月二〇日
おことば案ト　昭和二七年三月二三日
おことば案チ　昭和二七年三月三〇日
おことば案リ　昭和二七年四月一一日
田島道治発吉田茂宛昭和二七年四月一一日付書簡
おことば案ヌ　昭和二七年四月一八、一九日
おことば案ル　昭和二七年四月二二日
おことば案の断片　作成日不明
四月二二日メモ　昭和二七年四月二二日
式典で実際に披露された「おことば」　昭和二七年五月三日
首相謹話案

＊おことば案ロ・ヘ・トは、加藤恭子『昭和天皇と田島道治と吉田茂――初代宮内庁長官の「日記」と「文書」から』（人文書館、二〇〇六年）に掲載されたおことば案A・B・Cの影印から翻刻した。

＊本文中、（　）、打消し線は原文通り。編者の注記は〔　〕で示した。［　］は行間の書き込みを示す。また、本文中の旧字は常用漢字に統一せずそのまま記載している。

▼おことば案イ（全国金融統制会原稿用紙）

［第一節（序論）　条約発効の㐂びと感想］

国際社会への復帰は終戦以来朝野の待望するところの目標であつたが、幸にも米国を始め連合國の好意によつて史上前例なき和解と信頼による平和条約が昨年九月サンフランシスコに於て調印せられ今其効力を生じ、茲に再び完全なる主権を回復し得たことは中心同慶に堪へず又深厚なる感謝の意を表せざるを得ない。

［第二節　平和の素志と戦争の回顧（自責）］

抑文化を治平に求め内國民の康福を増進し外國際の親睦を敦厚にするは、固〔も〕と我が國是であり又即位以来日夜眷々たる宿望であるに拘らず、事志と違ひ、時流の激するところ、遂に兵を列強と交へ今次の悲痛なる敗戦を招き、生命身体財産に及ぼせる戦争の惨禍は甚大を極め、思想の混乱、経済の動揺による一般の不安疾苦亦名状すべからず。一念こゝに及ぶ時まことに憂心灼くの思ひに堪へず。菲徳〔ひとく〕未然に之をとゞめ得なかつたことを深く祖宗と萬姓に愧ぢる。

［第三節　終戦時の悲壮な覚悟］

嚮〔さき〕に四国共同宣言を受諾し以て萬世の為めに大〔太〕平を開かんとし、如何なる犠牲をも辞せずと心ひそかに期しつゝも敢て身を挺して時艱に當り爾来六年餘を閲〔けみ〕した所以のものは、一に終戦後の内外情勢が一日の安きを偸〔ぬす〕み間〔けん〕に居るを容〔ゆる〕さなかつたからに外ならず、終戦に際しての覚悟は平和回復の今日に及んで猶恒に新たである。

［第四節　輓近の大勢と留位の所以］

然し飜〔ひるがえっ〕て思ふに方今宇内の大勢は日一日より急に、時世の推移必ずしも平穏ならず、我国の前途は愈〔いよいよ〕多難に、人心の安定を要する今日より急なるはなく、国民の責務は益重きを加へ、正に国を挙げて覚悟を新たにしなければならぬない秋である。今此時勢の大局に視て、廣く世論に察し、微言に聴き又深く自ら省み沈思熟慮を重ねた末、此際更に自らを励まして負荷の重きに堪へ、国運の恢弘と国民の福祉に寄與せんとするこそ、眞に国を愛し公に殉ずる所以であると考ふるに至つた。かくして又世界の平和人類の幸福に貢献し得す、聊〔いささ〕か過去を未来に償ふに足らば幸ひ之に過ぐるものはない。

［第五節（結語）　国民と共に再興精進］

新日本建設の使命は全国民の双肩にかゝり、全国民の和衷協同によつて始めて達せられる大業である。任は重く道は遠きも、統合の核心として常に国民と共にあり、再建を心に誓ひ朝夕孜々として只逮〔およ〕ばざるを懼れる。希〔ねがわ〕くは全國民のこの意を諒し、共に倶〔とも〕に天職に勉め本分を盡〔つく〕し相携えて此志業を大成し、以て萬邦共栄の楽を偕にせんことを~~（庶幾〔こいねが〕ふ）~~。

▼おことば案ロ（宮内省用箋九号罫紙。欄外に「新年第一版」一九五二年一月二日ないし四日（加藤による推定））

昨年九月サンフランシスコに於て調印せられた平和条約は今其効力を生ずるに至つた。

国際社會への復帰は、終戦以来~~（久しく）~~朝野待望の目標であつたが、幸にも米国を始め連合國の厚意によつて史上に例なき~~（所謂）~~和解と信頼の平和が招来され、たとひ国民の希望の総てが満たされなかつたにせよ、茲に再び完全なる主権を回復し得たことは~~（誠に）~~中心同慶~~（の至り）~~に堪えず又深厚なる感謝の意を表せざるを得ない。

今や世界は未曾有の轉機に際し、我が国の前途は甚遠く~~（我）~~国民の責務は愈其重きを加へ、正に国を挙げて~~（大に）~~覚悟を新たにすべき秋である。

抑〔そもそも〕文化を治平に求め、内、国民の康福を増し、外、国際の親睦を厚くするは、固と我が国是であり、又~~（年）~~即位以来の宿願であるにも拘らず、事志と違ひ、時流の激する所、遂に鋒を列強と交へ、今次の悲痛なる敗戦に終り、生命身体財産に及ぼせる戦争の惨禍は~~（頗る）~~甚大を極め、~~（剰〔あまつさ〕へ）~~思想の混乱、経済の動揺等による一般の不安疾苦又名状すべからず、一念（~~此災禍~~）之に及ぶときまことに憂心灼くの思ひがある。菲徳、未然に之を止どめ得ず、深く之を祖宗と萬姓に愧ぢ~~天下に謝す~~る。

先きに四国共同宣言を受諾し、以て萬世の為に大〔太〕平を開かんとし、如何なる犠牲も辞せずと心ひそかに期しつゝも、敢て挺身時艱に當り、爾来六年餘を閲した所以のものは一に終戦直後の内外実勢之を許さず、躬に一日の偸安を容さば、國に百年の憂を遺すの恐れがあつたからに外ならない。此間終戦に際しての覚悟は平和克復の今日に至る迄、常に新たであるが、一方宇内の情勢は日一日急なるの大局に鑑み、廣く世論~~を~~に察し、直（微）言に聴き、又深く自ら省み、（~~自ら責め~~）沈思熟慮の末更に留まつて負荷の重きに任〔た〕へ、（~~時局の難を排し~~）誓つて国運の恢弘と国民の福祉に寄與せんとするこそ、眞に國を愛し公に殉ずる所以なりと決意するに至つた。延て又世界の平和、人類の幸福に貢献し聊か過去を未来に償ふに足らば幸之に過ぐるものはない。

新日本~~の~~建設（~~の大業~~）の使命は、全國民の双肩にかゝ~~る使命であり~~、全国民の和衷協同によって始めて達成せられる大~~使命~~業である。任は重く道は遠きも国民統合の核心として常に国民と共に在り、再建を心に誓ひ朝夕孜々として只逮ばざるを懼れるのみである。希くは（~~相共に~~）各天職~~を~~励~~み~~に従ひ本分を蓋し、相携へて此志業を大成し以て萬邦共栄の楽を偕にせんことを。平和成るの日に當り意の存する所を披瀝し共に倶に事を勉め業に励まんことを庶幾ふ。

▼おことば案ハ（宮内庁用箋九号罫紙）

国民待望の平和条約は、その效を發し、我国はこゝに完全なる主権を回復し、再び国際社會に伍するに至つたことは、誠に同慶の至りであり、本日此祝賀の式典に臨んで中心㐂びに堪えません。

抑国民の康福を増進し、國交の親善を図ることは、固と我国の国是であり、又即位以来の念願であるにも拘らず、事志と違ひ、＊時流の激するところ「勢の赴く所」、兵を列挙「強、国」と交へて（遂に悲惨なる）敗戦を招き、国土を失ひ犠牲を重ね（絶て無き）「有史以来の」不安と困苦の道を歩む「たどる」に至つたことは、（祖国の尊い伝統に顧みて）遺憾の極みであり、（深く祖宗と億兆に愧ぢ）日夜寝食安からぬ思ひがある「ものがあります」。

曩〔さき〕に四国共同宣言を受諾して、以て萬世の為に太平を開かんくことを決意して（心ひそかに期するところあつたが）、爾来六年有余、米国を始め連合国の絶大の好意と、国「民一体となつての」を挙げての撓〔た〕ゆまざる努力とによつて、この今（再び独立の）日を迎え得て、眞に感慨無量なるものがある（ります）。こゝに「更めて」内外の誠意と協力とに感謝し、更めて戦争による無数の犠牲者に対して、深厚なるい哀悼と同情「と」の意を表するものであります。（同時に）又過去の推移を三省し、誓つて過ちを再びせざるよう戒慎せねばならない（と思ひます）。

今や中外世界の世局情勢は、実に非常の機に當り、我国前途「も亦」「も極めて」の多難なること「である」「は」想像に餘りあり、（任は重く道は遠きも）徒らに明日を憂へず「へることなく」、（深く人類の禍福と、之に対して人類の幸福に寄與すべき現世代の荷ふべき責務に思ひを致し）同心協力事に當れば必ず時艱「この「災」困難」を克服する途の開かれることは疑ひを容れないません。須らく内は民主主義に徹して節度と責任を重んじ、外は国際の信義を守つて世界の平和を旨とし、以て国運の恢弘に「人類の福祉に」努むべきである（ります）

新日本の建設は、八千万国民の双肩にかゝる大使命である。躬〔み〕菲徳なりと雖〔いえど〕も其志を同じくして天職に忠ならんとし、此志業この時に当り、過去を顧み世論に察し、沈思熟慮、自らを励まし、負荷の重きに任へんことを期し、朝夕その及ばざることを恐れる（のみであります）。冀〔こいねがわ〕くは共に分を盡し、事に励み相携へて、此「新日本建設の」志業を達成し、一日も早く「永く」其慶を倶にする「日の速であるならん」ことを切望して已みません。

＊（悲壮ニすぎ暗い）の書き込みあり。

▼おことば案二（宮内庁用箋九号罫紙。欄外に「二七、三、四」）

国民待望の平和條約は、その效を發し、我国はここに、完全なる主権を回復し、再び国際社會に伍するに至つたことは、誠に同慶の至りであり、本日此祝賀の式典に臨んで、中心㐂びに堪へません。

抑国民の康福を増進し、國交の親善を図ることは、固と我國の國是であり、又即位（摂政就任）以来の念願であるにも拘らず、事志と違ひ、時流の激するところ、兵を列強と交へて、遂に悲惨なる敗戦を招き、国土を失ひ、犠牲を重ね、曽て無き不安と困苦の道を歩むに至つたことは、遺憾の極みであり、日夜之を思ふて、悲痛限りなく（深く祖宗と億兆に愧ぢ、日夜）、寝食安からぬものがある（ります）。

曩に四國共同宣言を受諾し、以て萬世の為に太平を開かんと決意し、心ひそかに期するところあつたが、爾来六年有餘、米国を始め連合國の好意と國を挙げての、撓ゆまざる努力とによつて、今再び独立の日を迎え得て、真に感慨無量なるものがある（ります）。ここに内外の誠意と協力とに感謝し、更めて無数の戦争犠牲者に対し（て）、深厚なる哀悼と同情の意を表すると同時に、過去の推移を三省し、誓つて過ちを再びせざるよう戒愼せねばならない（と思ひます）。

今や中外の世局は、実に非常の機に當り、我国前途の多難なること、想像に餘りあり、任は重く、道は遠きも、徒らに明日を憂へず、深く人類の禍福と、之に対して現世代の荷ふべき責務に思ひを致し、同心協力、事に當れば、必ず時艱を克服する途の開かれることは、疑を容れない。須く、内は民主主義に徹して、節度と責任を重んじ、外は国際條約の信義を守つて、世界の平和を旨とし、以て國運の恢弘に努むべきである（ります）。

新日本の建設は、八千万国民の双肩にかかる大使命である。躬菲徳なりと雖も、其志を同うして、天職に忠ならんとし、過去を顧み、世論に察し、沈思熟慮を重ねた末、自らを励まし、負荷の重きに任へんことを期し、朝夕その及ばざることを恐れる（のみであります）。

厤冀はくは、共に分を盡し、事に励み、相携へて此志業を達成し、一日も早く其慶を倶にする（せん）ことを切望して已みません。

▼おことばの経過

八月九日　拝謁（七日会見の模様）開会〔国〕開会式特別御参加必要なし

八月二十二日　那須　拝謁（五大〔内〕さくの意味　留意〔位〕の弁　道徳上の責任）―デリケート

八月二十八日　拝謁（い丶ものが出来れば出す）

八月二十八日　再度拝謁（同日会見、首相出すとはいはず）

九月十九日　拝謁（御催促　田島私案作成拝承）（アブディ〔abdication 退位の意〕御関係拝察）

十月二日　首相訪問（小泉に相談すと首相いふ）

十一月九日　拝謁（退位論につき、留意〔位〕の弁）

十一月十一日　汽車中御召し、終戦時の御決心、道義的責任は留意〔位〕、天職を尽す。どんな犠牲を払つてもい丶。―犠牲的に留意〔位〕するといふ仰せ方は不可

十二月九日　拝謁（四日会見、首相、田島の書いて見たものを見てよければ…といふ点迄進行）

十二月十七日　拝謁（高松宮の御注意あつたこと言上。第一回草案朗読）

一月十一日　拝謁（反省必要　舞鶴の捧げ銃　青年の意思）

二月十三日　四人会合、次長案

二月二十六日　拝謁（式典　第二案朗読、第一案のこと、参与に朗読。今一度よめ。愧づ、敗戦　勝てばよいか、平和論者だ。平和の美名によりて安易な考へ方をして次の時代を苦しめる。条約の信義
同日二回目　（再軍備已むを得ず―旧軍閥式はいや）　琉球、厚生の実―戦争犠牲者、橋本。
二、二九　反省の処、首相に私がいふ
三、四　第三回朗読　反省は全面的だ。「愧づ」は「安からず」　首相で余りかへられたくない
三、五　拝謁（三、四　首相会見。首相曰く、理想なし。）
三、六　理想を入れる。文化国家は共（共産党）に悪用される

▼おことば案ホ（宮内庁用箋九号罫紙。欄外に「三、一七　確定最終案」）

平和條約は、国民待望のうちに、その效力を發し、我國がこゝに、完全なる主権を回復して、再び国際社會に加はるを得たことは、まことに喜ばしく、新憲法（実施）五週年の此日、此式典に臨み、一層同慶の念に堪へません。

国民の康福を増進し、國交の親善を図ることは、もと我國の國是であり、又摂政以来終始変らざる、念願であつたにもかゝはらず、［（事志と違ひ）］勢の赴くところ、兵を列国と交へて不敗しれ、人命を失ひ、国土を縮め、遂にかつて無き、不安と困苦とを招くに至つたことは、［国史の成跡に顧みて遺憾の極みであり］、光輝ある歴史に顧みて*、悔恨悲痛、寝食為めに安からぬものがあります。

さきに、萬世の為めに、太平を開かんと決意し、四國共同宣言を受諾して以来、まゝに六年有餘［（歳を閲すること）七歳］、米國を始め連合國の厚意と、國民必死の努力とによつて、遂にこの喜びの日を、迎ふることを得、實に感慨無量であります。まゝに内外の協力と誠意とに［対しては］（心より）感謝し、［の言葉を知りません］［せざるを得ま

せん。」［すると共に、］とりわけ戦争による無数の犠牲者に対しては、更めてこゝに深甚なる哀悼と同情の意を表します。なほ此際、［今次不幸の］（敗績の由って来たるところ）［過去の推移］を深［（猛）］省して［（深く省み）］、相共に戒愼し、過ちを貳(ふたた)びせざることを、心に誓ふべきであると思ひます。

今や世局は、非常の機に臨み［（際し）］、前途もとより多難ではあるが、徒らに明日を憂ふることなく、深く人類の禍福と、之に対する現世代の、責務とに思ひを致し、（国際の信義を守って、世界の平和を旨とし、）同心協力、事に當るに於いては、民族の安栄を招来（確保）し、萬邦の協和を確保（招来）し、以てただに時艱を克服するのみならず、新憲法の精神を發揮し、新日本建設の使命を達成することは、期して待つべきであります。すべからく、国際の信義を守るの覚悟を新たにして、民主主義の本旨に徹し、節度に従ひ（秩序を尚び）責任を重んじ、東西の文化を綜合して、國本に培ひ、（各種［般］の）通商産業通商殖産を隆んに振興して、民力を養ひ、以て邦家の進運に寄與安栄を確保し、人類世界の福祉に貢献協和を招来すべきであると思ひます。

この時に當り、身寡薄なれども、（時局に鑑みて）過去を顧み、世論に察し、（又）既往を顧み、沈思熟慮、敢て自らを励まして、負荷の重きに任へんことを期し、束日夜たゞ逮ばざることを恐れてをるのみであります。希くは、共に分を盡し、事に励み、相携へて、國家再建［（造）］の志業を大成し、以て永く其慶福を、共にせんことを、切望して已みません。

＊「先人の足跡、光烈、先蹤、祖国の余烈、祖業の栄光、光栄、栄誉、先烈、先世の光烈、歴世の光烈」など周囲に書き込みあり。

▼おことば案へ（宮内庁用箋九号罫紙。欄外に「二七、三、二〇版　小泉氏閲覧済」）

平和條約は、国民待望のうちに、その效力を發し、我國がこゝに、完全なる主権を回復して、再び国際社會に加はるを得たことは、まことに㐂ばしく、新憲法實施五週年の此日、此式典に臨み、一層同慶の念に堪へません。

国民の慶福を増進し、国交の親善を図ることは、もと我国の国是であり、又摂政以来終始変らざる、念願であつたにもかゝはらず、勢の赴くところ、兵を列国と交へて大敗し、人命を失ひ、国土を縮め、遂にかつて無き、不安と困苦とを招くに至つたことは、先世の光烈〔（国史の成跡）〕に顧みて、悔恨悲痛、寝食為めに安からぬものがあります。

さきに、萬世の為めに、太平を開かんと決意し、四国共同宣言を受諾して以来、歳を閲すること六年有餘、米国を始め連合國の厚意と、国民必死の努力とによつて、遂にこの㐂びの日を迎ふることを得、実に感慨無量であります。こゝに内外の協力と誠意とに、心より感謝し、又〔特にわけても〕*戦争による、無数の犠牲者に対しては、更めて深甚なる哀悼と同情の意を表します。なほ此際、敗績の由つて来たるところを、深省して、相共に戒慎し、過を〔ママ〕を貳びせざることを、心に誓ふべきであると思ひます。

今や世局は、非常の機に際し、前途もとより多難ではあるが、徒らに明日を憂ふることなく、深く人類の禍福と、之に対する現世代の、責務とに思ひを致し、国際の信義を守つて、世界の平和を旨とし、同心協力、事に當るに於ては、民族の安栄を確保し、萬邦の協和を招来して、以て新憲法の精神を発揮し、新日本建設の使命を達成することは、期して待つべきであります。すべからく、覚悟を新たにして、民主主義に徹し、秩序を尚び、責任を重んじ、東西の文化を綜合して、国本に培ひ、殖産通商〔（各般の産業）〕を隆んにして、民力を養ひ、邦家の進運に寄與し、人類の福祉に貢献すべきであると思ひます。

この時に當り、身寡薄なれども、世論に察し、既往を顧み、沈思熟慮、敢て自らを励まして、負荷の重きに堪へんことを期し、只日夜及ばざることを恐れて居ります。希くは、共に分を盡し、事に励み、相携へて、国家再建の志業を大成し、以て永く其慶福を共にせんことを、切望して已みません。

* 欄外に「別けてもの意味の適語なきや」の書き込みあり。

▼おことば案ト（宮内庁用箋九号罫紙。欄外に「二七、三、二三版」）

平和條約は、国民待望のうちに、その効力を發し、我国がこゝに完全なる主権を回復して、再び国際社會に加はるを得たことは、まことに忻ばしく、新憲法實施五週年の此日、此式典に臨み一層同慶の念に堪へません。

国民の康福を増進し、国交の親善を図ることは、もと我国の國是であり、又摂政以来終始変らざる、念願であつたにもかゝはらず、（事志と違ひ）勢の赴くところ、兵を列國と交へて大敗し、人命を失ひ、国土を縮め、遂にかつて無き、不安と困苦を招くに至つたことは、国史の光烈成跡に顧みて、悔恨悲痛、寝食為めに安からぬものがあります。

*さきに、萬世の為めに、太平を開かんと決意し、四国共同宣言を受諾して以来、年を閲すること七歳、米国を始め連合國の厚意と、国民必死の努力とによつて、遂にこの忻びの日を迎ふることを得、實に感慨無量であります。こゝに内外の協力と誠意とに、心より感謝すると共に、特にわけても戦争による、無数の犠牲者に対しては、更めて深厚なる哀悼と同情の意を表します。なほ此際、敗績の由つて来つたところを深く省してみ、相共に戒慎し、過去を貳びせざることを、心に誓ふべきであると思ひます。

**今や世局は、非常の機に臨み、前途もとより（多難な）多難ではあるが、徒らに明日を憂ふることなく、深く人類の禍福と、之に対する現世代の責務とに、思ひを致し、同心協力、事に當れば、時局の難を克服するのみならず、新憲法の精神を発揮して、新日本建設の使命を達成することは、期して待つべきであります。すべからく、民主々義に徹して、国際の信義を守るの覚悟を新たにし、東西の文化を綜合して、国本に培ひ、各般の産業「（通商殖産）」を振興して、民力を養ひ、以て邦家の安栄を確保し、世界の協和を招来すべきであると思ひます。

この時に當り、身寡薄なれども、既往を顧み、世論に察し、沈思熟慮、敢て自らを励まして、負荷の重きに任へんことを期し、只日夜逮ばざるを恐れて居をります。希くは、共に分を盡し、事に励み、相携へて、国家再建の志業を大成し、以て永く其慶福を共にせんことを、切望して已みません。

＊　この行の上に「?.」の書き込みあり。

＊＊　この段落の上に「コノ方ヨシ」との書き込みあり。

▼おことば案チ〔宮内庁用箋九号罫紙。欄外に「二七、三、三〇　最終決定版　安倍賛成」〕

平和條約は、国民待望のうちに、その効力を發し、我國がこゝに、完全なる主権を回復して、再び国際社會に加はるを得たことは、まことに㐂ばしく、新憲法實施五週年の此日、此式典に臨み、一層同慶の念に堪へません。「内國民の康福を増進し、外国交の親善を図ることは、もと我國の國是であり、又摂政以来終始変らざる念願であつたにも拘らず、事志と違ふの結果を生じた「も又甚しき事態の發生した、不幸を招来した」＊。勢の赴くところ、兵を列国と交へて（不）敗（し）れ、人命を失ひ、国土を縮め、遂にかつて無き、不安と困苦とを招くに至つたことは、「遺憾の極みであり、」国史の成跡に顧みて、悔恨悲痛、寝食為めに、安からぬものがあります。」〔「　」は赤字〕

〔赤字で〕吉田首相削除説

さきに、萬世の為めに、太平を開かんと決意し、四国共同宣言を受諾して以来、年を閲すること七歳、米国を始め連合國の厚意と、国民（必死、）「懸命、常々」「不屈」の努力とによって、遂にこの㐂びの日を迎ふることを得、（不なる）まことに感（慨無量であります）「激の至りであります」「激に堪へないところであります」。こゝに、内外の協力と誠意とに、心より感謝すると共に、わけても「とりわけ」戦争による、無数の犠牲者に対しては、更めて深甚なる哀悼と同情の意を表します。（なほ此際、敗績）此際その由つて来たところを、深く省み、相共に戒愼し、過ちを貳びせざることを、心に誓ふべきであると思ひます。**

今や世局は非常の機に臨み、前途もとより多難では~~ある~~〔（あります）〕が、徒らに明日を憂ふることなく、深く人類の禍福と、之に対する現世代の責務とに、思ひを致し、同心協力、事に當れば、啻〔ただ〕に~~時局の難~~時難を克服するのみならず、新憲法の精神を發揮して、新日本建設の使命〔大業〕を達成することは、期して待つべきであります。すべからく、〔~~自由と責務、愛と敬を重んずる~~〕民主主義〔の本旨〕に徹して、国際の信義を守るの覚悟を新たにし、東西の文化を綜合して、国本に培ひ、通商殖産を振興して、民力を養ひ、以て邦家の安栄を確保し、世界の協和を招来すべきであると思ひます。***

この時に當り、身寡薄なれども、既往を顧み、世論に察し、沈思熟慮、敢て自らを励まして、負荷の重きに任へんことを期し、日夜只逮ばざるを恐れ~~すを~~〔（るのみであ）〕ります。希くは、共に分を盡し、事に励み、相携へて国家再建の志業を大成し、以て永くその慶福を共にせんことを切望して已みません。

* この周囲に「時態」「不祥」「不幸なる推移」「時勢」「時運」「形勢」「時局」「出現」「憂慮」など書き込みあり。上欄外にも「経緯志に違ふも又甚しき事態の発生を見たの不幸なる過去の推移を此際深く直視、反省、察」の書き込みあり。

** 上欄外に「失脚、失計、過失」の書き込みあり。

*** 上欄外に「責任を重んじ敬〔親〕愛を旨とし」「親愛尊敬」の書き込みあり。

▼おことば案リ

（宮内庁用箋九号罫紙。欄外に「㊙　二七、四、一一、夜未定稿　吉田首相一読後処感を斟酌して訂正分」）

平和條約は、国民待望のうちに、その効力を發し、我国がこゝに、完全なる主権を回復して、再び国際社會に加はるを得たことは、まことに忻ばしく、新国憲法実施五週年の此日、此式典に臨み、一層同慶の念に堪へません。

「国民の康福を増進し、国交の親善を図ることは、もと我国の国是であり、又摂政以来終始変らざる念願であつたにもかかはらず、勢の赴くところ、兵を列国と交へて敗れ、人命を失ひ、国土を縮め、遂にかつて無き不安と困苦を招くに至つたことは、国史の成跡に顧みて、遺憾の極みであり〔悔恨悲痛〕寝食為めに安からぬものがあります。」

さきに、萬世の為めに、太平を開かんと決意し、四国共同宣言を受諾して以来、年を閲すること七歳、米國を始め連合國の厚意と、国民不屈の努力とによつて、遂にこの喜びの日を迎ふることを得、〔まことに感慨無量であります。〕こゝに内外の協力と誠意とに心より感謝するとともに、~~とりわけ~~戦争による、無数の犠牲者に対しては、更めて深甚なる哀悼と同情の意を表します。なほこの際、既往の推移〔敗績の由つて来たつたところ〕を深く省み、相共に戒慎し、過ちを貳びせざることを、心に誓ふべきであると思ひます。

今や世局は非常の機に臨み、前途もとより多難ではありますが、〔徒らに明日を憂ふることなく〕深く人類の禍福と、之に対す〔以下欠落〕

▼田島道治発吉田茂宛昭和二七年四月一一日付書簡（大磯町郷土資料館所蔵）

拝啓

今日は政務御繁多の折柄御来駕を忝（かたじけの）ふし恐縮此事ニ奉存候。其節例のおことばニついての第一印象承り候間、一応その通りに訂正〔横に※〕（今日差上候未定稿の文字は朱書致し候）供貴覧候。昨年以来、小生ハ稿を改むる事二十余回ニて、小泉博士を煩ハし候未定稿も十回ニ近く候。推敲是れ力め候得共、昔の漢文調はよろしからずとの事ニて平凡化の必要有之。簡潔を失ひ荘重を欠き候ものと相成候も致方無之候。漢字は当用漢字以外ハ一字も無之様整理致候へども其用法、及仮名遣ひ、送りがな、副詞等ハ漢字を用ひず仮名書きにせよ等文部省勧奨の御規則ニハ触れ居候間、これは改定後そういふ専門家ニたのみ整頓可致候。猶、今日如何やとの御意見有之候個所四ツについては英訳の場合、如何相成候かと、別紙ニ一応対照致し置候。右申上候通り小生推敲ずれ致候感覚却て鈍く相成居候間、新しき第一印象にて御批判、御加筆被下候はゞ小泉博士とも協議の上重ねて御高教奉仰度と存候。今日御手交申上候分は昨日小泉博士ニ最後の協議を遂げ、一改致候分ニ御座候。三日、式典ニて　陛下御朗読後外国へフルテキスト送られる事も可有候。新聞社側任意の英訳ニては真意誤解せられしも残念と存じ宮内庁側ニて其日までに英訳も一応用意致度ものと考居候次第ニ御座候。先ハ右要用迄如此御座候頓首。

四月十一日夜十時認

田島道治

吉田首相閣下

侍曹

※実は数回推敲致候間かつての未定稿ニ用ひ候文句をその儘用ひ候次第ニ御座候。

〔おことば要点の英訳〕

一、悔恨悲痛

overwhelmed with profound grief and regret

二、まことに感慨無量であります

A thousand emotion crowd on my mind

三、敗績の由つて来たつたところを

on the true causes of our grave calamities/blunders/disasters
四、徒らに明日を憂ふることなく
without being solely disheartened by anxieties about tomorrow

▼おことば案ヌ（宮内庁用箋九号罫紙。欄外に「二七、四、一八、首相へ手交　一九、首相より松井秘書官持参」）*

平[媾]和條約は、国民待望のうちに、その効力を發し、（我國が）こゝに、（完全なる主権を）[平和の]回復（して）[を見]、再び国際社會に加はるを得たことは、まことに喜ばしく、新国憲法実施五週年の此日、此式典に臨み、一層同慶の念に堪へません。

さきに、万世の為めに、太平を開かんと決意し、四国共同宣言を受諾して以来、年を閲すること七歳、米国を始め連合國の厚意と、国民不屈の努力とによつて、遂にこの喜びの日を迎ふることを得、~~（感激の至りであります。）~~[感殊に深く?.][ました。] こゝに内外の協力と誠意とに[対し]、心より感謝すると共に、~~とりわけ~~戦争による、無数の犠牲者に対しては、更めて深甚なる哀悼と同情の意を表します。

もと、国民の慶康福を増進し、国交の親善を図ることは、我国の国是であり、又摂政以来（終始変らざる）[の]、念願であつたにも拘らず、「（事志と違ふに[これに違ふの事態を生ずるに]至つたことは）~~（兵を交へて敗れ、人命を失ひ、国を縮め、かつてなき不安と困苦を招くに至つたことは）~~」まことに遺憾であり、」[特に]此際、その由つて来つたところを、[各]深く省み、相共に戒慎し、過ちを再びせざることを、堅く心に銘す[（誓ふ）]べきであると思ひます。**

今や世局は、非常の機に臨み、前途もとより多難ではありますが、徒らに明日を憂ふることなく、深く人類の禍福と、之に対する現世代の責務とに思ひを致し、同心協力、事に當れば、ただに時難を克復するのみならず、新日本

〔憲法〕の精神を發揮し、新日本建設の使命を達成することは、期して待つべきであります。すべからく、民主主義の本義〔旨〕に徹し、国際の信義を守るの覚悟を新たにし、東西の文化を総合して、国本に培ひ、殖産通商を振興して、民力を養ひ、邦家の安栄を確保し、世界の協和を招来すべきであると思ひます。

この時に當り、身寡薄なれども、既往を顧み、世論に察し、沈思熟慮、敢て自らを励まして、負荷の重きに任へんことを期し、日夜ただ逮ばざることを、恐れるのみであります。希くは、共に分を盡し、事~~を~~〔に〕励~~み~~〔勉め〕、相携へて、国家再建の志業を大成し、以て永く其慶福を共にせんことを、切望して已みません。

＊　四月一八日におことば案ヌを起草し、翌一九日に吉田へ書留で送ったものを、松井が同日中に田島へ返しに来たという意味だと推定される。田島道治日記一九五二年四月一八、一九日条（第六巻所収）。

＊＊　上欄外「事志と違ひ遂に戦の已むなきに會ひ国民を戦禍に苦しめたるはまことに遺憾であり」の書き込みあり。

▼おことば案ル（宮内庁用箋。欄外に「二七、四、二二、御内閲　首相閲覧」）

講〔平〕和條約は、国民待望のうちに、その效〔効〕力を發〔発〕し、こゝに、~~平和(を)回復(し)、我国が~~〔わが国は独立国として〕再び国際社會〔会〕に加~~は~~〔わ〕るを得たことは、まことに𠮷〔喜〕ばしく、~~新国憲法實~~〔実〕~~施~~〔日本国憲法施行〕五週〔周〕年の此〔今〕日、此〔この〕式典に臨み、一層同慶の念に堪ヘ〔え〕ません。〔以下欠落〕

▼おことば案の断片（宮内庁用箋九号罫紙。作成日不明）

然るに宇内の大勢は日一日急に、時局の推移は必しも平穏ならず、我國の地位亦機微なる國際関係に依存する所甚大にして、國内の安定を要すること今日の如きはない。茲に於て廣く世論に察し、微言に聴き、又深く自ら省み、沈思熟慮を重ねた末、此際更に負荷の重きに任へ、國運の恢弘と國民の福祉に寄與することこそ眞に國を愛し、公に殉ずる所以であると考ふるに到つた。

▼四月二一日メモ（便箋五枚にペン書き、「拝謁記」昭和二七年四月二〇日条に挿入。同年四月二一日）

〔一枚目〕

一、留意〔位〕の表明。——不退位の表明。

国政の重大事——政府の意思尊重の要。

二、おことばと雖も、批判し、攻撃はある事の世の中に可成無難を希ふ事。

三、過ぎたるは如何ともし難し。及ばざるは後補充の機あり。

原案と雖も及ばざるものにて五十歩百歩なり。

四、御思召全部を表現せば誤解も却てなし、況んや御思召の一部だけ残る事となれば多少論理の飛躍を免れず。それに乗ぜられる恐あり。

五、祝典の祝辞に余り過去の暗い面は避けたし。

六、遺憾の意表現即ち退位論に直結するの恐れ。

七、反省の対象は判然す。

八、外国人に心境は仰せも最早最後に願ひたし。今回は一般にも最早おやめに願ひたし。〔このあと三枚目につながる〕

〔二枚目、前後とつながっていないので放棄した草案と推定される〕

一、退位なれば国政に関するも、現状そのまゝの事で黙して為ても同じ事をたゞいふ丈け故、陛下の御思召を主として首相の意見に左程左右せるれ〔ママ〕さ事なし。

(反)法律的には兎に角、退位論を草地に起す恐ありとの事は避けたし。

二、前後の節にて相当の不退位御宣言ある以上、議論の為に議論せんとすればそこにも見出し得べし。純なる御思召が多少の論議を招くも心ある人の同感をも得られる故、多く恐るゝの要なし。良心にやましくなくば、又論理に誤謬なくば平気。

(反)此点良心にはやましくなきも、論理的には飛躍ある故、あげつらはれる事は想像されて受太刀となる。

三、責任に二種あり、高級の責任観何がわるいか。

四、普通の人は遺憾に感激す。一部退位論消滅。他の退位論者は何をいつてもいふ。

○一般は如何。最早退位にせず。

五、頬かぶりでない方まし。

〔三枚目〕

九、一般には退位など予期せず。頬かぶりで無難。

一〇、陛下がサツパリ遊ばさるとされてもそれは御無理。十字架の宿命。

一一、外国の雑誌にも陛下の平和愛好は知れ渡つて居り、今更必要なし。

一二、結論の内に沈思熟慮、自ら励まし、御気分充分あり、遺憾の字なきも意味は分る。

一三、念願なら、なぜ止めなかつた。軍部の実状を一般は知らぬ。

事志と違ひ、など今更平和論者を装ふ者と同類に思はれる。

〔四枚目〕

一四、大体陛下の御思召の全貌出でず、既に余程変なもの故、一部だけ出せば他の部分が却て想像で勝手に演繹せられて、しかも一部に真実に透る。

一部の真実は却て全部的には真実に遠る〔とおざか〕る虞れあり。

理路一貫の部分のみにする事。

一五、戦争、敗戦、土地割譲、人命損害。

いはでも知る事。繰返しの要なし。

一六、説教（遺憾といひながら）ととる。

通俗的責任程度の責任などよりそれにつゞく為の前提と思ふ普通なり。

総ざんげは東久邇内閣の時もあつた。

〔五枚目、一七は欠〕

一八、秩父宮様の言。

高松宮様の言。

一九、若い世代の人の感覚。

二〇、小泉の意見――此際は陛下の事利用、逆用、悪用される事は避けるべきだ。

安倍の意見――全面講和をのべる安倍、読書人的（利用されても叶はぬ）。

二一、〔記入なし〕

▼「平和条約発効並びに日本国憲法施行五周年記念式典」で実際に披露された「おことば」

（昭和二七年五月三日）

平和条約は、国民待望のうちに、その効力を発し、ここにわが国が独立国として再び国際社会に加わるを得たことは、まことに喜ばしく、日本国憲法施行五周年の今日、この式典に臨み、一層同慶の念に堪えません。

さきに、万世のために、太平を開かんと決意し、四国共同宣言を受諾して以来、年をけみすること七歳、米国を始め連合国の好意と国民不屈の努力とによつて、ついにこの喜びの日を迎うることを得ました。ここに、内外の協力と誠意とに対し、衷心感謝すると共に戦争による無数の犠牲者に対しては、あらためて深甚なる哀悼と同情の意を表します。又特にこの際、既往の推移を深く省み、相共に戒慎し、過ちをふたたびせざることを、堅く心に銘すべきであると信じます。

今や世局は非常の機に臨み、前途もとより多難ではありますが、いたずらに明日を憂うることなく、深く人類の禍福と、これに対する現世代の責務とに思いを致し、同心協力、事に当るならば、ただに時難を克服するのみならず、新憲法の精神を発揮し、新日本建設の使命を達成し得ること、期して待つべきであります。すべからく、民主主義の本旨に徹し、国際の信義を守るの覚悟を新たにし、東西の文化を総合して、国本につちかい、殖産通商を振興して、民力を養い、もつて邦家の安栄を確保し、世界の協和を招来すべきであると思います。

この時に当り、身寡薄なれども、過去を顧み、世論に察し、沈思熟慮、あえて自らを励まして、負荷の重きにたえんことを期し、日夜ただおよばざることを、恐れるのみであります。こいねがわくば、共に分を尽し、事に勉め、相たずさえて国家再建の志業を大成し、もつて永くその慶福を共にせんことを切望して、やみません。

▼首相謹話案（全国金融統制会原稿用紙）

本日平和条約発効に関し内奏の為め天皇陛下に拝謁の際、全国民に伝へて欲しいとの思召で別記の如き御言葉を賜はりました。

御思召の程誠に感激の至りで真に思惟に堪へませぬ次第であります。陛下が終始平和を念と遊〔あそば〕させられ、満洲事変以来の国歩について常に御軫念一方ならず、殊に太平洋戦争への突入の如きは御本旨に悖るも甚しきものであつたことは今や中外の均しく認識する所であり、又御躬を以て国難に代らんとの御決意を以て終戦の聖断を下されたことは今猶国民の耳目に新たであり感佩措く能はざる所であります。

今日更に国民統合の象徴として、御躬〔みずか〕ら身骨を労し心志を苦しめ、艱難の先に立つて我等国民と共に愛国殉公の誠を国に致さんとの御熟慮の上の厚き御思召を拝し感銘新たに限りなきものがあります。世界の情勢は終戦時に比してむしろ一層緊迫の度を加へました今日我等国民は陛下の難有き御言葉を拝し陛下を中心として挙国一致各其事を勤め其業を励み日本再建の為め懸命の努力を致しますることを更めて御誓ひ申上ぐる外はないと存じます。

おことば案イから式典で実際に披露された「おことば」までの変遷を一覧できる表を、岩波書店HP（https://www.iwanami.co.jp/）の『昭和天皇拝謁記第三巻　拝謁記3　昭和二六年一一月〜二七年六月』ページに掲載しています。本巻とあわせてご覧下さい。

解　説

冨永　望

一　第三巻の概要

初代宮内庁長官である田島道治が遺した「拝謁記」のうち、本巻は一九五一年一一月から一九五二年六月までを収録する。

当該時期は全て市販のノートに書かれており、第一巻が一年八ヶ月、第二巻が一年にわたる記述だったのに対して、本巻は八ヶ月分の記述であり、内容がより濃密になっていることが窺える。一九五〇年六月に朝鮮戦争が勃発し、日本をとりまく情勢はにわかに緊迫していったが、アメリカは同年一一月に対日講和七原則を発表して、ソ連をはじめとする社会主義陣営抜きでの対日講和へ舵を切った。日本の世論が米ソ両陣営との講和を主張する全面講和論と、社会主義陣営抜きの講和もやむなしとする多数講和論に分かれる中、日米両政府間で水面下の交渉が重ねられ、米軍の日本駐留を前提とする戦後日本の安全保障が形作られていく。そして一九五一年九月にサンフランシスコ講和条約と日米安全保障条約が調印され、翌一九五二年四月に講和条約が発効して、六年八ヶ月にわたった連合国による占領統治は終結する。日本は独立を回復し、国際社会への復帰を果したしたのである。

二　おことば案の作成過程

(1) 資料について

本巻で最も読者の関心を集めるのは、一九五二年五月三日に挙行された、平和条約発効ならびに憲法施行五周年記念式典における昭和天皇の「おことば案」の作成過程であろう。田島道治関係文書は第七巻に収録されるが、読者の便宜を図って、おことば案に関する資料のみ、本巻末に収録する。本稿でも参照するので、まず巻末資料について説明する。

二〇〇二年、加藤恭子が田島家の協力により田島の日記その他の資料を調査し、その成果を評伝にまとめて発表した。[1]それまで知る人ぞ知る存在だった田島に関心が寄せられる契機となったわけだが、加藤はその後も田島に関する著作を相次いで発表し、その都度新たに発見した文書を紹介した。[2]加藤は発見した時期によって、おことば案に①〜⑧およびⒶ〜Ⓓの符号を付したが、[3]このうちⒶ〜Ⓓは残念ながら所在不明となっており、特にⒹは写真も残っていない。おことば案イ〜ルはこれらの草案を配列しなおしたものである。イ〜ハは作成時期が不明だが、内容的にイとロが最も早く作成されたものであり、ハがこれに次ぐ。[4]ニ以下は作成時期が明記されており、その順になっている。打消線およびカッコは原文の通り翻刻した。この他、宮内庁原稿用紙一枚に一節のみ記された「おことば案の断片」がある。加藤が9としたものと推定されるが、[5]これも巻末資料に収録した。「おことば案の経過」は一九五二年三月上旬に、田島がそれまでの作成過程を整理したものと推定される。「田島道治発吉田茂宛昭和二七年四月一一日付書簡」は、後述する四月一一日の修正をめぐるものである。「四月二二日メモ」は、拝謁記の中に挟まっていたもので、田島が昭和天皇におことば案修正を納得してもらうために作成したものであろう。参考までに、式典で実際に読み上げられたおことばも掲載した。また、「首相謹話案」は、田島がおことばに合わせて首相から発表してもらうために作成したものと考えられるが、実際には採用されなかった。

（2）吉田茂の要請

さて、一九五一年七月一三日、新旧閣僚御陪食のため廊下に控えていた田島を昭和天皇が招き入れ、「今総理と話して講和後の事をいつたら締結後お言葉を頂きたい、――多少余り有頂天にならぬやうな意味で――といふ事をいつていた。長官によく相談してくれといつておいたから」と伝えた（第二巻一九五一年七月一三日条）。なお、天皇は講和条約について、「素より敗戦の結果であり、領土の一部を失ふといふこと、戦死傷者のこと、未帰還者のこと等、戦争についての犠牲等のことを考ふれば少しも喜ぶべきでない」と所感を述べており、単なる祝賀のメッセージを出すつもりはなかった（第二巻七月二六日条）。当初、吉田茂首相は講和条約批准国会開会式に際してのおことばを考えていたようだが、田島は天皇が国民に直接訴える機会としては、調印直後は適切な時期ではないと反対した（第二巻八月二八日条）。

天皇の希望を叶えるため、田島は一〇月二日に箱根滞在中の吉田を訪ねて直談判したが、吉田は天皇が国民に語りかけることについて慎重であった（第二巻一〇月四日条）。このとき、吉田は退位問題について小泉信三東宮職教育常時参与に相談すると言ったらしい（「経過」）[6]。というのも、独立が近づくにつれて、天皇は戦争責任を取って退位すべきだという主張が目につくようになってきたからである。東京裁判当時とは異なり、当該時期の退位論は主に旧軍人が唱えた[7]。改憲再軍備が成ったときに、新国軍の最高司令官に戴くのは、過去のしがらみがない皇太子の方がふさわしいという論理による。田島の耳にも、巣鴨刑務所に服役中の旧軍人が退位論を唱えていることが聞こえていた。引き続き在位して国家再建に努めることが天皇としての責任の取り方であるという天皇の考え方を田島も理解していたが、

「戦争前又は戦争中の要路の人は今一人もないのに陛下御一人は引続いておいでといふ所に退位論など出ると思ひます。〔中略〕こういふ風な論理で御退位の方が議論はたて易く、然しいろ〳〵の実状から御退位は出来ぬといふ事の方が議論はしにくいのであります」と率直に述べている(一一月九日条)。それに対して天皇は、在位はむしろ自己犠牲の精神によるのだと力説したが、田島は「犠牲的に皇位に在るのだと陛下の方から仰せになる事は如何かと存じます〔中略〕陛下として結論なく、本当にどちらでもよい、日本国の為に一番い丶様に考へてくれといふ御立場の方がよろしいかと存じます」と諫めた(一一月一一日条)。この間も田島は吉田と意見交換を重ねたらしく、一二月四日の会談で、田島が起草して、よければ発表するということで吉田の同意を得た(「経過」)。かくして田島がおことば案作成に着手することになった。

(3) おことば案の骨子

最初のおことば案は一二月一六日に田島が一人で起草したもので、内容は不明であるが、一七日に天皇の前で朗読している。講和条約は全国民の喜びとするところというような表現が入っていたようで、天皇は「全国民とあるが社会党左派等条約に不賛成のものもある故、全国民といふはどうかと思ふ」と懸念を示した。そして田島は小泉信三・安倍能成学習院長と相談して、おことば案作成を進めるよう命じられた(一二月一七日条)。

ここでおことば案イに注目したい。唯一節名が付されており、田島がおことば案を起草するにあたり、どのような論理構成を考えていたかがわかる。

第一節(序論) 条約発効の喜びと感想
第二節 平和の素志と戦争の回顧(自責)
第三節 終戦時の悲壮な覚悟

第四節　輓近の大勢と留位の所以
第五節（結語）　国民と共に再興精進

おことば案の骨子は天皇の希望に沿うものであったが（一二月一三日、一四日条）、まず和解と信頼の条約によって主権を回復したことを喜び（第一節）、次いで元来平和を望んでいたにもかかわらず開戦に至り、敗戦に終わったことへの自責の念を述べ（第二節）、終戦に当たっては自身が犠牲となる覚悟であったが（第三節）、現在の情勢に鑑みて引き続き在位して国家再建に尽くすことが天皇としての責任の取り方であるとの決意を表明し（第四節）、国民の理解と協力を求める（第五節）という論理構成になっている。つまり、おことばは国民の間にくすぶっていた天皇の戦争責任問題に対する回答であり、引き続き在位するという決意表明が最大の目的であった。

年末から年始にかけて、田島はおことば案の推敲にいそしむが、この間の拝謁に際して、退位問題に関する天皇の言及が多くなる。天皇によると、敗戦直後に高松宮は直接天皇に退位を進言し、逆に秩父宮は退位に反対したという。しかし田島が把握する限りでは、この頃は立場が入れ替わり、秩父宮が退位論、高松宮が留位論に転じていた（一二月一七日条）。昭和天皇は、皇太子に譲位した場合、まだ若くて天皇の地位は務まらないし、皇后（皇太子が即位した場合は皇太后になる）との関係も難しくなるのではないか、と退位できない理由を述べた[8]（一二月二〇日条）。読売新聞で退位論が取り上げられたときは、戦時中の自身の立場が理解されていないことに天皇は不満を表したが、田島は退位論がむしろ天皇に対する好意ゆえのものととりなしている（一二月二四日条）。

（4）過去の反省

年が明けて一九五二年一月二日、田島は訪欧へ出発する松平康昌式部官長の送別会に行き、おことば案の草稿を見せた[9]。そして四日夜におことば案の推敲を行い、五日に宮内庁を訪れた小泉におことば案新年第二版を渡した[10]。一一日、天皇は「私は例の声明メッセージには反省するといふ文句は入れた方がよいと思ふ」と希望を述べ、田島は「小泉等と相談して「反省」は入れる事に致しました」と答えている（一月一一日条）。つまり、おことば案ロを推敲した内容不明の第二版の後から、過去の反省についての文言が入ったことになる。一月三一日の衆議院予算委員会で、中曽根康弘衆議院議員（国民民主党、当時）が天皇の退位に関する政府の見解を質したが、二月五日に田島はわざわざ速記録を取り寄せて、天皇の前で読み上げている。田島は「此問答が一向新聞の紙面をにぎはしませぬ事は結構なると存じます。御退位につき一般が考へて居りませぬ為かと存じます」と言って天皇を安心させようとした（二月五日条）。

そして二月二六日、宇佐美毅宮内庁次長にも意見を聞いてまとめたおことば案を、田島は天皇の前で朗読した。このときの草稿は残っていないが、内容的におことば案ハが最も近いと考えられる。イ・ロと比較すると、「領土の縮小」「戦争犠牲者への同情」「過去の反省」「民主主義に徹し国際の信義を守る」といった要素が追加されている。天皇は趣旨はよろしいとしたが、さらに字句を練るよう求めた。「過去の反省と将来自戒の個所」が、特に天皇の強く要望するところであり、しかも将来の再軍備を否定するような文章であってはならなかった。また、引き続き米軍占領下に置かれる沖縄への言及と戦争犠牲者への同情についても念を押した（二月二六日条）。

三月四日、田島はおことば案を天皇の前で朗読した。おことば案ニは欄外に「二七、三、四」と書き込まれており、語句の細かい違いはあるが、ハと内容はほぼ同一である。まず天皇は、平和を念願していたのは「即位以来」ではなく「摂政就任以来」だと修正を求めた。また、田島としては「祖宗と万姓に愧づ」が強すぎる表現に思われたのか、「寝食安からぬ」への修正を試みたが、天皇は「私は祖先に愧づるといふのは入れて欲しいやうに思ふが、国民にとなると一寸変になるかも知れぬ」と述べている（三月四日条）。同日、田島は吉田に会っておことば案を読んで聞かせた。吉田がおことば案に触れるのはこれが初めてであったが、「大体結構であるが、今少し積極的に新日本の理想というものを力強く表はして頂きたい希望があります」と要望し、田島も天皇も同感だったので、その旨追加することにした。このとき、「これは首相の助言と承認とは関係ない陛下御自身のことだから余り内閣でいぢらないやうに申しまして了承致しました」と報告している。おことば案は国事行為ではないということで、基本的に宮内庁の案文がそのまま通るだろうと楽観したことが、結果的に田島の失策となる（三月五日条）。

（5）新日本の理想

新たに盛り込むこととなった、新日本の理想について、天皇はさっそく要望を出した。「文化国家など、いへば、再軍備機運の際に共産党など非軍備派の為に悪用される」とはいえ、再軍備を口にするわけにもいかない。本来の意味としては八紘一宇が最適だと天皇は思ったが、今となっては使えないということで、田島も頭を悩ませることになった。発表の形式として、天皇はラジオ放送が望ましいとした（三月六日条）。

三月一〇日、田島は若い人の感覚も必要と考え、宇佐美次長と高尾亮一秘書課長におことば案を見せ、二人の意見を反映したものと高尾の案を天皇に披露した(11)。口語体と当用漢字に直したのが大きな修正点だが、天皇は「大層読み悪いネー」といい顔をしなかった。それより問題となったのは、高尾が「事志と違ひ」の削除を主張したことであった。これは戦争が天皇の本意でなかったことを示す語句だが、「何か感じがよくない」というのが理由である。「どうして感じがよくないだらう?　私は〔宣戦の詔書にも〕「豈朕が志ならんや」といふことを特に入れて貰つたのだし」と天皇は納得しなかった。一方、高尾が考案した「光輝ある歴史に顧み」の文句は、天皇が気に入ったのに対して田島が賛成しなかった。「如何にも敗戦の不名誉といふ事を生々と感じる」というのである（三月一〇日条）。

ところが、一日経って田島はむしろ高尾の意見に同調するようになった。一一日の拝謁でも、戦争が自分にとって不本意であったと表明したい天皇に対して、田島は「たとひ陛下が「豈朕が志ならんや」と仰せになりましても、結局詔書に書いてある理由で宣戦を陛下の御名御璽の詔書で仰せ出しになりましたこと故、表面的には陛下によつて戦が宣せられたのでありますから、志でなければ戦を宣されなければよいではないかといふ理屈になりますので」と、言葉尻を捕らえて天皇批判を展開される恐れがあるとして、再考を促したのである。新日本の理想について、高尾は「人種と国境を超えて」という文句を考案したようだが、天皇は「国際共産主義のやうな香〔にお〕ひがするし、国境もなくといふ様な事は、此際は誤解される余地があるからやめた方がよい」と退けた。田島も天皇と同意見で、「文化を隆んにして国本に培ひ、産業を興して国力を養ひ」という一文を提案した。「産業は軍需工業もふくみますし、国力は暗に兵力をもふくみますから」と説明している（三月一一日条）。翌一二日にも、天皇は「事志と違ひ」について蒸し返したが、田島は「一般には元首として無責任で輔弼者の責任でありますが、元首としての御名儀〔義〕はちゃんと出て居ります」と言って、高尾の懸念を共有する立場を変えなかった（三月一二日条）。

それからしばらく拝謁の場でおことば案の内容について田島が披露する機会はなかったが、四月二日、小泉・安倍・宇佐美・三谷隆信侍従長の同意を得たおことば案を田島が天皇の前で朗読した。これは三月三〇日に作成したおことば案チを元にしたと考えられる。これ以前におことば案ホ・ヘ・トがあるが、徐々に口語体として整っていったことがわかる。「新憲法の精神を発揮して」の一文について、天皇は「新憲法の条項中にはとつた方がいゝもの、改めたいと思ふものもあるが、此文字は差支ないか」と質したのに対して、田島は「「新憲法の精神」と申しまして「条項」とは申して居りません」と答えた。憲法改正の余地を残したのである。「大体私の注文した事は全部入つてるやうだし、きいた処ではこれでまづよいと思ふが、首相にだけは見せるか」と言う天皇に、田島は「これは陛下御自身の御考を御のべになりますもので、内閣の承認とか助言の問題はないと存じますが、首相一人にだけはよろしいかと存じます」と答えた（四月二日条）。

（6）吉田の一節削除要求

一一日、宮内庁を訪れた吉田に、田島は天皇の最終的な承認を得たおことば案を見せた。吉田は一読して、敗戦を悔やむような表現に疑問を呈したが、検討するために持ち帰った。その場で吉田が述べた感想に配慮して推敲したものがおことば案りであり、このときの修正案に添えて送ったのが、巻末資料の「田島道治発吉田茂宛昭和二七年四月一一日付書簡」である。「悔恨悲痛」などのキーワードに英訳を付している。田島は吉田が気にしているのは、敗戦を悔やむ表現をアメリカがどのように受けとるかということであろうと推察した(四月一一日条)。天皇は、日独伊三国同盟締結時にドイツが対日接近したのと、平和攻勢でソ連が日本の世論に働きかけている状況がよく似ていると認識しており、「敗績の由つて来たつたといふのがわるければ、今日に至つた所以といふ事にかえてもいゝではないか。反省の事はいゝたい」と田島に訴えた(四月一四日条)。さらにアメリカの反応を気にかけるということについても、「奄美大島の人に何もいはずに私はどうしても済まされない。総理は何もいはぬ方がよいと思つてるのかしら」と原案の維持を望んだ(四月一六日条)。

吉田が書簡で回答を寄せたのが一六日である。「国民の康福を増進し」で始まる、敗戦に言及した第二節をまるごと削除せよとの要求に驚いた田島は、天皇が一番力を入れて表明したい一節を削除することなどできないと反発し、吉田を説得すべく直談判を申し入れた。そして一八日の午後、外相官邸に吉田を訪れ、一時間余り話し合った末、物別れに終わった。吉田が削除を要求した理由は、敗戦について言及すること自体が天皇の戦争責任論を再燃させ、退位論につながるということであった。田島はこのようなメッセージを出すことが、むしろ退位論者を納得させる効果を期待できるとして説得を試みたが、吉田は首を縦に振らなかった。やむなく田島は天皇の意向を確認すべく戻ってきたのだが、天皇はいつになく強い態度で「国政に関係するものがどうしても困るといふ以上は或は已むを得ぬとしても、私は吉田に条件がある。吉田は次に私のいふ事を充分了承するといふか」と切り出した。天皇が吉田に要求したのは二点である。第一に、かつてのドイツと同様にソ連が日本へ接近し、世論に浸透して影響力を強めている。それに対して国会は党争に明け暮れて対応できていない。この認識を自分と共有せよ。第二に、引き続き米軍統治下に置かれる奄美大島住民へ自分が同情していることを伝えよ(四月一八日条)。天皇は今も昔も日本国民が扇動に乗せられやすく、それこそが戦争につながったと認識していた。つまり今日でいうポピュリズムの克服を国民に促すのが、「過去の反省」にこめられた天皇の真意であったといえよう。天皇の認識の是非については、読者お一人お一人に考えていただきたい。

田島は再度吉田を説得すべく、一八日の晩修正したおことば案を一九日朝に書留で吉田へ送った。その日のうちに松井明秘書官が吉田の返書を持参してきたものがおことば案ヌである。書き込みは吉田によるものかもしれないが、断定はできない。第二段落と第三段落を入れ替え、敗戦に関する表現を減らしたが、吉田を翻意させることはできなかった。二〇日、田島は三谷・宇佐美・小泉と四人で長時間協議し、吉田の意向に従うほかないとの結論に達し、翌二一日、天皇に拝謁してその旨進言した。田島は、確かに吉田の言う通り、敗戦に言及すること自体が戦争責任論につながりかねないこと、敗戦に言及しなくても言い回しで過去の反省を訴えることは可能であることを説き、「いひ過ぎをしては困る事は起きるが、いひ足らぬ場合は御不満はあつても困る結果の心配はない」と天皇をなだめた(四月二一日条)。

(7) 田島の悔悟

続けて二二日、田島は吉田の要求通り一節を削除することの許しを得るべく拝謁した。このとき天皇への説明のために用意したと思われるメモが、巻末資料の「四月二二日メモ」である。ここで田島が強調したのは、「国政の責任者である首相の意見は重んぜられなければならぬ」ということであった。このとき天皇の前で読み上げたと思われるおことば案ルは冒頭部分しか残っていないが、原案の第二節を削除したことは間違いない。天皇は不満を口にしつつも、田島の修正案を認可した（四月二二日条）。田島は不手際を謝罪したが、どこで間違ったのかといえば、やはりおことば作成について、首相には最後に連絡すればいい程度に考えていたことであろう。おことば案の反響について内閣が責任を負わざるを得ない以上、首相が納得しないものを出すわけにはいかない。田島はもっと吉田と緊密に連絡を取りながら、おことば案を作成すべきだったのである。田島自身、最後にそのことを悟ったのであろう。「四月二二日メモ」には、「国政の重大事――政府の意思尊重の要」という一項が記されている。

二二日のうちに田島は吉田を訪問して天皇の意向を伝えた。それからさらに推敲を重ね、最終的におことば案が確定したのは二四日と推定される[12]。田島は清書を天皇に提出し、二七日から二八日にかけて、秩父宮・高松宮・三笠宮を順番に回っておことば案を見せた（四月二八日条）。三笠宮のみ修正案を出してきたが、もはやその段階ではなかった（四月三〇日条）。

五月三日、平和条約発効並びに日本国憲法施行五周年記念式典が開催され、天皇はおことば案を読み上げた。田島は日記に、「式典は無事に終了。約一年苦労のおことばもよし[13]」と記している。翌日の拝謁で、田島は吉田の要求通り修正して良かったと述べたが、天皇は「私はいつも不思議に思ふのだが、旧憲法でも国務大臣の輔弼といふ事はあるので、私のしたわるい事は国務大臣の輔弼がわるかつたといふ事にならなければならんと思ふ」と、自身の政治的戦争責任が問われることについて納得しがたい様子であった（五月四日条）。

三　過去と現在を重ね合わせて

おことば案の背景に天皇の戦争責任問題があったためか、田島がおことば案について報告する際、天皇が戦争について回顧することが多くみられた。また、第二巻解説でも触れたように、一九五〇年六月以降、『西園寺公と政局』が順次刊行されていたが、田島は新刊が出るたびに購入して熟読し、昭和天皇に質問している。[14] 天皇も「あれは正しい、これは事実と違う」などと感想を述べた。田島は意識的に天皇の回顧談を引き出すよう努めていたようで、「拝命の時拝見御許しを得ました陛下の御手記の外に、もつと真相を、外部へ発表でなく、御書留めおきになりまする事は結構かと存じますが」と天皇自身に回顧録をまとめることを勧めている。天皇もその必要は感じており、「記憶といふものは当てにならぬもので、私の長官に見せたのにも或は記憶違ひがあるかも知れないし、又思ひ違ひがないともいへぬ。然し、何かきいて貰はぬと話すといふ事も六ケしいし」と、聴き取りの継続を希望した。「公表は出来ませぬが、東宮様が他日の御参考には大になりまするると存じます」という田島の言葉から推測すると、明仁皇太子に「聖談拝聴録」が継承された可能性がある（一九五二年五月二八日条）。

第一巻解説でも触れているような、天皇の近衛文麿に対する辛辣な批判と東条英機に対する同情的な評価は一貫している。さらに付け加えるならば、日独伊三国同盟を推進し、英米との対決姿勢を牽引した人物に対する昭和天皇の批判は、敗戦直後にまとめられた「独白録」[15] 以来、変わるところがなかった。注目すべきは弟宮たちを名指しして、かつては主戦論だったと指摘していることである。「秩父さんは英米反対で日独同盟論を強く主張せられ〔中略〕そういつては何だが当時の陸軍の考への通りであつた」「又高松さんは砲術学校付の時に可なり主戦論をされて私と議論けんかし」たなどと、天皇の述懐は生々しい（一九五一年一二月一三日条）。その高松宮が戦争責任を取って退位すべきと進言したのであれば、自分のことを棚に上げていると天皇が不快に思うのも当然であろう。

一九五〇年一〇月に公職追放解除が始まり、漸次範囲が広がっていき、翌一九五一年一〇月までに大半が解除の対象となったが、何故Aが解除されてBが解除されないのかというような不満を天皇は繰り返すことになる。特に天皇が疑問を呈したのが久原房之助[16] の追放解除であった。一一月五日付の朝刊で自由党入りを報じられたのを見て驚き、

「海軍大将の平和論者を解放しないで久原なんかこんな人を解放する。久原の様なのを解放する位なら大将の立派な人を解放すべきだ」と憤慨した(一一月五日条)。久原についてはその後も再三言及しており、それだけ印象が強かったのであろう。[17] 岸信介についても、主戦論者であったと再三言及している(一一月二四日、一九五二年四月二二日、二六日、二八日条)。[18]

天皇の目には、労働運動が勢いを増す世情がソ連と日本共産党の影響を受けたものと映り、かつての親独伊・反英米の世論が巻き起こった開戦前夜の状況と重なって見えた。その危機意識は国会への不満となる。吉田については政治姿勢を評価しつつも、人を見る目がないと再三嘆いていた。[19] 田島は「どうも吉田はあまり人を知りませぬので」と同意したが(一九五二年五月八日条)、それが真実を衝いていたと思われる。戦時中は外務省を退いており、戦後に政治家としてのキャリアをスタートさせた吉田が、政党政治家や戦時中に登用された官僚の情報に疎いのは無理もなかった。対照的に、昭和天皇は旧憲法下では親任官、新憲法下では認証官以上と全て顔見知りであり、吉田が下野していた時期の人事や内閣交代の事情も知悉している。これだけ圧倒的な情報量を持つ人物は他にいない。[20] 吉田は一九五一年一二月二六日に内閣改造を行うが、それに先立つ二一日の拝謁に際して、具体的な人事の話をしたと天皇は田島に語っている(一二月二五日条)。人事について前もって話すなど、吉田は天皇に助言者としての役割を期待していた節がある。その天皇に退位されては困るというのは、吉田にとって切実な本音であっただろう。

吉田の欠点を補う存在として天皇が期待したのが芦田均であった(一九五一年一二月二四日、一九五二年二月二六日条)。芦田は田島が宮内府長官に就任する際、長官と侍従長を同時に更迭したことで天皇の不興を買ったと考えられていたが、[21] 芦田の退陣から三年余りが経過して、天皇の芦田に対する印象は好転していたのである。[22] 芦田が公然と再軍備を主張していたことが、その要因ではなかったか。

独立後、ＧＨＱの後ろ盾がなくなった吉田内閣は、保守革新双方の反吉田派から攻勢を受け、政権基盤が急速に不安定になっていった。天皇はそのありさまに苛立ちを隠せず、田島に不満を吐露している。「社会党左派とても共産党とは一線を画してるといつてるのだし、右派は勿論、改進党でも容共とはいつてないのに、野党として一概に政府の取締らんとする目的を承知の上で攻撃斗りするのは、言行不一致の政党といふべきだと思ふ」(一九五二年五月一三日条)、「鳩山と吉田との話も、自由党内で何分分裂の様な事はどうかと思ふ。もつと大きい気持で吉田を鳩山は助けるようにして、又吉田はどういふ積りか知らぬが反共といふ一線では社左派すら一致点がある故、共産党を相手に此際一致団結すべきである」(六月九日条)など、天皇は反共で全政党が足並みをそろえることを切望していた。そのたびに、田島は天皇と危機感を共有しつつも、天皇が直接政府に働きかけるような行動は禁物であると釘を刺している。「陛下は政治上には御関係なき御立場故、陛下としては何も遊ばす事は出来ませぬ」と田島が念を押し、「それは分つてるが、国がこんな事では亡びるのではないか」と天皇が焦燥感をあらわにするようなやりとりがなされたこともあった(六月二四日条)。とはいえ、田島も天皇に沈黙を強いるだけではなく、差しさわりのない言い回しで、吉田に質問するよう助言したり、田島自身の話として、吉田に天皇の思いを伝えるよう心がけていた(23)。天皇と田島は、新憲法の範囲内でどこまで天皇の意向を政府に伝えることができるか、ぎりぎりの線を探っていたのである。

四　独立へ向けて

独立が近づくにつれて、宮内庁も天皇が関与する外交儀礼の準備を始めた。大公使信任状捧呈式の式次第などを検討したのだが、天皇は「日本は敗戦前は実は兎に角名は世界の一等国の位に列して居つた。然し敗戦後の今日は三等国であるから今迄は決して行かなかつた外国大使館等へも招待さるればいかなければならぬかも知れぬと思つてる。へり下る気持で余程いなければならぬと考へてる」と述べており、シビアな国際感覚を有していた(第二巻一九五一年九月一一日条）。また、第二巻解説で述べられているように、宮殿再建問題が浮上していたが、天皇は時期尚早と判断しており、その旨保利茂官房長官が談話を発表したことで一旦収束した（一二月三一日条）。そして、外交儀礼の実地調査のために松平康昌式部官長が一九五二年一月から三月にかけて欧米諸国を歴訪した。天皇が特に関心を寄せて調査を命じたのは、「欧州の王国では軍の統率は王か首相か」（一九五一年一二月二四日条）、「外国軍隊に対する駐留国の元首の之に対する態度、儀礼」（一九五二年三月三日条）であり、安全保障を気にかけていたことがわかる。

その松平の外遊中に英国王ジョージ六世が急死した。皇室として弔意を示したのは当然として、新国王エリザベス二世の戴冠式に皇室からも参列者が招請されることが予想され、天皇の名代として誰を差遣するかが問題となった。当初天皇が考えていたのは高松宮である。本来なら年長の秩父宮が行くべきだが、既に秩父宮は健康を害していた（二月一一日条）。そこへ三笠宮が立候補してきた（二月一八日条）。三笠宮は外遊の経験がなく、常々外遊を希望していたため、絶好の機会と見たのである。事態が一変したのは秩父宮が田島に手紙（第七巻収録予定）を送り、皇太子を差遣すべきと進言したためであった。それまで天皇も田島も皇太子の差遣を全く想定していなかったが、「難しい使命ではないのだから皇太子が行くべき」という秩父宮の主張が筋の通ったものであると認め、皇后も賛成したことから、皇太子を差遣する方針を定めた（二月二九日条）。実際に皇太子は翌年、英国のみならず欧米を歴訪することになる。[24]

安全保障に多大な関心を有していた昭和天皇が、独立を目前にして不可避と考えたのは改憲再軍備であった。一九五〇年のマッカーサーの年頭声明[25]以来、天皇は度々再軍備に言及していたが、「私は憲法改正に便乗して外のいろ〱の事が出ると思つて否定的に考へてたが、今となつては、他の改正は一切ふれずに、軍備の点だけ公明正大に堂々と改正してやつた方がい丶様に思ふ」と田島に改憲再軍備の必要性を述べている（一九五二年二月一一日条）。天皇は何度となく、吉田に改憲再軍備を働きかけようとして、田島に制止されていたと窺える記述もある。[26]とはいえ、「私は再軍備によつて旧軍閥式の再台頭は絶対にいやだが」（五月八日条）とも述べており、旧軍閥の復活があってはならないという点では、天皇の姿勢は一貫していた[27]。

それほどまでに天皇が切迫した危機感を抱いていたのは、ソ連と日本共産党に対する強烈な不信感による。ソ連から招待された日本人が訪ソする度に、天皇はかつてナチスドイツに招待されて訪独した者が帰国後ナチスびいきになった事例と重ね合わせて慨嘆した(四月九日、三〇日条)。

五　独立日本の象徴として

天皇自身も、独立後の日本における皇室の在り方について、模索しなければならなかった。おことばの中で「新憲法の精神を発揮し」とある以上、憲法の条文に照らして支障がないことが前提となる。

大戦における戦没者の慰霊をどうするか、厚生省が追悼式に天皇の出席を要望しているのに対して、田島は新憲法の定める政教分離に反しない形式を検討した。田島は慰霊の形式よりも遺族への対応が先決と考え、天皇に遺族への御会釈と皇居拝観を許すことを進言している。天皇も政教分離には慎重で、神道式の拝礼はできないから黙禱が無難だろうと応じた(一九五二年四月一日条)。靖国神社への参拝も独立後は可能となったが、田島が再軍備の前提として天皇の靖国参拝が必要と考えていた節があるのに対し、天皇は「痛くない腹をさぐられて反米思想に利用されるやうな事は充分留意して避けねばならぬ」(六月二五日条)と、反米感情を刺激することを懸念した[28]。

地方巡幸はアメリカの施政権下に置かれた沖縄県を除くと、残りは北海道のみとなっており、天皇は意欲を示したが、政府は治安に万全を期しがたいとしてなかなか承認しなかった。日本共産党首脳部が地下に潜伏して武装闘争を指揮していたことが背景にある。「北海道が一つ残されたといふ事と、行けば共産化に対する防御になるといふ点で行きたいと思つてる」という発言からも、天皇は行幸の持つ政治的意味を自覚していたといえよう(三月二六日条)。

国民体育大会や植樹祭の行幸に積極的だった天皇だが、皇后と別行動になることは望ましくないと感じており、行幸の範囲や回数の設定については慎重な検討を田島に求めた(四月八日条)。

独立後最初の国家的イベントとなった皇室行事は一九五二年一一月に挙行された立太子礼であるが、本巻の時期に準備が具体化していく。明仁皇太子は学習院高等科を卒業して同大学に進学するが、天皇も田島も成績についてはそれほど高い要求をしておらず、大学卒業にもこだわっていなかったことは興味深い(三月一四日、六月二四日、二五日条)。そして東宮妃選定作業が始まり、天皇は漠然とした条件を列挙するが、話が進むのは田島の退任後である(一月一一日条)。

付記:本研究はJSPS科研費20H01317の助成を受けたものです。

(1) 加藤恭子『田島道治——昭和に「奉公」した生涯』(TBSブリタニカ、二〇〇二年)。
(2) 加藤恭子『昭和天皇「謝罪詔勅草稿」の発見』(文藝春秋、二〇〇三年)、同『昭和天皇と田島道治と吉田茂——初代宮内庁長官の「日記」と「文書」から』(人文書館、二〇〇六年)、加藤恭子著・田島恭二監修『昭和天皇と美智子妃　その危機に——「田島道治日記」を読む』(文春新書、二〇一〇年)。
(3) 加藤前掲『昭和天皇と田島道治と吉田茂——初代宮内庁長官の「日記」と「文書」から』一六七~一七八頁。
(4) 加藤はおことば案ロに「新年第一版」とあるのに着目し、日記の記述を根拠に作成時期を一九五二年一月二日ないし四日と推定した。有力な説ではあるが、確証はない。なお、巻末資料と加藤の付した符号の対応関係は、イ=①、ロ=Ⓐ、ハ=②、ニ=③、ホ=④、ヘ=Ⓑ、ト=Ⓒ、チ=⑤、リ=⑥、ヌ=⑦、ル=⑧。
(5) 加藤前掲『田島道治——昭和に「奉公」した生涯』三一八頁。
(6) 田島道治日記一九五一年一〇月二日条(第六巻所収)。
(7) 冨永望『昭和天皇退位論のゆくえ』(吉川弘文館、二〇一四年)一五四~一六一頁。
(8) ということは、昭和天皇も貞明皇后との関係がうまくいかなかったということになる。両者の関係については、原武史『昭和天

皇』(岩波新書、二〇〇八年)、同『皇后考』(講談社学術文庫、二〇一七年)など参照。

(9) 田島道治日記一九五二年一月二日条(第六巻所収)。

(10) 田島道治日記一九五二年一月四日、五日条(第六巻所収)。

(11) 宇佐美毅は一九〇三年生まれ、高尾亮一は一九一〇年生まれで、一八八五年生まれの田島とは一回り以上の年齢差があった。

(12) 田島道治日記一九五二年四月二四日条(第六巻所収)。

(13) 田島道治日記一九五二年五月三日条(第六巻所収)。

(14) 当該時期では、一九五一年一一月に第六巻、一九五二年三月に第七巻が刊行されている。なお、天皇と田島は同書を原田日記と呼んでいた。

(15) 寺崎英成著、マリコ・テラサキ・ミラー編著『昭和天皇独白録 寺崎英成・御用掛日記』(文藝春秋、一九九一年)。前述の「陛下の御手記」も「独白録」と推定される。

(16) 久原房之助(一八六九～一九六五)は鉱業界から政界に転身し、立憲政友会に所属して頭角を現したが、最後の総裁として同党を解党し、大政翼賛会に参加した。公職追放解除後は日中日ソ復交に尽力することになる。

(17) 本巻の範囲でもその後計一〇回久原が話題になっている(一九五一年一二月一三日、一七日、二四日、一九五二年二月一一日、二六日、三月五日、四月一八日、二二日、二八日、五月三〇日条)。

(18) 岸信介(一八九六～一九八七)は東条英機内閣で商工大臣を務め、A級戦犯容疑者として逮捕されたが不起訴となり、政界復帰後は首相にまで上りつめた。一九五六年に石橋湛山内閣の外務大臣に任命された際、天皇が石橋に疑問を呈したとされる(「石橋湛山文書 岸信介首相への私書 昭和三五年四月二〇日付」『自由思想』一四一号(二〇一六年五月)四八～五一頁)。

(19) たとえば一九五一年一一月五日、一二月二四日、一九五二年二月二六日、四月二五日条。

(20) 天皇が内閣の人事や政策について知るためには報告を受けねばならず、その非公式な報告が内奏である。内奏については後藤致人『内奏――天皇と政治の近現代』(中公新書、二〇一〇年)が詳しい。

(21) 茶谷誠一『象徴天皇制の成立――昭和天皇と宮中の「葛藤」』(NHKブックス、二〇一七年)一七六～一九八頁。

(22) ただし、宮内庁長官と侍従長の人事は自分の同意なしに行なわれては困るとも述べている。芦田が更迭人事を強行した際に天皇が強く反発した理由はそこにあったので、天皇の同意なしで宮内庁人事が決定されてはならないという考え方は変わっていなかった

（一九五一年一二月一七日条）。

(23) たとえば、三月四日に田島は吉田と会見した際、再軍備と追放解除に関する天皇の意見を「話として」伝えている（一九五二年三月五日条）。また、おことば案で天皇が吉田への不満を爆発させた直後、田島は「陛下の御軫念の二点を陛下の仰せを伝へるといふ意味でなく、田島が伺つた事を話す意味で話して参りました」と報告している（四月二二日条）。天皇が学生運動に関して吉田に質問したいと相談されたときには、無難な質問の仕方を助言した（五月一〇日条）。

(24) 波多野勝『明仁皇太子　エリザベス女王戴冠式列席記』（草思社、二〇一二年）。

(25) 一九五〇年一月一日の新聞各紙はマッカーサーの日本国民に対する声明を全文掲載した。その中で「この憲法の規定は、たとえどのような理屈は並べようとも相手側から仕掛けてきた攻撃にたいする自己防衛のおかしがたい権利を全然否定したものとは絶対に解釈できない」と述べており、各紙はマッカーサーが日本の自衛権を認めたと報じた。

(26) 「再軍備に関し憲法改正の方よき事、吉田にいふ事如何と重ねて御下問故、口止めの方よろしい旨申上げ（中略）吉田首相に手紙を書きました時、再軍備論の事を一寸ふれましたと申上ぐ」（一九五二年二月一六日条）。

(27) しかしながら、再軍備実現の暁には自身が最高司令官となることを想定していたと思われる発言もある（第二巻一九五一年二月一五日条）。

(28) 昭和天皇は一九五二年一〇月一六日、約七年ぶりに靖国神社を参拝した。戦後の天皇と靖国神社の関係については、田中伸尚『靖国の戦後史』（岩波新書、二〇〇二年）三一〜三七、一四七〜一五〇頁。赤澤史朗『靖国神社――「殉国」と「平和」をめぐる戦後史』（岩波現代文庫、二〇一七年）二三九〜二四三、二五六〜二六〇頁などを参照。

「拝謁記」公刊にあたって

ＮＨＫは、約二〇〇年ぶりとなる天皇の退位に際し、上皇さまが上皇后さまとともに歩まれた昭和から平成にかけての激動の歳月を、側近・学友などの証言や秘蔵映像、新たに発掘した資料などから振り返り見つめ直すため、報道・制作が一体となって取材し、その結果を、いくつかのスクープと、四回シリーズの特別番組「天皇 運命の物語」という形で結実させた。

こうした中で巡り会った初代宮内庁長官田島道治の「拝謁記」は、存在をうかがわせる情報はあったものの公開されたことはなく、宮内庁が「昭和天皇実録」を編纂する過程でも出てこなかった、いわば「幻の超一級史料」であり、二〇一八年秋に吉見直人氏とともに田島家に伺い原本を初めて目にした時の衝撃は、今も忘れられない。

取材班は、先行研究にあたるとともに、古川隆久・茶谷誠一・冨永望・瀬畑源の四氏に協力を求め、約九カ月かけて解読と分析を進めた。さらに、「昭和天皇実録」編纂に関わった元宮内庁職員や政治史・軍事史などの専門家、それに海外の識者にも意見を求めたうえで、二〇一九年八月から九月にかけて、ニュース番組やＷＥＢ記事で報じ、ＮＨＫスペシャル「昭和天皇は何を語ったのか～初公開・秘録「拝謁記」～」とＥＴＶ特集「昭和天皇は何を語ったのか～初公開〝拝謁記〟に迫る」を放送した。

本書の公刊にあたって、ＮＨＫは、田島家、解読・分析にあたった研究者グループ、それに岩波書店と協議のうえ、一連の取材・制作の過程で作られた史料解読結果のテキストデータや史料原本のデジタルスキャンデータなどを提供した。昭和天皇の実像に迫る第一級史料の分析をさらに進め、今後の歴史研究の進展に貢献することが、最も公共の利益にかなうとともに、この貴重な史料を託してくださった田島家の思いに応える道だと判断したからだ。本書が多くの人に、昭和という時代や戦後の日本の歩みへの理解を深め、そこに連なる「今」を考える手がかりとして活用されることを願ってやまない。

ＮＨＫ報道局社会部副部長（二〇一九年報道当時）

鈴木高晴

［「拝謁記」翻刻・編集］

田島恭二（たじま　きょうじ）

1917年生．田島道治次男．東京帝国大学文学部卒業後，岩波書店，満鉄調査部，朝日新聞社に勤務．2013年死去．

［編集委員］

古川隆久（ふるかわ　たかひさ）

1962年生．日本大学文理学部教授．『昭和天皇――「理性の君主」の孤独』（中公新書，2011年）ほか．

茶谷誠一（ちゃだに　せいいち）

1971年生．志學館大学人間関係学部教授．『象徴天皇制の成立――昭和天皇と宮中の「葛藤」』（NHKブックス，2017年）ほか．

冨永　望（とみなが　のぞむ）

1974年生．公益財団法人政治経済研究所研究員．『昭和天皇退位論のゆくえ』（吉川弘文館，2014年）ほか．

瀬畑　源（せばた　はじめ）

1976年生．龍谷大学法学部准教授．『平成の天皇制とは何か――制度と個人のはざまで』（共編，岩波書店，2017年）ほか．

河西秀哉（かわにし　ひでや）

1977年生．名古屋大学大学院人文学研究科准教授．『近代天皇制から象徴天皇制へ――「象徴」への道程』（吉田書店，2018年）ほか．

舟橋正真（ふなばし　せいしん）

1982年生．公益財団法人政治経済研究所研究員．『「皇室外交」と象徴天皇制1960～1975年――昭和天皇訪欧から訪米へ』（吉田書店，2019年）ほか．

昭和天皇拝謁記──初代宮内庁長官田島道治の記録 3
拝謁記 3　昭和 26 年 11 月〜27 年 6 月

2022 年 4 月 5 日　第 1 刷発行

著　者　田島道治（たじまみちじ）

発行者　坂本政謙

発行所　株式会社 岩波書店
〒101-8002 東京都千代田区一ツ橋 2-5-5
電話案内 03-5210-4000
https://www.iwanami.co.jp/

印刷・理想社　カバー・半七印刷　製本・牧製本

ISBN 978-4-00-026593-5　　Printed in Japan

昭和天皇拝謁記——初代宮内庁長官田島道治の記録

全七巻・A5判・上製カバー・平均三一二頁

*第一巻 **拝謁記 1** 昭和二四年二月〜二五年九月
総説／古川隆久 解説／茶谷誠一 定価三三〇〇円

*第二巻 **拝謁記 2** 昭和二五年一〇月〜二六年一〇月
解説／河西秀哉 定価三三〇〇円

*第三巻 **拝謁記 3** 昭和二六年一一月〜二七年六月
解説／冨永 望 定価三三〇〇円

第四巻 **拝謁記 4** 昭和二七年七月〜二八年四月
解説／瀬畑 源

第五巻 **拝謁記 5** 昭和二八年五月〜二八年一二月
解説／舟橋正真

第六巻 **田島道治日記** 宮内(府)庁長官在任期＋関連時期
解説／冨永 望

第七巻 **関連資料**
解説／茶谷誠一・舟橋正真

*は既刊

岩波書店刊
定価は消費税10%込です
2022年4月現在